KB175201

스위스
연방의회론

스위스
연방의회론

초판인쇄 2022년 1월 17일
초판발행 2022년 1월 17일

지은이 최용훈(kareiski@daum.net)
펴낸이 채종준
펴낸곳 한국학술정보(주)
주 소 경기도 파주시 회동길 230(문발동)
전 화 031-908-3181(대표)
팩 스 031-908-3189
홈페이지 http://ebook.kstudy.com
E-mail 출판사업부 publish@kstudy.com
등 록 제일산-115호(2000. 6. 19)

ISBN 979-11-6801-283-7 93340

책에 대한 더 나은 생각, 끊임없는 고민, 독자를 생각하는 마음으로 보다 좋은 책을 만들어갑니다.

Switzerland Federal Assembly

스위스 연방의회론

최용훈 지음

머리말

2016년부터 2년간 스위스(제네바)에 위치한 국제의회연맹(IPU)에서 근무했다. 스위스는 한반도의 1/5에 불과하지만 4개 언어를 사용하고, 26개 칸톤으로 구성된 연방국가이면서 1인당 국민소득이 8만 달러를 넘는 부자국가라는 사실을 알았다. '강소국' 스위스는 어떤 역사를 가지고 어떻게 운영될까 하는 관심을 가지고 한 발 한 발 스위스에 다가갔다.

1848년 연방창설 이후 칸톤의 자치권을 인정하고, 정치적 · 지리적 · 종교적 · 경제적 분열을 통합으로 이끈 것은 안정된 정치체제로 보았다. 정치체제의 핵심인 연방의회의 구조와 운영원리를 자세히 알아야겠다는 생각이 들었다. 더욱이 상원과 하원이 동등한 양원제 의회를 운영한다는 점도 향후 우리나라 국회가 지향하는 방향이 될 수 있다는 점에서 연방의회에 관한 자료를 하나둘 수집했다.

2018년 8월 귀국 이후 수집된 자료를 정리하고 보완하던 중 2019년 1년 동안 대법원 산하 사법정책연구원에 파견되었다. 연구과제로 '스위스 연방의회 제도에 관한 연구-입법과정 등을 중심으로'를 준비했고, 이를 완결하기 위해 국회로 중도에 복귀할 기회를 마다했다. 2020년 2월 연구과제가 발간됐지만, 스위스 연방의회의 구조, 권한 등을 자세히 다루지 못한 한계가 있었기에 이 책을 서술하게 됐다.

이 책은 국회사무처에서 26년 이상 근무한 입법 관료가 바라본 스위스 연방의회의 모든 것을 다루었다. 스위스 정치체제의 일부로 연방의회를 논한 여타의 책과 달리 연방의회만을 대상으로 자세하고 구체적으로 담고자 노력했다. 1848년 스위스 연방창설과 함께 시작한 연방의회의 역사는 어떠한지, 양원제를 채택한 연방의회는 어떤 식으로 운영되는지, 상원과 하원의 역할은 어떠한지, 의장단은 어떻게 구성되는지, 의회의 핵심인 입법 권한과 재정 권한 등은 어떻게 행사되는지, 의회사무처의 역할은 어떠한지, 의사당은 어떠한 의미를 가지는지 등을 서술했다. 특히 우리나라 국회라면 어떠했을까 하는 관점을 가지고 실무적인 입장에서 좀 더 자세하게 서술하려 했고, 분량의 제한으로 책 본문에 싣지 못한 유용한 내용을 미주에 담았다.

스위스나 한국이나 의회의 운영원리 등은 비슷하지만, 스위스는 의회를 안정적이고 효율적으로 운영하기 위한 다양한 수단과 절차를 마련하고 있음을 알게 될 것이다. 향후 우리나라가 개헌이나 통일 과정에서 제기될 양원제를 논의할 때 스위스 연방의회의 사례가 참고가 되길 바란다. 많이 부족하지만 이 책을 통해 스위스 연방의회를 개괄적으로 이해하는 데 도움이 된다면 그로써 만족한다. 처음부터 완독하기보다는 스위스 연방의회의 구성, 역할 등이 궁금할 때 찾아보는 책이 되어도 좋다.

완벽한 내용으로 책을 발간하려 했지만, 귀국 후 온전히 3년이라는 시간을 녹여냈고, 2016년부터 수집한 자료의 업데이트에 한계가 있기에 더 이상 발간을 지체할 수 없었다. 이 책은 수년 전부터 스위스 정치체제를 연구하신 분들의 문헌과 연구자료 등을 바탕으로 한다. 스위스 연방의회에 누가 관심을 가질까 하는 회의가 들 때마다 이 길을 앞서간 분들의 연구성과에 벽돌 한 장 얹는 심정으로 임했다. 좀 더 정확하고, 쉽게 서술하려고 노력했지만, 독자들이 이해하기 어렵다면 필자의 능력 부족이고, 내용상 오류나 잘못된 점은 전적으로 필자의 책임이다.

인생은 예정된 길이 없다지만 전혀 예상하지 못한 직장과 스위스에서 일할 수 있도록 기회를 주신 분들과 이 책의 서술에 직 · 간접적으로 도움을 주신 모든 분들에게 깊은 감사의 인사를 드린다.

2021년 12월 여의도에서

최용훈

차례

제3장 상 · 하원 조직

제4장 위원회 및 교섭단체

제5장 연방의회의 입법 권한

제6장 연방의회의 재정 권한

제7장 연방의회의 인사, 외교 및 감독 권한

제8장 연방의회의 집회 및 운영

제9장 연방의원에 대한 지원

제10장 연방의회사무처 및 연방의사당

표와 그림 차례

제 1 장

연방의 구성

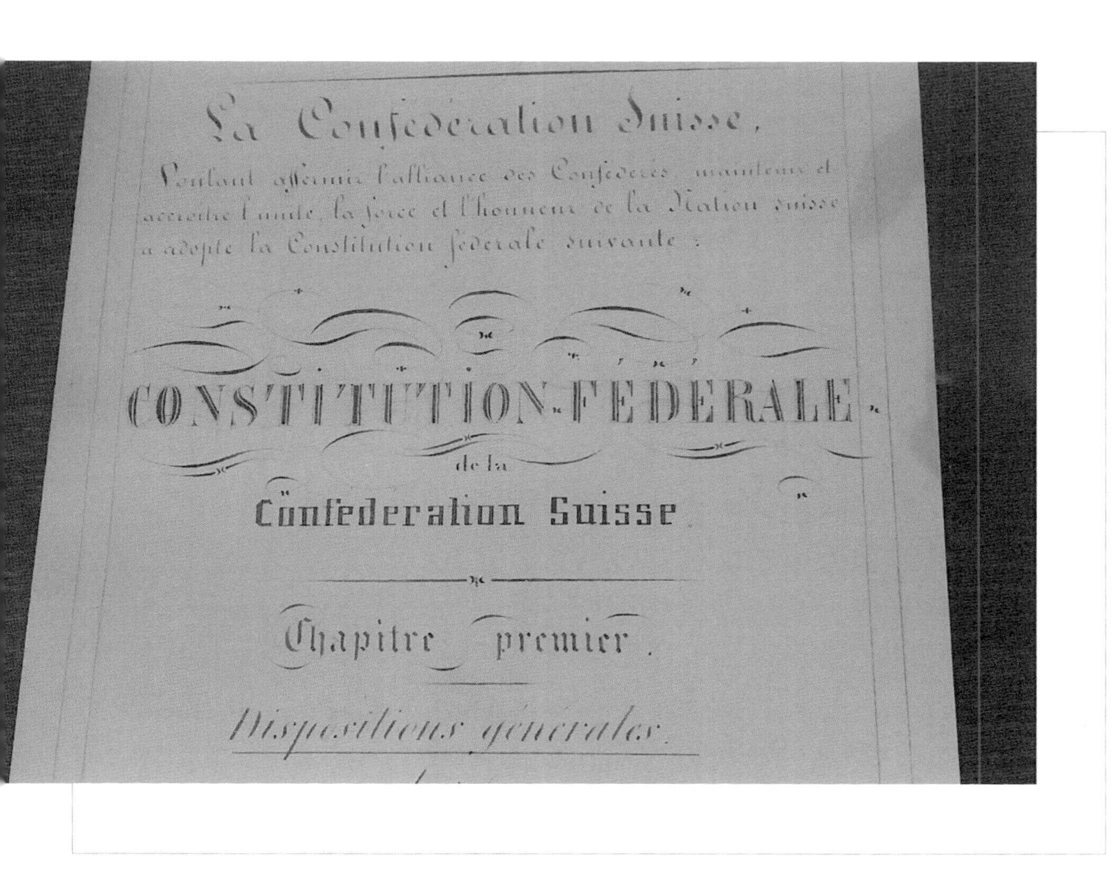
La Confédération Suisse,

Voulant affermir l'alliance des Confédérés, maintenir et accroître l'unité, la force et l'honneur de la Nation suisse a adopté la Constitution fédérale suivante :

CONSTITUTION FEDERALE

de la

Confederation Suisse

Chapitre premier.

Dispositions générales.

제1절 연방의 구성

1. 칸톤

가. 칸톤

스위스는 26개 칸톤,[1] 2,222개 코뮌[2]이 하나의 연방국가를 구성한다. 칸톤은 연방과 독립된 지방정부로서 우리나라의 도(道)와 비슷하다. 연방은 칸톤의 자치권을 존중한다(연방헌법 제47조 제1항). 각 칸톤은 독자적인 헌법을 가지고 연방의 권한으로 열거된 사항을 제외하고는 관할 구역 내의 입법권, 사법권, 행정권, 조세권 등 높은 차원의 자치권을 가진다(연방헌법[3] 제3조, 제43조).[4] 칸톤은 20개의 일반적인 칸톤과 6개의 반칸톤[5]으로 구분된다. 반칸톤은 상원의원을 1명 선출한다는 점에서 2명의 상원의원을 선출하는 일반 칸톤과 비교된다.

나. 반칸톤

반칸톤은 옵발덴, 니트발덴, 바젤슈타트, 바젤란트, 아펜첼아우서로덴 및 아펜첼이너로덴 칸톤이다(연방헌법 제142조 제4항). 6개의 반칸톤은 한때 3개의 칸톤(운터발덴, 바젤, 아펜첼 칸톤)에 속해 있었지만 역사적, 종교적, 지리적, 정치적 이유로 각각 둘로 분리된 칸톤이다. 운터발덴 칸톤은 1291년 스위스 서약자 동맹 창설 전에 지리적 요인 때문에 옵발덴과 니트발덴 칸톤으로 분리됐다.[6] 스위스 중앙에 위치했던 운터발덴 칸톤은 가운데의 삼림 지역을 중심으로 상류 지역은 니트(저지역) 발덴 칸톤, 하류 지역은 옵(고지역) 발덴 칸톤으로 나뉘었다(1340년).[7] 장크트갈렌 칸톤 남쪽 지터 강 유역의 아펜첼 칸톤은 스위스연맹의 정회원이 된 지(1513년) 12년 만에 극심한 종교적 갈등을 겪었고,[8] '바르톨로메우스 축일의 학살[9]' 등 종교문제로 분열되기 시작했다. 당시 스위스에서는 가톨릭(구교)은 산악지대, 기독교(개신교)는 농촌지역이라는 구도를 형성했다. 결국 아펜첼 칸톤은 1597년 8월 28일 아펜첼이너로덴[10](가톨릭)과 아펜첼아우서로덴(기독교)이라는 2개 칸톤으로 분리됐다.

바젤 칸톤의 경우 농촌지역과 도시지역 간 갈등으로 인해 칸톤의 분열을 초래했다. 1830년 바젤 칸톤의 농촌지역은 인구 규모에 상응하는 칸톤의회의 의석을 배정받기 위해 비례대표제의 도입을 요구했다. 그러나 바젤 칸톤의 도시지역은 비례대표제 도입으로 농촌지역에 대한 정치적 통제권을 빼앗길 것을 우려했다. 1832년 바젤 칸톤 내에서 폭력사태가 발생했고, 스위스연맹의 조정을 통해 1833년 바젤슈타트(도시 바젤)와 바젤란트(농촌 바젤)로 분리됐다.[11]

다. 국어와 공용어

스위스에서는 언어의 자유가 헌법상 보장되고(연방헌법 제18조), 연방헌법에는 국어와 공용어에 관한 규정이 있다(연방헌법 제4조, 제70조 제1항). 연방헌법 제4조에 규정된 국어[12]는 독일어, 프랑스어, 이탈리아어, 레토로망스어이다. 4개 국어는 스위스에서 '사용되는' 언어를 의미한다. 연방헌법 제70조 제1항에 규정된 3개 공용어[13]는 독일어, 프랑스어, 이탈리아어이다. 공용어는 연방, 칸톤, 국민 사이의 언어를 의미한다. 스위스 남동부 산악지대에서 사용되는 레토로망스어는 레토로망스어 사용자들의 언어이다. 2019년 현재 언어권별 인구비율은 독일어 62.1%, 프랑스어 22.8%, 이탈리아어 8.0%, 레토로망스어 0.5%이다.[14]

[표 1] 언어권별 인구비율 현황

구분	1970년	1980년	1990년	2000년	2019년
전체 인구(명)	6,011,469	6,160,950	6,640,937	7,100,302	8,606,033
독일어	66.1%	65.5%	64.6%	64.1%	62.1%
프랑스어	18.4%	18.6%	19.5%	20.4%	22.8%
이탈리아어	11.0%	9.6%	7.7%	6.5%	8.0%
레토로망스어	0.8%	0.8%	0.6%	0.5%	0.5%
기타 언어	3.7%	5.5%	7.7%	8.5%	22.7%
합계	100%	100%	100%	100%	116.1%[15]

자료: Federal Statistical Office(2020:8) 등 참조하여 필자 작성.

한편 칸톤은 자체 공용어를 지정할 권리가 있어(연방헌법 제70조 제2항), 칸톤별로 언어권이 구분된다. 26개 칸톤은 독일어권 17개, 프랑스어권 4개, 이탈리아어권

1개로 구분된다. 그리고 독일어와 프랑스어를 모두 공용어로 지정한 칸톤은 3개(베른, 프리부르, 발레 칸톤)이고, 독일어, 이탈리아어, 레토로망스어를 합한 3개 언어를 공용어로 지정한 칸톤은 1개(그라우뷘덴 칸톤)이다.[16]

아래의 표는 26개 칸톤을 인구수, 공용어 등을 중심으로 정리한 것으로 칸톤별 규모를 이해하는 데 도움이 될 것이다.

[표 2] 스위스 26개 칸톤 현황(2019)

<table>
<tr><th>연번</th><th colspan="2">칸톤 명칭</th><th>약칭</th><th>칸톤 수도</th><th>연방 가입</th><th>인구(명)</th><th>면적(㎢)</th><th>공용어</th><th>코뮌(개)</th></tr>
<tr><td>1</td><td colspan="2">취리히(Zürich)</td><td>ZH</td><td>취리히</td><td>1351</td><td>1,520,968</td><td>1,729</td><td>독일어</td><td>166</td></tr>
<tr><td>2</td><td colspan="2">베른(Bern)</td><td>BE</td><td>베른</td><td>1353</td><td>1,034.977</td><td>5,960</td><td>독일어, 프랑스어</td><td>347</td></tr>
<tr><td>3</td><td colspan="2">루체른(Luzern)</td><td>LU</td><td>루체른</td><td>1332</td><td>409,557</td><td>1,494</td><td>독일어</td><td>83</td></tr>
<tr><td>4</td><td colspan="2">우리(Uri)</td><td>UR</td><td>알트도르프 (Altdorf)</td><td>1291</td><td>36,433</td><td>1,077</td><td>독일어</td><td>20</td></tr>
<tr><td>5</td><td colspan="2">슈비츠(Schwyz)</td><td>SZ</td><td>슈비츠</td><td>1291</td><td>159,165</td><td>908</td><td>독일어</td><td>30</td></tr>
<tr><td>6</td><td>옵발덴 (Obwalden)</td><td rowspan="2">운터발덴 (Unterwalden)</td><td>OW</td><td>자르넨 (Sarnen)</td><td>1291</td><td>37,841</td><td>491</td><td>독일어</td><td>7</td></tr>
<tr><td>7</td><td>니트발덴 (Nidwalden)</td><td>NW</td><td>슈탄스 (Stans)</td><td>1291</td><td>43,223</td><td>276</td><td>독일어</td><td>11</td></tr>
<tr><td>8</td><td colspan="2">글라루스(Glarus)</td><td>GL</td><td>글라루스</td><td>1352</td><td>40,403</td><td>685</td><td>독일어</td><td>3</td></tr>
<tr><td>9</td><td colspan="2">추크(Zug)</td><td>ZG</td><td>추크</td><td>1352</td><td>126,837</td><td>239</td><td>독일어</td><td>11</td></tr>
<tr><td>10</td><td colspan="2">프리부르(Fribourg)</td><td>FR</td><td>프리부르</td><td>1481</td><td>318,714</td><td>1,671</td><td>프랑스어, 독일어</td><td>136</td></tr>
<tr><td>11</td><td colspan="2">졸로투른(Solothurn)</td><td>SO</td><td>졸로투른</td><td>1481</td><td>273,194</td><td>790</td><td>독일어</td><td>109</td></tr>
<tr><td>12</td><td>바젤슈타트 (Basel-Stadt)</td><td rowspan="2">바젤 (Basel)</td><td>BS</td><td>바젤</td><td>1501</td><td>200,298</td><td>37</td><td>독일어</td><td>3</td></tr>
<tr><td>13</td><td>바젤란트 (Basel-Landschaft)</td><td>BL</td><td>리슈탈 (Liestal)</td><td>1501</td><td>289,527</td><td>518</td><td>독일어</td><td>86</td></tr>
<tr><td>14</td><td colspan="2">샤프하우젠(Schaffhausen)</td><td>SH</td><td>샤푸하우젠</td><td>1501</td><td>81,991</td><td>298</td><td>독일어</td><td>26</td></tr>
<tr><td>15</td><td>아펜첼아우서로덴 (Appenzell AusserRhoden)</td><td rowspan="2">아펜첼 (Appenzell)</td><td>AR</td><td>헤리자우 (Herisau)</td><td>1513</td><td>55,234</td><td>243</td><td>독일어</td><td>20</td></tr>
<tr><td>16</td><td>아펜첼이너로덴 (Appenzell InnerRhoden)</td><td>AI</td><td>아펜첼</td><td>1513</td><td>16,145</td><td>172</td><td>독일어</td><td>6</td></tr>
<tr><td>17</td><td colspan="2">장크트갈렌(Sankt Gallen)</td><td>SG</td><td>장크트 갈렌</td><td>1803</td><td>507,697</td><td>2,031</td><td>독일어</td><td>77</td></tr>
</table>

연번	칸톤 명칭	약칭	칸톤 수도	연방 가입	인구(명)	면적(㎢)	공용어	코뮌(개)
18	그라우뷘덴(Graubünden)	GR	쿠어(Chur)	1803	198,379	7,105	독일어, 이탈리아어, 레토로망스어	108
19	아르가우(Aargau)	AG	아르가우	1803	678,207	1,404	독일어	212
20	투르가우(Thurgau)	TG	프라우엔펠트(Frauenfeld)	1803	276,472	992	독일어	80
21	티치노(Ticino)	TI	벨린초나(Bellinzona)	1803	353,343	2,812	이탈리아어	115
22	보(Vaud)	VD	로잔(Lausanne)	1803	799,145	3,212	프랑스어	309
23	발레(Valais)	VS	시옹(Sion)	1815	343,955	5,224	프랑스어, 독일어	126
24	뇌샤텔(Neuchâtel)	NE	뇌샤텔	1815	176,850	802	프랑스어	31
25	제네바(Geneva)	GE	제네바	1815	499,480	282	프랑스어	45
26	쥐라(Jura)	JU	들레몽(Delémont)	1979	73,419	839	프랑스어	55
합계	스위스(Switzerland)	CH	베른		8,544,527	41,291	독일어, 프랑스어, 이탈리아어, 레토로망스어	2,222

자료: 최용훈(2020:6-8).

2. 코뮌

코뮌은 스위스의 3단계 행정체제(연방-칸톤-코뮌) 중 가장 낮은 수준의 행정체제로서 우리나라의 시 · 군 · 구와 유사하지만, 칸톤 법률이 정한 범위 내에서 입법권 등의 자치권을 가진다(연방헌법 제50조 제1항). 코뮌의 수는 연방이 출범한 1848년 3,205개였지만, 1960년 3,095개, 1990년 2,955개로 142년 동안 250개가 감소했다. 그러나 2000년(2,899개) 이후에는 코뮌이 2004년 2,815개, 2015년 2,324개, 2017년 2,255개, 2020년 2,222개, 2021년 2,172개가 되어 21년 동안 727개 코뮌이 감소했다.[17] 연방출범 후 오랜 기간 코뮌 합병이 적었던 사실을 고려한다면, 1990년대 중반 이후 코뮌 간 합병이 급증하였음을 알 수 있다.

제2절 연방의회

1. 양원제 의회

하원[18]은 수평적 권력분점을 위해 비례대표제 원칙에 따라 국민이 직접 선출하는 200명의 의원으로 구성한다(연방헌법 제149조). 하원은 특정 단체 · 계층 · 지역이 아닌 연방국가 전체로서 국민을 대표한다. 하원의원은 1919년 이래 각 칸톤을 하나의 선거구로 하여 비례대표 선거방식으로 선출되는데, 모든 칸톤은 적어도 1개의 하원 의석을 가진다(연방헌법 제149조 제4항). 예컨대 아펜첼이너로덴 칸톤은 1만 6,000명의 인구를 가지기 때문에 선거구별 평균인구(4만 명)에 미치지 못함에도 불구하고 1명의 하원의원을 선출한다.

상원은 46명의 칸톤 대표로 구성한다(연방헌법 제150조 제1항).[19] 20개 칸톤은 인구 규모와 관계없이 동일하게 각각 2명의 상원의원을 선출하고, 6개의 반칸톤은 각각 1명의 상원의원을 선출한다(연방헌법 제150조 제2항). 상원은 인구수에 따른 의석수의 차이를 방지하기 위해 인구비례가 아닌 각 칸톤의 등가성을 바탕으로 구성한다.[20] 따라서 인구가 적은 칸톤은 하원보다는 상원에서 보다 더 강력하게 대표된다. 상원의원 선출방식은 칸톤 자율로 정한다(연방헌법 제150조 제3항). 과거에는 상원의원을 칸톤의회에서 간접적으로 선출하기도 하였지만, 1979년 이후 모든 칸톤이 다수대표제 방식으로 직접 상원의원을 선출하고 있다.[21] 또한 아펜첼이너로덴 칸톤을 제외한 모든 칸톤이 하원선거일에 맞추어 상원선거를 실시한다.

개별 국가에서 단원제 또는 양원제 의회구조 중 어떤 의회구조를 채택할지는 해당 국가의 역사, 정치적 맥락, 국민적 공감대 등 여러 변수에 따라 달라진다.[22] 스위스연방이 1848년 창설되면서 연방의회를 양원제로 할지에 대한 의견이 일치하지 않았다. 양원제는 비용이 많이 들고 입법절차를 지연시키며, 양원의 의견이 다를 경우 의회 기능이 마비될 수 있다는 비판이 제기됐다. 결국 칸톤의 주민 수에 비례하여 의회를 구성하자는 입장(하원)과 전통적인 동맹회의[23]처럼 모든 칸톤이 대등한 대표를 가지자는 입장(상원)이 타협하여 미국의 양원제를 모델로 하는 양원제가 도입됐다.[24] 상원과 하원이 각각 동등한 권한을 갖는 양원제 의회구조는 합의적 전통을 토대로 연방 전체의 관심사와 개별 칸톤의 관심사를 균형 있게 통합하여 효율을 높이기 위한 노력의 결과였다.[25]

2. 민병제 의회

스위스 연방의회는 연방의원이 의원으로서의 직무와 함께 고유직업을 수행하는 '민병제 의회'[26]로 알려져 있다.[27] 민병이라는 뜻은 정규적이고, 전문적인 직무를 일상적인 직업을 가진 채 수행하는 것을 말한다. 의원직을 전업이 아닌 파트타임 방식으로 수행하기 때문에 '민병'이라는 용어를 사용한다. 대다수 연방의원은 일상생활의 일부는 고유직업에, 일부는 정치 활동에 바친다. 민병제 시스템은 18세기 프랑스 혁명기로부터 유래했고, 장 자크 루소(1712~1778)가 말한 '적극적인 시민' 개념의 일부이다. 적극적인 시민은 공직을 영광으로 알고, 자원봉사 개념으로 공직을 수행하면서, 그에 대한 보상은 최소한으로 이루어지는 것에 만족한다는 것이다. 민병제 시스템은 1798년 헬베티아 공화국 헌법에 안착됐고,[28] 몇몇 칸톤에도 도입됐지만, 1848년 제헌헌법, 1874년 연방헌법에는 반영되지 않았다. 지금의 군대는 스위스의 전통으로 내려온 민병제 시스템을 원칙으로 한다(연방헌법 제58조 제1항). 민병제 원칙[29]은 군대, 연방의회뿐만 아니라 칸톤의회, 코뮌 단위에서도 찾아볼 수 있다.

민병제 의회는 연방의원직 수행에 충분한 시간과 역량을 할애하지 못하는 한계가 있다. 연방의회는 연방의원의 시간, 역량, 보좌진 부족으로 연방정부를 체계적으로 감독할 수 없고, 고유한 직업과 의정활동을 동시에 하는 것이 어렵다는 것을 알게 됐다.[30] '민병제 의회'를 개선하고, 직업으로서의 연방의원화(전문직업화)를 추진했지만 1992년 9월 국민투표에서 부결됐다. 국민투표 결과에 따라 민병제 의회는 앞으로도 정치의 중심축으로 남게 됐고, 직업으로서의 연방의원 또는 연방의원의 전문직업화는 스위스 국민정서상 도입하기 쉽지 않을 것이다.[31]

연방의원이 의정활동에 투입하는 시간은 연방의원의 직업화 정도를 측정하는 데 중요한 요인이다. 연구에 따르면 하원의원은 자신의 업무시간의 50~57%를, 상원의원은 업무시간의 60~67%를 의정활동을 위해 사용한다. 심지어 80%의 시간을 의정활동에 할애하는 상원의원도 있었다.[32] 2007년 연방의원의 전문화 정도를 조사한 결과에 따르면, 하원의원의 58.3%가 '준 전문직 의원'으로, 상원의원의 57.6%가 '전문직 의원(직업정치인)'으로 평가했고, 특히 상원의원은 아무도 민병제 의원으로 생각하지 않는다고 응답했다. 특히 오늘날 연방의원은 수당과 보조금으로 생계를 유지할 수 있고 이는 30~40년 전만 해도 있을 수 없는 일이었다. 이런 점에서 볼 때 하원은 전업 의원과 파트타임 의원이 혼합된 의회이지만, 상원은 민병제 의회라고 볼 수 없을 정도로 민병제 의회의 성격이 많이 희석됐다.[33]

[표 3] 연방의원의 연방의원직에 대한 인식도 조사결과(1975년 및 2007년)

구분	하원		상원	
	1975년	2007년	1975년	2007년
아마추어적 민병제(militia) 의원	25.1%	13.4%	23.8%	-
파트타임(part-time) 의원(준 전문직 의원)	47.6%	58.3%	54.8%	42.4%
전업(full-time) 의원(전문직 의원: 직업정치인)	27.2%	28.4%	21.4%	57.6%

자료: Neue Zürcher Zeitung, "Auf dem Weg zum Berufsparlament" (2010. 5. 4.) 등을 참조.

3. 연방의회 연혁

가. 1848 ~ 1980년

연방헌법 제148조에 "연방의회는 국민과 칸톤의 권리를 전제로 연방의 최고기관이다"라고 명시되어 있다. 이 규정은 1848년 제헌헌법부터 규정되어 있다. 연방의회는 본회의를 중심으로 운영됐고, 상임위원회는 설치되지 않았다.[34]

연방의회 운영, 양원 간 의사협의 절차 등과 관련하여 「양원 간 관계에 관한 연방법」[35]이 1849년 12월 22일 처음 제정됐다. 정당 체계가 확립되기 전인 19세기까지 자유주의파[36]는 내각을 독점하고 강력한 연방을 선호했다. 작은 칸톤을 지지 기반으로 한 가톨릭 세력(가톨릭 보수당)[37]이 이에 맞섰고, 상원은 칸톤에서 연방으로 권력이 넘어가는 것을 막았다. 20세기 전반에는 자본가 및 기업의 이익을 대변하는 세력이 상원을 지배했고, 그 이후로는 자유시장 경제를 옹호하고, 1차 산업에 의존하는 세력이 상원에서 지지를 얻었다.[38] 「양원 간 관계에 관한 연방법」은 1902년과 1962년 큰 폭으로 개정됐고, 2002년 의회법[39]으로 전부 개정되어 대체되기 전까지 회의 운영에 관한 주된 법률이었다. 1902년 「양원 간 관계에 관한 연방법」이 개정되어 1년 4회의 정기회 체제, 양원 간 의사결정 합의에 관한 절차인 양원조정협의회, 최종투표[40] 등이 신설됐다. 제1차 세계대전 기간에 연방의회의 정치적 약화가 정점에 달했고,[41] 1921년 하원의 모든 심의 내용이 기록됐지만, 회의록 일부만 공개됐다. 1962년 「양원 간 관계에 관한 연방법」이 개정되어 입법 행위 및 의회발의 형식에 관한 정비가 이루어졌다.[42]

1960년대 이래 연방정부에 대한 감시 필요성은 미라주[43] 전투기 사건을 계기로 제기됐다. 1964년 연방의원들은 미라주 전투기 구매를 위해 연방정부가 제출한 추가자금요청이 존재한다는 사실을 알게 됐다. 미라주 전투기 구매 예산은 1961년에 가결됐으나 당시 연방정부는 구매비용 전부를 의원들에게 고지하지 않았던 것이다. 이로 인해 연방의회 역사상 최초로 특별조사위원회가 열렸다.[44] 미라주 전투기 사건은 1960년대 중반에 무보수 비상근 의원직을 정점으로 한 '민병제 의회'에 한계가 있다는 점을 최초로 문제 삼는 계기가 됐다. 이러한 문제를 해소하고자 1969년 연간수당[45]을 신설함에 따라 연방의원의 재정 상황이 상당히 개선됐다. 대부분의 연방의원이 민병제 의회의 한계를 명확하게 인식했지만, 민병제 원칙의 재검토를 거부했다. 특히 좌파 의원들조차 연방의원의 전문직업화에 관한 논의를 회피했다.

1974~1978년에 실시된 '연방의회의 미래' 연구를 위한 특별위원회[46]에서 양원 관계에 관한 연방법, 상 · 하원 의원에 지급되는 수당에 관한 법, 의회 규칙 등의 제 · 개정 등 연방의회의 개혁방안이 제시됐다.[47] 1984년 연방의원의 이해관계 공개 규정을 신설하고, 양원조정협의회 규정, 위원회 구성 · 절차 등과 관련된 위원회 규정을 개정했다.[48] 1986년 상원 의사규칙,[49] 1990년 하원 의사규칙[50]이 각각 전부 개정됐다.[51]

나. 1990년대

1989년 정계를 뒤흔든 '코프(Kopp) 사건'과 '신상 기록카드 사건'이 발생했다. 연방 법무 · 경찰부[52]장관인 엘리자베트 코프(Elisabeth Kopp)는 남편이 이사로 재직한 업체가 자금세탁 혐의로 조사대상이 되자, 해당 사실을 남편에게 알렸다. 최초의 여성 각료이자 취리히 출신 자유민주당 소속 정치인인 엘리자베트 코프 장관은 직무상 비밀유지 의무를 위반한 혐의로 고발됐다. 1984년부터 장관직을 수행한 엘리자베트 코프는 1989년 1월 12일 사임했다.[53]

1989년에는 연방경찰이 관리하는 90만 명의 명단이 발견되면서 '신상 기록카드 사건'이 발생했다. 이후 연방 국방 · 안보 · 체육부[54] 및 칸톤 보안부서 등에서도 유사한 파일의 존재가 드러났다. 1991년 스위스연방 건국 700주년 직전에 터진 두 사건은 연방정부에 대한 국민의 신뢰를 현저히 약화시켰기에 연방의회 차원의 특별조사위원회가 가동됐다.

1990년 연방의회는 연방의회의 전면적 개혁에 착수했다. 개혁의 명분으로 의원의 직무 환경 및 직무수행 방식을 개선할 필요성이 강조됐다. 이런 상황에서 자유민주당[55] 소속 하원의원인(제네바 칸톤) 질 프티피에르(Gilles Petitpierre)와 바젤란트 칸톤 상원의원인 르네 리노(René Rhinow)는 1990년 3월 14일 의회개혁을 위한 의원발의안[56]을 상원과 하원에 동시에 제출했다(의안번호 90.228, 의안번호 90.229).[57] 연방의원의 업무가 증가하고 처리해야 할 사안이 복잡해졌다는 사실을 바탕으로 두 의원은 상임위원회 설치, 의원 수당의 실질적 인상, 의원들이 이용할 수 있는 기반 강화(보좌관 채용 등)를 제안했다.

1991년 5월 16일 연방의회(위원회)는 질 프티피에르 하원의원과 르네 리노 상원의원이 의회개혁을 위해 제안한 의원발의안에 대해 보고서를 발표했고,[58] 의원발의안은 연방의회에서 가결됐다. 의회개혁안의 내용은 첫째, 대외정책에 연방의회의 참여를 확대했고, 연방정부의 권한을 침해하지 않는 범위 내에서 연방정부와 소관 상임위원회 간의 협의 절차를 제안했다. 둘째, 상원과 하원의 의견 차이를 해소하기 위한 왕복심의 횟수를 3회로 제한했다. 셋째, 종전의 특별위원회를 대신하여 12개 상임위원회를 설치했다. 넷째, 연방의원의 직무 환경을 개선하기 위해 수당의 신설과 인상을 결정했다. 또한 연방의원에게 긴급지원금, 노령수당 등의 지급을 계획했다. 마지막으로 의정활동을 지원할 보좌관을 개별 또는 공동으로 고용할 수 있도록 했다.[59]

연방의회 개혁안에 대한 국민 여론은 호의적이지 않았다. 의회 중심 체제로 이행하여 권력균형에 문제가 생길 수 있고, 전업 의원의 등장으로 본업을 갖고 의원직을 병행하는 민병제 의원은 2등 의원으로 전락할 것이라는 우려가 제기됐다. 가장 중요한 문제인 연방의회의 기능 강화라는 점은 잊혔다. 무엇보다 재원 문제와 의원 수당에 관심이 집중됐다. 스위스국민당(SVP)[60], 자유민주당(FDP), 기독민주당(CVP)[61], 스위스 중소기업협회[62] 대표들은 2건의 의회법 개정안에 대하여 선택적 국민투표[63]를 요구했다.[64] 경제주의적 우파는 의회개혁 비용이 과도하다는 비판을 했고, 스위스국민당은 의원직의 직업화는 민병제 의회를 변질시킬 것이라고 주장했다.[65] 또한 그렇지 않아도 많은 법률과 규제가 연방의원의 전문직업화로 과도하게 늘어날 것이라는 우려가 제기됐다.[66]

1992년 9월 27일 실시한 국민투표에서 유권자들은 연방의원에 대한 수당인상, 특히 의원 보좌진 고용 등 재정이 투입되는 부분을 반대했다. 반면에 재정이 투입되지 않는 위원회 체제 개편, 상 · 하원 관련 규정 정비 등 조직 합리화 관련 법률안은 국민의 58%가 찬성했다.[67]

다. 2002년 의회개혁

2002년 연방의회는 1992년 의회개혁 실패 이후 연방의회를 재평가하고 연방의회의 역할을 강화하는 차원에서 의회법을 전부 개정했다.[68] 1999년 연방헌법 전부개정(2000년 신연방헌법) 이후 양원 간 관계에 관한 연방법을 의회법으로 대체하는 내용의 연방의회 개혁이 이루어졌다. 그 배경을 살펴보면 첫째, 1999년 4월 전부 개정된 연방헌법에 부합하도록 연방의회와 연방정부 간 권한 재분배가 필요했다. 둘째, 양원 간 관계에 관한 연방법이 30회 이상 개정됐고, 현재의 관행과 맞지 않거나 오래된 조문을 수정하고, 새로운 내용을 반영할 필요가 있었다.

전부 개정된 의회법의 주요 내용은 첫째, 연방의회 내 위원회가 연방내각 및 행정기관이 보유한 정보에 접근할 수 있는 권한을 부여했다. 둘째 연방헌법 제170조에 규정된 연방의회의 효과성 평가에 관한 사항을 의회법에 반영했다. 셋째, 연방의회가 연방의 주요활동에 대한 계획과 외교정책에 참여할 수 있도록 했다(연방헌법 제173조 제1항 제g호). 넷째, 연방의회가 연방내각으로 하여금 법안이나 조치를 하도록 의무를 부과하는 법안제출요구안[69]을 제출할 수 있는 권한을 규정했다.[70] 다섯째, 연방 수당 관련 법령을 개정하여 14년간 동결된 연방 수당과 연간보조금을 인상했다. 그 결과 연방 수당은 기존보다 2배 인상(12,000 프랑→24,000 프랑[71])됐고, 연간보조금도 18,000 프랑에서 3만 프랑으로 인상됐다. 연방의회의 변화상을 도표로 정리하면 아래와 같다.

[표 4] 연도별 연방의회 제도 변화

연도	내용
1976, 1988	국민발안 처리에 관한 신규 절차 마련
1978	'의회의 미래' 연구를 위한 특별위원회(상·하원 공동)의 결과보고에서 양원 관계에 관한 법, 상·하원 의원에 지급되는 수당에 대한 법, 의회 규칙 등의 제·개정을 제안
1984	상·하원 의원의 이해관계 공개 규정 도입, 양원조정협의회 관련 규정 개정, 의회 위원회(구성, 절차, 업무수행 방식) 관련 규정 개정, (상하원에 서로 다른) 상설위원회 신설, 법제편집위원회 심의 절차 수립, 양원 공동으로 내각의 주요 정책 청취 및 질의에 필요한 조율 절차, 내각 보고서 및 제안설명서(입법 및 재정계획 적용) 절차 명시, 내각의 정보제공 개선 및 특별조사위원회 권한 확대, 의회발의 등 의회 수단과 관련된 절차 확립
1986	상원 의사규칙 전부 개정
1988	수당 관련 법 전부 개정으로 의원 연간보조금 신설 의회사무처 재조직화(양원 통합지원), 공보국 및 관리운영국 신설, 행정사무대표단 설치
1990	수당 관련 법 일부 개정으로 의원 수당인상, 의회행정통제과 설치
1991	양원 관계법 일부 개정, 내각과의 관계 조정(대외정책에 의회 참여, 외교위원회에 관련 부처 보고), 상하원 규정 개정(제한토론 도입, 하원 발언 시간제한, 12개 상임위원회 체제 도입, 위원회 및 의원발의 관련 절차 변경). 이는 1992년 국민투표에서 가결됨.
	의원수당법과 업무추진지원법이 통과되어 의원 수당이 인상되고 보좌진을 고용하도록 함. 이는 1992년 국민투표에서 부결됨.
2002	위원회의 정보 접근권 확대 헌법에 반영된 효과성 평가규정을 의회법에 규정 법안제출요구안 제출규정 신설 수당 관련 법 개정으로 수당과 보조금의 2배 내외 인상

자료: Association of Secretaries General of Parliaments, reform of parliament (1992: 159) 참조 재작성.

제3절 연방의회의 지위

1. 연방 최고기관

연방의회는 국민 및 칸톤 권리에 따라 연방의 최고기관으로서(연방헌법 제148조 제1항),[72] 연방각료, 연방법관 등을 선출하는 권한을 가진다(연방헌법 제168조 제1항, 제175조 제2항). 연방의회가 삼권분립의 양 축인 연방내각 및 연방법원의 구성원을 각각 선출하지만, 연방헌법의 근본이념인 권력분립 원칙을 훼손하는 것은 아니다.[73] 연방의회는 연방내각 및 연방법원과 달리 국민의 직접선거로 구성되는 국민대표기관이라는 점에서 다른 연방 기관보다 더 큰 민주적 정당성과 적법성을 가지기 때문이다. 또한 연방의회는 연방내각, 연방법원 등의 기관을 감독하고(연방헌법 제169조 제1항), 대내적 치안 및 대외적 안보 유지 등 많은 권한과 책무를 가진다(연방헌법 제173조 제1항 제a호 · 제b호). 아울러 연방의회는 연방내각의 모든 활동의 근거가 되는 연방법령을 제정할 권한을 가지고 있다(연방헌법 제163조 제1항). 이처럼 연방헌법의 여러 조문을 통해 연방의회는 연방내각 등 다른 연방 기관과 달리 연방 내에서 최고기관의 지위를 가진다.

2. 연방의회의 강 · 약 여부

가. 약한 의회라는 견해

형식적 측면에서 보면 연방국가 창설 이후 지금까지 연방의회의 위상은 중추적이고, 연방정부는 연방의회 아래에 있다. 그러나 연방의회의 실질적인 역할 및 권한은 오랫동안 약한 것으로 여겨졌다.[74] 연방의회의 정치적 지위는 19세기 말에서 제1차 세계대전 사이에 상당히 약화됐다.[75] 연방의회의 약화요인으로는 1874년 법률에 대한 선택적 국민투표 도입, 외교정책 등에서 연방정부의 우월과 권한 강화, 정치적 행정의 출현 등을 들 수 있다. 1960~1970년대 사회정책 결정 과정에 관한 연구에 따르면 연방의회가 연방정부, 노동조합, 사용자단체가 합의한 법안과 정책을 통과시키거나 경미한 '수정'만 했을 뿐이라는 점이 밝혀졌다.[76] 또한 의회의 전문화

지수를 조사한 결과에 따르면, OECD 국가 의회 중 스페인 의회에 이어 두 번째로 약한 전문성을 갖춘 의회로 나타났다.[77] OECD 국가 의회는 평균적으로 3.5명의 조력자가 있지만, 스위스는 가장 적은 0.6명의 조력자가 있는 것으로 나왔다. 동시에 스위스 의회의 연간 운영비용은 OECD 국가 중 가장 낮은 수준이고, 연방의원의 수당도 아래에서 두 번째로 낮은 수준이다.[78] 그러나 스위스 의회는 오스트리아, 벨기에, 룩셈부르크, 노르웨이, 포르투갈, 스페인보다 의정활동에 많은 시간을 투입한다고 조사됐다. 이를 종합해보면 스위스 의원이 포르투갈, 벨기에 의원보다 더 많은 일을 하지만, 의원의 보수는 OECD에서 가장 낮고, 인적 · 물적 지원이 가장 약한 의회인 것이다.

스위스 연방의회가 약한 이유는 첫째, 민병제 의회에 따라 연방의원은 의정활동 외에 본업을 가지고 있기에 의정활동에 전념할 수 없기 때문이다. 두 번째 이유는 직접민주주의를 들 수 있다.[79] 국민은 법률에 대한 선택적 국민투표를 통해 연방의회가 가결한 법률안을 부결시키는 등 입법에 관한 최종 결정권을 갖는다. 또한 국민발안을 통해 연방의회가 추진하지 않는 사안을 헌법 개정 형식으로 제안할 수 있다. 연방의회는 국민투표를 통해 연방의회의 결정이 부결될 위험을 알기에 현 상태에서 크게 벗어나지 않는 의사결정을 내려 부결 위험을 줄이려고 노력한다. 연방의회가 약화된 세 번째 이유로 '입법협의 절차'[80]를 들 수 있다. 입법협의 절차는 연방의회의 본격적인 심의 이전에 이해관계자의 참여를 보장하는 절차이다. 연방법률이 특정 단체에 영향을 미친다고 예상되는 경우 이익단체는 입법협의 절차에 참여한다(입법협의 절차에 관한 연방법[81] 제4조 제2항). 입법협의 절차를 통해 이익단체가 정치과정에 참여하고, 이익단체의 요구가 수용되지 않으면 국민투표를 활용하겠다고 위협하는데, 이러한 국민투표 행사압력은 입법과정에서 중요한 고려요소이다. 입법협의 절차는 스위스 정치를 '협의민주주의'로 만들고, 연방의회, 연방정부, 국민 간에 권력균형을 이루게 한다.[82]

나. 강한 의회라는 견해

연방의회는 최근 들어 연방정부로부터 독립된 위상을 가지게 됐다는 견해이다.[83] 2000년 신연방헌법과 2003년 새로운 의회법 시행을 통해 연방의회는 국정에 대한 감독 기능을 수행할 수 있는 다양한 수단들을 사용한다. 연방의회의 역할이 점점 더 중요해진 이유는 첫째, 스위스 정치가 점점 대립화되고, 입법협의 절차에 참여하는 이익단체가 증가하며, 연방정부가 강해짐에 따라 사전적 입법협의 절차에서 타협책을 찾는 것이 점점 더 어려워졌기 때문이다.[84] 둘째, 연방의회의 개혁을 통해 위원회의 심의절차와 수단을 개선하고, 의원발의라는 수단을 적극적으로 활용했다. 위원회 등은 입법과정에 처음부터 참여하고, 의회심사 이전 단계에서 영향력을 미치는 관계자들이 모여 논의하는 자리가 됐다.[85] 연방내각이 제출한 법률안을 연방의회가 수정하는 비율이 늘어나고, 수정의 범위가 증가한다는 연구결과가 이를 반증한다. 연방내각이 제출한 안건이 연방의회에서 2건 중 1건의 비율로 수정되는 점은 연방의회가 더 이상 약하지 않다는 것을 보여준다.[86] 셋째, 1990년대 이후 연방의회는 사회정책 분야의 개혁조치를 수정하고, 연방의회를 통해 합의하도록 했다. 예를 들면 하원 사회보장 · 보건위원회는 1995년 실업보험 개혁에서의 노동시장정책, 2003년 기업연금 개혁에서의 비정규직 노동자로의 적용 확대, 2003년 보육기반 확충을 위한 연방보조금 등의 정책을 토론하고 합의했다.[87]

3. 상원과 하원의 관계

상원과 하원의 관계는 1848년부터 대등한 것으로 규정됐으나 연방창설 초기에는 하원이 실질적으로 우세했다. 안건심사 순서도 하원이 먼저 심사하고, 상원이 두 번째로 심사했다. 그 이유는 하원의원이 국민에 의해 직접 선출되어 민주적 정당성이 강하고 임기도 안정적인 데 비해, 상원의원은 그러하지 못했기 때문이다. 또한 다수 정치세력인 자유주의파가 하원을 주도했지만, 상원은 소수파를 포용하기 위해 구성된 점에 차이가 있었다. 상원의원은 가능한 한 빨리 하원으로 진출하기를 열망했다.[88] 상원의원이 20세기 초부터 주민직선제로 선출되고, 상원의원의 임기가

1년에서 3~4년으로 늘어나며, 칸톤정부로부터 독립성도 강화됨에 따라 상원과 하원의 관계는 실질적으로 동등하게 됐다. 1991년까지 상원의원의 의정활동은 하원의원의 절반에 불과했지만, 2000년 이후 상원의원의 의정활동이 뚜렷하게 증가하여 2016년 현재 하원의원의 60% 수준으로 높아졌고,[89] 상원의원의 2/3는 하원의원 경력을 가지거나 칸톤 각료 출신이다.[90]

상원과 하원이 개별 사안에 대해 독립적으로 심의하는 절차를 헌법적으로 보장한 것(연방헌법 제156조 제1항)은 양원이 동등한 권한을 가질 뿐만 아니라 동일한 심의절차를 거치는 것을 보여준다. 따라서 의회의 결정은 양원의 동의를 필요로 하고, 안건을 심의함에 있어 양원 중 한 쪽 의회에 우선적 심사권이 부여되지 않는다(연방헌법 제156조 제2항).

가. 양원의 동등 관계 및 예외

일반적으로 유권자를 대표하는 하원이 지역을 대표하는 상원보다 더 많은 권한을 가지지만, 연방헌법에 따르면 상원과 하원이 동등한 권한과 지위를 가지고, 연방의회에 부여된 권한을 동일하게 행사한다(연방헌법 제148조 제2항). 상원과 하원의 동등한 관계는 다양한 측면에서 확인할 수 있다.[91] 먼저, 상원과 하원이 협업하여 결론을 도출한다. 법안 등 안건심의에 있어서도 어느 한쪽 의회가 우월한 권한을 갖지 않고, 하나의 안건을 어느 원에서든 먼저 심의할 수 있다.[92] 따라서 양원 중 어느 쪽도 다른 쪽보다 더 큰 권한이나 최종 결정권을 갖지 않는다. 이것이 가능한 이유 중 하나는 연방 상 · 하원이 동시에 개회하며 같은 건물(의회의사당)에 위치하기 때문이다. 또한, 상 · 하원 위원회 및 의원은 어느 원 소속인지와 무관하게 동일한 방식으로 법률안, 예산안 등 안건을 심의하고, 이견이 있을 경우 조정절차를 거쳐 타협 가능한 대안을 찾는다.

양원의 동등성은 연방의원의 보수체계에도 반영되어 있어 수당은 상 · 하원 의원에 동일하게 지급된다.[93] 그리고 연방의회의 예산안 및 결산은 연방정부와 독립적으로 편성되고, 연방의회의 행정사무대표단이 검토한다(의회법 제142조 제2항 ·

제3항). 아울러 상원과 하원은 1개의 사무처를 두어(연방헌법 제155조), 상 · 하원 행정을 동등하게 지원한다. 이러한 상원과 하원 간 상호협력은 합동심의를 할 수 있는 연방헌법 규정을 통해 확인된다(연방헌법 제157조 제2항). 예를 들어 국가안보나 재정 분야에 대한 의회 차원의 감독을 위해 상원과 하원이 함께 참여하는 감독심의회, 재정심의회가 구성된다.

양원 동등 원칙에는 예외가 있다. 상원과 하원의원 전원으로 구성되는 양원합동회의에서 하원의장이 회의를 주재하고(연방헌법 제157조 제1항), 양원합동회의의 의결정족수가 투표자의 과반수 득표로 결정된다는 점에서(연방헌법 제159조 제2항) 의사 진행 독립원칙(양원 등등 원칙)에 대한 예외이다. 하원의원이 상원의원보다 그 수가 많기 때문이다. 또한 하원은 토론과 갈등 해결에 보다 중요한 역할을 하고, 상원은 숙고하는 역할을 한다. 하원의원은 상원의원에 비해 전문화 수준이 높고, 더 많은 시간을 의정활동에 할애하기 때문이다.

나. 상원의 특별한 대표기능

46명의 상원의원은 정치적으로 칸톤을 대표할 뿐, 법률적으로 연방의 대표이다(연방헌법 제150조 제1항). 상원은 연방의 대표이기에 칸톤의 지시에 구속되지 아니하고 자율적으로 활동한다(연방헌법 제161조 제1항).

상원은 시골 지역 국민을 훨씬 더 많이 대표한다. 전체 국민의 4.5%를 차지하는 10만 명 이하의 인구를 가진 8개 칸톤(아펜첼이너로덴, 아펜첼아우서로덴, 옵발덴, 니트발덴, 우리, 글라루스, 샤프하우젠, 쥐라 칸톤)은 상원 전체 46석 가운데 26.1%인 12석을 차지하기 때문에 작은 칸톤은 상원에서 과다대표된다.[94] 국민의 73.7%가 도시에 살지만 상원에서는 의석의 28.3%만 대표된다.[95] 또한 시골 칸톤은 보수적이기에 시골 칸톤을 과다 대표하는 상원은 연방정부나 하원에서 제안하는 개혁조치나 정책변화에 맞서는 보수적 성향을 보인다.[96] 이처럼 상원에서 작은 칸톤의 이익이 상대적으로 과다대표되기 때문에 상원을 통한 소수자의 지나친 보호와 시골의 작은 칸톤이 도시의 큰 칸톤을 희생하여 이익을 얻고 있다는 문제가 제기된다.

한편 상원은 장년층, 노년층, 고급직종의 직업군을 대표하지만, 여성, 40대 이하, 상업, 농업, 임업, 수공업, 시설장비업 등은 상원에서 거의 대표되지 않는다.[97] 그 결과 상원은 하원에 비해 도시, 여성, 외국인, 청소년 문제에 소극적이고, 연방의 개입보다는 경제적 자유와 자유주의적 경제를 강조하며, 연방의 개입을 제어하는 역할을 한다. 또한 상원과 하원은 재정, 보건의료, 에너지 정책에서 의견대립이 있다.[98] 하원에서 우파가 다수를 차지하고, 상원에서 중도좌파가 다수를 차지할 경우 사회 및 가족 정책, 경제정책, 에너지 정책에서 양원 간 긴장국면이 발생할 가능성이 높다.[99]

제4절 연방정부 및 연방법원

1. 연방정부

행정부는 연방내각[100]을 중심으로 한 연방정부와 지방정부(칸톤정부, 코뮌 집행부)로 나뉜다. 연방정부는 연방헌법에 규정된 사무를 수행한다(연방헌법 제42조 제1항). 연방내각은 연방의회의 양원합동회의에서 선출된 7명의 연방각료로 구성된다(연방헌법 제157조 제1항 제a호). 연방각료는 주요 정책을 입안하고, 국정의 기본목표를 설정하며, 연방의회에 연방법령을 제안한다. 연방각료의 임기는 4년이며, 임기 중 해임되지 않는다. 연방내각은 '마법의 공식'(Magic Formula)[101]을 통해 연방의회에 의석을 배출한 4개 주요 정당의 대표로 구성된다.

연방각료 중 4명은 독일어권, 2명은 프랑스어권, 1명은 이탈리아어권 출신이다.[102] 연방각료는 매주 각료 회의를 갖고, 매년 2,000건 이상의 업무에 대한 결정을 내린다. 연방내각의 결정은 합의체[103]로 이루어지기에(연방헌법 제177조 제1항), 그 책임은 연방내각 전체가 진다. 연방각료는 자신의 의견, 소속 정당의 의견과 다르더라도 연방내각의 의견을 옹호한다(협조의 원칙). 이를 통해 다양한 국민과 업계의 의견이 모이고, 연방의회에 제안된다. 이러한 정부 형태를 '스위스식 회의체 정부'라고도 한다.[104]

[표 5] 연방내각 조직도

FDFA 연방외교부	FDHA 연방내무부	FDJP 연방법무·경찰부	DDPS 연방국방·안보·체육부	FDF 연방재무부	EAER 연방경제·교육·연구부	DETEC 연방환경·교통·에너지·통신부	FCh 연방내각사무처
이그나시오 카지스 장관	알랭 베르제 장관	카린 갤러-시티 장관	비올라 압히드 장관	윌리 마우러 장관	카이 파멜린 장관	시모네타소마루가 장관	발터 틴헤어 처장
사무국 GS-FDFA	사무국 GS-FDHA	사무국 GS-FDJP	사무국 GS-FDFA	사무국 GS-FDFA	사무국 GS-EAER	사무국 GS-DETEC	연방데이터보호국FDPIC
국무원	연방성평등국 FOGE	이민국 SEM	군법무장관국	국제재정사안 국무원 SIF	경제 국무원 SECO	연방수송국 FOT	
정치국 PD	연방문화국 FOC	연방법무국 FOJ	연방정보국 FIS	연방재정관리국 FFA	교육연구혁신 국무원 SERI	연방민간항공국 FOCA	
유럽국 DEA	스위스연방기록 보관소 SFA	연방경찰청 fedpol	국방정보국	연방인사국 FOPER	연방농업국 FOAG	스위스연방 에너지국 SFOE	
국제법국 DIL	영방기상·기후국 MeteoSwiss	연방지식재산 연구소 IIP	연방방위사업국 armasuisse	연방국세청 FTA	연방국가경제 공급국 FONES	연방도로국 FEDRO	
영사국 CD	연방보건국 FOPH	연방측정연구소 METAS	연방지리국 swisstopo	연방관세청 FCA	연방주택국 FOH	연방통신국 OFCOM	
스위스개발 협력국 SDC	연방식품안전·수의국 FSVO	스위스비교법 연구소 SICL	연방시민보호국 FOCP	연방정보기술시 스템 통신청 FOITT	연방민간서비스국 CIVI	연방환경청 FOEN	
자원국 DR	연방통계청 FSO	연방감사감독국 FAOA	연방체육국 FOSPO	연방건축계획국 FOBL	물가감독국	연방공간개발국 ARE	
	연방사회보험국 FSIO	연방도박위원회 FGB		연방IT지휘팀 FITSU	경제위원회 COMCO	스위스연방안전 조사단 ENSI	
	스위스의약품국 Swissmedic	연방이주위원회 FCM		스위스금융시장 감독당국 FINMA	연방기술그룹협회 ETH Domain		
	스위스국립 박물관 SNM	연방저작권·관련권리위반중재 위원회 FACO		스위스연방 감사국 SFAO	스위스연방직업교육 훈련연구소 SFIVET		
	스위스예술 위원회 Pro-Helvetia	국가고문방지 위원회 NCPT		연방연금기금 PUBLICA	스위스혁신진흥국 Innosuisse		

자료: The Swiss Confederation(2020:44-45).

연방내각의 부담경감과 행정집행을 위해 7개의 연방 부처를 두고, 연방각료가 7개 연방 부처를 관장한다(연방헌법 제178조 제1항 · 제2항). 현재 연방 부처는 외교부, 내무부, 법무 · 경찰부, 국방 · 안보 · 체육부, 재무부, 경제 · 교육 · 연구부, 환경 · 교통 · 에너지 · 통신부로 구성한다.[105] 연방내각의 일반행정은 연방내각사무처[106]가 관장하고, 연방내각사무처장이 지휘한다(연방헌법 제179조).

또한 연방각료 중에서 임기 1년으로 연방대통령과 부통령이 연방의회에서 선출된다. 연방대통령 및 부통령은 연임하지 못하고(연방헌법 제176조 제2항), 일반적으로 부통령을 다음 연도의 대통령으로 선출한다. 연방대통령은 연방의 다른 각료들과 동일한 권한을 가지며(Primus inter pares), 단지 연방각료회의를 주재하고, 대외적으로 국가를 대표하는 상징적인 지위를 가질 뿐이다. 연방대통령은 의전서열 1위이고, 연방대통령, 부통령, 입각한 연방각료 순으로 연방내각의 의전서열이 정해진다(연방내각조직령[107] 제1조 제1항). 연방의회에서는 하원의장이 상원의장보다 서열이 앞서고, 하원과 상원 부의장이 그 뒤이고, 하원의원, 상원의원 순이며, 하원 또는 상원에서 의장을 대신하는 부의장은 의장에 상응하는 대우를 받는다.[108]

[표 6] 스위스 의전서열

서열	구분	외교	국방	행정기관	학교, 성직
1	전체 연방 각료				
1a	연방대통령				
1b	연방각료회의 부의장(부통령)				
1c	연방각료회의[109]		스위스 군 총사령관		
2	하원의장				
3	상원의장				
4	내각사무처장				
5	연방대법원장				
6	전 연방각료회의 각료				
7	칸톤정부 총리[110]				추기경, 개신교 총회 회장
8	하원 부의장[111]				
9	상원 부의장				

서열	구분	외교	국방	행정기관	학교, 성직
10	연방대법원 부법원장				
11	하원의원				
12	상원의원				
13	국무위원		참모총장		주교
14	연방대법원 연방법관				
15	연방형사법원 법원장				
16	연방행정법원 법원장				
17	연방특허법원 법원장				
18	연방검사				
19		스위스 외교 대표부 대표	군단장	스위스 국립은행장; 스위스연방철도 회장	연방 공과대학교 이사회 회장
20	칸톤정부 부총리				
21	연방형사법원 부법원장				
22	연방행정법원 부법원장				
23	연방특허법원 부법원장				
24	칸톤정부 위원				
25				스위스 국립은행 이사회 이사	
26		대사	사단장	연방 기관장; 연방의회 사무총장, 연방 부처 사무총장; 연방대법원 사무국장	
27	베른 시장				대학교 총장, 전문대학 총장
28	칸톤의회의 장		여단장	기관장 직무대리	
29					단과대 학장 및 학교장
30	칸톤법원 법원장				고위 성직자
31	연방형사법원 연방법관				종합대학 및 전문대학 교수
32	연방행정법원 연방법관				
33	연방특허법원 연방법관				
34	코뮌 의장				
35	칸톤정부 총사무관 (Staatsschreiber)	공사	육군 대령 (연대장)	부청장	
36	칸톤의회 의원				
37	칸톤법원 판사; 칸톤 검사; 코뮌 기관장		육군 중령		
38			육군 소령	국장 및 부서장	목사, 신부

자료: Confederation suisse(2017: 6510).

2. 연방법원

사법부는 연방법원과 칸톤법원으로 나뉜다.[112] 연방법원은 최고법원인 연방대법원과 2000년 3월 사법개혁에 관한 국민투표[113] 통과로 설치된 연방형사법원, 연방행정법원, 연방특허법원이 있다. 종전의 연방보험법원은 연방대법원으로 통합됐다. 각 칸톤에는 칸톤과 관련된 사건을 제1심으로 관할하는 칸톤법원이 있다. 모든 연방법관은 연방의회에서 선출된다.

연방대법원은 연방의 최고사법기관으로(연방헌법 제188조 제1항), 전임 연방법관은 38명이고, 겸임 연방법관[114]은 19명이다(연방대법원법 제1조 제3항 · 제4항).[115] 연방대법원의 연방법관 임기는 6년이고(연방헌법 제145조), 정년은 만 68세이다(연방대법원법 제9조 제2항). 연방대법원은 연방법률, 국제법, 칸톤 간 법률, 코뮌의 자치권, 연방 및 칸톤의 참정권 규정 등에 관한 분쟁을 재판한다(연방헌법 제189조 제1항). 또한 연방대법원은 연방과 칸톤 또는 칸톤 상호 간의 분쟁을 심판하고(연방헌법 제189조 제2항), 칸톤 최고법원, 연방형사법원, 연방행정법원, 연방특허법원이 내린 결정에 대한 최종 판결을 내린다. 연방대법원은 로잔에 위치하지만, 1개 이상의 재판부를 루체른에 둔다(연방대법원법 제4조).[116]

연방형사법원은 2004년 4월 1일 티치노 칸톤 수도인 벨린초나에서 개원했다. 현재 연방형사법원에는 21명의 연방법관이 있고(연방형사기관조직법[117] 제41조 제1항), 형사재판부, 항고재판부, 항소재판부로 구성한다(연방형사기관조직법 제33조).[118] 연방행정법원은 2007년 1월 장크트갈렌[119]에서 개원했다(연방행정법원법[120] 제4조 제1항). 매년 약 7,500건을 처리는 연방행정법원의 연방법관은 76명으로,[121] 6개의 재판부가 있다(연방행정법원법 제21조 제1항).[122]

연방특허법원은 특허 관련 분쟁 해결 목적으로 종래 각 칸톤의 법원을 대신하여 연방의 제1심 특허법원으로 2012년 1월 신설됐다.[123] 장크트갈렌에 소재하는 연방특허법원은 2명의 전임 연방법관과 41명의 겸임 연방법관으로 구성된다(연방특허법원법[124] 제8조 제2항). 연방특허법원은 분쟁 당사자의 동의하에 공용어 대신 영어를 사용할 수 있는 특징이 있다.[125]

[표 7] 연방법원 체계

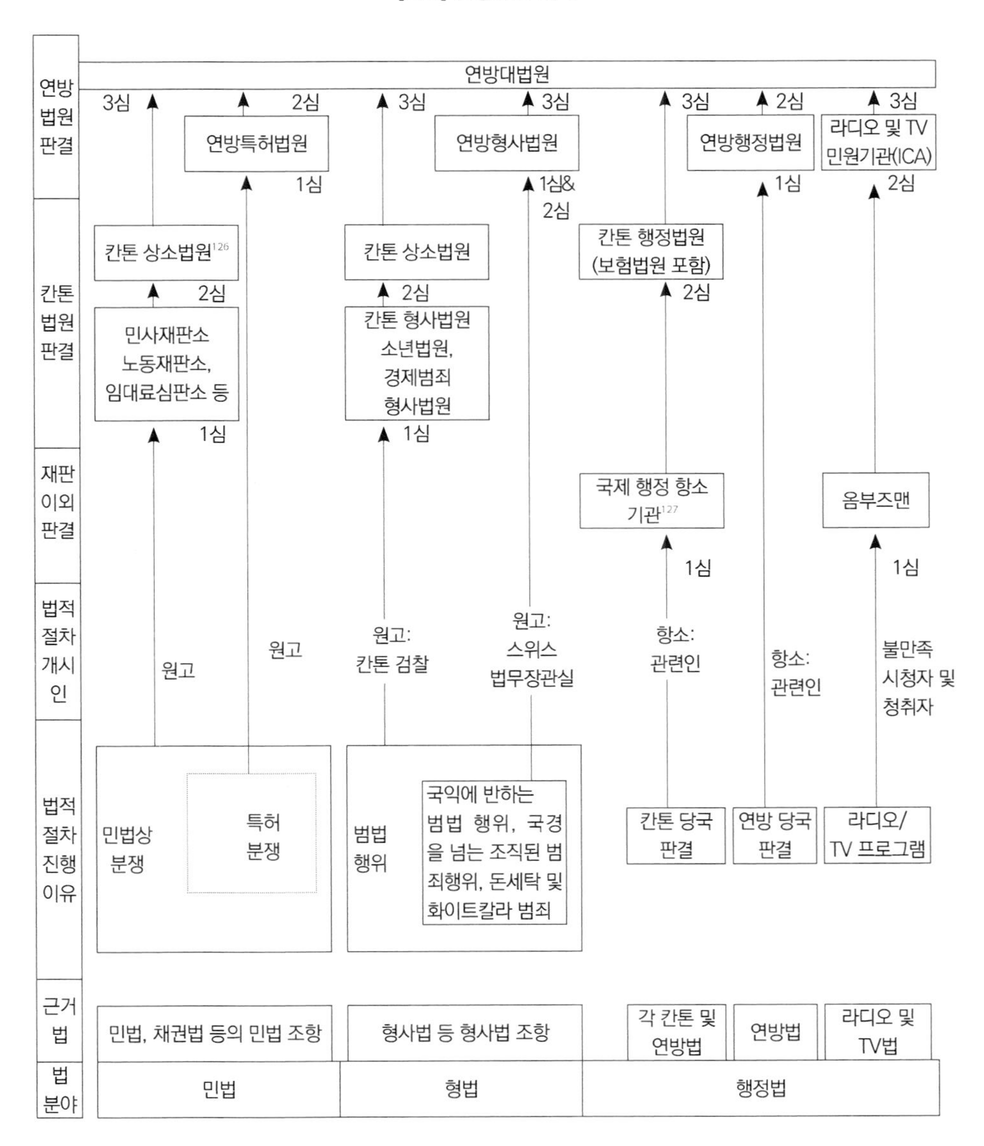

자료: The Swiss Confederation(2020: 79).

제 2 장

연방의원 정수 및 임기

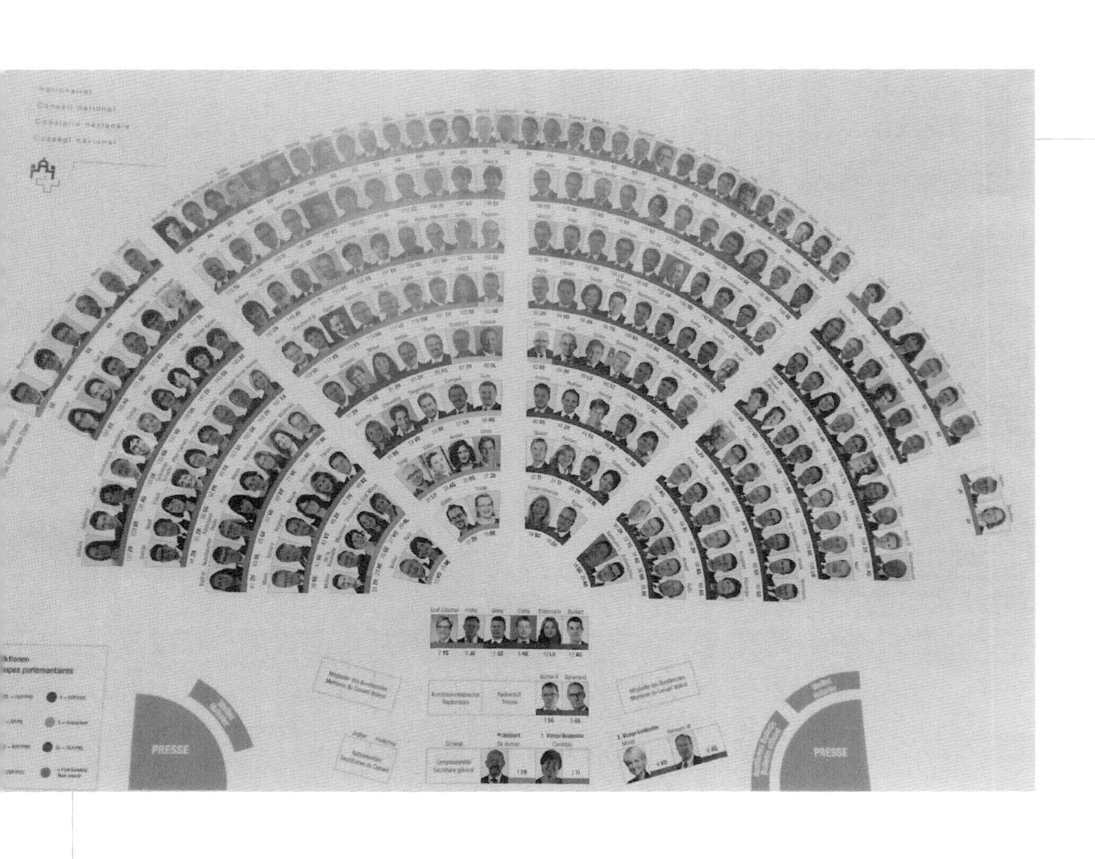

제1절 연방의원 정수 등

1. 하원

현재 하원의원은 200명이다(연방헌법 제149조 제1항). 그러나 1848년부터 1962년까지 하원의원은 인구비율에 따라 선출됐다(1848년 연방헌법 제61조). 1848년에는 전체인구 20,000명당 1명의 비율로 하원의원을 선출하였기에 111명의 하원의원을 두었다. 인구비례로 하원의원을 선출함에 따라 1848년 111명이던 하원의원은 1922년에 198명으로 증가했다. 1930년 클료티(Klöti) 의원이 하원의원 정수를 200명으로 규정하는 의원발의안을 제출하였으나, 연방내각의 반대로 채택되지 못했다. 다만, 하원의원 1명당 대표되는 국민을 23,000명, 24,000명, 30,000명으로 변경하는 발의안이 제출됐고, 두 차례에 걸친 연방헌법 개정을 통해 연방의원 1명당 인구비율을 조정했다.

즉, 1931년 3월 15일 실시한 국민투표에서 22,000명당 1명의 비율로(투표율 53.5%, 국민찬성 53.9%, 13.5개 칸톤 찬성), 1950년 12월 3일 실시한 국민투표에서 24,000명당 1명의 비율로 각각 하원의원을 선출하도록 연방헌법이 개정됐다(투표율 55.7%, 국민찬성 67.3%, 20개 칸톤 찬성). 이를 요약하면 하원의원 1명당 국민 수가 1848~1930년에는 20,000명, 1931~1950년에는 22,000명, 1951~1962년에는 24,000명으로 증가했다.[1] 그 결과 1922년에 198명까지 달했던 하원의원 정수는 187~196명 사이로 조정됐다.

[표 8] 하원선거에서 의원정수 변동추이

하원선거연도	1848	1851	1863	1872	1881	1890	1902	1911
의원정수(명)	111	120	128	135	145	147	167	189
하원선거연도	1922	1931	1943	1951	1963	1971	1983	2020
의원정수(명)	198	187	194	196	200	200	200	200

인구에 비례하여 의원 숫자가 늘어나지 않도록 하기 위해 연방의회는 1961년

12월 22일 하원의원 정수를 200명으로 고정하는 연방헌법 개정안을 국민투표에 회부할 것을 결정했고, 1962년 11월 4일 실시한 국민투표에서 가결됐다(투표율 36.3%, 찬성 63.7%, 16개 칸톤 찬성). 하원의원을 200명으로 설정한 것은 하원 본회의장 규모와 인구증가에 따라 의원정수를 늘릴 경우 효율적인 의정활동이 어렵다는 점을 고려한 것이었다.[2] 하원의원은 인구에 비례하지만, 의원 숫자는 200명으로 고정되기 때문에 하원의원 1명당 대표되는 인구수는 1명당 3만 5,000명, 3만 7,500명, 3만 7,800명, 40,000명으로 늘어났고, 현재는 4만 2,000명의 비율로 하원의원이 선출된다.

하원의원은 26개 칸톤을 각각 1개의 선거구로 구성하여 1명 이상 선출되고, 칸톤별 의석은 인구수에 비례한다(연방헌법 제149조 제3항 · 4항). 인구수는 나이와 국적을 불문하기에 18세 이상 유권자 외에도 어린이, 청소년, 외국인 등 투표권이 없는 인구를 포함한다. 한편, 스위스 국민만을 토대로 인구 기준을 설정해야 한다는 주장도 있는데, 이에 따르면 외국인 비율이 상대적으로 높은 제네바 칸톤과 바젤슈타트 칸톤은 몇 개의 하원 의석을 잃게 될 것이다.[3]

이처럼 현재 인구가 많은 칸톤은 더 많은 하원 의석이 배분되는데, 칸톤별 하원 의석은 1~35석으로 「하원의원 총선거 의석배분 시행령」[4]에서 규정한다. 2019년 하원선거에서 취리히 칸톤 35석, 베른 칸톤 24석, 보 칸톤 19석, 아르가우 칸톤 16석이 배분됐다(하원의원 총선거 의석배분 시행령 제1조). 2015년 하원선거와 비교하면 베른 칸톤(24석) 및 루체른 칸톤(9석)은 각각 1석이 감소하고, 보 칸톤(19석) 및 제네바 칸톤(12석)은 각각 1석이 증가했다.[5]

[표 9] 연도별 · 칸톤별 의석배분 현황

(단위: 석)

칸톤 명칭	1959 선거	1979 선거	1995 선거	2003 선거, 2007 선거, 2011 선거	2015 선거	2019 선거
취리히(Zürich)	35	35	34	34	35	35
베른(Bern)	33	29	27	26	25	24
루체른(Luzern)	9	9	10	10	10	9
우리(Uri)	1	1	1	1	1	1

칸톤 명칭	1959 선거	1979 선거	1995 선거	2003 선거, 2007 선거, 2011 선거	2015 선거	2019 선거
슈비츠(Schwyz)	3	3	3	4	4	4
옵발덴(Obwalden)	1	1	1	1	1	1
니트발덴(Nidwalden)	1	1	1	1	1	1
글라루스(Glarus)	2	1	1	1	1	1
추크(Zug)	2	2	3	3	3	3
프리부르(Fribourg)	6	6	6	7	7	7
졸로투른(Solothurn)	7	7	7	7	6	6
바젤슈타트(Basel-Stadt)	8	7	6	5	5	5
바젤란트(Basel-Landschaft)	5	7	7	7	7	7
샤프하우젠(Schaffhausen)	2	2	2	2	2	2
아펜첼아우서로덴(Appenzell A. Rh)	2	2	2	1	1	1
아펜첼이너로덴(Appenzell I. Rh)	1	1	1	1	1	1
장크트갈렌(St. Gallen)	13	12	12	12	12	12
그라우뷘덴(Graubünden)	5	5	5	5	5	5
아르가우(Aargau)	13	14	15	15	16	16
투르가우(Thurgau)	6	6	6	6	6	6
티치노(Ticino)	7	8	8	8	8	8
보(Vaud)	16	16	17	18	18	19
발레(Valais)	7	7	7	7	8	8
뇌샤텔(Neuchâtel)	5	5	5	5	4	4
제네바(Geneva)	10	11	11	11	11	12
쥐라(Jura)	-	2	2	2	2	2

*자료: 연도별 「하원의원 총선거에 있어 의석 배분에 관한 시행령」 참조하여 필자 작성

2. 상원

상원은 1848년 연방헌법에 따라 칸톤을 대표하는 44명으로 구성했다. 각 칸톤은 인구나 면적 규모와 관계없이 2명의 상원의원을 선출하고, 6개의 반칸톤은 각각 1명의 상원의원을 선출했다(당시 연방헌법 제69조). 상원의원 정수는 단 한 번 변경됐다. 1978년 쥐라 칸톤을 베른 칸톤에서 분리하고, 쥐라 칸톤을 창설할 때 상원의원 2명이 증가하여 현재와 같은 46명으로 조정됐다.[6]

3. 연방의원 현황

가. 여성의원 비율

1971년 여성에 대한 참정권이 부여된 이후 여성의원의 비율이 높아지고 있다.[7] 1971년 하원의원 선거에서 엘리자베스 블런치(Elisabeth Blunschy) 의원 등 10명의 여성의원이 배출되어 여성의원 비율은 5%였다. 하원에서 여성의원 비율은 1995년 하원선거에서 21.5%(43명), 1999년 선거에서 23.5%(47명), 2003년 선거에서 26.0%(52명), 2007년 선거에서 29.5%(59명), 2011년 선거에서 29.0%(58명), 2015년 선거에서 32.0%(64명), 2019년 선거에서 42.0%(84명)로 꾸준히 증가하고 있다. 상원에서는 2007년 선거에서 10명의 여성의원이 선출됐고(21.7%),[8] 그 이후 하락세를 보이다가 2019년 선거에서 12명의 여성의원이 선출됐다(26.1%).[9]

여성의원 비율은 전체 인구대비 여성 비율인 52%보다 낮은 수준으로 덜 대표되지만, 세계 여성의원 비율인 24.5%보다 높다.[10] 여성의원 선출과 관련하여 비례대표제 선거에서 여성 친화적인 효과가 발휘되어 여성의원이 많이 선출되지만, 다수대표제 선거에서는 여성이 매우 적게 추천되고, 거의 선출되지 않는다. 여성의 대표성이 부족한 이유 중 하나로 의정활동에 충분한 보수가 지급되지 않는 민병제 의회를 들기도 한다.[11]

나. 연령 분포

2016년 현재 하원의원의 평균연령은 51세, 상원의원은 56세이다. 유권자가 18세 이상임을 고려한다면 18~30세 및 70세 이상의 인구가 연방의회에서 덜 대표되고 있다. 1848년부터 2015년까지 하원의원의 평균연령은 52.5세였고, 상원의원의 평균연령은 54세였다.[12] 1919년 비례대표제 도입 이후 연방의원의 평균연령이 높아졌다. 1919년에는 21%의 의원이 30~39세였고, 1920년대에는 20%의 의원이 40대 이하였으나, 1959년에는 5%로 하락했다. 30대 청년의원과 60대 장년 의원의 비율은 최근 들어 상승했고, 40대는 예년 수준을 유지했으며, 50대 의원 비율은 감소했다.[13]

[표 10] 연방의원 평균연령(상 · 하원 포함)

(단위: 비율, %)

구분	1972년	1976년	1980년	1984년	1988년	1992년	1996년	2000년	2004년	2008년	2012년	2016년
30세 미만	1	-	1	-	-	-	-	1	2	2	2	2%
31~40세	6	7	11	9	9	9	5	5	6	8	14	16%
41~50세	30	25	27	24	36	40	35	33	25	24	22	22%
51~60세	43	46	45	50	39	35	49	52	48	47	44	41%
61~70세	20	21	15	17	14	15	11	10	19	18	17	20%
70세 이상	-	1	-	-	-	-	-	-	-	1	1	-
평균연령(세)	53	54	52	53	52	51	52	52	53	53	52	52

자료: 연방의회 홈페이지.

다. 초선의원 비율, 직업분포

임기종료 후 새로 구성되는 선거에서 연방의원의 2/3는 재선되며, 1/3이 초선의원이고, 평균 8년간 의정활동을 수행한다. 2019년 10월 연방선거에서는 현직 의원 약 50여 명(하원 30명, 상원 20명)의 불출마가 있었다. 이는 연방의원 246명 중 약 1/4이 초선의원으로 교체되고, 특히 상원의원(46명)의 43.5%인 20명이 초선의원으로 교체됐다는 점에서 상원의원의 교체율이 상당히 높다.[14] 한편 제49대 의회(2011~2015)의 경우 27%의 연방의원이 박사학위 소지자로서 2014년 15세 이상 인구의 박사학위 소지 비율(2.3%)보다 훨씬 높다.[15]

민병제 의회 원칙에 따라 연방의원은 별도의 직업을 가진다. 연방의회는 기본적으로 유명인사의 대표로 구성되고, 모든 계층을 대변하지 않고 특정 계층 또는 특권층 일부를 대표한다는 지적이 있다.[16] 예를 들면 1980년대 말 기준으로 연방의원은 기업가, 변호사, 의사, 대학교수 등 전문직 종사자가 많지만, 노동자, 농민은 감소했다.[17] 지난 20세기 전반기에 가장 큰 직업군은 법조계였다. 1916년 제23대 의회는 189명의 의원 중 41%인 78명이 법조인이었고, 1935년 제30대 의회는 하원의원 187명 중 19%인 36명, 1959년 제36대 의회는 하원의원 196명 중 21명(10.7%)이 각각 법조인이었다.[18] 상원의 경우 상원의원의 2/3가 직업을 가졌고, 이 중 32.4%가 변호사, 17.6%가 기업가였다.[19]

라. 해외 거주 연방의원

第46대 의회(1999~2003년)에서 2명의 해외 거주 국민이 하원의원으로 재임했다(녹색당[20]의 Ruedi Baumann, 사민당의 Stephanie Baumann). 부부관계인 그들은 하원 임기 중인 2001년 프랑스로 이주했고, 2003년까지 의원직을 수행했다.[21]

또한 2015년 10월 하원선거에서 해외에 거주한 후보자가 당선됐다. 취리히 칸톤에서 사민당 소속으로 당선된 팀 굴디만(Tim Guldimann)은 전직 독일 주재 스위스 대사였다. 팀 굴디만은 2015년 하원선거에 입후보한 59명의 해외 거주 국민 중 유일하게 당선된 것이다. 팀 굴디만은 하원의원 중 유일하게 가족과 함께 독일에 거주했고, 당선 뒤에도 베를린에 살았다. 하원회의가 열리면 베른에 소재한 연방의사당을 찾았다. 생활거주지와 정치적 주소가 달라 고충을 토로한 팀 굴디만은 4년 임기를 채우지 못한 채 2018년 1월 18일 사퇴했다.[22]

제2절 연방의원 임기 및 사임

1. 연방의원 임기

하원의원은 연방헌법에 따라 4년의 임기를 가지고, 상원의원은 칸톤법에 따라 4년의 임기를 가진다. 국제의회연맹(IPU) 자료에 따르면, 양원제 국가에서 상원의원은 지명되거나 선출된다. 미국 상원의원은 6년의 임기를 가지지만, 2년마다 상원의원의 1/3이 개선된다. 아르헨티나 상원의원의 임기는 6년이지만 매 3년마다 상원의원의 1/2이 개선된다. 영국의 상원의원은 종신직이고, 캐나다 상원의원은 은퇴할 때까지 재직할 수 있다. 독일의 상원의원은 주지사에 따라 그 임기가 좌우된다.

한편 대부분의 국가에서 하원의원의 임기는 4~5년이다. 33개 유럽국가에서 하원의원 또는 단원제 의회 의원의 임기는 4년이다. 오스트리아, 프랑스, 이탈리아 등 그 밖의 15개 유럽국가에서 하원의원의 임기는 5년이다. 드물지만 멕시코, 부탄은 3년, 미국, UAE는 2년으로 하고 있다.[23]

가. 하원

하원의원의 임기는 4년이다(연방헌법 제149조 제2항). 하원의원은 4년마다 유권자의 심판을 받아 재신임을 받고, 자진해서 사퇴하지 않은 한 소환되거나 해임되지 않는다. 하원의원의 임기는 하원선거 후 일곱 번째 월요일에 시작되는 회의 즉, 새로운 의회 구성 회의부터 시작된다. 다만, ① 연방헌법 전부 개정을 위한 국민발안이 제출되거나, ② 한쪽 의회가 연방헌법 전부 개정을 결정하고 다른 쪽 의회가 이 결정을 거부하는 경우, 국민투표를 통해 연방헌법 전부 개정 여부를 결정한다(연방헌법 제193조 제2항). 국민투표로 연방헌법 전부 개정 원칙을 수용하는 경우 연방의회는 선거를 통해 새롭게 구성된다(연방헌법 제193조 제3항). 이때는 임기 중이라도 도중에 임기가 만료되기 때문에 4년 임기의 유일한 예외이다.[24]

1848년 연방헌법을 제정할 때 하원의원의 임기를 몇 년으로 할지가 논란이 됐다. 아르가우 칸톤의 대표들은 하원의원 임기를 4년으로 주장했고, 제네바 칸톤의 대표들은 미국 하원을 모델로 하여 2년으로 하자고 제안했다. 이를 검토한 특별위원회는 하원의원 임기를 3년으로 하는 절충안을 채택했다.[25]

1910년대 하원선거를 다수대표제 방식에서 비례대표제로 변경하려는 국민발안이 두 차례 부결된 후 1918년 10월 13일 국민투표에서 가결됐다. 다수대표제로 선출된 하원을 해산하고, 재구성하기 위한 국민투표가 가결됨(1919. 8. 10.)에 따라 하원의 전면 개편이 승인됐다.[26] 1919년 10월 26일 비례대표제 선거를 적용하여 하원을 새롭게 구성하는 선거가 실시됐고, 그 결과 1917년 10월 28일 선출된 하원의원의 임기는 2년에 불과했고, 이는 연방헌법 개정에 따른 임기가 단축된 최초의 사례이다.[27]

1930년 하원의원들은 만장일치로 3년 임기는 의원의 역량을 보여주기에 부족한 기간이라고 평가했고, 이러한 의견에 동감한 연방내각이 1930년 연방의회에 연방헌법 개정안을 제출했다. 연방내각의 헌법 개정의견에 따르면 선거운동에 비용이 많이 들고, 정치적 혼란을 가중할 수 있기 때문에 선거주기가 짧지 않을 것을 권고했다. 연방헌법 개정에 반대한 사회민주당은 유권자가 하원의원을 4년 간격으로 선출할 경우 연방의원을 견제할 수 있는 국민의 권리를 침해하는 것이라고 주장했다. 연방의원의 임기를 4년으로 변경하는 연방헌법 개정안에 대한 국민투표가 1931년 3월 15일 실시되어 투표율 53.5%에 유권자의 53.7%와 16개 칸톤의 찬성으로 가결됐고, 1931년부터 하원의원의 임기가 4년으로 수정됐다.[28]

[표 11] 역대 의회기 하원의원 정수 및 임기 변동추이

연도	1848	1851	1854	1857	1860	1863	1866	1869
의회기[29]	제1대	제2대	제3대	제4대	제5대	제6대	제7대	제8대
의원정수(명)	111	120	120	120	120	128	128	128
의원임기	3년	3년	3년	3년	3년	3년	3년	3년
연도	1872	1875	1878	1881	1884	1887	1890	1893
의회기	제9대	제10대	제11대	제12대	제13대	제14대	제15대	제16대
의원정수(명)	135	135	135	145	145	145	147	147
임기	3년	3년	3년	3년	3년	3년	3년	3년
연도	1896	1899	1902	1905	1908	1911	1914	1917
의회기	제17대	제18대	제19대	제20대	제21대	제22대	제23대	제24대
의원정수(명)	147	47	167	167	167	189	189	189
의원임기	3년	3년	3년	3년	3년	3년	3년	2년
연도	1919	1922	1925	1928	1931	1935	1939	1943
의회기	제25대	제26대	제27대	제28대	제29대	제30대	제31대	제32대
의원정수(명)	189	198	198	198	187	187	187	194
임기	3년	3년	3년	3년	4년	4년	4년	4년
연도	1947	1951	1955	1959	1963	1967	1971	1975
의회기	제33대	제34대	제35대	제36대	제37대	제38대	제39대	제40대
의원정수	194	196	196	196	200	200	200	200
임기	4년	4년	4년	4년	4년	4년	4년	4년
연도	1979	1983	1987	1991	1995	1999	2003	2007
의회기	제41대	제42대	제43대	제44대	제45대	제46대	제47대	제48대
의원정수(명)	200	200	200	200	200	200	200	200
의원임기	4년	4년	4년	4년	4년	4년	4년	4년
연도	2011	2015	2019	2023				
의회기	제49대	제50대	제51대	제52대				
의원정수(명)	200	200	200	200				
임기	4년	4년	4년	4년				

1995년 하원(정치제도위원회)은 하원의원의 임기를 5년으로 연장하는 방안을 검토했다. 5년 임기에 찬성하는 주장에 따르면 유권자가 직접민주주의 등을 통해 영향력을 행사할 수 있으므로 대의민주주의를 채택한 국가보다 의원의 임기가 더 길어야 한다는 것이다. 또한 연방 정책에 대한 견제가 약하다고 비판받는 이유가 4년 임기와 관련이 있다고 주장했다. 그러나 하원의원 임기를 연장할 경우 대부분 4년 임기제를 채택하는 칸톤의회와 코뮌의회에 영향을 미칠 수 있기 때문에 이 제안은 부결됐다.[30]

2006년 모리스 셰브리에(Maurice Chevrier) 하원의원은 하원 임기를 5년으로 연장하는 의원발의안을 제출했다.[31] 하원 정치제도위원회는 칸톤 주민의 이익이 침해될 수 있으며, 의회 스스로 임기를 연장하는 것은 적절하지 않다고 평가하면서 해당 발의안을 채택하지 않았다. 또한 2010년 3월 19일 노르베르트 호흐로이테너(Norbert Hochreutener) 하원의원은 하원의원, 연방각료, 연방내각사무처장의 임기를 4년에서 5년으로 변경하는 내용의 정책검토요청서를 제출했다.[32] 연방내각은 의원임기 연장이 참정권을 제한할 수 있다고 보면서 정책검토요청서에 대한 상세한 검토를 거부했다(2010. 5. 19.). 정책검토요청서를 제출한 의원의 임기만료에 따라 해당 정책검토요청서는 폐기됐다.[33]

나. 상원

상원의원의 임기는 헌법이나 연방법에 규정되어 있지 않다. 상원의원의 선출, 임기 등은 칸톤 자율로 정하기 때문에 상원의원의 임기는 칸톤 별로 차이가 있다(연방헌법 제150조 제3항). 그동안 상원의원의 임기는 1년, 3년을 거쳐 하원의원과 동일한 4년으로 변경됐다. 1848년에 상원의원의 임기는 1년이나 한 번의 정기회로 한정하는 등 활동 기간이 짧았고, 칸톤마다 다양했다. 따라서 상원은 중요도가 떨어지는 "부차적인 의회"로 여겨졌다. 1918년 상원의원 임기는 추크 칸톤 4년, 프리부르 칸톤은 2년, 5개 칸톤(베른, 우리, 글라루스, 장크트갈렌, 보)은 1년, 나머지 18개 칸톤은 3년이었다.[34] 1972년 프리부르 칸톤이 마지막으로 상원의원 임기를 4년으로 변경했고, 그 이후 모든 칸톤의 상원의원 임기는 4년이 됐다.

2. 연방의원 사임

연방의원직에 대한 해임규정이 존재하지 않기에 연방의원은 강제로 사임 되지 않는다. 다만, 서약 또는 선서를 거부하는 연방의원은 의원직을 포기한 것으로 본다(의회법 제3조 제3항). 또한 겸직이 금지된 연방의원이 6개월 이내에 겸직 불가 직위를 포기하지 않은 경우 연방의원직을 자동으로 상실한다(의회법 제15조 제2항). 이는 법률이 정한 사유에 의해 연방의원의 자격을 상실하는 경우에 해당한다. 또한 연방의원은 건강상 이유 등으로 의원직을 자발적으로 사임할 수 있다. 대체로 임기 중 10%의 의원이 사임한다.[35] 예를 들면 제49대 의회(2011~2015)에서 46명의 상원의원 중 3명이 건강상의 이유 또는 연방각료 임명 등의 이유로 사임했다.[36]

[표 12] 제49대 의회(2011~2015)에서 사임한 상원의원

성명	소속	사임 사유	사임일	대체의원	소속	임기 개시일
Alain Berset[37]	상원 (사민당)	연방각료 선출	2011.12.31.	Christian Levrat[38]	하원 (사민당)	2012.5.29.
This Jenny[39]	상원(스위스 국민당)	건강상 이유	2014.2.13.	Werner Hösli[40]	상원(스위스 국민당)	2014.6.16.
Pankraz Freitag[41]	상원 (자민당)	건강상 이유(사망)	2013.10.5.	Thomas Hefti[42]	상원 (자민당)	2014.3.3.

임기만료 전에 사임하려는 하원의원은 서면으로 하원의장에게 사임통지서를 제출한다(정치적 권리에 관한 연방법 제54조). 의회사무총장은 칸톤정부에 하원의원의 사임 사실을 고지한다(정치적 권리에 관한 연방법 시행령 제14조 제1항). 하원의원이 사임하는 경우 칸톤정부는 정당의 후보자명부에서 사임 의원 다음으로 많은 표를 얻은 차순위 득표자를 당선자로 선언한다. 만약 차순위 득표자가 하원의원직을 수행할 수 없거나 원하지 않는다면, 그다음 득표자가 당선된다(정치적 권리에 관한 연방법 제55조). 칸톤정부는 사임에 따른 차순위 득표자를 지체 없이 연방내

각사무처, 의회사무총장, 하원의장에게 통지하고, 이를 칸톤 관보에 공표한다(정치적 권리에 관한 연방법 시행령 제14조 제2항).

제3절 연방의원 특권

1. 면책특권

연방의원은 연방의회에서 행한 직무상 발언에 대해 어떠한 법적 책임을 지지 않는 절대적 면책특권[43]을 가진다(연방헌법 제162조 제1항, 의회법 제16조). 절대적 면책특권이 있는 연방의원은 직무상 발언으로 인해 어떠한 민사상, 형사상 책임을 지지 않는다. 연방의원이 직무 활동과 '직접' 관련된 범죄 혐의가 있으면 면책특권이 적용되어 연방의회의 승인 없이 기소되지 못한다(의회법 제17조 제1항, 연방공무원책임법 제14조). 다만, 연방의회 차원의 징계를 받을 수 있다. 절대적 면책특권은 연방의회의 원활한 활동을 보장하기 위한 취지이므로 연방의원이 자발적으로 포기하거나 철회할 수 없다.[44]

면책특권의 범위 등은 법률로 정할 수 있는데(연방헌법 제162조 제2항), 의회법 제17조에서 상대적 면책특권[45]을 규정한다. 면책특권은 형사소송에만 적용되고, 민사소송에는 적용되지 않기에 연방의원은 형사 절차에 있어 면책특권을 누린다. 이를 상대적 면책특권 또는 절차에 관한 면책특권이라 한다.[46] 연방의원의 절대적 면책특권은 일반적으로 적용되지만, 상대적 면책특권은 직무상 보호 범위로 제한된다.

연방의원의 의정활동과 직접 관련된 범죄를 이유로 면책특권을 박탈하기 위해서는 범죄행위와 의정활동 간에 직접적인 관련성이 인정되고, 이 경우 면책특권 박탈 여부를 심의한다. 면책특권 박탈 여부는 의원이 국민대표로서 의정활동을 자유롭게 수행한다는 측면과 범죄행위를 처벌한다는 측면을 비교 형량하여 결정한다. 또한 문제 된 사안이 형사범죄에 해당하는지 검토하여 형사처벌 대상이 아니거나 처벌 대상으로 삼기에 의심의 여지가 있는 경우 면책특권을 박탈하지 않는다. 의정활동과 범죄행위에 직접적 관련성이 없는 경우 연방의회의 승인 없이 형사 절차가 진행된다. 그러나 회기 중에는 연방의원의 직무와 관련이 없는 행위라도 연방의원이나 연방의회의 승인 없이 형사 절차를 진행할 수 없다(연방공무원책임법 제1조 제1항).

참고로 2011년 12월 4일 의회법 개정 전에는 연방의원의 의정활동과 '관련된' 범죄가 상대적 면책특권의 적용대상이 됐고, 면책특권 박탈 여부는 위원회가 아닌 본회의에서 결정됐다. 따라서 연방의원의 의정활동과 '직접적' 관련성이 없는 모든 의정활동도 포함되어 상대적 면책특권으로 보호됐다. 이러한 면책특권 규정은 2011년 12월 4일 의회법 개정을 통해 상대적 면책특권을 '직접 관련된' 범죄로 제한하고, 심사 주체를 본회의에서 소관 위원회로 변경했다.

2. 불체포 특권

회기 중에는 어떠한 연방의원도 의정활동과 직접 관련이 없는 범죄로 인해 체포되지 않는다. 다만, 소속 위원회가 승인한 경우 의정활동과 직접 관련이 없는 범죄에 연루된 의원은 회기 중에 체포된다(연방헌법 제162조 제2항, 의회법 제20조 제1항). 이를 회기 중 불체포 특권 또는 의회 출석 보장권[47]이라 한다. 그러나, 중범죄를 범한 연방의원은 회기 중에 체포될 수 있고, 중범죄로 인해 도주할 염려가 있는 현행범은 사전구속영장이 발부될 수 있다. 이 경우 수사 당국은 구속영장 발부 24시간 이내에 소속 위원회의 서면 동의 등 사전 승인절차를 밟는다(의회법 제20조 제2항). 불체포 특권은 회기 중 발생한 형사사건에 한하여 적용되고, 해당 의원이 포기할 수 있다.[48] 회기 시작 전에 이미 기소가 이루어진 연방의원은 소관 위원회에 법정 출석 기간을 연기하거나 취소하도록 요청할 수 있다(의회법 제20조 제3항). 비회기 중에 법원판결로 자유형을 선고받은 경우 해당 의원은 불체포 특권을 주장할 수 없다(의회법 제20조 제4항).

1934년 정치활동보장법 개정 전에는 회기 중 불체포 특권이 다섯 차례 적용됐으나, 정치활동보장법 개정 이후 회기 중 불체포 특권은 거의 적용되지 않았다.[49]

3. 안건 제출 및 자료요구권

연방의원은 의원발의안, 법안제출요구안 등 안건을 제출하거나, 의회에서 선출되는 후보자를 추천할 수 있다. 또한 계류 중인 안건 또는 진행 중인 절차와 관련하여 제안서를 제출할 수 있다(의회법 제6조 제1항 · 제2항).

연방의원은 의정활동에 필요한 직무를 수행함에 있어 연방내각이나 연방정부에 필요한 자료의 제출이나 문서의 열람을 요구할 수 있다(의회법 제7조 제1항). 연방의원의 자료요구권에 대해 연방의원과 연방내각 간에 견해 차이가 발생한 경우, 연방의원은 그가 속한 의회의 의장단회의에 중재를 요청할 수 있다(의회법 제7조 제4항, 제150조 제5항). 위원회와 소위원회도 직무수행에 필요한 자료요구권을 가진다(의회법 제150조 제1항).

4. 회기 중 병역 면제

모든 남성은 병역의무가 있지만(연방헌법 제59조 제1항), 고유의 직업과 군 복무를 병행하는 민병제 원칙(연방헌법 제58조 제1항)을 운용한다. 민병제 원칙에 따라 18주간의 기초군사훈련을 마친 남성은 평상시에 생업과 훈련에 종사하다가 유사시 동원되어 병역의무를 수행한다.[50] 연방의원의 훈련의무는 회기 중이거나 위원회 및 교섭단체 회의와 중복된 경우 면제된다(병역법[51] 제17조 제1항). 이 경우 연방의원은 병역 면제세를 납부하지 않는다.[52]

제4절 연방의원 의무

1. 자유 위임

연방의원의 윤리강령이나 행동강령은 없고, 연방의원의 의무가 의회법 등에 명시되어 있다. 연방의원은 어떠한 지시를 받지 않고, 아무런 지침과 구속 없이 자유롭게 투표한다(연방헌법 제161조 제1항). 상원은 칸톤의 대표로 구성하지만(연방헌법 제150조 제1항), 칸톤의회나 칸톤정부 등이 상원의원의 표결을 지시할 수 없다. 하원은 국민을 대표하고, 각 칸톤이 하나의 선거구를 구성하지만(연방헌법 제149조 제1항 · 제3항) 칸톤의 대표가 아닌 연방의 대표이기 때문에 칸톤의 지시를 받지 않는다. 따라서 연방의원은 소속 정당, 출신 칸톤, 이익집단 등의 지시에 따르지 않고 연방헌법과 연방법률의 범위 안에서 양심에 따라 자유롭고 신중하게 투표한다.[53] 이는 연방의회에서의 발언과 표결 등에 대하여 어떠한 법적 구속을 받지 않는다는 것을 의미할 뿐, 정치적 압력으로부터 자유를 의미하는 것은 아니다.[54] 상원과 하원의원이 소속 정당이나 출신 칸톤의 뜻에 따라 투표하기도 한다. 특히 경제단체 등 강력한 이익집단에 연방의원이 사실상 구속된다. 이런 점이 문제가 되어 2000년부터 시행된 신연방헌법에 연방의원이 이익단체와의 관계를 공개하도록 했다(연방헌법 제161조 제2항).[55]

연구결과에 따르면 좌파정당인 사회민주당과 녹색당은 정당의 규율과 결정에 따라 표결에 참여하는 비율이 스위스국민당보다 높다. 스위스국민당은 소속 정당이 제시한 제안을 적극 지지하지만, 좌파정당이 제시한 제안을 적극 반대한다. 또한 일괄투표에서 당원 간의 표결성향이 비교적 일치하여 당론투표 강화를 보이지만, 최종투표에서는 상당히 분산되어 연방내각에 찬성하는 타협적인 분파와 연방내각에 반대하는 비타협적인 분파로 나뉜다. 이에 반해 자유민주당과 기독민주당은 일괄투표에서 표결성향이 분산되어 당론투표에 대한 일관성이 적지만, 최종투표에서는 법률안 전체의 가결 여부에 집중하고, 매우 엄격하게 소속 정당의 결정에 따른다.[56]

2. 이해충돌 방지

가. 이해관계 공개

대부분의 연방의원은 고유한 직업을 가지고 의정활동에 참여하기 때문에 공정한 의정활동과 충돌할 수 있다. 연방의원은 임기 시작 전후에 은행, 다국적 기업, 무역회사, 금융회사, 부동산, 보험업계 등의 이사회 멤버로 참여할 것을 요청받는다. 1년에 4~5회 열리는 이사회에 참석하여 많게는 20만 프랑을 받을 수 있다. 일부 연방의원은 무려 70여 개의 직책을 겸임하기도 했다. 제49대 의회(2011~2015년)에서 연방의원은 평균 8개의 이익단체와 관련이 있는 것으로 보고됐다(최소 1개에서 최대 30개).[57] 우파 의원들은 대표이사, 임원, 대주주 등 기업계와 많이 연관되어 있고, 좌파 의원들은 노동조합 등과 관련되어 있다. 그 결과 연방의원이 특정 단체의 입장을 지지하는 경우가 빈번하게 발생한다. 예컨대 에너지 소비를 줄이기 위해 연방내각은 에너지 절약 규정을 연방헌법에 반영할 것을 제안했다. 상원은 토론위원회를 구성했는데 13명의 위원 중 6명은 1개 또는 여러 개의 에너지 회사 이사로 재직 중이었다.[58]

나. 이해관계 신고 및 등록

연방의원의 자유롭고 투명한 의정활동과 이익충돌을 방지하기 위해 연방의원은 이익단체와의 관계를 공개한다(연방헌법 제161조 제2항). 특히 하원 사무처는 '개인적 이익' 또는 '직접적 이익'의 개념을 연방의원, 연방의원의 친인척, 연방의원의 의뢰인에게 직접 유리한 결정이라고 정의한다. 따라서 개인적 이익의 범위에는 가족, 친구 관계는 물론 경제적, 직업적, 정치적 이익이 포함되지만, 동료 의원과의 이해관계는 공개되지 않는다.[59] 연방의원은 개인이나 법인으로부터 정당이나 선거 활동 등에 필요한 자금을 조달하거나, 기업과의 협업 등을 통해 경제적 이익을 취할 수 있지만, 자금출처 등이 투명하게 공개되지 않는다. 또한 연방의원의 자산(소득, 부채)이나 선물 등을 공개할 의무가 없다. 2013년 9월 16일 하원의장은 의심의 여지가 있는 사안이라면 관련된 이해관계나 이익을 밝히도록 권고했다.[60]

연방의원은 임기가 시작될 때 이해관계 신고서류를 작성하여 연방의회에 제출한다. 이해관계 신고서류에 기재될 사항은 직업 활동, 관리 · 감독 · 자문 기관의 활동, 국내 · 외 주식회사 · 공공기관 · 단체 · 재단 등에서 맡은 직무, 연방 기관의 자문 · 감정 직무, 국내 · 외 기업이나 단체의 상근 직무, 다른 연방 기관이나 위원회에서 수행하는 직무이다(의회법 제11조 제1항). 연방의원은 이해관계 사항이 변경된 경우 그 내용을 신고한다. 이를 위해 의회사무처는 연방의원에게 매년 말 변경된 이해관계 사항의 제출을 요청한다.[61] 현실적으로 많은 연방의원은 신고한 이해관계 외의 활동에 자유롭게 참여하고, 이익단체와 직 · 간접적으로 연결되어 있다. 심의 대상 안건과 직접적이고 개인적 이해관계가 있거나 그 밖의 다른 이유로 공정한 업무수행이 훼손될 우려가 있는 연방의원은 해당 업무에서 배제된다. 다만, 지역공동체, 정당, 협회 등을 대표하는 경우 배제 사유에 해당하지 않는다(의회법 제11조의 a 제1항). 연방의원의 업무배제와 관련한 분쟁이 발생하면 위원회는 연방의원의 의견을 들은 후에 배제 여부를 결정한다(의회법 제11조의 a 제2항).

의회사무처는 연방의원이 제출한 정보를 토대로 이해관계 등록 대장을 작성한다(의회법 제11조 제2항). 상원과 하원의 이해관계 등록 대장은 인터넷에 게시되고 정기적으로 업데이트된다.[62] 개인적인 이해관계가 본회의 또는 위원회에서 논의 중인 안건과 직접 관련되거나 영향을 받는 연방의원은 이러한 이해관계를 밝힌다(의회법 제11조 제3항). 연방의원의 이해관계를 일반 대중에게 공개함으로써 국민은 어떤 연방의원이 어떠한 활동에 영향을 받는지를 판단할 수 있다. 이를 통해 정치, 경제, 사회 등에서 발생할 수 있는 이해관계 충돌 여부를 확인할 수 있다. 그러나 연방의원이 공개한 이해관계에 관한 정보가 정확한지 검증할 수 없고, 이해충돌 여부를 구분하는 기준이 명확하지 않다는 지적이 있다. 예컨대 환경 · 국토 · 에너지 위원회 소속 연방의원이 에너지 기업의 이사로 활동하는 것을 연방법률로 금지하지 않는 것처럼 이해관계 공개의 효과가 제한적이다.

연방의원이 이해관계 공개의무를 준수하지 않은 경우 연방의장이 발언권 박탈, 회의출석 배제 등의 징계 조치를 할 수 있다(의회법 제13조). 그러나 이를 적용하여 징계를 받은 연방의원 사례는 아직 없다. 2014년 Jean-François Rime 하원의원이 위원회 회의를 통해 얻은 정보를 자신이 소속된 기업에 전달한 사실이 드러났지만 어떤 제재도 받지 않았다.[63]

연방의원의 이해관계를 좀 더 투명하게 하기 위한 입법 노력은 여러 차례 제기됐다. 2015년 11월 하원 정치제도위원회는 연방의원의 직업을 의무적으로 공개하는 의회법 개정안(의안번호 14.472)을 채택했다.[64] 2016년 3월에는 연방의원이 공개한 직업의 보수 여부도 이해관계 등록 대장에 공개하는 의회법 개정안(의안번호 15.437)을 채택했다.[65] 그러나 연방의원이 이해관계 등록 대장에 공개한 활동의 대가로 받는 소득, 정치 활동의 일환으로 받은 선물을 명시하는 내용은 부결됐다. 하원 정치제도위원회에서 채택된 2건은 다른 의회법 개정내용과 함께 통합하여 검토되고 있다.

한편 연방의회에서 논의되는 사안과 개인적인 이해관계가 있는 연방의원을 안건심사 과정에서 배제하는 내용의 의원발의안(의안번호 15.467)이 제출된 바 있다. 하원 정치제도위원회는 2016년 4월 개인적 이해관계나 정치적 이익을 구분하는 것이 사실상 불가능하다는 이유를 들어 해당 안건을 부결시켰다.[66] 또한 하원 집행부는 2014년 12월 12일 제출된 하원의원의 직무상 비밀유지 의무 위반, 이해관계 미공개 관련 대정부질문(의안번호 14.4310)을 만장일치(13대 0)로 부결시켰다.[67]

3. 겸직금지 의무

가. 법령에 따른 겸직금지

기관 간 독립성을 제고하기 위해 하원의원은 상원의원을, 상원의원은 하원의원을 겸직할 수 없고, 연방의원은 연방각료, 연방법관을 겸직할 수 없다(연방헌법 제144조 제1항). 연방각료는 칸톤의 공무를 맡지 못하고, 영리활동을 할 수 없다. 하원의원, 상원의원, 연방각료, 연방법관 간에 겸직은 허용되지 않도록 하여 각 기관 간 엄격한 권한 분리를 실현하고, 특정 연방 기관에 속한 구성원이 다른 연방 기관에서 여러 직무를 동시에 수행하지 않도록 하려는 것이다. 연방의원은 임기가 개시되기 전에 겸직금지, 이해관계 공개 등 연방의원의 직무수행과 관련한 다양한 정보를 제공받는다.

연방의원의 구체적인 겸직금지는 법률로 정하는데(연방헌법 제144조 제3항), 의회법에서 연방의원의 겸직금지 직위를 구체적으로 규정한다. 연방의원은 ① 연방의회가 선출하거나 임명 동의한 직위, ② 연방의회가 선출하지 않은 연방법관, ③ 연방정부, 의회사무처, 연방법원 직원, 연방검찰 감독위원회 사무국, 연방검찰청 직원, 연방의회의 외부위원회 위원, ④ 군사령부 구성원, ⑤ 연방정부 업무를 수행하고 연방이 관할하는 공법 또는 사법 조직 · 단체의 일원, ⑥ 연방이 관할하는 공법 또는 사법 조직 · 단체에 소속되어 업무를 위탁하여 수행하는 사람의 직무를 겸직할 수 없다(의회법 제14조). 또한 연방의원은 연방 공무원이나 의결권이 있는 원외위원회 위원업무를 겸직할 수 없다.

또한 연방의회 집행부는 「하원 · 상원의 직무와 그 밖의 직무 관련 겸직금지 지침」[68]을 통해 공 · 사법상 공적 임무를 수행하고 국가가 지배권을 행사하는 법인 · 단체 등 겸직 불가 기관을 제시하고, 겸직금지를 적용하는 일반적인 원칙을 규정했다. 겸직금지 원칙은 무엇보다 공정성의 충돌이나 이해관계의 충돌을 방지하되, 연방의회의 특수성을 고려하며, 연방의원의 권력을 효과적으로 제어할 목적에 주안점을 둔다. 특히 이해충돌이 일어날 수 있다는 이유만으로 연방의원 직무와 다른 직무 간의 겸직이 불가능하다고 해석하지 않고 좀 더 유연하게 해석한다. 이는 민병제 연방의회라는 특성과 함께 연방의회가 사회의 다양성과 이해관계를 최대한 폭넓게 대변해야 한다는 점을 고려한 것이다.[69]

[표 13] 공 · 사법상 공적 임무를 수행하고 국가가 지배권을 행사하는 법인 · 단체

기관명	소재지
스위스 인문사회과학아카데미(ASSH)	베른
스위스 의료과학아카데미(ASSM)	바젤
스위스 자연과학아카데미(SCNAT, 이전 명칭: ASSN)	베른
스위스 과학기술아카데미(ASST)	취리히
스위스 과학아카데미(a+)	베른
스위스 국립은행(BNS)	베른
빌라그 사(Billag SA)	프리부르
스위스 국립재해기금(CNA)	루체른
연방철도공사(CFF)	베른
정보·상담·직업훈련센터(CINFO)-국제 협력 전문직	비엘(Biel)
프랑스어권 부동산보증조합(CRCI)	로잔
연방공과대학(EPF)	로잔, 취리히
"스위스 여행자 안전을 위한 미래" 재단	베른
"스위스 도핑방지" 재단	베른
스위스국가기금(FNS)	베른
주택담보대출보증조합(HBW)	취리히
이덴티타스 AG(Identitas AG)	베른

기관명	소재지
건강보험공단 코뮌지사(Institution commune LAMal)	졸로투른
스위스 우정국	베른
미디어연구를 위한 미디어펄스(Mediapulse) 재단	베른
스위스 국립공원재단	베른
스위스 건강증진재단(PSS)	로잔
스위스 미트	베른
퍼블리카데이터 사(Publica Data SA)	베른
콸리타스 AG(Qualitas AG)	추크
루왁 에어로스페이스(RUAG Aerospace)	에먼(Emmen)
루왁 아모텍(RUAG Ammotec)	툰(Thoune)
루왁 일렉트로닉스(RUAG Electronics)	베른
루왁 홀딩(RUAG Holding)	베른
루왁 랜드 시스템스(RUAG Land Systems)	툰
민용·군용 항공내비게이션 서비스를 위한 유한회사 스카이가이드(Skyguide)	메헝(Meyrin)
스위스 호텔신용금고(SCH)	취리히
스위스 방송공사(SRG SSR 협회와 지역협회)	베른
스위스 관광공사(ST)	취리히
스위스랩 AG(Suisselab AG)	베른 졸리코펜(Zollikofen)
스위스컴(Swisscom SA)	베른 이티겐(Ittigen)
스위스트랜스플랜트(Swisstransplant)	베른
스위스 무역투자진흥청(S-GE): 종전 Osec 비즈니스 네트워크	취리히
TSM 신탁회사(이전 명칭 "낙농업신탁회사")	베른

자료: 하원 · 상원의 직무와 그 밖의 직무 관련 겸직금지 지침

[표 14] 종전에는 공공법인 · 단체이었으나 제외된 법인 · 단체

기관명	소재지	제외일(의회 결정)
스위스 보증조합(CSC)	장크트갈렌	2007.11.28
스위스 국제 협력 인력교환 플랫폼(UNITE)	베른	2010.3.18
교육개발재단(FED)	베른	2010.3.18
미디어사회재단(FMS)	제네바 콩피뇽(Confignon)	2010.3.18
프로 헬베티아(Pro Helvetia) 재단(지방정부 산하기관으로 편입)	취리히	2010.3.18
사폼프 본바우 사(Sapomp Wohnbau SA)	루체른 주르제(Sursee)	2010.3.18
스위스 수입촉진기구(SIPPO)	취리히	2010.3.18
스위스 투자촉진기구(SOFI)	취리히	2010.3.18
국제농업센터(ZIL)	취리히	2010.3.18

자료: 하원 · 상원의 직무와 그 밖의 직무 관련 겸직금지 지침

나. 겸직금지 심사절차

연방의회 집행부는 겸직금지 규정에 따라 겸직금지 사항이 준수되고 있는지 주기적으로 심사한다(하원 의사규칙 제9조 제1항 제i호, 상원 의사규칙 제6조 제1항

제i호). 양원이 새로이 구성되거나 연방의원이 새로운 임기를 시작할 때 양원 집행부는 겸직금지 여부를 심사한다. 양원 집행부는 연방의원이 제출한 자료가 정확한지를 심사하지 않고, 연방의원이 제출한 내용을 바탕으로 연방의원의 겸직 가능 여부를 심사한다. 연방의원의 재직 중 겸직 문제가 발생하면 양원 집행부는 언제든지 심사할 수 있고, 겸직금지 사례가 새롭게 발생한 경우 해당 의회 집행부는 다른 쪽 의회 집행부와 사전에 의견을 교환한다. 양원 집행부 간에 겸직 문제와 관련한 의견 불일치가 발생하면 양원합동회의 결과에 따른다.

연방의원이 겸직금지 의무를 위반하여 의회법 제14조에 따라 연방의회가 선출하거나 임명 동의가 되는 직위를 함께 가지는 경우 어떤 직위를 선택할지 결정한다(의회법 제15조 제1항). 연방의원이 6개월 이내에 겸직 불가 직위를 포기하지 않을 경우 연방의원직을 자동으로 상실한다(의회법 제15조 제2항). 이는 연방의원이 해임되는 유일한 사유이다. 현재까지 겸직금지 문제로 연방의원직을 상실한 사례는 없었다.[70]

4. 회의출석 의무

연방의원은 본회의 및 위원회 회의에 출석할 의무가 있다(의회법 제10조). 하원의원은 회의가 시작될 때 의원 출석부에 자필로 서명하고(하원 의사규칙 제40조 제1항), 상원의원은 회의 시작 전 개별 의원에 대한 호명으로 출석을 확인한다(상원 의사규칙 제32조 제1항). 연방의원의 서명이 출석부에 기재되지 않으면 해당 회의에 참석하지 않은 것으로 간주되고, 일일 수당(회의출석 수당)이 지급되지 않는다. 회의록에는 불출석 의원의 이름이 기록된다. 회의에 지각한 의원은 의회사무처에 자신의 출석을 통지한다.[71] 연방의원은 일일 수당(회의출석 수당)을 받기 위해 아침 회의에 출석하고 이석하기보다는 회의에 계속해서 참석한다.[72]

회의출석이 어려운 연방의원은 회의가 시작되기 전에 의회사무처에 알린다(하원 의사규칙 제40조 제2항, 상원 의사규칙 제32조 제2항). 하원의원이 회의 시작 전에 국제회의 대표단, 의회외교 상설대표단, 가족의 질병 · 사망 · 임신 · 출산 · 사고로 인해 회의 불출석을 통지하면 회의록에 사전 양해된 회의 불출석으로 기재된다(하원 의사규칙 제57조 제4항 제e호). 상원의원의 경우 회의 전에 이루어지는 의원에 대한 호명을 통해 사전 양해된 불출석으로 기재된다(상원 의사규칙 제32조 제1항). 하원의원은 회의일 전부만 회의 불출석이 양해되지만(하원 의사규칙 제40조 제2항), 상원의원은 회의일 전부 외에 회의일 일부(특정 시간)에도 불출석할 수 있다(상원 의사규칙 제44조의 a 제6항, 제6항의 2).

사전에 고지된 회의 불출석 사유는 질병(37%), 출산휴가(13%)이고, 나머지 50%는 불출석 사유가 기록되지 않았지만 위원회 활동, 국외 출장 등으로 추정되며, 1일만 회의 불출석을 통지한 사안의 72%는 그 사유가 기록되지 않았다. 회의 불출석의 59%는 불출석 기간이 1일 이상이었고, 질병 불출석의 91%, 출산휴가 불출석의 100%는 불출석 기간이 1일 이상이었다. 언론사인 'Neue Zürcher Zeitung', '20 Minutes' 등은 주기적으로 하원의원의 출석률을 보도하고, 출석률을 바탕으로 의원순위를 발표한다.[73]

5. 비밀준수 의무

연방의원은 의정활동 중에 알게 된 모든 사실(비밀이 유지되거나 비밀리에 처리된 사실), 공적 · 사적 이해관계 보호, 재판절차가 진행 중인 안건에 영향을 미치는 사안에 대하여 비밀을 준수할 의무가 있다(의회법 제8조). 공무상 비밀준수 의무를 위반하는 경우 형법에 따라 3년 이하의 징역 또는 벌금형으로 처벌된다(형법 제320조 제1항). 비밀유지를 위해 연방의원은 위원회 회의장과 본회의장 입구 사이에 있는 검은색 문서 파기함에 비밀문서를 직접 파기할 수 있다. 또한 연방의사당이 아닌 곳에서 위원회 회의가 열리는 경우 비밀문서를 위원회 직원에게 전달하여 파기한다.[74] 연방의원이 직무상 비밀을 누설한 경우 의장은 6개월 동안 위원회 활동을 배제할 수 있다(의회법 제13조 제2항).

6. 선물 등 금지의무

연방의원은 특정 집단의 이해관계를 대표하여 국내외 각종 행사에 참석하고, 선물을 받거나 각종 편의를 제공받기도 한다. 양원 집행부는 2007년 12월 11일 선물이나 각종 경제적 편의를 받는 경우 연방의원이 따라야 할 사항을 권고하였지만,[75] 합법적으로 이익단체의 의사를 대변하는 것과 형법에 따른 처벌 가능성을 명확하게 구분하기 어렵다. 결국 선물, 편의 제공이 연방의원의 직무상 독립성을 침해하는지와 형사처벌 가능성 유무는 연방의원이 스스로 결정한다.

양원 집행부 권고 사항은 합법적인 선물의 절대적인 금액을 설정하지 않았다. 꽃다발, 포도주 1병, 식사 초대, 스포츠 행사 초청 등이 의원의 의정활동이나 직무상 독립성을 침해하는 것으로만 볼 수 없다. 이처럼 개인적인 친소관계나 사회적 관례에 따른 선물과 경미한 편의 제공은 형법에 저촉되지 않는다(형법 제322조의8 제3항 제2호). 그러나 관례에 따른 편의가 상당히 누적된 경우 형사상 처벌될 소지가 있다. 이 경우에도 연방의원의 직무와 관례(특혜) 사이에 실질적인 관련성이 있는 경우에 기소될 수 있고, 의정활동과 직접적인 관련성이 없으면 기소되지 않는다. 연방의원이 받은 특혜가 사소한 것 또는 사회적 관례에 부합하는지를 명확하게 설정하는 것은 어렵다. 양원 집행부 권고 사항에 따르면 국내외 출장경비를 연방의원이 직접 부담한다는 조건으로 해외행사에 참가하거나 무료식사에 참석하는 것은 사회적 관례에 부합된다고 보아 연방의원의 독립성을 침해하지 않는 것으로 보았다. 그러나 관련 기업에서 통상 지급되는 사례비에 비해 명백하게 많은 사례비가 연방의원에게 지급된 경우 부당한 특혜로 평가된다.

연방의원이 '부당한 특혜'를 청탁하거나 청탁받는 경우 3년 이하의 징역 또는 벌금형에 처한다(형법 제322조의 6). 부당한 특혜는 '부당한' 방법으로 현금 · 현물 · 용역 등의 무상제공이나 부채탕감 등 무상으로 제공되는 유 · 무형의 특혜로서 법적 · 경제적으로 측정 가능한 실질적 특혜로 본다. 또한 연방의원의 직무수행과 관련하여 부당한 특혜를 청탁, 약속, 수락한 사람도 형법에 따라 처벌된다.

7. 회의장 질서유지 의무

연방의원은 연방의사당에서 진행되는 업무를 존중하고 질서와 정숙을 유지하며 의사당의 품위에 걸맞게 행동한다. 특히 연방의회의 활동에 방해가 되거나 연방의사당의 집기 및 시설을 훼손하지 않아야 한다. 상원의원은 양복 정장을 입고(상원 의사규칙 제33조), 하원의원은 모욕적인 발언 등 품위를 손상해서는 안 된다(하원 의사규칙 제39조). 의회사무처의 허가 없이 회의장 내에서 게시물 부착, 슬라이드 상영, 전단 배포 등은 금지된다.[76] 연방의원에게 전달사항이 있거나 서류 제출을 원하는 사람은 의회 경위에게 문의한다.

연방의원이 회의장 질서나 절차와 관련된 규정을 위반하는 경우 연방의장은 경고 조치를 하고, 그 이후에도 지속해서 회의와 관련된 절차와 규정을 위반하는 경우 연방의원의 발언을 중단시키거나 회기 중 잔여 회의의 출석을 금지한다(의회법 제13조 제1항).[77] 또한 의장은 회의장 질서나 절차와 관련된 규정을 중대하게 위반한 연방의원에 대해 6개월 동안 위원회 활동을 배제할 수 있다(의회법 제13조 제2항). 징계를 받은 연방의원이 이의를 제기하면 연방의회가 그 수용 여부를 결정한다(의회법 제13조 제3항).

8. 훈장 · 작위수여 금지의무

연방의원은 외국의 이익을 대변할 수 없고, 외국 정부로부터 작위와 훈장을 받을 수 없다(의회법 제12조). 연방각료, 연방내각사무처장, 연방법관, 군인, 연방 공무원도 외국을 위해 역할을 하거나 작위와 훈장을 받는 것이 금지된다(연방공무원법[78] 제21조 제4항, 정부조직법 제60조 제3항, 연방대법원법 제6조 제3항, 병역법 제40조의 a 제1항).

제 3 장

상·하원 조직

제1절 의장

1. 임기 및 선출

의장의 임기는 1년이고, 다음 연도에 연임하지 못한다(연방헌법 제152조). 의장의 임기가 1년에 불과하여 다른 국가 의회에 비해 짧은 편이다. 연방헌법에 의장 임기를 1년으로 규정한 것은 개인의 지나친 정치적 영향력을 피하기 위한 것이고, 이는 정치의 개인화, 영웅화에 대한 불신으로 해석된다.[1] 연방헌법 제152조에 따라 하원의장은 연임할 수 없고, 임기만료 이후 2년 후에 재선이 가능하다. 19세기에 6명의 하원의장이 한 차례 재선됐으며, 1명은 두 차례 재선됐다. 상원의 경우 19세기에 6명의 상원의장이 한 차례 재선됐으며, 1명은 두 차례, 2명은 세 차례 재선됐다. 20세기 이후에는 어떠한 의원도 여러 차례에 걸쳐 하원 또는 상원의장으로 재선출되지 못했다. 하원의장과 상원의장을 모두 역임한 의원은 9명이고, 역대 연방각료 115명 중 27명이 하원의장, 13명이 상원의장 출신이었다.[2] 하원의장은 평균 12.5년 동안 하원의원을 지낸 후에, 상원의장은 평균 10년 동안 상원의원을 지낸 후에 각각 선출되었다.[3]

상원의장과 하원의장은 총선 후 처음으로 개최되는 겨울 정기회에서 선출되고, 그다음 해에는 겨울 정기회가 시작되는 첫 번째 날에 선출된다(상원 의사규칙 제3조 제1항, 하원 의사규칙 제6조 제1항). 의장은 무기명 비밀투표에 따라 재적의원 과반수 득표자로 선출된다. 1차 투표와 2차 투표에는 모든 의원이 입후보 할 수 있지만, 3차 투표부터는 더 이상의 입후보가 허용되지 않는다. 과반수를 얻은 후보자가 없을 경우 다음 투표에서 최저 득표자를 탈락시킨다. 이러한 절차는 1명의 후보자가 과반수를 얻을 때까지 반복된다(의회법 제130조).[4] 유효표가 아닌 백지표 · 무효표는 과반수 계산에서 제외된다(의회법 제130조 제3항).

1848~2019년까지 181년 동안 상원은 196명의 의장을 선출했다. 이처럼 상원의장이 많이 선출된 것은 1902년 상원 의사규칙이 개정될 때까지 상원은 매년 1회 정기회를 개최하고, 상원의원 중에서 각 정기회를 주재할 의장을 선출했기 때문이다

(1848년 연방헌법 제75조, 1874년 연방헌법 제82조, 1849년 상원 의사규칙). 상원의 임기 개시와 정기회 개시 사이에 시간 차이가 발생하여 상원 임기(당시 3년) 동안 4명의 의장이 선출됐고, 경우에 따라 첫 번째 의장과 마지막 의장의 임기는 불과 6개월에 불과하기도 했다.

2. 의장선출 시 고려사항 및 선출사례

의장을 선출할 때는 먼저 교섭단체 의석수를 고려한다(하원 의사규칙 제6조 제2항). 1927년부터 형성된 관례에 따라 연방내각에 참여하는 주요 정당인 스위스국민당, 기독민주당, 사회민주당, 자유민주당의 순서대로 하원의장을 맡게 됐다.[5] 1919~2016년까지 하원의장을 배출한 정당별 인원은 자유민주당 25명, 기독민주당 24명(2명은 보궐 선출), 사회민주당 23명, 스위스국민당 18명, 자유당 4명,[6] 무소속연합 1명(1971년), 민주그룹 1명(1925년), 녹색당 1명(2012년)[7]이다.[8] 15석 미만 정당에서 하원의장을 맡은 것은 여섯 차례 있었다.[9]

상원의 경우 1914년 이전에는 정당 간에 교대로 의장직을 맡지 않았지만, 1928~1947년까지 자유민주당과 가톨릭보수당(현 기독민주당)이 번갈아 가며 상원의장직을 맡았다. 1916~1927년까지 상원의장의 3분의 2가 자유민주당, 3분의 1은 가톨릭보수당(기독민주당) 출신이었다. 1919년 이후 2017년까지 상원의장을 배출한 정당별 인원은 자유민주당 42명, 기독민주당 42명, 사회민주당 7명, 스위스국민당 6명, 자유당 2명이다.

다음으로 의장을 선출할 때는 의장이 어떠한 언어를 구사하는지를 고려한다(하원 의사규칙 제6조 제2항). 스위스는 4개 국어(독일어, 프랑스어, 이탈리아어, 레토로망스어)를 사용하기 때문이다(연방헌법 제4조). 2001년에 하원의장은 프랑스어 구사자였지만, 이탈리아어와 레토로망스어를 구사할 수 있었다.[10] 2013년에 하원의장은 독일어 구사자였고, 상원의장은 이탈리아어 구사자였다. 2014년에 상 · 하원의장은 독일어 구사자였고, 2015년 상 · 하원의장은 프랑스어 구사자였다.[11]

종전에는 의장과 동일한 칸톤 출신 의원은 다음연도 의장이 될 수 없었다(1848

년 연방헌법 제71조, 1874년 연방헌법 제82조 제2항). 동일 칸톤 출신이 연달아 의장으로 선출되지 못함에 따라 지역적으로 균등하게 의장직을 가질 수 있었다. 1999년 신헌법에는 동일 칸톤 출신 제한 규정이 삭제됐다. 이와 관련하여 1919년 이후 2016년까지 하원의장을 많이 배출한 칸톤은 베른(27명), 취리히(24명), 보(19명), 아르가우(13명), 장크트갈렌(11명) 칸톤이다. 1919년 이후 2017년까지 상원의장 99명의 출신 칸톤은 보(17명), 베른 (14명), 투르가우(12명), 취리히(11명), 장크트갈렌(11명) 칸톤이다.[12] 2016년까지 쥐라 칸톤이나 옵발덴 칸톤은 1명의 하원의장도 배출하지 못했고, 니트발덴 칸톤 출신 상원의장은 1명도 없었다.

한편 1971년 하원에 여성의원이 최초로 진출한 지 6년 후인 1977년 엘리자베스 블런치(Elisabeth Blunschy, 기독민주당)가 보궐선거를 통해 최초의 여성 하원의장으로 선출됐고, 1998년에 보궐선거가 아닌 정식선거를 통해 트릭스 헤벌라인(Trix Heberlien)이 여성 하원의장으로 정식 배출됐다. 2016년까지 12명의 여성의원이 하원의장을 맡았는데, 이 중 엘리자베스 블런치(1977년)와 테레즈 메이어(2005년)는 봄 정기회 중에 사임한 하원의장을 대신하여 선출됐기에 1년이 안 되게 의장직을 수행했다.[13] 상원의 경우 상원에 여성의원이 진출한 지 40년이 되었지만, 2016년까지 3명의 여성의원만이 상원의장직을 맡았다.[14]

3. 사임

하원의장 또는 상원의장의 사임, 사망 등을 이유로 한 보궐선거는 아주 예외적으로 실시된다. 하원의장이 여름 정기회 시작 전에 사임한 경우 하원은 잔여 임기를 수행할 하원의장을 선출한다(하원 의사규칙 제6조 제3항). 하원의장의 공석이 여름 정기회 이후에 발생하면 부의장이 의장직을 대행한다. 그동안 3명의 하원의장이 임기 중 사임했고, 이들의 뒤를 이어 후임 하원의장이 선출됐다. 1902년 2월 구스타프 아도르(Gustave Ador)는 정치적 사퇴요구로 하원의장직을 사임했다.[15] 1977년 하원의장인 한스 와이어(Hans Wyer)는 발레 칸톤의 각료로 선출된 이후 하원의장직을 사임했고,[16] 장 필립 메트르(Jean-Philippe Maitre)는 건강 악화를 이유로

2005년 하원의장을 사임했다.[17]

상원의장이 여름 정기회 시작 전에 사임한 경우 상원은 잔여 임기를 수행할 상원의장을 선출한다(상원 의사규칙 제3조 제3항). 여름 정기회 이후에 의장직 공석이 발생하면 부의장이 의장직을 대행한다. 상원의장의 보궐선거는 두 차례 실시됐다. 1982년 상원의장인 요스트 딜리에(Jost Dillier)가 옵발덴 란츠게마인데에서 상원의원으로 선출되지 못해 상원의장직을 상실했다.[18] 그 이후 1982년 여름 정기회에서 피에르 드라이어(Pierre Dreyer)가 후임 상원의장으로 선출됐다.[19] 1991년 봄 정기회에서 상원은 사망한 막스 아폴터(Max Affolter) 상원의장 후임으로 아서 한센베르거(Arthur Hänsenberger)를 선출했다.[20] 사임한 의장은 정계에서 은퇴하지 않고, 계속해서 연방의원으로 활동한다.[21]

4. 직무

하원의장과 상원의장의 직무는 의회법과 의사규칙에 규정되어 있다. 하원의장과 상원의장은 하원과 상원의 본회의를 주재하는 등 하원과 상원을 각각 통솔한다(하원 의사규칙 제7조 제1항 제a호, 상원 의사규칙 제4조 제1항 제a호). 하원과 상원의장은 대외관계에서 공식적으로 하원과 상원을 대표하고, 외국 의장이나 외국 정부의 대표와 접촉하고, 공식적인 해외 순방을 실시하며, 스위스를 방문하는 외국 사절을 영접한다. 의장은 의회사무처의 지원을 받아 의사일정을 확정하고(하원 의사규칙 제7조 제1항 제b호, 상원 의사규칙 제4조 제1항 제b호), 의장단 및 의회사무처를 지휘한다(하원 의사규칙 제7조 제1항 제c호, 상원 의사규칙 제4조 제1항 제c호).

양원의 의장은 안건심사를 위해 제출된 안건을 상원과 하원 중 어디로 회부할지를 결정한다(의회법 제84조 제2항). 또한 의장은 회의장 질서유지를 위해 발언 제한, 입장 시간제한, 퇴장, 정숙 명령 등의 조치를 할 수 있고(의회법 제13조 제1항, 하원 의사규칙 제39조 · 제48조 제2항, 상원 의사규칙 제34조), 의회 내 회의장 사용 여부를 결정하며(의회법 제69조 제1항), 의사당 출입 및 대기실 사용에 관한 규정을 제정할 수 있다(하원 의사규칙 제61조 제5항, 상원 의사규칙 제47조 제5항).

의장은 의원발의안과 토론 안건에 대한 형식적 적합성을 심사하고, 각종 표결에 앞서 의사정족수를 확인한다(하원 의사규칙 제23조 · 제38조, 상원 의사규칙 제19조 · 제31조). 의장은 표결에 참여할 수 없지만, 가부동수인 경우 의장이 가부 결정권[22]을 행사한다(의회법 제80조 제1항). 의장은 재적인원 과반수 의결이 필요한 경우 표결에 참여하고(의회법 제80조 제2항), 연방각료나 연방법관 등을 선출하는 경우 선거에 참여한다.[23] 그리고 의장의 정치적 중립성, 직무상 독립성 등에 관한 사항은 연방법률이나 의사규칙에 규정되어 있지 않다.

한편 하원의장은 연방헌법 제157조에 따라 양원합동회의를 주재한다. 이는 하원의장에게만 부여된 고유한 직무이다. 또한 스위스의 안보가 위협받거나 연방내각이 권한을 행사할 수 없는 경우에 하원의장이 양원합동회의를 소집한다(의회법 제33조 제3항). 하원의장이 양원합동회의에서 의장직을 맡음에 따라 하원의장은 연방의회 서열 1위이다. 하원의장이 양원합동회의를 주재할 수 없는 경우 상원의장이 양원합동회의를 주재한다(의회법 제33조 제3항).

제2절 부의장 및 임시의장

1. 부의장

가. 임기 및 선출

상원과 하원은 제1 부의장 1명, 제2 부의장 1명을 각각 1년의 임기로 선출하되, 다음 해에는 동일한 직위에 재선할 수 없다(연방헌법 제152조). 제2 부의장 제도는 1999년 연방헌법 개정으로 도입됐다. 종전에는 부의장과 동일한 칸톤 출신 의원은 다음번 부의장으로 선출될 수 없었다(1848년 연방헌법 제71조, 1874년 연방헌법 제82조 제3항). 동일 칸톤 출신 제한 규정은 1999년 연방헌법 개정으로 삭제됐다. 부의장은 무기명 비밀투표에 따라 재적의원 과반수 득표자로 선출된다. 과반수를 얻은 후보자가 없을 경우 다음번 투표에서 최저 득표자를 탈락시키는 절차를 거치면서 과반수를 얻을 때까지 반복한다(의회법 제130조). 1970년 이후 부의장 선출을 위한 결선투표가 1회 실시됐다.

부의장 선출 시 언어를 고려하기 때문에(하원 의사규칙 제6조 제2항) 4개 국어(독일어, 프랑스어, 이탈리아어, 레토로망스어)는 부의장을 선출하는 데 영향을 미친다. 관례상으로 의장이 독일어 구사자이면 부의장 중 1명은 프랑스어 구사자이다.[24] 1912년부터 지금까지 하원 부의장은 임기만료 후에 하원의장직으로 선출됐다(1924년, 1926년, 1932년, 1970년 제외). 부의장직을 수행한 의원은 의장선출 1년 전에, 제2 부의장제가 도입된 1999년부터는 2년 전에 의장직 출마를 선택할 수 있다. 상원은 부의장을 선출한 후에 상원의장을 선출했고, 전년도 부의장이 상원의장으로 선출됐다. 20세기에는 단지 2명의 상원 부의장이 연방각료 선출 또는 사임을 이유로 상원의장으로 선출되지 못했다.[25]

나. 직무

부의장은 의장을 보좌하고 의장과 함께 의장단회의를 구성하여 안건을 논의한다(하원 의사규칙 제7조 제4항, 상원 의사규칙 제4조 제4항). 제1 부의장과 제2 부의장의 권한은 동일하다. 다만, 제1 부의장은 의회운영의 연속성 보장 차원에서 다음 연도 의장이 된다. 제2 부의장은 제1 부의장이 되고, 뒤이어 의장이 될 수 있다. 의장과 함께 제1 부의장과 제2 부의장이 선출되므로 부의장은 2년의 훈련 기간을 가지는 것이다. 의장이 직무를 수행하지 못하는 경우 제1 부의장이, 그 이후에는 제2 부의장이 의장의 직무를 대행한다(하원 의사규칙 제7조 제2항, 상원 의사규칙 제4조 제4항).

2명의 부의장이 사고 등으로 의장의 직무를 대행할 수 없는 경우 전직 의장이 현직 의장의 직무를 대행한다. 먼저 전직 의장 중 1명이 우선으로 의장직무를 대행하되, 전직 의장이 여러 명일 경우에는 가장 최근에 의장직을 수행한 직전 의장이 의장직무를 대행한다. 다음 순위자는 의원재직 기간이 오래된 의원이고, 재직기간이 동일한 경우에는 연장자 순서로 의장직무를 대행한다(하원 의사규칙 제7조 제3항,

상원 의사규칙 제4조 제3항).

2. 임시의장(하원)

하원의 경우 임기가 만료되는 하원 집행부가 하원선거 결과를 토대로 최다선 의원을 임시의장으로 선출한다(하원 의사규칙 제2조 제2항). 최다선 의원의 의원재직 기간이 같을 경우 연장자로 결정하고(하원 의사규칙 제2조 제1항), 임시의장의 유고 시에는 의원재직 기간과 나이를 고려하여 임시의장을 결정한다(하원 의사규칙 제2조 제3항). 2003년 이전까지는 연장자가 임시의장을 맡았기에 초선의원이 연장자로서 임시의장직을 수행한 사례가 2회 있었다.[26] 2003년 하원 의사규칙이 전부 개정되면서 최다선 의원이 임시의장을 맡도록 변경됐다. 예컨대 제47대 의회가 개원한 2003년에는 크리스토프 블로허(Christoph Blocher)가 24년간 의원직을 수행한 자격으로 임시의장으로 선출됐다.[27]

하원의 임시의장은 하원 총선거 후 최초로 열리는 회의를 주재한다. 임시의장은 언어권 및 지역권을 고려하여 하원 구성을 위한 임시집행부 구성원 8명을 임명한다. 임시의장은 임시집행부 회의를 주재하고, 새로운 의장선출 시까지 하원회의를 주재한다(하원 의사규칙 제3조 제1항). 임시의장의 권한을 넘어서는 직무는 임기가 만료된 하원의장이 맡는다. 예를 들어 임기가 만료된 하원의장은 새로운 의장이 선출될 때까지 회의, 의사일정 작성 등의 업무를 맡는다(하원 의사규칙 제3조 제2항).

상원은 전면적이고 일괄적인 개편이 이루어지지 않는다. 상원의원의 임기와 선출방식은 각 칸톤에서 정하기 때문이다(연방헌법 제150조 제3항). 따라서 상원의 전면 개편에 따른 상원 구성을 위해 최장기 의원직 수행자를 임시의장으로 임명하거나 임시집행부를 구성하는 일은 없다. 이처럼 첫 번째 회의를 주재할 임시의장의 개념이 존재하지 않기에 상원 의사규칙에도 임시의장이나 임시집행부에 관한 규정이 없다.

제3절 의장단회의

1. 의장단회의

하원 및 상원에는 각각 의장단회의[28]를 구성 · 운영한다. 의장단회의는 의장 1명, 제1 부의장, 제2 부의장으로 구성하고(의회법 제34조), 의장이 주재한다(하원 의사규칙 제7조 제1항 제c호, 상원 의사규칙 제4조 제1항 제b호). 상원과 하원의 의장단회의는 각각 3명의 구성원 중 적어도 2명의 동의를 얻어야 의결된다(하원 의사규칙 제7조 제5항, 상원 의사규칙 제4조 제5항). 의장단회의는 연방의원이 연방내각과 연방정부에 요구하는 자료와 관련하여 의견대립이 발생한 경우 양자를 중재하고 최종 결정을 내린다(의회법 제7조 제4항, 제150조 제5항). 의장단회의는 중재에 필요한 연방내각과 연방정부의 모든 문서를 열람할 수 있다(의회법 제7조 제6항, 제150조 제7항). 연방내각과 연방의원이 합의에 도달하지 못하고 의장단회의의 중재가 실패한 경우 연방내각은 해당 자료의 열람 대신에 보고서를 제출할 수 있다(의회법 제7조 제5항).

2. 양원 의장단회의

하원 및 상원 의장단회의 공동으로 양원 의장단회의를 구성한다. 따라서 하원의장, 상원의장, 하원 부의장 2명, 상원 부의장 2명을 합해 모두 6명으로 양원 의장단회의를 구성한다. 양원 의장단회의는 동시에 양원합동회의 집행부 회의의 구성원이기도 하다. 양원 의장단회의는 범죄에 연루된 의원의 면책특권을 검토하거나(형사소송법 제303조 제2항), 의원직무와 관련된 사건에서 제3자를 감찰하는 데 필요한 우편 · 통신 비밀의 해제를 결정할 수 있다(의회법 제18조 제1항).

3. 행정사무대표단

행정사무대표단은 상원 및 하원 집행부에서 각각 선출된 3명, 모두 합해 6명으로 구성된다.[29] 관례상으로 행정사무대표단은 상 · 하원 의장과 4명의 부의장으로 구성되기에 양원 의장단회의라 볼 수 있다.[30] 행정사무대표단은 구성원 중 1명을 대표자로 임명하고(의회법 제38조 제1항), 투표자의 과반수 찬성으로 행정사무대표단회의 안건을 의결한다(의회법 제38조 제1항 · 제2항).

행정사무대표단은 의회 행정을 전반적으로 관리 · 감독하고, 의회사무총장이 제출한 조직개편안을 검토하며, 의회사무처 조직구조를 결정하는 등 의회사무처의 업무를 지휘 · 감독한다(의회법 의회법 제38조 제2항, 제65조 제1항). 행정사무대표단은 의회 행정의 기본적인 틀을 설정하고, 의회의 행정 및 재정 사항을 감독 · 관리한다. 행정사무대표단은 상 · 하원 예산을 수립하며(의회법 제142조 제2항), 연방의사당 및 부지를 관리하는(의회법 제69조 제1항) 등 의회 예산에 대한 결정권을 가지고 지출을 통제한다. 또한 의회사무처가 산정한 장거리 교통수당을 토대로 그 지급을 결정한다(연방의원에게 제공되는 재정수단 및 교섭단체에 지급되는 보조금에 관한 연방법 시행령[31] 제6조 제4항).

제4절 양원 집행부

양원에는 양원의 회의 운영계획, 의사일정 협의 및 그 밖의 업무수행을 위해 각각 양원 집행부[32]를 둔다(의회법 제35조 제1항). 양원 집행부의 임기는 1년이다.[33]

1. 하원 집행부

하원 집행부는 의장단회의 구성원 3명(의장, 부의장 2명), 계표의원[34] 4명, 각 교섭단체 대표로 구성된다(의회법 제35조 제2항, 하원 의사규칙 제8조 제1항). 계표의원이 직무를 수행하지 못할 경우에는 예비 계표의원[35]이, 교섭단체 대표가 직무를 수행하지 못할 경우에는 교섭단체 구성원이 대신한다. 계표의원의 교섭단체별 의석 배분은 정당별 득표 비율로 이루어진다(하원 의사규칙 제8조 제2항 · 제3항). 하원에서 선출된 계표의원 4명, 예비 계표의원 4명의 임기는 4년이다(하원 의사규칙 제8조 제3항, 제17조 제1항 · 제4항). 하원의장은 하원 집행부 의결과정에 참여하고, 가부동수일 경우 의장이 가부 결정권을 갖는다(하원 의사규칙 제8조 제4항).

하원 집행부는 하원이 유기적으로 운영될 수 있도록 하원의 활동계획(회기)을 수립하고, 회기별 의사일정, 위원회 심사안건을 결정한다. 구체적인 직무는 하원 의사규칙 제9조 제1항에서 다음과 같이 규정하고 있다. ① 하원 활동을 계획하고, 회기별 의사일정을 수립한다 ② 상임위원회의 권한과 범위를 정하고, 특별위원회를 설치한다 ③ 위원회에 회부될 안건 및 심사기한을 결정한다. 이 직무는 의장에게 위임될 수 있다 ④ 위원회 활동의 조율 및 위원회 간 권한 분쟁을 조정한다 ⑤ 위원회의 연간 회의일정을 결정한다 ⑥ 위원회 내 위원 정수를 결정한다 ⑦ 의석비율을 고려하여 위원장, 부위원장, 위원회 위원을 선임한다 ⑧ 선거의 표결 결과를 조사한다. 계표의원 또는 예비 계표의원이 직무를 수행하지 못하는 경우, 의장은 다른 의원에게 권한을 위임한다 ⑨ 겸직금지 사항이 있는지 심사하고, 필요한 경우 겸직금지의 확인을 하원에 제안한다 ⑩ 안건을 어떠한 범주의 토론으로 회부할지를 결정한다 ⑪ 그 밖에 의회의 조직과 절차와 관련된 문제를 처리한다(하원 의사규칙 제46조 제2항).

다만, 하원 집행부는 위원회 권한 설정(②), 위원회 안건배분(③), 위원회 연간 회의 운영 계획(⑤)처럼 위원회 활동과 직접 관련된 사안은 사전에 소관 위원회의 위원장과 협의한다(하원 의사규칙 제9조 제2항). 또한 연방의원 또는 교섭단체가 제안서 형식으로 제출한 의원발의안이 연방의회에 계류 중인 안건과 관련된 경우 이를 접수하지 않지만 하원 집행부는 예외적으로 허용할 수 있다(의회법 제108조).

2. 상원 집행부

상원 집행부는 의장단 구성원 3명(의장, 부의장 2명), 계표의원 1명, 예비 계표의원 1명, 교섭단체이지만 의장단이나 계표의원을 배출하지 않은 교섭단체 의원으로 구성된다(의회법 제35조 제2항, 상원 의사규칙 제5조 제1항). 상원의 계표의원은 1년의 임기를 가지고, 예비 계표의원은 상원 집행부 구성원이 된다는 점에서 하원 집행부 구성과 차이가 있다. 상원 집행부의 구체적인 직무는 하원 집행부의 업무와 대부분 일치하는데, 구체적인 업무는 상원 의사규칙 제6조 제1항에서 다음과 같이 규정하고 있다. ① 상원 활동을 계획하고, 회기별 의사일정을 작성한다 ② 상임위원회의 권한과 범위를 확정하고, 특별위원회를 설치한다 ③ 위원회에 안건의 사전심사, 공동보고, 최종처리 및 심사기한을 정해 배분한다. 이 직무는 의장에게 위임될 수 있다 ④ 위원회 활동의 조율 ⑤ 위원회의 연간일정 결정 ⑥ 위원장, 부위원장, 위원을 선임한다 ⑦ 선거 결과와 표결 결과를 조사한다. 계표의원 또는 예비 계표의원이 직무를 수행하지 못하는 경우 의장은 다른 의원에게 권한을 위임한다 ⑧ 겸직금지 사항이 있는지 심사하고, 필요한 경우 겸직금지 여부의 확인을 상원에 제안한다 ⑨ 재정위원회의 제안에 대한 심의 ⑩ 그 밖에 조직과 관련된 문제와 의회 절차 문제를 처리한다. 다만, 상원 집행부는 위원회 권한 설정(②), 위원회 안건배분(③), 위원회 연간일정 결정(⑤)과 같은 위원회 활동과 직접 관련된 사안은 사전에 소관 위원회의 위원장과 협의 절차를 거친다(상원 의사규칙 제6조 제2항). 상원의원은 상원 집행부가 의결한 위원회의 위원장, 부위원장 및 위원 배분 결정(⑥)에 대해 3일 이내에 이의신청을 하고 다른 의원을 지명할 것을 제안할 수 있다. 이는 상원에서 결정한다(상원 의사규칙 제6조 제3항).

3. 양원합동집행부

양원합동집행부는 하원 집행부 및 상원 집행부로 구성된다(의회법 제37조 제1항).[36] 따라서 하원의장, 하원 부의장 2명, 하원 계표의원 4명, 하원 교섭단체 대표, 상원의장, 상원 부의장 2명, 상원 계표의원 1명, 상원 예비 계표의원 1명 등으로 이루어진다. 양원합동집행부는 양원합동회의 집행부에 교섭단체 대표와 계표의원이 참여한 확대 기구이다. 양원합동집행부는 정기회 및 임시회의 의사일정을 결정하고, 5인 이상 의원으로 구성된 교섭단체 설립을 승인한다. 또한 양원합동집행부는 양원과 연방내각 간 밀접한 관계를 유지하고, 연방의회 소속 기관에 대한 인력 및 예산지침을 수립하며, 의회사무총장을 임명한다(의회법 제37조 제2항 · 제4항). 그리고 양원합동회의 소속 위원회의 위원장과 부위원장을 임명한다(의회법 제37조 제1항). 한편 연방각료나 위원회 위원장, 소위원장, 행정사무대표단장 등은 양원합동집행부에 참석하여 발언을 할 수 있지만, 의결권은 없다(의회법 제37조 제3항 · 제5항).

또한 양원합동집행부 구성원과 양원의 외교위원회 위원장이 참여하는 양원 합동 확대집행부를 구성할 수 있다. 양원 합동 확대집행부는 연방의회의 대외관계에 관한 계획을 수립하고 조정한다(의회법 제37조 제5항).

제5절 양원합동회의

1. 구성 및 심의사항

양원합동회의는 상원과 하원의 모든 의원으로 구성되는 합동의회로서 공동으로 결정한다(연방헌법 제157조 제1항).[37] 양원합동회의의 재적의원은 하원의원 200명과 상원의원 46명을 합해 246명으로 하원의원이 81.3%를 차지한다. 양원합동회의는 상원과 하원이 소관 사항에 대해 독립적으로 논의를 진행한다는 의사 진행 독립원칙에 대한 예외이다. 양원합동회의는 재적의원 과반수 출석으로 심의하고, 출석의원 과반수 득표로 의결하며(연방헌법 제159조 제2항), 양원합동회의 의결사항은 국민투표의 대상이 되지 않는다. 양원합동회의의 운영에 관한 사항은 특별한 경우를 제외하고는 하원 의사규칙을 적용한다(의회법 제41조 제1항). 양원합동회의는 상 · 하원 의원의 회의장 수용을 고려하여 하원 본회의장에서 개최된다. 양원합동회의가 개최되는 경우 하원의원은 본인들 의석에 앉고, 상원의원은 하원 본회의장 뒤쪽에 마련된 칸톤별 상원 의석에 앉는다.

양원합동회의는 주요 인사의 선출, 연방 기관 간 권한 분쟁 및 사면 결정을 심의한다(연방헌법 제157조 제1항). 또한 1999년 이후 연방헌법 제157조에 제2항이 추가되어 특별한 경우로서 연방내각의 결정을 검토하기 위해 양원합동회의를 개최할 수 있도록 했다.[38] 양원합동회의 결정방식과 관련하여 양원합동회의는 연방각료, 연방법관, 특별검사장, 전쟁 시 군대의 총사령관 등을 특별한 형식요건 없이 연방의회의 관행을 따라 선출한다(연방헌법 제157조 제1항 제a호, 제168조). 다음으로 연방 기관 간 권한 분쟁이 발생하는 경우(연방헌법 제157조 제1항 제b호, 제173조 제1항 제i호) 단순 연방결의 형식을 취한다. 권한 분쟁을 해결하기 위해 양원합동회의가 소집되는 일은 매우 드물어서 대체로 이론적인 차원에 머문다.[39] 사면 결정(연방헌법 제157조 제1항 제c호)은 두 가지로 구분할 수 있다. 연방의회가 일반사면을 결정하는 경우 단순 연방결의 형식으로 채택되지만, 형의 감경 또는 집행정지를 포함하는 특별사면은 법적 처분이나 판결이 아닌 특수한 통치행위의 성격을 가진다. 특별사면은 '법 앞에 자비'라는 사면권의 근본적 성질과 사면절차의 기밀성으로 인해 특별사면을 사법적 행위로 보지 않기 때문에 특별사면 결과를 단지 수용 여부로만 공표할 뿐이다(2002년 2월 20일, 제13차 양원합동회의 결정).[40]

2. 양원합동회의 집행부 및 소속 위원회

양원합동회의 집행부는 양원의 의장과 부의장을 합한 양원 의장단회의 구성원(6명)으로 구성된다(의회법 제39조 제1항).[41] 양원합동회의의 다수가 하원임을 고려하여 양원합동회의 집행부 회의는 하원의장이 주재하고, 하원의장이 없는 경우 상원의장이 주재한다. 양원합동회의 집행부의 주된 직무는 양원합동회의를 준비하는 것이다(의회법 제39조 제2항 · 제3항).

양원합동회의 집행부 결정으로 양원합동회의에 위원회를 설치할 수 있다. 현재 양원합동회의 소속 위원회로 연방법관 선출 및 파면을 담당하는 사법위원회(의회법 제40조), 사면과 권한쟁의를 담당하는 사면 및 권한쟁의 위원회가 있다(의회법 제40조의 a). 양원합동회의 위원회는 하원의원 12명과 상원의원 5명으로 구성된다(의회법 제39조 제4항). 양원합동회의 소속 위원회의 위원장과 부위원장은 양원합동집행부가 임명하되(의회법 제37조 제1항), 위원장과 부위원장은 동일한 의회의 구성원으로 선출되지 못한다(의회법 제43조 제2항). 예컨대 양원합동회의 소속 위원장이 하원의원이면, 부위원장은 상원의원이어야 한다. 이는 연방의회 내부에 견제와 균형원리를 반영한 것이다.

3. 사법위원회

가. 구성

2000년 3월 사법개혁에 관한 국민투표 통과로 연방형사법원, 연방행정법원, 연방특허법원 등 연방법원이 신설됨에 따라 선출할 연방법관이 급증했다.[42] 이에 연방의회 차원에서 연방법관 후보자 검증 및 제안을 위해 2003년 3월부터 양원합동회의 소속으로 사법위원회가 설치됐다.[43] 사법위원회는 양원합동회의에서 선출하는 연방법관 200여 명[44] 외에 연방 검찰총장 및 검찰차장, 7명의 연방검찰 감독위원 후보자 등에 대한 추천, 파면 및 사전 검증을 담당한다(의회법 제40조의 a 제1항). 또한 연방의회의 인준이 필요한 연방정보보호국장과 연방감사원장에 대한 검증을 담당한다.[45]

사법위원회는 하원의원 12명과 상원의원 5명으로 구성된다(의회법 제39조 제4항). 사법위원회에는 모든 교섭단체의 참여를 보장하기 위해 각 교섭단체에서 최소 1명의 의원이 참석한다(의회법 제40조의 a 제5항). 이를 통해 사법위원회는 인사과정에 다양한 정치적 이해관계가 반영되도록 한다. 사법위원회는 연방법관 등의 후보자를 사전 검증하지만, 최소 1개 정당 이상의 지지를 얻는 후보자를 추천하는 등 정치적 고려가 가장 중요하다. 연방법관 등 후보자의 언어, 직무 적격성 외에도 정당별 의석수에 따라 법관직이 배분되기 때문이다. 이러한 방법은 의회 내 정당 세력과 사법부 구성 간에 상당한 관련성을 가지지만, 연방법관의 임기가 6년이기 때문에 정당 세력과 사법부 구성 간 간극을 보이기도 한다.[46]

나. 직무

사법위원회는 연방법관, 연방 검찰총장 등의 공석이 발생할 경우 공직 후보자를 공개모집하고, 연방법관 등의 후보자 추천명부를 작성해서 각 교섭단체에 회람한다. 각 교섭단체는 선호하는 후보자를 사법위원회에 통지하고, 이를 참조해서 사법위원회는 후보자 추천명부(사법위원회 후보선출 보고서)를 정리하여 양원합동회의에 제출한다(의회법 제40조의 a 제3항 · 제4항). 사법위원회 후보선출 보고서에는 연방법관 등 후보자의 공석 발생 사유, 공개모집 절차, 공개모집 결과(지원자 수, 성비, 언어권 등), 교섭단체 의견, 최종 후보자의 이력 등이 기술된다. 다만, 연방검찰 감독위원회 감독위원은 연방법관, 연방 검찰총장 등과 달리 공개모집, 직무 적합성 검증을 거치지 않는다. 또한 사법위원회는 연방정보보호국장과 연방감사원장 후보자에 대한 인터뷰를 진행하고, 필요한 정보를 수집한 후에 연방의회에 권고안을 제출하며, 그 이후 연방의회에서 인준절차를 거친다. 한편 감독위원회 또는 재정심의회도 연방법관, 연방 검찰총장, 연방 검찰차장 후보자의 인성과 직무 적합성을 엄격하게 검증하고, 검증결과를 사법위원회에 제출한다(의회법 제40조의 a 제6항).

4. 사면 및 권한쟁의 위원회

사면 및 권한쟁의 위원회는 양원합동회의가 요청한 사면안건과 연방 기관 간 관할권 분쟁을 심사하기 위한 위원회로 하원의원 12명과 상원의원 5명으로 구성된다(의회법 제39조 제4항, 제40조 제1항).[47] 사면 및 권한쟁의 위원회의 위원장은 하원의원 1명과 상원의원 1명이 교대로 맡는다(의회법 제40조 제2항). 사면 및 권한쟁의 위원회는 연방 기관이나 연방형사법원의 결정에 대한 사면요청서를 접수하고,[48] 연방내각은 사면요청서에 대한 연방내각의 의견과 보고서를 연방의회에 제출한다. 사면 및 권한쟁의 위원회는 연방 기관 등의 소송서류 및 판결문을 열람할 수 있고(의회법 제40조 제3항 · 제4항),[49] 사면요청서, 연방내각의 보고서 등을 검토한 이후 위원회의 의견을 연방의회에 제출한다.

제6절 양원조정협의회

1. 구성

안건을 3회에 걸쳐 양원에서 왕복심의[50]했음에도 불구하고 양원 간 합의에 도달하지 못한 경우 양원조정협의회가 소집된다(의회법 제91조 제1항).[51] 양원조정협의회는 1902년 10월 「의사절차법」[52] 전부 개정으로 도입됐고, 1992년 2월까지는 양원의 왕복심의 횟수가 제한되지 않았다.

양원조정협의회는 해당 안건을 사전에 심의했던 상원과 하원의 소관 위원회에서 각각 13명을 선출하여 구성하되, 교섭단체별 의석분포를 고려한다(의회법 제91조 제2항). 양원 중 한쪽 의회의 위원 수가 13명 미만일 경우에는 다른 위원회 위원으로 충원한다. 양원조정협의회 위원장은 해당 안건을 처음 심의하여 우선권을 가진 의회 소속 위원회 위원장이 맡는다(의회법 제91조 제3항). 위원장은 표결에 참여하고, 가부 동수인 경우에 위원장이 결정권을 가진다(의회법 제92조 제1항 · 제2항). 양원조정협의회는 재적의원 과반수 출석에 투표자의 과반수 찬성으로 의결하지만, 양원조정협의회에서 합의안이 도출되지 않거나 양쪽 의회 중 한쪽 의회에서 합의안에 동의하지 않으면 해당 안건은 부결된 것으로 간주한다(의회법 제93조).

양원조정협의회는 안건의 전부가 아닌 이견이 있는 부분에 한정해서 심의한다(의회법 제89조 제3항). 양원조정협의회는 의견이 다른 부분을 심의한 후 이견이 해소된 합의안인 조정제안서[53]를 제출한다. 조정제안서는 해당 사안을 처음 심의한 의회가 우선으로 심의한다. 처음 심의한 의회에서 조정제안서 전체를 동의할 경우 다른 쪽 의회에서 해당 조정제안서를 심의한다. 한쪽 의회가 합의된 조정제안서를 거부하는 경우 해당 안건은 부결된 것으로 보고, 안건심의가 종료된다(의회법 제93조).

다만, ① 법률안 심의 결정(도입토론) ② 법률안 최종투표 ③ 국제조약 승인 ④ 칸톤헌법 보장 ⑤ 제안서 형식으로 제출된 국민발안 ⑥ 연방내각의 법규명령 ⑦ 칸톤발안 수용 ⑧ 심사 종료된 안건의 심의 계속 ⑨ 긴급입법에 대해 일부 내용이 아닌 전체 내용에 양원 간 이견이 있고, 한 쪽 의회가 두 번째 심의(제2 독회) 후 반대 결정을 내린 경우 두 번째까지 심의한 사항을 최종적인 결정으로 본다(의회법 제95조).

2. 안건별 의견 불일치 해소

가. 법안, 예산안 불일치

법률안을 사전 심사한 위원회가 양원 공동으로 재심사를 제안한 경우 양원은 이견 해소를 위한 절차 중 또는 이견해소 절차를 마친 후 해당 법률안 심의를 종료하고, 다른 안건에 대한 심의를 재개할 수 있다(의회법 제89조 제3항, 제90조). 이는 이견을 보인 안건의 시급성과 특성을 고려하여 더 이상의 심의지연을 허용하지 않겠다는 취지이다.

1993년 예산안을 심의할 때(1992. 10. 8.), 1998년 예산안을 심의할 때(1997. 12. 7.) 예산안에 대한 의견 불일치가 발생하여 양원조정협의회가 소집됐다. 당시 예산안에 대한 합의가 이루어지지 않을 경우, 즉 양원의 견해차가 있는 예산안을 의결할 수 있는 절차가 도입됐다.[54] 이에 따라 예산안이나 추가경정예산안에 대한 조정제안서가 부결된 경우에 세 번째 심의(제3 독회[55])에서 가장 낮은 지출을 규정한 예산안을 최종 의결한 것으로 간주했다(의회법 제94조). 1999년 이후 10회에 걸쳐 예산안 또는 추가경정예산안이 양원조정협의회에 회부됐고, 6회는 원만하게 처리가 됐다. 나머지 4회(2005년 · 2014년 · 2017년 예산안, 2017년 추가경정예산안)는 상원 또는 하원이 조정제안서를 거부했다. 이에 따라 세 번째 심의 시 가장 낮은 지출로 의결된 예산안과 추가경정예산안이 최종적으로 채택됐다.

나. 입법계획, 재정계획 등 불일치

2003년부터 연방내각은 새로운 의회기에 맞추어 입법계획[56]을 수립했다. 하지만 연방내각이 제출한 입법계획이 하원에서 과반수 찬성을 얻지 못하는 사례가 발생함에 따라 입법계획 합의안 도출 절차가 신설됐다. 입법계획에 대한 첫 번째 심의(제1 독회) 후에 양원 간 이견이 있는 경우 양원조정협의회는 이견 사항에 대한 조정제안서를 제출한다. 조정제안서는 전부가 아닌 따로 분리되어 표결되고, 조정제안서 중 이견이 있는 부분은 삭제된다(의회법 제94조의 a). 지금까지 2008년의 '2007~2011 입법계획', 2012년의 '2011~2015 입법계획', 2016년의 '2015~2019 입법계획'에 대해 이견조정절차가 실시됐다.

2016년부터는 연방의회가 재정계획에도 관여함에 따라 입법계획과 동일하게 조정절차를 실시한다. 연방내각이 제출한 재정계획에 대한 첫 번째 심의(제1 독회) 후에 양원 간 의견 불일치가 발생하면 양원조정협의회가 소집되어 재정계획 중 의견이 불일치한 부분에 대해 조정안을 마련한다. 조정안에 대한 표결이 실시되고, 이견이 있는 부분은 삭제된다(의회법 제94조의 a). 예를 들면 양원조정협의회가 2016년 소집되어 '2018~2020 재정계획'을 논의한 바 있다(의안번호 16.041).

3. 활동 현황

1902년부터 1992년 2월 1일까지 90년 동안 모두 15회의 양원조정협의회가 개최됐다. 이 중 12회는 양원조정협의회가 합의안(조정제안서)을 도출했고, 2회는 조정제안서 도출에 실패했으며, 1회는 상원이 조정제안서에 거부권을 행사했다.[57] 그러나 1992년 2월 이후 2017년까지 25년 동안 양원조정협의회가 127회 개최됐는데, 지난 90년간 개최된 횟수보다 8배나 많은 수치다(별첨 1 참조).

제44대 의회(1991~1995년)에는 7건이, 제45대 의회(1995년~1999년)에는 20건이 회부됐고, 양원은 제안된 합의안을 모두 승인했다. 제46대 의회 이후에는 100개의 안건(제46대:20개, 제47대:16개, 제48대:30개, 제49대:21개, 제50대:13개)에 대해 양원조정협의회가 구성됐다. 양원조정협의회 구성 · 활동이 큰 폭으로 증가한 이유는 1992년 연방의회 개혁 이후 왕복심의 횟수를 3회로 제한했기 때문이다. 1992년 이전에는 한쪽 의회의 의결이 최종적으로 선언되고, 다른 쪽 의회에서 이와 다른 결정을 고수하는 경우에만 양원조정협의회가 개최됐다.

[표 15] 양원조정협의회에 회부 · 부결된 안건(1991-2017)

의회	건수(부결)	의회	건수(부결)
第44대 의회(1991-1995)	7(0)	第48대 의회(2007-2011)	30(4)
第45대 의회(1995-1999)	20(0)	第49대 의회(2011-2015)	21(3)
第46대 의회(1999-2003)	20(0)	第50대 의회(2015-2017)	13(2)
第47대 의회(2003-2007)	16(3)	합계	127(12)

자료: Parlamentsbibliothek Recherchen und Statistik(2017: 4).

第47대 의회(2003~2007) 이후 양원조정협의회가 도출한 합의안 중 12건이 상원 또는 하원에서 부결됐다.

[표 16] 양원조정협의회가 도출한 합의안을 상원 또는 하원이 거부한 안건

구분	거부 일시	의안번호	내용	거부권 행사 의회
第47대 의회(2003~2007)	2003.12.17.	00.079	의료보험법 개정안	하원
	2004.12.16.	04.047	2005년 예산안: 당시 논란이 된 히르쉬혼(Hirschhorn)의 파리 전시회에 제공하기로 한 문화재단(Pro Helvetia) 예산 중 100만 프랑 삭감	상원
	2004.12.17.	04.036	2004년 군수물자 조달: 두 대의 수송기 도입을 둘러싸고 논란이 됐으며, 당시 스위스국민당, 사회민주당 및 녹색당 등으로 구성된 공동 교섭단체의 반대로 거부	하원
第48대 의회(2007~2011)	2008.10.1.	04.062	의료보험법 일부 개정안: 제2차 Managed Care 개정안 및 약품 가격 관련 쟁점	하원
	2009.6.10.	08.027	의료보험법 일부 개정안	하원
	2010.12.6.	05.453	의회 발의안인 "위험한 개 금지법안"	하원
	2011.9.28.	09.074	국민 청원에 따른 "주택청약을 이용한 자가 주택 확보 안"	심의안 1: 하원 거부, 심의안 2: 상원 거부
第49대 의회(2011~2015)	2012.9.27.	09.076	예방법	상원
	2013.6.19.	11.030	第6차 IV 개정안에 대한 두 번째 대책 패키지	상원
	2013.12.12.	13.041	2014년 예산안 : 연방 행정 부문의 구매비 및 운영비에서 1,500만 프랑이 삭감됐으며, 초콜릿법과 관련한 비용이 인상되지 않음	하원
第50대 의회(2015~2019)	2016.12.15	16.041	2017년 예산안: 연방 인건비, 외부 컨설턴트 및 IT 부문 전체에서 1억 2,800만 프랑 삭감	하원
	2017.6.15.	17.007	2017년 추가 경정 예산안 I: 연방검찰의 추가 예산 확보를 위한 부채 도입, 연방국세청의 수입 및 생활 조건 통계 조사(SILC) 2017-2024를 위한 필수 지출액 삭감	하원

자료: Parlamentsbibliothek Recherchen und Statistik(2017: 4).

위원회 및 교섭단체

제1절 위원회 개요

1. 구성

상원과 하원에는 연방의원으로 구성되는 위원회를 설치한다(연방헌법 제153조 제1항). 위원회는 상임위원회(입법위원회)와 양원 공동으로 설치된 감독위원회(재정위원회, 감독위원회)를 통해 연방내각과 연방법원 등의 활동을 감독한다(연방헌법 제153조 제2항, 의회법 제42조 · 제50조 · 제53조). 위원회의 감독 기능은 연방의회의 '감독' 권한에 따라 이루어지는 것이므로 이는 연방각료, 연방법관 등에 대한 형사 절차나 징계절차와는 다른 성격을 가진다.

1991년까지 매년 연방의회에 비상설 특별위원회가 구성됐기에 연방의회의 대정부 감독역량이 미약했다. 예를 들어 제39대 의회기(1971~1975년)에는 하원에 225개의 특별위원회가, 상원에는 239개의 특별위원회가 구성됐다. 평균적으로 하원의원 1명당 20개의 특별위원회, 상원의원 1명당 52개의 특별위원회에서 활동한 것이다. 1992년 연방의회 개혁의 일환으로 특별위원회가 분야별 상임위원회로 전환되어 소관 안건 등을 심사하도록 변경됐다. 특별위원회 중심주의에서 상임위원회 중심주의로의 전환은 연방의회의 활동역량을 강화하는 데 기여했다. 연구결과에 따르면 비상설 특별위원회 체제에서 상설 상임위원회로의 전환 이후 법률안 수정 비율이 높아진 것으로 나타났다. 특히 연방의원은 70% 이상의 시간을 위원회 활동에 할애하고, 본회의에서는 96%가 상임위원회에서 제안한 대로 의결한다.[1] 이런 점에서 볼 때 연방의회는 위원회 중심주의로 운영된다.

하원 상임위원회 위원 정수는 하원 의사규칙에 규정하지 않고, 의회사무처에서 정하는데 현재는 25명이다. 상원 상임위원회 위원 정수는 13명이다(상원 의사규칙 제7조 제2항). 하원의원은 원칙적으로 2개 이상의 상임위원회 위원으로 활동할 수 없지만(하원 의사규칙 제15조 제3항), 현재 하원의원은 1~2개 위원회에 소속되어 활동한다. 상원의 경우 겸임위원회 제한 규정이 없어 상원의원은 3~4개 위원회에 소속되어 활동한다. 이는 상원의원은 46명에 불과하고, 구성된 상임위원회는 11개이기 때문이다.

모든 상임위원회는 집행부의 동의를 얻어 소위원회를 둘 수 있다. 위원회 위원으로 구성된 소위원회는 상임위원회에 심사결과를 보고하고, 제안서를 제출할 수 있다(의회법 제45조 제2항). 위원회가 소위원회를 설치할 때에는 소위원회의 업무를 구체적으로 정하고, 활동기한(제안서 제출기한)을 설정한다(하원 의사규칙 제14조 제2항, 상원 의사규칙 제11조 제2항). 이런 점에서 상임위원회의 소위원회는 비상설이지만, 하원의 재정위원회와 감독위원회는 상설 소위원회를 구성한다(하원 의사규칙 제14조 제3항). 몇 개의 상임위원회가 공동으로 1개의 소위원회를 구성할 수도 있다(의회법 제45조 제2항).

하원의 경우 소위원회 위원은 소속 위원회 위원이 아닌 다른 위원회에서 활동한 의원으로 대신할 수 있지만, 이 경우에도 동일한 교섭단체 소속의원으로 한다(하원 의사규칙 제18조 제1항). 상원의 경우 소위원회의 위원이 사고가 있는 경우 해당 상임위원회에서 활동하는 위원으로만 대신할 수 있다(상원 의사규칙 제14조 제5항). 또한 감독위원회, 특별조사위원회, 이들 위원회에 설치된 소위원회 위원은 다른 위원회의 위원으로 대신할 수 없다(하원 의사규칙 제18조 제4항, 상원 의사규칙 제14조 제4항).

2. 위원회 위원 배정

상원과 하원의 집행부는 교섭단체별 의석수, 언어 및 지역을 고려하여 새로운 의회를 구성하는 첫 번째 겨울 정기회에서 위원회 위원장, 부위원장, 위원을 선임한다(의회법 제43조 제3항, 하원 의사규칙 제15조 제1항). 위원회 위원의 임기는 4년이고(의회법 제43조 제4항), 새로운 의회기의 첫 번째 겨울 정기회에서 상임위원회 개편이 이루어질 때 위원의 임기가 시작된다. 상임위원회 위원장과 부위원장의 임기는 2년이고, 위원과 달리 위원장과 부위원장으로 다시 선출되지 못한다(하원 의사규칙 제17조 제2항, 상원 의사규칙 제13조 제2항).

위원회 위원은 새로운 의회기에서 종전과 동일한 위원회에서 활동할 수 있고(하원 의사규칙 제17조 제1항, 상원 의사규칙 제13조 제1항), 위원회 배정에 대해 이의신청을 할 수 있다. 연구에 따르면 정당 노선과 달리하는 의원을 하원의 비인기 위원회에 배정하는 것으로 나타났다. 정당 노선에 따르지 않는 의원들에 대한 직접적인 제재보다는 각종 언론 보도에서 비인기 위원회 소속의원이 거명되지 않도록 하여 대중의 관심에서 멀어지도록 조치한다는 것이다. 전직 상원의원도 이러한 견해에 동감하면서 정당 노선에 따르는 것은 위원회의 배정을 결정하는 요소 중 하나라고 했다.[2]

위원회 위원이 위원직을 사임하는 경우 위원회 집행부가 결원을 새롭게 채우지 않는 한 교섭단체가 그 후임자를 지명할 수 있다(하원 의사규칙 제18조 제2항, 상원 의사규칙 제14조 제2항). 위원의 임기 중에 해당 위원의 결원이 발생하는 경우 그 후임자는 전임 위원의 잔여기간까지 활동한다(하원 의사규칙 제17조 제4항, 상원 의사규칙 제13조 제4항). 회기 중 위원회 회의에 참석이 어려운 의원은 불출석 사실을 통지하고, 다른 의원이 특정 위원회나 소위원회 회의에 대신 참석하게 할 수 있다. 이 경우 불출석 위원을 대신하여 참석할 의원은 교섭단체에서 지정한다(하원 의사규칙 제18조 제1항, 상원 의사규칙 제14조). 하원의 위원직은 장기간 대체될 수 없다.[3] 상원의 경우 위원 수가 많지 않은 관계로 위원회나 소위원회의 특정 회의뿐만 아니라 위원회 회의가 있는 1일(individual meeting day)에 다른 위원을 보임시킬 수 있다(상원 의사규칙 제14조 제2항). 교섭단체는 위원회 또는 소위원회의 위원 사 · 보임에 관한 사항을 즉시 위원회 행정실에 알린다(하원 의사규칙 제18조 제3항, 상원 의사규칙 제14조 제3항).

3. 직무 및 권한

위원회는 본회의 전에 위원회에 회부된 안건을 미리 검토하고, 위원회 소관 업무에 대한 제안서, 연방 정책의 효과성 평가에 대한 제안서, 안건에 대한 심사보고서, 의원발의안, 위원별 토론사항이 담긴 수정안을 각각 제출할 수 있다(의회법 제44조 제1항 · 제2항). 또한 위원회는 외부전문가로부터 의견을 듣거나 칸톤 대표와 이해관계자의 의견을 청취하거나 현장조사를 실시할 수 있다(의회법 제45조). 이처럼 위원회의 사전심사는 상원 또는 하원(본회의)의 업무부담을 덜어준다.

위원회 활동을 보장하기 위해 연방의회는 연방내각 및 행정부에 대한 감독 및 자료요구권을 가진다(의회법 제26조 제1항). 위원회는 자료요구, 연방각료의 출석요구 및 질문을 할 수 있고, 각종 보고서 등 자료 제출을 요구할 수 있으며(의회법 제150조), 직무수행과 관련하여 문서열람 및 조사 권한을 가진다(연방헌법 제153조 제4항).

위원회에서 법률안을 심사하거나 수정안을 제안할 때는 독일어와 프랑스어로 번역된 자료가 제공된다. 일반적으로 연방 공무원은 위원회에 2개의 공식 언어로 작성된 문서 및 자료를 제출하고, 위원회 회의에 출석하는 외부전문가, 칸톤 대표, 이해관계자는 가급적 여러 공용어로 발언한다(의회법 제46조 제3항).

4. 위원회 심사

위원회는 어느 때든지 소집될 수 있지만, 전체 회의는 대체로 3월, 6월, 9월, 12월 등 3개월 단위로 열린다. 감독위원회, 소위원회를 포함한 위원회의 연간 활동계획(회기)은 양원의 집행부가 봄 정기회에서 결정한다. 위원회는 8시부터 오후 1시 사이에 진행되고, 1년에 4회 개최되는 정기회마다 3~4일 동안 활동하면서 제출된 안건을 심사하고, 심사결과를 본회의에 보고한다. 정기회마다 개최되는 위원회 회의를 모두 합하면 연간 500회 정도이다(2015년 기준).[4] 위원회 회의는 재적의원 과반수 출석을 필요로 하고, 위원회의 심사 경과는 위원장(상원의 경우)이나 보고위원이 보고한다.

위원회는 연방정부나 전문가위원회 등이 제출한 보고서 등을 기초로 법률안을 심사할지 여부를 결정한다. 이를 법률안 심사 여부에 대한 결정이라고 한다(의회법 제74조 제1항). 일반적으로 법률안 심사 여부는 특별한 문제가 없는 한 심사하는 것으로 결정된다. 위원회가 심사하기로 결정한 법률안에 대해 상원은 1명의 전담 의원을, 하원은 프랑스어와 독일어 사용자 각 1명의 전담 의원을 둔다.[5]

법률안 심사가 필요하다고 판단된 법률은 이를 조문별로 심사한다. 이를 축조심사(조문별 심사)라고 한다(의회법 제74조 제2항). 위원회가 법률안을 찬성하는 경우 위원장은 위원회의 이름으로 본회의에 해당 안건의 채택을 제안한다. 위원회 과반수가 안건을 반대하여 부결된 경우 본회의에 소수의견[6]으로 제출할 수 있다(의회법 제76조 제4항). 심사할 법률안의 조문이 많아서 한 번에 심사하기 어려울 예외적인 경우 상원과 하원의 동의를 얻어 법률안을 여러 부분으로 분할할 수 있고, 분할된 법률안을 다른 쪽 의회로 이송할 수 있다(의회법 제88조 제1항). 분할된 법률안에 대한 심사를 종료하기 전까지 연방의원은 법률안 조문에 대해 위원회의 재심사를 요청할 수 있다(의회법 제88조 제2항).

위원회 의결현황을 살펴보면, 심의대상 안건의 61%가 만장일치로, 25%가 만장일치에 가깝게 결정되어 만장일치 비율은 86%이고, 부결 비율은 14%이다(부결된 안건 4%, 부결에 가까운 안건 10%). 외교위원회, 환경 · 국토 · 에너지위원회는 만장일치 의견이 높지만, 재정위원회, 경제 · 조세위원회, 사법위원회는 의견 일치율이 가장 낮다.[7]

5. 위원회 회의 비공개

상원과 하원의 본회의는 법률로 예외를 규정하지 않는 한 공개하지만(연방헌법 제158조), 위원회의 심사과정은 공개되지 않고 회의결과만 공개된다(의회법 제47조, 제48조). 따라서 위원회 회의에 참석한 자는 위원회 회의 내용을 공식적으로 발표하기 전까지 미리 공개해서는 안 된다(상원 의사규칙 제15조 제3항, 하원 의사규칙 제20조 제3항). 특히 위원회 회의에 참석한 의원이 발언한 내용, 투표방식, 구체적인 투표결과는 공개되지 않는다(의회법 제47조 제1항). 위원회 회의를 비공개하는 이유는 연방의원들이 다양한 압력에서 벗어나 자유로운 분위기에서 솔직하게 토론하고 협력하여 해결책을 도모하도록 하기 위함이다.[8]

위원회에서 작성되는 모든 회의록과 문서도 공개되지 않지만(의회법 시행령 제6조), 위원회 심사결과는 공개되며, 드물지만 법률에 따라 공개 청문회를 개최할 수 있다(의회법 제47조 제2항, 제48조). 위원회 회의 종료 후 위원회 위원장 또는 위원회의 위임을 받은 보고위원은 위원회 심사결과를 언론에 서면(보도자료 형식)이나 구두(기자회견 형식)로 공개한다. 이 경우 토론에 따른 주요 의결사항, 투표결과, 토론에 제기된 주요 내용, 다수표를 얻은 논거 등이 공개된다(하원 의사규칙 제20조, 상원 의사규칙 제15조). 그러나 연방의원이 본회의에 소수의견을 제출한 경우를 제외하고는 위원회 심사에 참석한 위원이 어떤 태도를 가지고, 어떻게 표결했는지는 알 수 없다(하원 의사규칙 제20조 제2항, 상원 의사규칙 제15조 제4항). 이처럼 위원회 위원들은 보도자료가 배부되거나 기자회견 전에는 언론인이나 제3자에게 위원회 회의 정보를 공개하지 않는다.

개별 연방의원의 투표결과를 알 수 없고, 전체적인 투표결과만 공개되기 때문에 연방의원의 이해충돌 금지규정(연방헌법 제161조 제2항, 의회법 제11조 제3항)에 위반될 소지를 확인하기 어렵다. 2015년 6월 9일 연방의원의 이름을 기재하여 투표결과를 공개하자는 의원발의안(의안번호 15.436)이 하원에 제출됐다. 이 안건은 하원 정치제도위원회에서 2016년 4월 14일 가결되고, 하원 본회의에서 2017년 2월 28일 가결됐다. 그러나 상원 정치제도위원회에서 2016년 6월 20일 부결됐고, 2017년 9월 12일 상원 본회의에서도 부결됐다.[9]

6. 위원회 회의장 및 회의록

연방의사당엔 위원회별로 전속 회의장이 없다. 회의장은 우선 위원회와 교섭단체가 사용하고, 연방의원은 예약을 통해 사용할 수 있다. 회기 중에 연방의원은 예약 없이 대기실 부근에 있는 회의장(106호)을 간단한 토론이나 짧은 토론을 위해 사용할 수 있다. 그러나, 기자회견, 의원들과의 공개 토론, 정당 회의, 정책회의, 저녁 및 주말에 의원이 주관하는 회의, 정당의 칸톤 또는 코뮌 지부 회의, 칸톤 및 코뮌 당국의 회의를 위한 목적으로 회의장을 사용할 수 없다. 위원회와 교섭단체 회의가 개최 되는 회의장 보안을 위해 방호원은 정회 후 15분 동안, 회의 종료 후 30분 동안 회의장에 있고, 이후 회의장을 열쇠로 잠근다. 이 시간이 지나면 연방의원

은 회의장에서 지체 없이 퇴실한다.[10]

[그림 1] 위원회 회의장

자료: 필자 촬영, Parliamentary Service(2016: 18)

의사일정에 등록된 각 안건은 원칙적으로 각각의 회의록으로 작성된다(의회법 시행령 제4조 제1항). 위원회 회의록은 본회의, 위원회 토론을 통해 안건을 검토하는 데 필요하고, 연방의회가 의결한 안건에 대한 증거자료가 된다(의회법 시행령 제4조 제2항). 위원회 심사과정은 녹음되지만, 녹음기록은 다른 목적으로 사용되지 못한다. 녹음기록은 원칙적으로 회의 3개월 후에는 삭제되지만, 위원회와 행정사무대표단이 필요성을 인정한 경우 3개월 이상 보존할 수 있다(의회법 시행령 제4조 제4항 · 제5항).

위원회의 회의록은 위원회 구성원, 다른 쪽 의회(후의원)의 상임위원장, 의회사무처 관련 부서, 회의에 참석한 연방 기관의 장에게 의무적으로 배부된다(의회법 시행령 제6조 제1항). 다만, 다른 쪽 의회의 위원회 위원은 위원회 회의록 열람 요구를 통해서만 회의록을 받을 수 있다(의회법 시행령 제6조 제3항). 그 밖의 연방의원은 회의록 요구 절차를 거쳐 의원발의안, 칸톤발안, 첫 번째 심사한 의회에서 이송받아 다른 쪽 의회가 처리한 법안제출요구안 등에 대한 회의록을 받을 수 있다(의회법 시행령 제6조 제4항). 위원회와 감독심의회는 회의록 열람 여부를 결정한다(의회법 시행령 제6조 제5항).

또한 연방의회가 심사한 법률, 위원회 의결사항, 발언 및 심사요지를 기록한 회의록 요약본도 작성된다(의회법 시행령 제4조 제3항, 제5조). 회의록 요약본은 회의 종료 후에 발언 내용 전부가 아닌 중요한 정보, 근거, 의결사항이 짧고 이해하기 쉽게 발언자가 구사한 언어로 작성된다. 회의록 요약본은 위원회 회의록 전부를 받지 못하는 회의참석자에게 배부된다(의회법 시행령 제6조 제2항). 비밀로 처리된 회의록은 회의 종료 후 약 2주일 내에 위원들에게 배포되고, 내부망에만 게시된다.[11]

국민투표 요구 기간이 종료되거나 국민투표가 실시된 이후 법률 시행이나 연구를 위해 의원발의안, 칸톤발안, 법안제출요구안, 청원 등에 대한 회의록 열람을 요구할 수 있다(의회법 시행령 제7조 제1항). 의회사무총장이 법 시행이나 연구목적 용도의 회의록 열람을 허가하지만, 위원회 위원장이 예외적으로 이들 안건에 대한 심사가 종료되기 전에 회의록 열람을 허가할 수 있다(의회법 시행령 제7조 제3항). 그 밖의 안건에 대한 회의록 열람 여부는 위원회 위원장이 결정하되, 필요한 경우 연방 기관과 협의하여 결정한다. 회의록 열람에 중대한 결격사유가 없는 한 위원장은 열람을 허가하고, 익명성 보장 등 개인정보 보호조치를 취할 수 있다(의회법 시행령 제7조 제4항 · 제6항). 위원회 회의록을 열람한 사람은 비밀을 유지할 의무가 있고, 회의록 전부 또는 일부를 공개할 수 없으며, 회의참석자의 발언 내용을 누설해서는 안 된다(의회법 시행령 제7조 제5항).

제2절 일반위원회(입법위원회)

1. 위원회 종류 및 업무

일반적인 상임위원회는 양원 의사규칙에 따라 하원은 12개, 상원은 11개가 구성된다. 하원의 12개 위원회는 외교위원회, 과학 · 교육 · 문화위원회, 사회보장 · 보건위원회, 환경 · 국토 · 에너지위원회, 국방위원회, 교통 · 통신위원회, 경제 · 조세위원회, 정치제도위원회, 법률위원회, 면책특권위원회이다(하원 의사규칙 제10조). 상원에는 하원 위원회와 동일하지만, 면책특권위원회가 없을 뿐이다(상원 의사규칙 제7조 제1항). 상임위원회는 의사관계법 및 의사규칙에 따라 설치되는 입법위원회로서 소관 업무에 속하는 부처의 법률안 등을 검토한다. 양원의 본회의가 아닌 소관 위원회가 법률안을 실질적이고 중점적으로 심사하는 것이다. 의회법에 따라 양원 합동 감독위원회로 재정위원회, 감독위원회, 법제편집위원회를 설치한다(연방헌법 제153조 제2항). 재정위원회와 감독위원회는 소관 부처가 없고 국가재정 전반 또는 국가안보 · 정보 업무를 총괄적으로 감독하는 감독위원회이다.

외교위원회는 외교정책의 결정 과정에 참여할 수 있다.[12] 외교위원회[13]는 전통적인 의미의 입법위원회라기보다는 연방내각과 지속적인 논의를 통해 외교정책을 검토하고 결정하는 성격을 가진다. 따라서 의회의 외교정책 권한은 본회의가 아닌 외교위원회에 있다.[14] 외교위원회는 외국 및 EU와의 관계, 국제기구나 국제회의에 관계된 사항, 동유럽 국가와의 협력증진, 인권, 국외 관계에서 평화증진 및 인권향상, 국제법, 자유무역정책, 중립정책, 스위스의 대외이미지 제고, 재외국민, 외교 관계 구축, 대외정책 업무를 담당한다.

과학 · 교육 · 문화위원회는 과학, 교육 및 연구개발, 훈련, 과학기술 및 혁신(혁신 증진, 과학기술 평가, 연구윤리 등), 언어 및 문화단체(다언어 제고, 언어선택의 자유 및 상호 이해, 소수 민족), 문화 및 관련 기관(문화기관, 문화유산, 문화유산 보호), 체육, 세대 및 사회, 유소년, 성 평등, 동물보호 업무를 담당한다.[15]

사회보장 · 보건위원회는 사회보험, 노령연금(실업보험은 상원에서만 관장), 사회복지, 가정 정책, 보건시스템, 보건정책, 보건증진, 질병 통제 및 예방, 의약품, 마약 및 약물, 식품 및 독성에 관한 업무를 담당한다.[16]

환경 · 국토 · 에너지위원회는 환경보호, 기후변화정책, 지속 가능 개발, 공간계획, 자연유산 보호, 국토계획 및 개발, 에너지 및 에너지 공급, 수자원 관리 및 산림, 수렵 및 수산에 관한 사항을 담당한다.[17]

국방위원회는 군대 및 병력자원, 국내안보 및 안보협력, 대테러 대책, 경찰, 시민보호, 병무 행정, 평화 및 안보정책, 민방위, 군수품, 방위산업, 비확산 및 무기감축, 전략적 리더십 교육, 위기관리에 관한 사항을 담당한다.[18]

교통 · 통신위원회는 철도, 도로, 항만, 해운 등의 교통, 공공서비스(시장규제), 라디오, 텔레비전, 인터넷 등 방송 통신, 국영철도(SBB), 우체국, 국영 통신(Swisscom), 국영방송사(SRG) 등에 관한 업무를 담당한다.[19]

경제 · 조세위원회는 국내 경제, 금융 및 통화정책, 농림, 산업(무역, 재정, 보험, 관광), 조세(국내외 조세, 관세), 경쟁(국내시장, 가격, 카르텔, 부당경쟁, 소비자 정보, 소비자 신용, 무역에 관한 기술장벽, 생산품 질 및 보안, 공공조달), 기업 친화 정책, 노동시장(실업보험은 하원에서만 관장), 지적재산권법, 상표법 등 지식재산권 업무를 담당한다.[20]

정치제도위원회는 연방의회 및 연방내각, 연방 간 권력분립 및 책임, 연방 행정부 및 연방 공무원, 연방과 칸톤 간 관계(일반적 문제, 제도적 이슈, 칸톤헌법), 정치적 권리(선거), 국내여론, 시민권, 신분증명서, 재외국민, 망명, 정보보호, 연방 통계, 종교 업무를 담당한다.[21]

법률위원회는 민법, 민사소송법, 공정거래(계약, 경쟁, 불공정 관행, 광고), 토지법, 헌법검토, 형법(형사소송법), 법원, 자금세탁, 도박, 부채상환, 은행파산, 국제사법, 면책(상원에서만 관장), 사면(조세 분야 제외)업무를 담당한다.[22]

면책특권위원회는 하원에만 설치된다.[23] 하원의원의 숫자가 많은 점을 고려하여 면책특권위원회를 별도로 설치한 것으로 보인다. 연방의원과 연방의회에서 선출되어 면책특권이 부여된 주요 인사(연방각료, 연방법관 등)에 대한 면책특권의 박탈 여부를 심사한다. 상원의원의 면책특권 박탈 여부는 상원 법률위원회에서 담당한다.

[표 17] 일반 위원회(입법위원회)

위원회	약칭(독일어, 프랑스어, 영어)	소관 사항
외교위원회	APK, CPE, FAC	국제관계, 중립, 인권, 해외 원조, 대외경제 및 통상정책, 유럽통합, 세계은행, IMF
과학·교육·문화위원회	WBK, CSEC, SECC	과학, 교육, 유전공학, 언어, 문화, 체육, 가정, 청소년, 여성 문제
사회보장·보건위원회	SGK, CSSS, SSHC	사회복지, 보건, 식품, 의약품, 질병 관리, 보건안전

위원회	약칭(독일어, 프랑스어, 영어)	소관 사항
환경·국토·에너지위원회	UREK, CEATE, ESPEC	환경보호, 자연유산, 국토계획, 수자원 관리, 에너지, 산림, 수렵 및 수산
국방위원회	SiK, CPS, SPC	국방, 민방위, 군수품, 평화 및 안보정책, 방위산업, 병무 행정
교통·통신위원회	KVF, CTT, TTC	교통, 통신, 우정사업, 언론
경제·조세위원회	WAK, CER, EATC	국내 경제, 노동, 물가, 동반성장, 소비자 보호, 보험, 수출 보증, 조세, 농업
정치제도위원회	SPK, CIP, PIC	연방 행정 당국, 연방과 칸톤 간 관계, 선거, 시민권, 재외국민, 망명, 교회와 국가 관계
법률위원회	RK, CAJ, LAC	민법, 법령, 지식재산권, 공정거래, 정보보호, 형법, 군사 형법, 연방의원의 면책특권(상원)
면책특권위원회	IK, CdI, IC	면책특권 박탈(하원만)

위원회 중 외교위원회, 경제 · 조세위원회, 재정위원회는 다른 어떤 위원회보다 중요하다. 1995~1997년 사이에 제안된 162개 안건을 분석한 연구에 따르면 외교위원회(20%), 경제 · 조세위원회(21%), 재정위원회(9%)가 하원 위원회 업무의 50%를 처리했다.[24] 반대로 교통 · 통신위원회나 폐지된 공공건축위원회[25]는 업무 비중이 낮은 것으로 나타났다.

2. 면책특권위원회(법률위원회)

가. 업무

연방의원, 연방각료, 연방법관 등의 면책특권 박탈 여부를 심사하기 위해 하원에 면책특권위원회가 구성된다(의회법 제17조 제1항, 하원 의사규칙 제33조의 c의 3). 상원에서는 법률위원회가 면책특권 박탈 여부를 심사한다(상원 의사규칙 제28조의 a). 면책특권 박탈 권한은 의회(본회의)에 속하고, 위원회는 면책특권 박탈요청에 대한 사전심사를 한다.

연방의원은 본회의(하원 · 상원), 양원합동회의, 위원회, 소위원회, 재정심의회, 감독심의회, 의장단회의, 양원 집행부, 양원합동집행부, 행정사무대표단, 교섭단체에서 행한 직무상 발언에 대해 법적인 책임을 지지 않는다(의회법 제31조). 연방의원의 면책특권은 의회가 의원들의 직무를 수행함에 있어 형사처벌의 남용으로부터 연방의원을 보호하여 연방의회의 정상적 기능을 수행하기 위한 측면이 있다. 반면 죄형법정주의 원칙에 따라 형사범죄를 저지른 자는 처벌을 받아야 한다는 측면이 있다. 면책특권위원회는 두 가지 상반되는 점을 비교 형량하여 면책특권 박탈 여부를 결정한다. 연방의원 스스로 면책특권의 박탈(형사소추)에 동의할지라도 해당 연방의원이 속한 위원회의 승인이 필요하고, 위원회의 승인 필요성에 대해 이견이 있는 경우 소관 위원회가 최종 결정한다(의회법 제21조).

하원 면책특권위원회는 9명의 의원으로 구성되고, 대체위원 9명도 선출된다.[26] 상원 법률위원회는 13명의 의원으로 구성된다. 면책특권위원회는 재적 위원 과반수가 출석한 경우 유효하게 의결할 수 있다(의회법 제17조의 a 제3항).

나. 심사절차

검찰 등 형사소추기관이 연방의원의 의정활동과 '직접' 관련된 범죄를 이유로 기소하기 위해서는 연방의회 소관 위원회의 승인이 필요하다(의회법 제17조 제1항, 연방공무원책임법[27] 제14조). 따라서 면책특권 박탈요청서는 형사 절차 시작 전에 제출된다. 연방의원의 면책특권 박탈을 요청하는 형사소추기관은 범죄사실, 형법 규정, 면책특권 박탈 이유를 기재한 '면책특권 박탈요청서'를 연방의회에 제출한다. 연방의회는 면책특권 박탈 요청서가 형식상 또는 내용상 요건을 충족하지 못한 때에는 이를 수정하도록 반송한다. 연방의원의 면책특권 박탈요청서는 해당 의원이 속한 상원 또는 하원의 소관 위원회가 먼저 심사하고, 그 이후 다른 쪽 의회의 소관 위원회가 심사한다(의회법 제17조의 a 제1항).

소관 위원회는 면책특권의 박탈 여부를 결정하기 위해 해당 행위가 면책특권에 속하는지, 범죄구성요건을 충족하는지, 의정활동과 관련이 있는지 등을 검토한다. 먼저 소관 위원회는 연방의원의 행위가 의정활동과 관련이 있는지를 검토한다. 연방의원의 행위가 의정활동과 직접적 관련성이 없는 경우 위원회는 면책특권 박탈 요청서를 상정하지 않고, 형사소추기관은 의회의 승인 없이 당사자를 기소할 수 있다. 소관 위원회는 연방의원의 행위가 의정활동과 직접적 관련성이 있다고 판단하는 경우 면책특권 박탈 요청서를 상정하여 검토할 수 있다. 연방의원의 행위가 범죄구성요건을 충족하지 않을 경우 소관 위원회는 면책특권을 박탈하지 않지만, 범죄구성요건을 충족하는 경우 위원회는 의정활동과 범죄행위 간의 관계를 평가하고, 이해관계가 있는 경우 면책특권을 박탈한다.[28]

소관 위원회는 면책특권 박탈 요청서를 제출받은 날부터 2개월 이내에 면책특권의 박탈여부를 1차로 결정하되, 6개월 이내에 모두 완료한다. 하원 면책특권위원회 또는 상원 법률위원회가 소속 연방의원의 면책특권 박탈 여부를 논의하는 경우 해당 연방의원은 동 위원회 활동에서 배제된다(의회법 제17조의 a 제7항). 연방각료나 연방법관의 면책특권과 관련된 사안인 경우 위원회는 연방각료나 연방법관의 직무를 일시적으로 정지할 것을 제안할 수 있다(연방공무원책임법 제14조 제5항).

위원회는 면책특권 박탈을 결정하기 전에 양원 의장단회의 구성원 6명 중 5명의 찬성을 얻어 강제적 성격을 가진 사실 조사, 증거보전 등을 실시할 수 있다(형사소송법 제303조 제2항). 또한 위원회가 연방의원을 소환하여 신문하는 경우 연방의원의 대리인(제3자)이 아닌 연방의원이 직접 출석한다(의회법 제17조의 a 제4항). 당사자 권리보장 차원에서 연방의원이나 연방의원의 대리인은 위원회가 검토한 문서를 열람할 수 있다.

면책특권 박탈요청서의 상정이나 면책특권 박탈 결정과 관련하여 양원의 위원회 결정이 상반될 수 있다. 소관 위원회의 두 번째 심의(제2 독회) 후에 한쪽 의회가 면책특권 박탈을 명백하게 반대할 경우 그 결과를 최종적으로 간주하고, 이의제기도 할 수 없다(의회법 제17조의 a 제2항, 제95조).

다. 위원회 결정

위원회가 면책특권 박탈을 결정하면 형사소추기관이 범죄를 수사하고, 칸톤법원에서 재판한다(의회법 제17조 제2항). 이때 양원합동회의는 특별검사장[29] 1명을 선출할 수 있다(의회법 제17조 제3항).[30] 면책특권의 박탈을 요청하는 사안이 명백한 근거가 없는 경우 양쪽 위원회 위원장 간 공동합의를 통하여 해당 사안을 종료

할 수 있고, 위원회 위원에게 이를 통지한다(의회법 제17조 제4항). 면책특권 박탈 요청에 대해 위원회가 내린 결정은 최종적이다(의회법 제17조의 a 제5항). 면책특권 박탈 여부와 관련된 위원회 결정문에는 결정 주체, 투표결과, 문제 상황, 법적 근거, 위원회 다수 의견, 소수 의견을 기록한다. 위원회의 회의가 종료되면 즉시 당사자에게 위원회의 결정을 구두 또는 서면으로 통지하고, 이와 동시에 연방의원에게도 서면으로 통지된다(의회법 제17조의 a 제6항). 위원회 결정문은 의회 내 의안정보시스템[31]과 위원회 인터넷 사이트에 게재되고, 형사소추기관에는 원칙적으로 모든 심사 결정이 완료된 후에 서면으로 통지된다. 상원 또는 하원에서 먼저 심사한 위원회는 결정문 공개 후에 책임위원을 선정하고, 다른 쪽 의회의 위원회에 출석하여 의견을 전달한다.

라. 면책특권 심사 현황

1980~2011년까지 연방의회는 면책특권 박탈요청 44건을 심사했다.[32] 44건의 면책특권 박탈 대상을 살펴보면, 30건은 하원의원, 8건은 연방각료, 6건은 연방법관과 관련됐고,[33] 이들의 기자회견 또는 언론 보도 발언이 문제가 됐다. 면책특권 박탈요청 사유를 살펴보면, 11건은 공무상 직권남용 혐의(형법 제312조; 연방각료 5건, 연방법관 6건), 8건은 명예훼손 혐의(형법[34] 제173조), 7건은 직무상 비밀누설 또는 토론 중 허가되지 않은 비밀누설 혐의(형법 제293조, 제320조), 4건은 인종차별 혐의(형법 제261조의 2) 등이었다.

면책특권 박탈요청 44건 중 8건(하원의원 7건, 연방각료 1건)이 본회의에 상정되지 못했다. 2건[35]은 위원회 과반수 반대로, 5건[36]은 절대적 면책특권으로 인정되어 각각 본회의에 상정되지 못했다.[37] 본회의 상정이 무산된 8건 중 3건[38]은 연방의회에서 의정활동과 관련이 없다고 보아 형사소추기관이 형사 절차를 진행했다.

면책특권 박탈요청 44건 중 본회의에 상정된 36건 중 35건은 면책특권을 박탈하지 않았으며, 1건(의안번호 89.005)은 면책특권을 박탈했다.[39] 연방의회는 11건은 방어권이 충족되지 않은 것을 이유로(11건 중 6건은 연방법관 관련), 5건은 범죄구성요건이 충족되지 않은 것을 이유로, 13건은 표현의 자유를 이유로, 6건은 의회 내부 문제라는 이유를 들어 면책특권을 박탈하지 않았다. 그러나 1989년 연방의회에서 만장일치로 연방법무 · 경찰부 장관이자 연방각료인 엘리자베트 코프(Elisabeth Kopp)에 관한 면책특권을 박탈했다(하원 1989.2.27, 상원 1989.3.). 그 결과 형사소추기관은 코프 장관의 범죄(직권남용, 직권남용에 따른 잠재적 부패혐의 등)에 대해 형사 절차를 진행했다.[40]

면책특권 박탈요청과 관련하여 양원 간 의견이 불일치한 경우는 4건 있었다. 2건(의안번호 98.063, 08.052)은 제2 독회가 종료된 후에도 이견을 좁히지 못했다. 결국 상원이 면책특권 박탈을 반대하여 해당 연방의원의 면책특권이 박탈되지 않았다. 다른 1건은 하원의원 프랑신 장프레트르(Francine Jeanprêtre)의 면책특권 박탈요청안(의안번호 90.035)이었다. 이는 하원에서 첫 번째 회의 전에 상정하지 않기로 결정했다. 그러나 상원의 제안에 따라 제2 독회에서 면책특권 박탈 요청안을 상정했다. 나머지 1건은 하원의원 울리히 슐뤼어(Ulrich Schlüer)의 면책특권 박탈 요청안(의안번호 06.088)이었다. 이는 제1 독회에서 상정하기로 결정했지만, 제2 독회에서 면책특권 박탈 요청안을 상정하지 않았다.[41] 반면 하원의원 모리츠 로이엔베르거(Moritz Leuenberger)의 면책특권 박탈 요청안(의안번호 82.029)에 대하여 상원은 협의 종료 시간이 임박한 관계로 하원의 결정대로 상정했다.

의회법이 개정된 이후인 2012~2016년까지 하원의원에 대한 면책특권 박탈요청은 7건인데, 이 중 2건은 상정하지 않았고, 위원회에서 심사된 5건은 모두 면책특권 박탈을 인정하지 않았다.[42]

[표 18] 면책특권 박탈요청 현황(2012~2016년)

의안번호	면책특권 박탈 대상	결정	
12.191	하원의원 알프레드 헤어(Alfred Heer)	상정	면책특권 박탈 거부
12.190	하원의원 크리스토프 블로허(Christoph Blocher)	상정 거부	-
13.190	하원의원 토니 부르너(Toni Brunner)	상정	면책특권 박탈 거부
15.190	하원의원 크리스타 마크발더(Christa Markwalder)	상정	면책특권 박탈 거부

의안번호	면책특권 박탈 대상	결정	
15.191	하원의원 발터 뮐러(Walter Müller)	상정	면책특권 박탈 거부
16.190	하원의원 발터 보프만(Walter Wobmann)	상정	면책특권 박탈 거부
16.191	하원의원 피르민 슈반더(Pirmin Schwander)	상정 거부	-

자료: Parlamentsdienste/service de documentation(2017: 6).

제3절 감독위원회

1. 재정위원회

가. 구성

19세기 후반과 20세기 초에 재정감독 분야에서 의회의 전문성, 연속성 부족과 예산 · 재정특별위원회 업무가 심층적이지 못하다는 비판이 제기됐다. 1899년 연방내각은 연방의회에 기존의 재정감독 분야를 혁신하는 방안을 제안했다. 연방의회는 연방의사당이 준공된 1902년 10월 「연방의회와 연방내각의 관계에 관한 연방법률」[43]을 통과시켜 예산 및 재정 분야를 담당했던 예산 · 재정특별위원회를 상설 재정위원회로 전환했고,[44] 상원과 하원의원이 각각 3명이 참여한 재정심의회를 신설했다.[45]

재정위원회는 상원과 하원에 각각 설치된다.[46] 양원 집행부는 재정위원회 위원장, 부위원장, 위원을 교섭단체별 의석분포를 고려하여 임명한다(의회법 제43조 제1항, 하원 의사규칙 제9조 제1항). 하원의 재정위원회 위원 정수는 25명이고, 상원의 재정위원회 위원 정수는 13명으로 일반 상임위원회 정수와 동일하다.[47] 재정위원회 위원이 직무를 수행하기 어려운 경우 동일한 교섭단체에 속한 다른 위원이 대체위원으로 회의에 대신 참석할 수 있다. 재정위원회 위원의 임기는 상임위원회 위원과 동일한 4년이다.

재정위원회는 연간 8회 개최되고, 이 중 1회는 양원 공동으로 개최된다. 또한 양원 재정위원장이 교대로 주재하는 재정정책 세미나를 통하여 현안에 관한 깊은 이해를 나눈다. 재정정책 세미나는 해당 세미나를 주관하는 위원장 출신 칸톤에서 개최된다. 그 밖에 재정위원장은 감독위원회와 공동으로 임시회를 개최할 수 있고, 위원장 권한으로 재정위원회 회의를 일반에 공개할 수 있다.

하원과 상원의 재정위원회는 연방 부처별로 예산안 등을 검토할 4개의 소위원회를 구성하여 사전 조사업무를 부여할 수 있다. 소위원회는 재정위원회가 직접 결정을 내릴 시간이 없는 경우에 한해 그 권한을 위임받아 활동한다. 재정위원회의 소위원회는 소관 기관의 예산안, 추가경정예산안, 재정계획, 결산을 사전에 검토하고, 연간 1회 소관 기관을 방문하여 업무보고 등을 받는다. 재정위원회 제1 소위원회는 연방대법원, 연방재무부를, 제2 소위원회는 연방외교부, 연방경제 · 교육 · 연구부를, 제3 소위원회는 연방내무부, 연방환경 · 교통 · 에너지 · 통신부를, 제4 소위원회는 연방법무 · 경찰부, 연방국방 · 안보 · 체육부를 관장한다.

재정위원회의 모든 위원은 소위원회의 위원으로 활동한다. 하원 재정위원회의 소위원회에는 교섭단체별로 1명의 하원의원이 참여하는데, 제1, 제3~제4 소위원회는 6명, 제2 소위원회는 7명의 하원의원으로 구성한다. 상원의 경우 원칙적으로 정당별 의석수에 비례하여 협의를 거쳐 소위원회를 구성하되, 연장자 우선원칙이 적용된다. 상원 재정위원회의 제1, 제3~제4 소위원회는 3명, 제2 소위원회는 4명의 상원의원으로 구성한다. 상원에서 재정위원회의 소위원회를 대체할 의원은 재정위원회에서 활동하는 위원으로 한정된다(상원 의사규칙 제14조 제5항).

나. 직무

재정위원회는 적법성, 절차 적합성, 합목적성, 효과성, 경제적 효율성, 재정의 올바른 운영원칙을 토대로 예산안, 추가경정예산안, 재정계획, 결산을 심사하고, 재정집행을 감독하는 등 재정 전반에 대한 총괄적 감독권을 행사한다(의회법 제50조 제1항, 제142조 제1항). 재정위원회의 소관 기관은 중앙 및 지방행정기관, 연방법원, 의회사무처, 연방검찰청,[48] 연방검찰 감독위원회,[49] 공공기관, 연방이 공공사무를 위임한 기관, 연방이 50% 이상을 소유한 기관(스위스 우정국[50], 연방철도공사[51] 등)이다. 재정위원회는 재정이 수반되는 법률안의 회부를 요청할 수 있고, 소관 위원회에 의견을 제출할 수 있다(의회법 제50조 제2항). 또한 재정위원회는 재정위원회의 사전심사 안건이 아니지만 재정과 관련된 법안 및 총지출 상한액에 관해 의견을 제출할 수 있다(의회법 제50조 제3항). 재정위원회는 재정과 관련된 위원회와 관련 정보를 공유하고, 재정감독 결과를 감독위원회에 알린다.

재정위원회는 의회법 제150조 및 153조에 따라 모든 연방 기관에 대해 질의 또는 자료 등의 제출을 요구할 수 있고, 언제든지 기관이나 현장을 방문할 수 있다. 재정위원회는 의회법 제107조 및 제118조에 따라 의원발의안, 법안제출요구안, 대정부 질문 등을 할 수 있다. 재정위원회는 예산안, 결산 또는 특정 사업을 검토하기 위해 연방감사원[52]에 지원을 요청할 수 있다(연방감사원법[53] 제7조 제2항). 연방감사원 직원은 재정위원회 회의에 참석할 수 있고, 결산 회의에는 의무적으로 참석한다. 재정위원회 사무국은 재정심의회 등 다른 위원회 사무국과 지속적으로 실무적인 문제를 논의한다. 재정위원회 위원(직원)은 직무 수행상 알게 된 비밀이나 표결 내용을 누설해서는 안 되고, 비밀유지 조치를 취한다(의회법 제153조 제7항).

2. 재정심의회

가. 구성

재정심의회는 양원 재정위원회 산하의 상설조직으로,[54] 재정위원회 위원 중에서 교섭단체별 의석수(하원)나 정당 간 협의(상원)에 따라 선출된 하원의원 3명, 상원의원 3명으로 구성된다(의회법 제51조 제1항). 재정위원회는 재정심의회 위원을 대리할 수 있는 대체의원을 선출하고, 재정심의회 위원이 회의에 참석하지 못하는 경우 사전에 선출된 대체의원이 참석한다. 재정심의회 위원과 대체의원의 임기는 4년이다. 재정심의회 위원장과 부위원장의 임기는 1년이고, 위원장과 부위원장은 같은 정당 소속이 아니어야 하고, 상원과 하원이 교대로 맡는다. 예를 들어 위원장이 상원의원이면 부위원장은 하원의원이 맡는다.

재정심의회는 최소 2개월에 한 번씩 연간 6회 정기회를 개최하지만, 회기와 무관하게 필요에 따라 자유롭게 임시회를 소집할 수 있다. 재정심의회는 매년 1회 위원장 출신 칸톤에서 회의를 개최하고, 2년에 한 번은 베른이 아닌 다른 지역에서 회의를 개최한다. 재정심의회는 직무수행을 위해 연방내각이 결정하는 데 참고한 문서 등 필요한 모든 정보에 접근할 수 있다(의회법 제153조, 제154조). 재정심의회는 관련 기관을 출석시켜 질의할 수 있고, 각 부처의 장과 정기적으로 소통한다. 재정심의회는 특정 사안을 검토하기 위해 재정심의회와 동일한 권한을 가지는 소위원회를 구성할 수 있다. 소위원장은 특정 사안과 관련된 부처를 담당하는 위원이 맡는다. 관련 부처가 여러 곳이거나 연방법원과 관련이 있는 경우 재정심의회가 소위원장을 지명한다. 소위원회는 활동 결과를 재정심의회에 보고서로 제출하고, 재정심의회는 이를 해당 기관에 통지하고, 조치사항 이행 여부를 감독한다. 소위원회는 업무와 관련된 정보 취득 및 감독을 위해 기관을 방문한 후 보고서를 작성하고, 관련 기관은 이에 대한 의견을 제출할 수 있다.

나. 직무

재정심의회는 적법성, 절차 적합성, 합목적성, 효과성 및 경제적 효율성 기준을 토대로 예산안, 재정계획, 결산과 집행을 감독하고, 재정 전반에 대한 감독업무를 수행한다(의회법 제51조 제2항). 재정심의회의 직무는 구체적으로 ① 연방내각이 제출한 관련 법안 심의, ② 공무원 급여 승인, ③ 연방감사원이 제출한 결산보고서 검토, ④ 연방내각과 연방정부의 재정정책 감독, ⑤ 연방내각이 제출한 재정보고서의 검토 등이다. 한편 재정심의회는 연방재정법[55] 개정안을 제출하고, 재정문제에 관한 의견을 관련 상임위원회에 제출할 수 있다(의회법 제51조 제5항). 특히 국가안보와 관련된 분야의 재정감독은 재정심의회가 담당한다. 재정위원회가 일반적인 예산안에 대해 검토하지만, 긴급 추가경정예산안 등 긴급 안건에 대한 검토는 재정심의회가 담당한다(연방재정법 제28조 및 제34조). 이처럼 재정심의회는 연방의회를 대신해 긴급 상황에서 예산안 등을 검토하거나 비상사태 시 재정지출을 승인한다.

재정심의회는 매년 활동 보고서를 재정위원회에 제출하고, 재정위원회는 이를 공개한다. 재정심의회는 재정위원회의 요청에 따라 특정 사안을 검토할 수 있고, 그 결과를 재정위원회에 보고하며, 특정 사안의 조사를 재정위원회에 요청할 수 있다. 재정심의회가 제안서 등을 양원에 보고할 경우 재정위원회에 해당 제안서 등을 제출하며, 재정심의회 위원장은 필요하다고 판단되는 경우 그 내용을 일반에 공개할 수 있다(의회법 제51조 제4항). 재정심의회 위원(직원)은 직무 수행상 알게 된 비밀을 유지하고, 회의 내용도 누설해서는 안 된다(의회법 제8조 · 제47조). 재정심의회의 공개적인 발표는 투명성 원칙과 비밀성을 상호 비교하여 이루어진다.

재정심의회와 감독위원회 간 업무와 관련한 갈등이 발생할 경우 재정심의회 위원장과 감독위원회 위원장이 협의하여 결정한다. 재정심의회는 재정계획이나 법관 업무와 관련된 위험 요소를 발견할 경우 각각 재정위원회나 사법위원회에 통지한다(의회법 제40조의 a 제6항). 재정심의회는 감독심의회, 연방감사원과 함께 감독 활동에 관한 주제별 및 시기별 계획을 조정하고, 재정과 관련된 부처는 재정에 영향을 미치는 사안을 재정심의회에 신속하게 알린다.

3. 감독위원회

가. 구성

감독위원회[56]는 1920년 상임위원회로 전환됐다. 감독위원회는 상원과 하원에 각각 설치되고, 하원의 감독위원회 위원 정수는 25명이고, 상원의 감독위원회 위원 정수는 13명이다. 감독위원장 및 부위원장은 양원 집행부에서 서로 다른 교섭단체 의원으로 선출한다(의회법 제43조 제2의 2항). 감독위원회는 합의제 방식으로 의결하되, 필요한 경우 소수의견을 기재할 수 있으며, 업무와 관련하여 이해관계가 있는 위원은 배제된다. 감독위원회 위원은 보안심사를 받지 않지만, 감독위원회 직원은 엄격한 보안심사를 거친 후 가장 높은 보안 등급을 받는다.

감독위원회는 7개 연방정부, 연방내각사무처, 연방법원을 실질적으로 감독하기 위해 5개의 소위원회를 구성한다. 상원과 하원의 감독위원회 산하 5개 소위원회는 ① 연방외교부, 연방국방 · 안보 · 체육부, ② 연방재무부, 연방경제 · 교육 · 연구부,

③ 연방내무부, 연방환경 · 교통 · 에너지 · 통신부, ④ 연방법무 · 경찰부, 연방내각 사무처, ⑤ 연방법원, 연방검찰청을 각각 소관 기관으로 한다. 하원의 소위원회 정수는 9명, 상원의 소위원회 정수는 5명으로, 1명의 감독위원회 위원이 2개의 소위원회에 참여한다.[57] 경우에 따라 특정 사안을 조사하기 위해 특별소위원회가 구성된다.[58]

감독위원회 활동사례를 살펴보면, 연방법관인 A는 2003. 2. 11. 법원에서 사이가 좋지 않은 출입 기자에게 침을 뱉었고, 연방법원은 2.19. A의 재판업무를 정지시키고 사임을 권고했다. 연방법관을 징계할 법률이 없기에 연방법원의 자치권을 근거로 내린 결정이었다.[59] A는 사임을 거부했고, A가 참여한 다른 재판에서도 문제가 있다는 주장이 제기됐다. 감독위원회는 별도의 조사반을 구성하고 이를 조사했고, 조사반의 결과가 제출되기 이틀 전인 2003. 10. 4. A가 사임 의사를 표명했다(2004. 6. 30. 사임). A는 사임과 관련하여 정당하지 않은 정치적 압력을 받았고, 조사과정에서 문서열람 등의 기회가 제공되지 않았다고 주장했다. 감독위원회는 '의회의 감독' 기능에 따라 조사가 실시됐고, 이는 형사 또는 징계절차가 아니라는 이유를 들어 A에게 문서열람을 허용하지 않았다고 밝혔다.[60]

나. 직무

감독위원회는 연방내각, 연방 행정기관, 연방법원 및 연방 업무를 위임받은 기관의 활동과 관련하여 적법성(legality), 합목적성(expediency), 효과성(effectiveness) 관점에서 총괄적 감독권을 행사한다(의회법 제52조 제2항). 감독위원회의 감독권은 연방내각의 책임으로 연방 기관 등이 그 직무를 충실히 수행하는데 그 목적이 있고, 연방내각과 연방 기관의 문제를 파악하고, 이를 해결하고자 노력한다. 감독위원회의 감독 범위에 대한 최종 결정권은 연방의회에 있다.

1964년 미라주 전투기 구매사건 이후 감독위원회의 정보 접근은 확대됐고, 지금의 감독위원회는 감독권 행사 차원에서 모든 행정기관, 연방 사무를 위임받은 기관 등에 자료의 제출을 요구할 수 있는 정보요구권을 가진다(의회법 제153조). 특히 감독위원회의 정보요구권은 모든 기관의 자료 제출을 요구한다는 점에서 광범위하고 무제한적이다(의회법 제67조, 제156조). 또한 감독위원회는 감사, 평가, 후속 조치 점검 등을 실시할 수 있고, 통지 없이 모든 기관을 방문할 수 있다. 감독위원회의 정보요구 결정은 종국적이고, 행정기관을 구속한다(의회법 제153조 제6항).

감독위원회의 정보요구권에는 두 가지 한계가 있다. 첫째, 감독위원회는 연방내각의 회의록을 열람할 수 없다. 둘째, 국가안보상의 이유로 비밀이 요구되는 정보 즉, 공개될 경우 국익이 훼손되는 정보를 요구할 수 없다(의회법 제153조 제6항). 감독위원회 위원은 직무상 취득한 비밀을 누설해서는 안 되고, 이를 위반하면 연방의회에서 징계를 받거나 형사 고발 될 수 있다(의회법 제13조 제2항).

감독위원회는 각 기관의 법적 지위를 존중하는 한편, 연방법원과 연방검찰청 등의 직무상 독립성을 해치지 않는 범위 내에서 감독할 뿐, 해당 기관이 내린 결정에는 개입하지 않는다. 따라서 감독위원회의 독립기관에 대한 감독권은 중대한 요소로 인해 독립기관의 업무수행에 어려움을 초래할 경우에만 가능하다. 또한 감독위원회는 연방의회 내 위원회 활동 및 자체적인 업무 활동도 감독하는 한편 연방의 재정과 관련하여 재정위원회, 재정심의회, 연방감사원과 긴밀하게 협력한다.

한편 1980년대 초반 감독위원회는 감독업무의 효과성 검토 부재와 국가사무의 복잡성을 인식함에 따라 새로운 감독기준으로 '효과성'을 도입했다.[61] 또한 1990년 2월 12일 의회법이 개정되어 감독위원회 산하에 효과성 평가 전담조직으로 의회행정통제과가 설치됐다.[62] 감독위원회 회의에 사무국 또는 의회행정통제과 직원이 참석할 수 있고, 이들의 협조를 통해 감독 기능을 수행한다. 감독위원회는 매년 심층적으로 조사할 주제를 선정하고, 중립성 원칙에 따라 사후적 또는 사전적 감독업무를 수행한다. 감독위원회는 보고서 형식으로 조사결과를 제출하고, 피감기관에 권고 사항을 제시하며, 피감기관은 조사결과에 이의를 제기하는 등 조사결과에 대한 의견을 서면 등으로 제출한다(의회법 제157조). 감독위원회는 관계기관이 제출한 타당한 의견을 반영한 후에 특별한 사유가 없는 한 최종 보고서 전부를 공개한다.

4. 감독심의회

가. 구성

1989년 비밀정보 활동과 관련한 사건(신상 기록카드 사건)[63]에 대한 의회 차원의 특별조사위원회 조사 이후 연방정부를 감독하는 감독위원회의 권한이 충분한지 의문이 제기됐다. 또한 연방의회 차원에서 국가안보나 국내외 정보활동에 대한 항구적인 감독기관의 필요성이 제기됐다. 양원은 1991년 감독심의회를 구성하는 데 합의하고, 1992년 초반에 법률로 감독심의회[64]를 설립했다.[65] 감독심의회는 스위스의 주권, 존립, 안전, 독립성, 경제에 반하는 행위, 민주적 헌법 질서를 위협하는 행위를 사전에 차단하고, 테러리즘, 대량살상무기 확산 등의 첩보를 감독하며, 국내외 정보수집 활동을 감찰하고 평가한다(의회법 제53조 제2항). 감독심의회의 감독 활동은 적법성, 합목적성, 효과성을 중심으로 이루어진다(의회법 제52조 제2항).

감독심의회는 상원과 하원의 감독위원회 소속의원 3명을 합한 6명의 의원으로 구성하되(의회법 제53조 제1항), 최소한 연방내각에 참여하지 않는 정당 소속의원 1명을 포함한다. 감독심의회는 참석자의 과반수 찬성으로 의결하되(의회법 제53조 제5항), 감독심의회의 결정이 합의에 이르지 못할 경우 위원 3분의 2 이상의 찬성으로 결정한다.[66]

나. 직무

감독심의회는 연방내각, 안보 관련 각료협의회[67] 등이 직무상 비밀을 유지하면서 책임감을 가지고 국가안보 및 정보 · 보안 활동을 하는지를 감독한다. 감독심의회의 직무 범위는 세 가지이다. 첫째, 국가안보 및 정보 분야의 활동을 총괄적으로 감독한다. 둘째, 국내외 각종 정보를 관장하는 연방정보국[68], 연방국방정보국(MIS)[69], 연방경찰청[70], 연방검찰청의 활동을 감독한다. 연방정보국과 국방정보국은 연방국방 · 안보 · 체육부 소속 기관이고, 연방경찰청은 연방법무 · 경찰부 소속 기관이다. 연방검찰청 소관 사항에 대해서는 감독심의회가 수사의 독립성을 해치지 않는 범위 내에서 총괄적 감독권을 행사한다. 셋째, 감독위원회가 위임한 특정한 업무를 수행한다.

감독심의회는 국가안보 · 보안 활동의 투명성과 신뢰 증진을 위해 정당의 영향을 받지 않고 업무를 처리하고, 감독위원회, 상원과 하원, 국민에게 정기적으로 활동상황을 보고한다. 감독심의회는 국가안보 · 보안과 관련하여 법안을 발의하거나 예산을 심의할 권한은 없지만, 기존 법령에 대한 개정의견을 제시할 수 있다. 예컨대 감독심의회는 국내외 정보를 특정 부서가 단일하게 처리하고, 정보기관의 협업과 재조직을 위해 2007년 정보보안법을 제안했다. 감독심의회가 제안한 법안은 2008년 10월 연방의회에서 의결됐고 2010년 1월부터 시행됐다.[71] 감독심의회는 정보기관의 활동이 법령과 직무에 부합하지 않은 사실을 발견하면 사전 조사를 실시하고, 그 결과를 담은 공개보고서를 작성한다. 또한 연방내각이 국익을 수호하거나 대내외 안보를 위한 긴급 결정을 내리는 경우 24시간 내에 감독심의회에 통지한다(의회법 제53조 제3항). 또한 안보 관련 부처는 대내외 안보에 중대한 위협이 될 수 있는 사항을 지체 없이 감독심의회에 보고한다.

감독심의회는 연간 조사계획에 따라 매년 조사대상 기관을 선정하고, 이에 대한 감독결과와 시정요구사항을 담은 보고서를 제출한다. 연방 행정기관은 감독심의회가 지적한 사항에 대한 의견을 밝힐 수 있다(의회법 제157조). 연방 행정기관은 시정요구 사항을 개선하고, 감독심의회는 그 결과를 확인한다. 감독심의회의 활동 결과는 감독위원회 연간보고서에 포함되기도 하는데, 이는 감독위원회가 감독심의회 보고서의 발간 여부를 결정하기 때문이다. 예를 들어 2010년 6월 감독심의회는 국내정보의 처리 · 보관과 관련된 데이터에 대해 2년간 조사한 결과를 발표했다. 감독심의회는 새로운 데이터베이스 시스템을 도입하고, IT 분야의 위기관리 개선방안을 제안했다. 또한 그동안 간과된 정보의 질적 보장을 위한 법률 규정의 도입을 권고했고, 국가안보와 관련된 정보가 부정확하거나 관계가 없다는 점을 밝혔다. 이후에도 2013년 연방정보국의 조직 및 운영 측면의 한계를 분석한 보고서를 발간했다.

다. 권한

2011년 말 감독심의회의 정보 접근권이 확대되어 감독심의회는 직무수행에 필요한 모든 정보에 접근하게 됐다(의회법 제155조 제1항). 또한 감독심의회의 정보요구에 대해 연방 기관 등은 직무상 비밀을 이유로 거부할 수 없다(연방헌법 제169조 제2항). 감독심의회는 모든 행정기관 등을 대상으로 직접 조사할 수 있고, 그에 필요한 모든 자료의 제출을 요구할 수 있다(의회법 제153조 제2항). 이에 따라 감독심의회는 국가안보 · 정보와 관련된 기밀문서뿐만 아니라 연방내각의 회의록, 연방내각이 의사결정을 하는 데 필요한 모든 정보에 접근할 수 있다(의회법 제155조 제2항 제a목). 감독심의회는 연방 기관에 보고서 제출을 요구하거나 조사, 현장 방문, 사후점검 등을 정기적으로 실시한다. 감독심의회는 매 6개월마다 안보 관련 각료협의회로부터 업무보고를 받고, 국가안보 관련 기관의 업무, 연방검찰청에서 진행 중인 국가안보와 관련한 내용을 확인한다. 감독심의회의 조사절차와 중복되는 연방 차원의 징계나 조사는 중단되지만, 민사 · 형사 · 행정 소송의 개시 또는 진행을 중단시키지 않는다(의회법 제154조의 a).

또한 감독심의회는 연방 기관 외의 일반인에게 자료의 제출을 요구할 수 있고(의회법 제153조 제2항), 정당한 이유 없이 자료의 제출을 거부한 자는 형법 제292조에 따라 과태료가 부과된다(의회법 제170조 제2항). 따라서 감독심의회는 증인이나 참고인을 신문하거나 출석을 요구할 수 있다. 증인신문은 해당 사건을 명백하게 입증할 다른 방법이 없는 경우에만 허용된다(의회법 제155조 제1항 · 제2항). 증언은 조서작성 목적으로 기록되고, 증인이 서명하며(의회법 제155조 제5항), 진실만을 증언할 의무를 갖는다(의회법 제155조 제4항). 허위로 증언한 증인은 형법 제307조에 따라 5년 이하의 징역 또는 벌금형에 처한다(의회법 제170조 제1항). 특정인에 대한 조사가 필요한 경우 참고인으로 소환할 수 있다(의회법 제155조 제3항). 참고인은 증인과 달리 정보제공 차원에서 진술하고(의회법 제155조 제1항), 증언을 거부할 수 있다. 증인 또는 참고인의 불출석 관련 사항은 의회법이나 의사규칙에 특별히 규정되어 있지 않다.

5. 법제편집위원회

법제편집위원회[72]는 양원의 공동위원회로(의회법 제56조 제1항), 3개 공용어(독일어, 프랑스어, 이탈리아어) 간 법률용어를 확정하며, 참석자 과반수 찬성으로 의결한다. 법제편집위원회는 공용어에 따른 3개의 소위원회를 둔다(의회법 제56조 제2항). 레토로망스어는 레토로망스어 사용자 간에만 인정되는 '국어'이기 때문에 연방의 법령 등은 독일어, 프랑스어, 이탈리아어로 기록된다. 하원은 독일어 소위원회(4명), 프랑스어 소위원회(4명), 이탈리아어 소위원회(6명)를 구성하고, 상원은 독일어 소위원회(4명), 프랑스어 소위원회(4명), 이탈리아어 소위원회(2명)를 구성한다.[73] 소위원회는 법률안을 검토한 위원회의 보고위원, 의회사무처나 행정부의 전문가와 함께 논의할 수 있다.

법제편집위원회는 최종투표[74] 이전에 자구를 확인하고, 본회의에 상정될 법률안 본문을 최종적으로 확정한다(의회법 제57조 제1항). 법제편집위원회는 법률 조문이 간결하게 작성되고, 이해하기 쉬운지, 연방의회의 입법 취지가 정확하게 조문에 반영됐는지, 3개 공용어 간 의미가 일치하는지 등을 검토한다(의회법 제57조 제2항). 법제편집위원회는 법률안의 형식적 사항만 수정할 수 있고, 본질적 사항은 가감하거나 수정할 수 없다. 다만, 법률안 조문이 모호하거나, 중요사항이 누락되는 등 본질적 사항의 미비점이 발견된 경우 위원회는 이를 의장에게 보고한다(의회법 제57조 제3항). 법률안 최종투표 이후 해당 법률안이 연방공포법령집[75]에 게재되기 전에 연방의회의 심의 결과와 다른 내용이나 조문의 형식적 오류를 발견할 경우 법제편집위원회는 문서로 필요한 수정을 지시한다(의회법 제58조 제1항). 법률안이 연방공포법령집에 게재된 이후 형식적 오류를 발견할 경우 법제편집위원회는 그 수정을 지시할 수 있다(의회법 제58조 제2항). 연방의회 의결 이후에 발견된 오류를 수정한 경우 그 내용은 연방의원에게 통지된다(의회법 제58조 제3항).

제4절 특별위원회 등

1. 특별조사위원회

가. 구성

의회 집행부는 진상이 규명되어야 하는 중대한 사건을 조사하기 위해 양원 동수의 의원으로 양원 공동의 특별조사위원회[76]를 구성할 수 있다(의회법 제43조 제2항). 특별조사위원회의 설치 · 활동 근거는 단순 연방결의 형식으로 규정하고, 특별조사위원회의 조사범위와 조사에 필요한 재원을 규정한다(의회법 제163조). 특별조사위원회의 위원장, 부위원장 및 위원은 교섭단체 비율에 따라 결정되지만, 언어 및 지역별 구성을 고려한다. 특별조사위원회는 재적 위원 과반수 출석으로 개회하고, 출석위원 과반수 찬성으로 의결하며, 위원장은 가부동수인 경우에 결정권을 가진다(의회법 제43조, 제92조, 제163조). 특별조사위원회의 위원장과 부위원장은 위원회 활동이 종료된 때에도 특별조사위원회의 문서열람 여부를 결정할 수 있다(의회법 제169조). 특별조사위원회에 사무국을 두어 필요한 활동을 지원하게 한다.

특별조사위원회는 지금까지 4번 구성됐고, 그때마다 연방의회의 취약한 감독기능이 문제가 됐다. 1964년 발생한 100대의 프랑스제 미라주 전투기 구매사건은 스위스 정치계에서 가장 큰 스캔들 중의 하나였다. 미라주 전투기 구매와 관련한 불법 활동과 재정손실에 관한 문제를 다룰 의회 차원의 특별조사위원회가 1964년 처음으로 구성됐다. 그 결과 연방내각이 미라주 전투기 구입에 필요한 구매 예산을 의회에 정확하게 알리지 않았다는 사실이 밝혀졌고, 연방국방부 장관인 Paul Chaudet[77]이 1966년 사퇴했다.[78]

1989년에는 비밀정보 활동과 관련해서(신상기록카드 사건), 1990년에는 국방부 비밀정보기관과 관련해서, 1996년에는 연방연금과 관련한 문제를 조사하기 위해 특별조사위원회가 구성됐다. 예컨대 1990년에 군 비밀정보 활동에 대한 특별조사위원회 차원의 조사가 진행됐고, 법적 근거가 없는 비밀정보기관(해외비밀정보 수집기관인 P-27, 냉전시대 준군사조직인 P-26)이 해체됐다.[79]

나. 권한

특별조사위원회는 행정기관 등에 대해 조사 또는 관련 자료의 제출을 요구할 수 있는데(의회법 제153조 제2항), 자료요구 권한은 감독심의회와 동일하다(의회법 제166조 제1항). 특별조사위원회는 연방내각의 회의록, 연방내각이 의사결정을 하는 데 참고했던 모든 문서와 국가안보 · 정보와 관련된 기밀문서에도 접근할 수 있다. 자료 제출을 요구받은 기관 등은 직무상 비밀을 이유로 특별조사위원회의 요구를 거부할 수 없다. 특별조사위원회의 위임에 따른 감독의 경우 직무상 비밀을 이유로 감독을 거부할 수 없다(연방헌법 제169조 제2항). 연방헌법에 규정된 제169조 제2항은 연방 기관이 비밀이라는 이유를 들어 의회법에 규정된 감독위원회의 정보제공요구를 거부하거나 질문 등에 답변하지 않는 것을 금지하는 취지이다.[80]

아울러 특별조사위원회는 증인 또는 참고인의 출석을 요구할 수 있다(의회법 제155조 제2항). 특별조사위원회는 필요한 경우 조사관에게 증거를 수집할 임무를 부여할 수 있지만, 증인을 소환할 임무는 위임할 수 없다. 특별조사위원회 조사관은 특별조사위원회의 위임을 받아 증인을 신문할 수 있지만, 증인은 조사관의 증인신문과 자료 제출을 거부할 수 있다. 이 경우 특별조사위원회가 직접 증인을 신문한다. 연방내각은 특별조사위원회의 증인 및 참고인 신문 등 조사과정에 참여할 수 있고, 특별조사위원회가 수집한 보고서, 전문가 의견서, 신문조서를 열람할 수 있다. 아울러 해당 사건에 대한 연방내각의 의견서를 제출할 수 있고, 연방각료 중 1명을 위원회에 출석시켜 의견을 밝힐 수 있다(의회법 제167조).

특별조사와 직접 관련된 이해관계인은 위원회에 제출된 문서, 보고서, 신문조서를 열람할 수 있지만, 특별조사위원회는 조사 중인 사안에 대해 이해관계인의 신문 참여 및 열람권을 부분적 또는 전면적으로 제한할 수 있다. 특별조사위원회는 이해관계인의 방어권을 보장하기 위해 변호인의 조력을 허용할 수 있고, 조사보고서가 양원에 제출되기 전에 관련 내용을 열람케 할 수 있다. 특별조사위원회는 이해관계인으로부터 조사 내용에 대한 의견을 구두 또는 서면으로 제출받고, 그 의견을 참고하여 조사보고서를 작성한다(의회법 제168조). 특별조사위원회에 정당한 사유

없이 증인선서 또는 자료 제출을 거부한 자는 형법 제292조에 따라 과태료가 부과되고, 허위로 증언을 하거나 자료를 제출한 자는 형법 제307조에 따라 5년 이하의 징역 또는 벌금에 처한다(의회법 제170조).

연방의회에 특별조사위원회가 구성된 경우 행정기관이 진상조사를 실시하거나 징계 조치를 할 수 없다는 점(의회법 제171조)에서 특별조사위원회의 조사는 다른 위원회의 조사에 우선한다. 그러나 특별조사위원회 구성으로 민사 · 형사 · 행정 소송 등을 중단시키지는 않는다. 특별조사위원회에 제출된 보고서가 비공개인 경우 특별조사위원회 회의나 신문에 참여한 모든 관계자는 비밀을 지켜야 한다. 또한 특별조사위원회의 조사를 받은 사람은 질문이나 제출 문서에 관한 사항을 조직 내 상사에게 보고하지 못한다.

2. 특별위원회

상 · 하원 집행부는 어느 위원회에도 속하지 않은 업무를 처리하기 위해 예외적으로 특별위원회를 설치할 수 있다(의회법 제43조 제2항). 특별위원회를 설치하기 위해서는 양원 집행부가 사전에 관련 상임위원회 위원장과 협의한다(상원 의사규칙 제8조, 하원 의사규칙 제11조). 특별위원회 위원의 임기는 특별위원회의 활동기간과 일치한다(하원 의사규칙 제17조 제3항, 상원 의사규칙 제13조 제3항).

1996년 이후 '헌법 개정을 위한 특별위원회', '신연방정부관리모델 위원회', '입법계획 위원회' 등 여러 개의 특별위원회가 구성 · 운영됐다. 현재 제51대 의회에 맞추어 연방내각이 2020년 1월 29일 제출한 '2019~2023년 입법계획'을 심사하기 위한 특별위원회가 구성됐다.[81] 하원과 상원에 설치된 '2019~2023년 입법계획' 특별위원회는 연방내각의 정책 방향, 입법목표 및 추진계획이 담긴 입법계획을 본회의 논의 전에 심사하는 기관으로 하원 25명, 상원 13명으로 구성됐다.[82]

[표 19] 1996년 이후 특별위원회 설치 현황

명칭	의안번호
헌법 개정을 위한 특별위원회(La réforme de la Constitution fédérale)	96.091
안정화 프로그램을 위한 특별위원회(Le programme de stabilisation 1998)	98.059
재정 균등화를 위한 NFE I 특별위원회(NFE I Fiscal equalisation)	01.074
2003년 예산 감축을 위한 특별위원회((Budgetary Relief Programme 2003)	03.047
입법계획 2003-2007 위원회(Legislature Planning 2003-2007)	04.012
자유로운 통행을 위한 특별위원회(Free Movement of Persons	04.066
2004년 예산 감축을 위한 특별위원회(Budgetary Relief Programme 2004)	04.080
NFE II 위원회(입법 실행, NFE II – Implementing legislation)	05.070
NFE III 위원회(보조기관의 재원조달, 비용보상) NFE III – Setting of resource, cost compensation and hardship subsidy contributions	06.094
입법계획 2007-2011 위원회(Legislature Planning 2007-2011)	08.007
입법계획 2011-2015 위원회(Legislature Planning 2011-2015)	12.008
신연방정부관리모델 위원회(New Management Model of the Federal Administration, NMM)	13.092

자료: 연방의회 홈페이지, 국회도서관(2014: 143) 등을 참조하여 필자 작성

3. 활동이 종료된 위원회

명예회복위원회는 2004년부터 2011년까지 운영 · 활동했다.[83] 명예회복위원회는 1938년부터 1945년까지 나치 박해를 피해 스위스로의 입국을 도와주었다는 이유로 판결을 받은 사람(직계가족 포함)의 명예회복 등에 관한 업무를 담당했다.

알프스철도 심의회는 1999년부터 2019년까지 운영 · 활동했다.[84] 알프스철도 심의회는 알프스 관통철도의 신설과 관련된 업무를 연방의회 차원에서 감독했다. 알프스철도 심의회는 양원의 재정위원회, 감독위원회, 교통 · 통신위원회에서 각각 2명이 선출되어 모두 12명의 의원으로 구성됐다. 알프스 철도심의회는 재정심의회 및 감독심의회와 동일한 권한을 가졌다.

제5절 교섭단체

1. 구성

연방의회에 동일 정당 의원 5명 이상으로 구성되는 교섭단체를 둔다(의회법 제31조 제h.호).[85] 다만, 무소속 의원과 다른 정당 소속의원들이 동일한 정치적 방향성을 공유하는 경우 교섭단체를 구성할 수 있다(의회법 제61조 제2항). 교섭단체 구성 기준(의원 5명)은 1962년 3월의 「양원 간 관계에 관한 연방법」[86] 제8조의 7에서 5명으로 규정했다.[87] 교섭단체는 의회사무총장에게 교섭단체의 구성 사실(교섭단체 구성원, 교섭단체 대표, 사무총장)을 알린다(의회법 제61조 제4항). 양원합동집행부는 교섭단체의 설립을 승인한다(의회법 제37조 제2항 제e.호).

제49대 의회기와 제50대 의회기에는 각각 7개의 교섭단체가 활동했다. 스위스국민당, 사회민주당, 자유민주당, 기독민주당, 녹색당, 녹색자유당[88], 보수민주당[89]이 교섭단체를 구성했다. 군소정당은 이데올로기적 정체성을 가지는 다른 교섭단체에 참여하는데, 티치노동맹[90]과 제네바시민운동[91]은 스위스국민당에 참여했고, 복음인민당[92]과 옵발덴기독교사회당[93]은 기독민주당에 교섭단체 구성원으로 각각 참여했다.[94]

[표 20] 제49대 및 제50대 의회기의 교섭단체

정당	49대 의회기(2011-2015)			50대 의회기(2015-2019)		
	하원의석	하원 득표율(%)	상원의석	하원의석	하원 득표율(%)	상원의석
o 스위스국민당(SVP)	54(57)	26.6	5	65(68)	29.4	5
- 티치노동맹	(2)	0.8		(2)	1.0	
- 제네바시민운동	(1)	0.4		(1)	0.3	
o 사회민주당(SP)	46	18.7	11	43	18.8	12
o 자유민주당(FDP)	30	15.1	11	33	16.4	13
o 기독민주당(CVP)	28(31)	12.3	13	27(30)	11.6	13
- 복음인민당(EVP)	(2)	2.0		(2)	1.9	
- 옵발덴기독교사회당	(1)	0.4		(1)	0.4	
o 녹색당(GPS)	15	8.4	2	11	7.1	1
o 녹색자유당(GLP)	12	5.4	2	7	4.6	0
o 보수민주당(BDP)	9	5.4	1	7	4.1	1
o 기타 정당	0	4.5	1	1	4.4	1
합계	200	100	46	200	100	46

2. 권한 및 지원

교섭단체는 연방의회에서 안건이 논의되기 전에 안건을 검토한다(의회법 제62조 제1항). 교섭단체는 의원발의안, 절차적 요구안 등의 제안서를 제출할 수 있고, 연방의회에서 선출하는 직위에 대한 후보자를 추천할 수 있다(의회법 제62조 제2항). 연방법관 등의 선출 · 파면을 논의하는 사법위원회에는 각 교섭단체를 대표하여 최소 1명이 참여한다(의회법 제40조의 a 제5항). 교섭단체 의석수에 따라 연방의회의 위원회 구성, 위원장 및 부위원장이 결정되고(의회법 제43조 제3항), 하원과 상원의 감독위원회 위원장은 서로 다른 교섭단체 소속 의원이 맡는다(의회법 제43조 제2항의 2). 교섭단체가 새로 구성되거나, 교섭단체 소속의원 숫자가 변동되는 경우 교섭단체별 배정 위원 숫자를 다시 조정할 수 있다(하원 의사규칙 제17조 제5항).[95] 따라서 교섭단체는 군소정당 또는 무소속 의원을 영입하는 등 정당 간 결합을 통해 더 큰 교섭단체를 구성하고자 한다. 예를 들면 2018년 12월 자민당 소속 상원의원(Karin Keller-Sutter)의 사임에 따라 2019년 5월 실시한 보궐선거에서 기민당 소속 상원의원(Benedikt Würth)이 당선됐다. 선거 결과를 반영하여 기민당이 위원회 배정에서 적어도 3석 이상을 추가로 배정받게 됐고, 이는 기민당이 상원 위원회 활동에 좀 더 많은 영향력을 미칠 수 있음을 의미한다.

교섭단체에는 사무국을 둘 수 있고, 교섭단체 사무국 직원은 직무상 알게 된 비밀을 누설해서는 안 된다(의회법 제62조 제4항). 교섭단체 사무국은 「연방의원에게 제공되는 재정수단 및 교섭단체에 지급되는 보조금에 관한 연방법」[96]에 따라 운영비용을 보조받는다(의회법 제62조 제5항). 교섭단체는 정액보조금 외에 의원 수에 비례한 연간보조금을 지급 받고(의원수당법 제12조), 교섭단체에 대한 우편요금 할인, 선거기간 중 무료방송 제공 등이 이루어진다.[97] 교섭단체는 안건과 관련된 위원회 회의록, 위원회나 양원 집행부의 내부업무와 관련된 회의록을 열람할 수 있다(의회법 시행령 제6조의 b 제1항).

제 5 장

연방의회의 입법 권한

제1절 연방법령 체계

1. 개요

스위스 법령체계는 최상위법으로 연방헌법을 두고, 국내법을 연방법[1], 칸톤법[2], 코뮌법[3]으로 구분하여 법령 간 관계를 설정하고 충돌을 방지한다. 연방법은 칸톤법에 우선하고, 연방법과 충돌하는 칸톤법은 위법하기에 연방은 각 칸톤이 연방법률을 준수하도록 촉구한다(연방헌법 제49조). 연방의회는 연방헌법에서 위임한 법적 구속력 있는 사항을 규율하기 위해 연방법을 제정하고, 그 밖의 사항은 연방결의 형식으로 규정한다(연방헌법 제163조). 모든 칸톤에 효력을 발생하는 연방법은 연방 차원에서 규율하는 사항들을 그 내용으로 한다. 그러나 어떤 것이 연방의 입법권에 속하는지는 개별적인 사안에 따라 달라진다. 예컨대 헌법, 민법, 형법의 경우 연방 차원에서 규율되지만, 칸톤은 각기 고유한 헌법도 가지고 있다. 반면에 민사소송법과 형사소송법은 칸톤의 입법 권한에 속했으나 2011년부터 연방 차원의 민사소송법과 형사소송법이 제정 · 시행됐다.

칸톤의 입법 권한은 연방헌법으로 일일이 제시하지 않고, 연방헌법에 따라 연방의 권한으로 규정되거나 연방에 위임된 사항을 제외한 나머지 권한은 모두 칸톤의 권한이다.[4] 칸톤법령은 칸톤헌법을 정점으로 칸톤헌법에서 위임한 사항이나 연방법령이 칸톤에 위임한 사항을 규정하고, 칸톤법률에서 위임된 사항을 규율하기 위한 칸톤명령, 칸톤명령을 집행하기 위한 시행규칙 등이 있다. 또한 칸톤은 칸톤법률에 따라 다른 칸톤과 자유롭게 칸톤 간 협약[5]을 체결할 수 있다. 예를 들면 보 칸톤에 거주하면서 제네바 칸톤에서 일하는 직장인의 세금부과 기준에 관해 각 칸톤 간 협약이나 장학금(학자금) 중복 수혜를 방지하기 위한 장학제도 조정에 관한 칸톤 간 협약[6]이 있다. 또한 연방 차원의 형사소송법이 2011년 시행되기 이전에 각 칸톤별로 존재한 형사소송절차와 관련하여 칸톤 간 협약이 있었다. 지금은 대부분의 주요 법령이 연방법으로 통일되어 일반적인 권리 · 의무와 관련된 협약은 흔치 않다. 연방대법원은 칸톤 간 협약이나 칸톤 간 법률[7]과 관련한 분쟁이 발생할 경우 관할권을 가진다(연방헌법 제189조 제1항 제c호).

2. 연방법률 및 연방명령

연방헌법에 따라 연방의회는 법적 구속력 있는 '중요'하고 '기본적'인 내용을 연방법률 형식으로 제정한다(연방헌법 제163조 제1항, 제164조). 연방헌법 제164조 제1항에서 "중요한 규정"과 "기본규정"이라는 표현을 사용한다. 대다수 학자들은 중요한 규정과 기본규정을 기본적으로 같은 것으로 보기 때문에 중요한 규정과 기본규정은 동의어로 간주된다. 이는 연방헌법 제164조에서 중요하고 기본적인 규정은 법률의 형식으로 제정된다는 점을 뜻하지만, 입법 측면에서 어려운 점은 어떤 사항이 중요한지, 기본적인지를 확정하는 것이다.

연방헌법 제164조 제1항에서는 중요하고 기본적인 규정들을 ① 참정권 행사, ② 헌법상 권리 제한, ③ 국민의 권리와 의무, ④ 과세 범위, ⑤ 연방 사무, ⑥ 연방법률의 집행과 관련한 칸톤의 의무, ⑦ 연방 기관의 조직 및 절차를 포함해 일곱 가지를 예시적으로 규정했다.[8] 또한 국민에게 권한을 부여하거나, 의무를 부과하거나, 권리를 위임하는 일반적이고 추상적인 규정은 권리 · 의무를 규정한 것으로 간주된다(의회법 제22조 제4항). 이처럼 일반적이고 추상적인 규정은 연방법의 적용대상이다. 따라서 연방법에는 일반적으로 법적 구속력 있는 규정과 개별적이고 구체적인 명령이 포함된다.

입법 권한은 연방헌법으로 금지되지 않는 한 위임될 수 있고(연방헌법 제164조 제2항), 연방내각은 연방헌법 또는 연방법률이 허용하는 범위 내에서 법규명령의 형식으로 연방명령을 제정할 수 있다(연방헌법 제182조 제1항). 연방명령은 연방내각, 연방 행정기관, 연방의회, 연방법원 등이 제정할 수 있지만(연방헌법 제163조 제1항), 대부분의 연방명령[9]은 연방내각이나 연방 행정기관이 제정한다.[10] 연방명령은 양원에서 긴급연방명령으로 선언되지 않는 한 국민투표의 대상이 되지 않는다.[11]

[표 21] 연방명령 분류

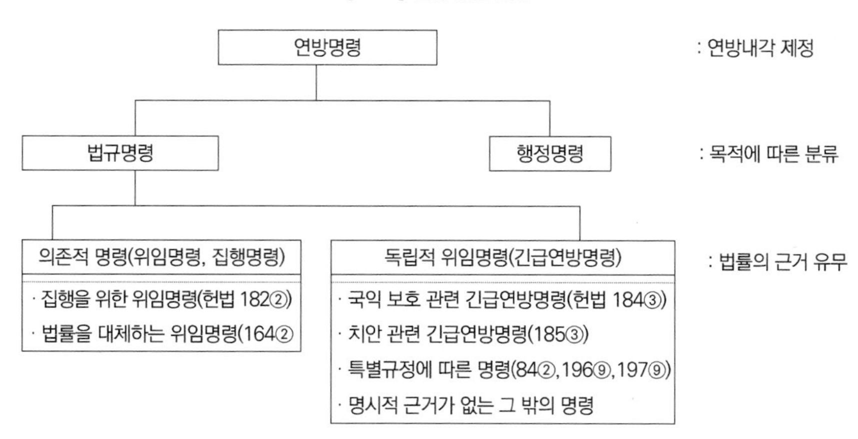

3. 긴급입법

예외적이고 긴급한 특정 상황에서는 연방의회나 연방내각이 긴급조치를 취할 수 있다. 이를 '긴급입법'이라고 한다. 긴급입법은 긴급연방법률[12]과 긴급연방명령[13]으로 구분된다. 긴급연방법률은 연방헌법 제165조에 따라 스위스의 대내외적 안전이나 독립을 위협하는 긴급사태가 발생할 경우 연방의회가 제정한다. 양원이 각각 재적의원 과반수 찬성으로 유효기간을 정해 '긴급' 안건으로 의결한 긴급입법은 즉시 시행된다. 그러나 유권자 5만 명 또는 8개 칸톤 이상의 요구가 있는 때에는 긴급연방법률을 대상으로 국민투표가 실시된다(연방헌법 제140조 제1항 제c호, 제141조 제1항 제b호). 긴급연방법률은 연방헌법에 근거를 가지는 헌법 합치적 긴급연방법률[14]과 연방헌법에 근거가 없는 헌법 개정적 긴급연방법률[15]로 구분된다.[16] 긴급입법 규정은 칸톤헌법에도 반영됐다. 긴급사태라는 제목하에 1977년 쥐라 칸톤헌법에, 1987년 투르가우 칸톤헌법에 유사한 규정이 반영됐다.[17] 글라루스 칸톤헌법에는 긴급입법이라는 제목하에 칸톤 당국이 긴급조치를 취할 수 있도록 규정했다.

한편 연방내각은 '국가의 이익을 보호하기 위해'(연방헌법 제184조 제3항), '공공질서, 대내 · 외 안전을 침해하는 중대한 위협에 대처하기 위해'(연방헌법 제185조 제3항) 유효기간이 설정된 긴급연방명령을 제정할 수 있다. 연방내각의 긴급연방명령은 유효기간이 6개월에서 4년으로 한시적이다(연방헌법 제184조 제3항, 제185조 제3항, 정부조직법 제7조의 c 제2항, 제7조의 d 제2항 제a호). 대내외적 위기가 장기화할 경우 연방정부의 긴급연방명령은 연방의회가 제정하는 법률로 대체된다. 이는 연방정부에 부여된 권한은 그 근거가 된 긴박한 상황이 종료되고 상황이 정상으로 돌아가는 즉시 종료되는 것으로 보기 때문이다. 2008년 10월 15일에는 연방정부가 UBS 은행에 대한 60억 프랑 구제금융을 긴급연방명령으로 지원했고,[18] 신종코로나 감염증(코로나19)에 대처하기 위해 긴급연방명령 형식으로 2020년 3월 25일 코로나19에 따른 연대보증 및 대출명령[19]이 제정됐다. 연방내각은 코로나19 관련 긴급연방명령의 유효기간(2020. 9. 25.) 만료 전에 긴급연방명령을 대체하는 코로나19 신용법안[20]을 제정하기 위한 입법협의 절차를 진행했다.[21]

4. 연방결의

연방의회는 특정안건에 대해 법률이 아닌 연방결의[22] 형식으로 의사결정을 할 수 있다(연방헌법 제163조 제2항). 연방결의는 연방의회에 제정 권한이 있고, 원칙적으로 권리 · 의무를 규율하는 법규(règles de droit)에 해당하지 않는 행정규범(actes administratifs)의 성격을 가진다. 따라서 국민의 권리 · 의무와 관련된 내용은 법률이 아닌 연방결의 형식으로는 규정될 수 없다. 또한 특정 국제조약의 일반적 구속력 선언은 연방결의 형식으로 이루어진다(연방헌법 제48조의 a 제2항). 예컨대 시청각 관련 베이징조약 동의에 관한 연방결의[23]가 있다.

연방의회의 연방결의는 국민투표가 수반되지 않는 단순 연방결의와 국민투표가 요구되는 일반구속적 연방결의로 구분된다. 단순 연방결의는 주요 인사 선출, 예산안 의결, 칸톤헌법 승인, 국민발안 타당성 결정 등 법규의 효력이 없는 개별 안건에 대한 연방의회의 내부적인 결정사항을 대상으로 한다. 일반구속적 연방결의는 연방헌법 또는 연방법률 등 명시적인 법령상 근거가 필요하고, 선택적 또는 의무적 국민투표의 대상이 된다(연방헌법 제163조 제2항).[24]

연방결의 대부분은 조문형식으로 구성되지만, 법률이 아니기에 법률번호는 부여되지 않는다. 연방결의는 연방공보집[25]에서 확인할 수 있다. 연방의회의 단순 연방결의 안건은 건설 예정인 국도 및 노선관리에 관한 연방의회의 결정(연방도로법[26] 제11조 제1항), 연방과 철도공사 간 성과협약 · 보고(연방철도법[27] 제8조 제2항), 관세 관련 국제조약 승인(연방관세법[28] 제13조 제2항), 개발도상국 지원 여부에 관한 의회의 결정(개도국에 관한 최혜국 지원법[29] 제4조 제2항), 제3자에게 이전하는 공용수용권에 관한 연방의 결정(연방수용법[30] 제3조 제2항) 등이다. 통계에 따르면 단순 연방결의가 81%, 일반구속적 연방결의가 19%를 차지한다(1995~2007년).

제2절 입법 방식

1. 증보 방식: 조문법률 개정

스위스의 법률개정 방식은 우리나라와 달리 조문법률 개정방식[31]을 취한다. 조문법률 개정방식이란 다양한 법률 개정 조문들을 하나의 법률안에 규정하고, 그 법률안이 통과되면 개정 조문들은 그 내용에 따라 각각 해당하는 법률에 편입되는 개정방식을 말한다.[32] 예컨대 범죄단속법을 제정할 때 그 법률안에는 형법, 형사소송법, 관세법 등 수 개의 관련 조문이 포함된다. 범죄단속법이 통과되면 그 법안에 포함된 조문은 각각 형법, 형사소송법, 관세법 등으로 편입되는 방식이다. 관련 법 조문에 대한 일괄개정 방식은 독일에서 자주 이용하는 방법으로 동시에 복수의 법률 조문을 개정할 때 복수의 법률 조문을 여러 개별법이 아닌 1개의 개정법 형식으로 개정하는 것이다.[33]

연방헌법이나 연방법률에서 특정 조문의 시행이나 적용을 배제하는 경우 '유보된다[34]'라는 문구를 사용한다. 이는 해당 사안에 관하여는 본 조문이 적용되지 않는다는 의미를 가진다. 유보 규정을 두는 것은 법 조문의 충돌을 사전에 방지하고, 적용 범위 등을 간접적으로 부여하기 위한 취지이다. 이러한 입법례는 비교적 자주 나타나는 편이고, 연방헌법의 칸톤과 연방의 권한분배에서도 볼 수 있는 표현이다

(연방헌법 제148조 제1항). 예를 들면 행정절차에 관한 연방법[35] 제63조 제5항 후단에서 '행정법원법 제16조 제1항 제a호와 형사기관조직법 제73조는 유보된다'라고 규정한다.[36] 이 조문에서 '유보된다'라는 의미는 열거된 조문에 해당하는 연방행정법원과 연방형사법원의 연방법관에게는 행정절차에 관한 연방법이 아닌 연방행정법원법 등에 따라 보수를 지급하겠다는 의미이다.

2. 조문 신설 방식

법령에서 조 사이에 새로운 조를 신설하는 경우 각 조를 순차적으로 내려 조 번호를 변경할 수 있다. 그러나 다른 법률에서 그 조를 인용하는 경우 그 법률도 개정해야하는 문제가 생긴다. 이를 해소하기 위해 가지번호를 사용한다. 스위스에서는 가지번호를 조(條), 항(項), 호(號), 목(目)에 가지번호를 붙일 수 있다.[37] 스위스는 가지번호를 사용할 때 숫자가 아닌 a, b, c 등 영문자나 bis(비스), ter(테흐) 등 라틴어식 서수 표기를 사용한다.

새로운 조(條)를 신설하는 경우, 예컨대 제1조(Art. 1)와 제2조(Art. 2) 사이에 1개 조문을 신설할 경우 "Art. 1a" 또는 "Art. 1bis"로 표기한다. 어떤 경우에 "Art. 1a" 또는 "Art. 1bis"를 적용하는지는 선행조문과의 관련성으로 구분한다. 추가되는 조문이 선행하는 조문과 연관되고, 추가로 규율하는 경우 "Art. 1bis", "Art. 1ter" 등으로 규정한다. 선행조문과 긴밀하게 연관되지 않지만 여전히 같은 분류에 해당할 경우에는 "Art. 1a" 등으로 숫자 뒤에 알파벳을 첨부한다. 아울러 가지번호 조문 a와 b 사이에 새로운 조를 추가할 때는 라틴어식 서수 표기인 bis, ter, quater 등을 사용한다. 예를 들어 가지 조문 "Art. 8a"와 "Art. 8b" 사이에 관련되는 새로운 조를 추가할 경우 "Art. $8a^{bis}$"로 표기한다.[38]

항(項)과 호(號)에도 가지번호를 붙일 수 있고, 이 경우 bis, ter 등을 사용한다. bis, ter, quater, quinquies 등은 라틴어 서수로 각각 두 번째(2배), 세 번째(3배) 등을 의미한다.[39] 예컨대 제3항과 제4항 사이에 추가되는 항은 "3bis"로, 제a호와 제b호 사이에 추가되는 호는 "a^{bis}"로 각각 표기한다.

3. 법령번호 부여

연방법령에는 고유한 식별번호인 법령번호가 부여된다. 법령번호 부여와 관련된 법적 근거는 「연방법령집 및 연방 간행물에 관한 법[40]」이다. 법령번호 부여 대상은 연방공포법령집, 연방현행법령집, 연방공보집,[41] 그 밖의 입법 관련 문서에 게재된 법령 등이다(연방법령공표법 제1조). 연방공보집에 게재되지만 법령이 아닌 문서는 법령번호를 부여받지 못하지만, 법령은 법령번호를 부여받는다.[42] 동일한 법안이 연방공포법령집과 연방공보집에 모두 게재될 수 있고, 이 경우 2개의 식별번호가 별도로 부여된다. 발행 주체는 모두 연방내각사무처(정부간행물센터)로 동일하다.

법령번호는 해당 법령의 내용을 기준으로 번호를 분류한 뒤, 단계별로 식별번호를 부여한다. 국제조약의 법령번호는 '0'으로 시작하고, 국가 · 국민 · 정부에 관한 법령은 '1'로 시작한다. 예를 들어 첫 번째로 제정된 연방헌법은 1에 해당하고, 최상위법이므로 101이라는 법령번호를 받는다. 연방민법[43]의 경우 민사에 해당하는 2에 해당하고, 처음 제정된 법이므로 1을 추가로 부여받아 법령번호는 210이다. 연방법률보다 하위에 있는 법규명령 또는 집행명령 등은 211.111 등으로 3연속 숫자 뒤에 오는 마침표로 구분한다. 지금까지는 211.412.411처럼 아홉 자리까지 부여하지만 분류체계는 더 늘어날 수 있다.

[표 22] 법령번호 부여 기준

구분	번호	구분	번호
국제조약	0	국방	5
국가, 국민, 정부	1	재정	6
민사, 민사절차, 민사집행	2	공공사무, 에너지, 교통 및 통신	7
형사, 형사절차, 형사집행	3	보건, 노동, 사회보장	8
교육, 과학, 문화	4	경제, 기술 협력	9

법령에는 최초 제정된 일자가 부여되고, 일부 개정이 있는 경우 개정 일자를 추가로 기록한다. 예를 들어 1999년 12월 22일 제정된 연방화폐법[44]이 2020년 1월 1

일 개정되면 제정 일자 및 개정 일자를 표기한다(1999. 12. 22. 제정, 2020. 1. 1. 현재).[45] 법령의 약칭은 법령제정 당시 연방의회에서 언어별(독일어, 프랑스어, 이탈리아어)로 정하기 때문에 법령의 약칭은 언어별로 상이하다.

4. 참여자에 따른 입법 방식

입법과정에는 연방의회, 연방내각, 연방정부, 칸톤, 이해관계자 등이 참여하지만, 연방의회(연방의원, 위원회, 교섭단체), 연방내각, 칸톤만이 법률안 제출권을 가진다(연방헌법 제160조 제1항, 제181조). 연방내각 또는 연방의회가 법률안 제출권을 일방적으로 독점하지 않지만, 일반 국민은 법률안 제출권이 없다. 이처럼 법률에 대한 국민발안이 인정되지 않기에 법률로 규정할 사항을 연방헌법에 반영하여 헌법 개정을 요구하는 국민발안이 많이 사용된다.[46]

가. 연방의회

연방의회의 법률안 발의는 두 가지 방식으로 이루어진다. 첫 번째는 연방의회가 그 필요성을 인지하고 직접 법률안을 작성하는 방식이다(의원발의안 방식). 두 번째는 연방의회가 특정 법률안의 필요성을 인식한 후 이를 연방내각에 요구하여 연방내각이 법률안 초안을 작성 · 제출하는 방식이다(법안제출요구안 방식). 의원발의안은 법률안에 담길 아이디어가 명시된 제안서나 법률안 형식으로 발의된다.[47] 제안서 형식으로 제출된 의원발의안이 연방의회에 계류 중인 안건과 관련된 경우 해당 의원발의안은 접수되지 않지만, 의회 집행부가 예외를 인정할 수 있다(의회법 제108조). 연방의원직을 본업으로 하는 연방의원의 증가와 연방의회의 전문성 제고에 따라 연방의원, 위원회가 직접 법률안을 제출하는 의원발의안 방식이 종전보다 많아졌다.

법안제출요구안은 연방내각으로 하여금 법률안 초안을 제출하도록 하거나 필요한 조치를 하도록 연방내각에 의무를 부과하는 것이다(의회법 제120조 제1항). 연방의회에서 법안제출요구안 의결이 이루어지면 연방내각은 구체적인 법률안 초안을 제출하거나, 필요한 조치를 할 의무가 있다. 법안제출요구안은 연방의회가 연방내각에 내리는 일종의 명령이라 할 수 있다.[48] 법안제출요구안을 연방내각에 송부하기 위해서는 상원과 하원의 동의를 반드시 얻어야 한다.

나. 연방내각과 칸톤

연방내각은 연방의회에 법률안을 제출할 수 있다(연방헌법 제181조). 연방내각은 연방의회에 비해 상대적으로 많은 인력과 전문성을 바탕으로 구체적이고 정교한 검토가 가능하다는 점에서 연방의회에 비해 입법역량이 나은 편이다. 또한 법안준비 단계부터 합의를 도출할 목적으로 많은 관계자들을 참여시킨다.

칸톤은 연방의회에 법률안을 제출할 수 있다(연방헌법 제160조 제1항). 이를 칸톤발안이라 한다.[49] 연방헌법에서 칸톤발안을 인정하기 때문에 칸톤은 연방내각이나 연방의원을 통하지 않고 연방의회에 직접 법률안을 제출할 수 있다. 이처럼 칸톤은 연방의 의사결정과정, 특히 입법과정에 참여하고(연방헌법 제45조 제1항), 연방은 칸톤에 대하여 법률안 정보를 제공한다(연방헌법 제45조 제2항). 칸톤발안은 연방의회가 연방 법률안을 제 · 개정하도록 제안하는 권한으로써(의회법 제115조 제1항), 상원과 하원이 칸톤발안의 심의개시를 승인한 경우 칸톤발안은 의원발의안과 동일하게 심의된다(의회법 제116조 제3항).[50]

제47대 의회 개회일(2003.12.1.)부터 제50대 의회 종료일(2019.9.27.)까지 제출된 102건의 칸톤발안에 대해 96건은 심사를 진행하지 않았고, 심사가 진행된 6건 중 4건을 종료처리하고, 나머지 2건은 다른 법률안과 함께 논의됐다.

[표 23] 제50대 의회기 칸톤발안 처리 현황

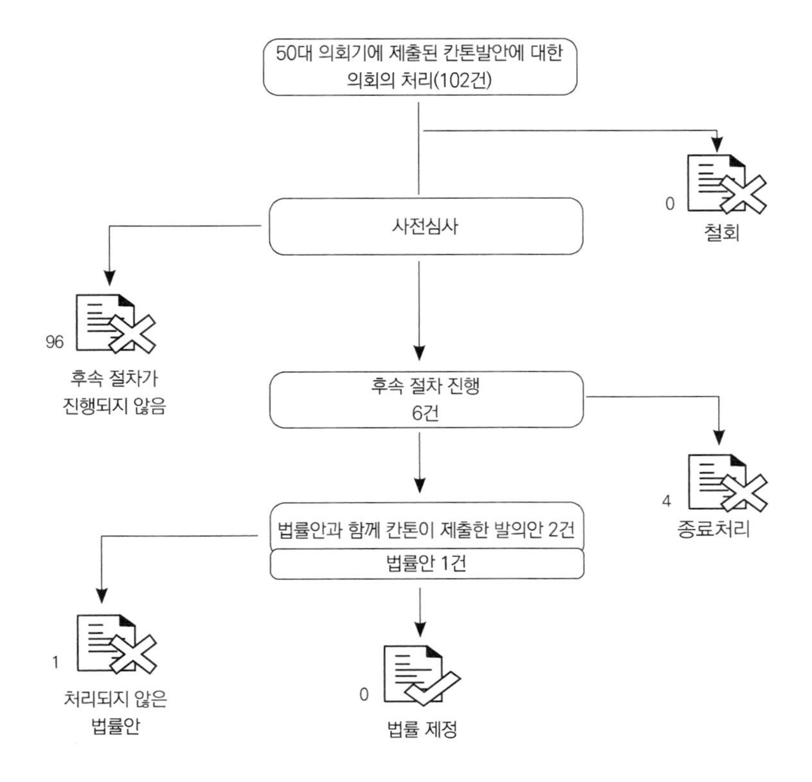

자료: 연방의회 홈페이지, https://www.parlament.ch/fr/%C3%BCber-das-parlament/portrait-du-parlement/statut-assemblee-federale/les-cantons-et-assemblee-federale/initiative-deposee-par-un-canton(2021. 12. 10. 최종 확인).

제3절 입법과정 개요

1. 입법과정 개요

연방내각의 입법과정은 입법과 관련된 다양한 과제분석이나 연방의회의 법안제출요구안을 토대로 시작한다.[51] 연방내각은 사전적 입법평가를 거쳐 법률안 초안을 작성하고, 분야별 전문가와 입법협의 절차를 진행하면서 갈등과 이견을 해결한다. 마지막으로 연방내각은 관계부처 간 의견조정을 마친 법률안을 연방내각 제출안으로 확정하여 법률안 제안설명서와 함께 연방의회에 제출한다(의회법 제141조 제1

항). 법률안 제안설명서는 추후 법률이 시행될 때 법률의 해석과 적용에 참고가 될 다양한 정보가 포함된다(의회법 제141조 제2항).[52]

[표 24] 연방의회의 입법과정

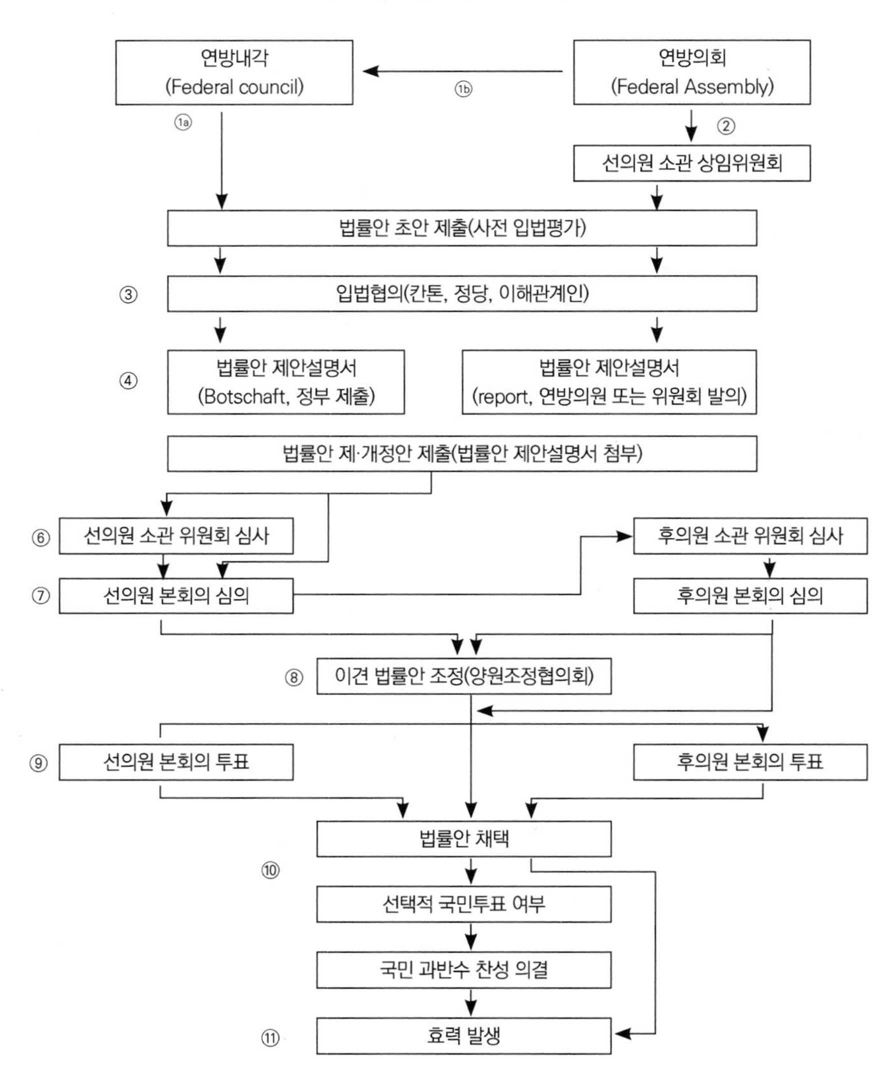

자료: 연방의회 홈페이지, https://www.parlament.ch/fr/%C3%BCber-das-parlament/portrait-du-parlement/objets-soumis-deliberation-et-procedure-parlementaire/procedure-applicable-aux-projets-actes (2021. 12. 10. 최종 확인).

연방의회에 법률안이 제출되면 상원과 하원 중 어느 곳에서 먼저 심의할지를 결정하고, 이를 소관 위원회에 회부하고, 위원회 심사를 마친 법률안은 상원 또는 하원 본회의 의결에 부친다. 선의원의 의결을 마친 법률안은 후의원에 회부되고, 선의원의 심의과정과 동일한 절차를 거친다. 상원과 하원의 의견이 일치하면 연방의회의 법률안 심의절차를 완료한다. 양원이 의결한 법률안은 선택적 국민투표의 대상이 된다. 국민투표가 제기되지 않거나 국민투표에서 가결되어 확정된 법률안은 연방내각사무처와 소관 부처가 협의하여 시행일을 결정하거나, 연방공포법령집에 공포함으로써 효력을 발생한다.

2. 연방의회의 입법과정

연방의회의 입법과정은 연방내각이 제출하거나 연방의원이 발의한 법률안을 연방의회에 회부하면서 시작된다.[53] 연방내각은 매 정기회가 시작하는 날 법률안과 법률안 제안설명서를 양원의 의장에게 보낸다.[54] 상원과 하원 중 어디에서 법률안을 먼저 심의할지에 대해서는 연방헌법에 규정된 바가 없다. 하원에서 법률안을 먼저 심의하면 그 이후 상원이 심의하고, 상원이 먼저 법률안을 심의하면, 하원이 그 이후 심의하는 방식이다. 법률안 심의를 먼저 하는 곳을 선의원(先議院, 제1원), 두 번째로 심의하는 곳을 후의원(後議院, 제2원)이라 부른다. 일반적으로 상원의장과 하원의장이 함께 협의하여 어느 곳에서 먼저 법률안을 심의할지 결정한다. 법률안의 주제나 법률안을 토론하는 데 소요되는 시간에 따라 법률안을 어느 곳에 회부할지 결정하기도 한다. 양원 의장 간 합의에 도달하지 못할 경우 추첨을 통해 선의원을 결정한다(의회법 제84조 제2항). 다만, 칸톤헌법과 관련된 법률안은 상원이 먼저 심의한다.[55] 연방의회에 회부된 법률안을 상원 또는 하원 중 어느 곳에서 먼저 심의할지를 결정한다는 점이 연방의회 입법과정의 특징이라 할 수 있다.

연방의회에 제출한 법률안은 그 내용과 성격에 따라 소관 위원회에 회부된다. 위원회는 소관 업무의 연속성과 전문성을 바탕으로 입법협의 절차에서 제출된 의견을 검토하고 토론하는 등 법률안을 보다 심도 있게 심사한다. 위원회는 연방내각이나 전문가위원회 등이 제출한 보고서 등을 기초로 하여 법률안을 심사할지 여부를 결정하는데, 이를 '도입토론'[56]이라고 한다. 위원회는 도입토론에서 심사하기로 결정한 법률안을 조문별로 심사한다(의회법 제74조 제2항). 위원회에서 조문별 심사(축조심사)를 마친 후에 조문이 포함된 법률안 전체에 대한 투표를 실시하는데, 이를 '일괄투표'라고 한다.[57] 일괄투표에서 부결된 법률안은 도입토론에서 부결된 것과 동일한 효력을 가진다(의회법 제74조 제5항). 위원회가 법률안을 심사한 결과에 따라 본회의에 해당 법률안의 채택을 제안하거나 특정 조문을 수정하여 제출할 수 있다. 경우에 따라 위원회는 회부된 법률안을 부결하거나(관여하지 않음), '연방정부로의 회부'를 요청할 수 있다(의회법 제74조 제6항). 다만, 위원회 심사단계에서 부결된 법률안을 '소수의견' 형식으로 본회의에 제안할 수 있다(의회법 제76조 제4항). 여러 연구에 따르면 연방내각이 제출한 법률안에 대한 하원(위원회)의 수정 비율이 크게 증가했고, 이는 법률안 심사단계에서 위원회의 실질적인 역할을 보여준다.[58]

상원 또는 하원의 본회의는 사전심사를 담당한 위원회의 결정에 구속받지 않지만 대체로 위원회가 심사한 대로 의결한다. 본회의에서 심의할 안건은 연방내각이 제출한 법률안이 아니라 위원회가 제안한 법률안을 대상으로 하기 때문이다(의회법 제44조 제2항). 상원 또는 하원의 본회의는 위원회가 제안한 안건의 95%를 채택했다.[59] 본회의 심의방법은 위원회 심사방법과 비슷하다. 본회의는 위원회에서 보고된 의안을 토론, 심의하여 가결 여부를 결정한다. 다만, 연간 4회 정기회(회기별 3주)가 개회되는 시간적 한계로 인해 본회의의 발언자, 발언 시간 등에 제한을 두고 있다. 하원은 하원 의사규칙으로 하원의원의 발언 시간제한을 명시적으로 규정하지만, 상원은 발언 시간제한 규정이 없다.

본회의 심의과정은 우선 법률안 심사를 담당한 소관 위원회 위원장 또는 보고위원이 위원회 심사결과를 보고한다. 경우에 따라 위원회 위원이 위원회가 부결한 안건을 소수의견으로 제안할 수도 있다(의회법 제76조 제4항). 위원회 심사결과 보고 이후 해당 안건을 본회의 심의안건으로 삼을지를 결정한다(도입토론, 하원 의사규칙 제47조 제1항 제a.호). 도입토론에서는 법률안 상정 여부에 대하여 찬반 의견이 제시된다. 도입토론의 결과에 따라 위원회가 보고한 법률안을 본회의 심의대상으로 상정하거나, 부결시키거나, 법률안을 제출한 연방내각 또는 소관 위원회로 재회부한다. 선의원이 법률안 심의 여부 단계(도입토론)에서 부결한 법률안은 후의원에 회부하여 해당 법률안의 심의 여부를 결정한다. 후의원이 해당 법률안을 심의하기로 결정하면 첫 번째 심의를 담당한 선의원의 우선적 심의권이 상실된다.[60]

본회의에서 법률안을 본격적으로 심의할 것을 결정하면 법률안에 대한 상세한 축조심의가 진행된다. 이를 '상세심의'라고 한다.[61] 일반적으로 소관 위원회가 법률안을 이미 심사 · 결정하였기 때문에 본회의에서는 상세심의를 자세히 진행하지 않지만,[62] 이를 의결할 때는 '일괄투표'를 실시한다. 본회의에서 법률안에 대한 상세심의와 일괄투표를 통해 위원회가 제안한 법률안을 가결한 경우 해당 법률안은 다른 쪽 의회에 송부된다(의회법 제114조 제1항). 본회의에서 위원회가 제안한 법률안에 대해 상세심의를 하지 않기로 하거나, 일괄투표에서 부결시킨 경우 해당 법률안은 부결된 것으로 본다(의회법 제114조 제1항의 2).

한쪽 의회(선의원)의 심의를 마친 법률안은 다른 쪽 의회(후의원)에 법률안을 회부하여 선의원과 동일한 심의절차를 거친다(의회법 제86조 제1항). 선의원이 법률안 심의를 완료하지 않으면, 후의원은 법률안 심의를 진행할 수 없다(의회법 제86조 제2항). 1980년대 말까지 90%의 안건이 양원 간 이견 없이 의결됐다.[63]

법률안에 대해 양원 간 이견이 있는 경우 한쪽 의회가 불일치 결정을 내린 규정은 다른 쪽 의회에 회부된다(의회법 제89조 제1항). 이견을 보인 법률안 심의를 3회에 걸쳐 진행했음에도 이견을 해소하지 못한 경우 양원조정협의회를 소집한다(의회법 제91조 제1항). 양원조정협의회는 이견이 있는 법안을 심의한 후 합의안인 조정제안서를 제출하고(의회법 제92조 제3항), 양원조정협의회가 제출한 조정제안서를 양원이 동의하면 법제편집위원회의 검토를 거친다.

양원 간 이견 없이 심의가 완료된 법률안은 양원 공동위원회인 법제편집위원회에 송부된다. 법제편집위원회는 법률안의 형식적인 사항만 수정할 수 있을 뿐, 본질적인 부분은 수정할 수 없다(의회법 제57조 제3항). 법제편집위원회의 검토를 마친 법률안은 양원에 회부된다.

법제편집위원회의 검토를 마친 법률안을 대상으로 특정 날짜를 지정하여, 일반적으로 각 정기회의 마지막 날에 법률안에 대한 최종적인 통과(찬 · 반) 여부를 결정하는 '최종투표'를 전자투표 방식으로 실시한다(의회법 제81조, 하원 의사규칙 제56조 제1항, 상원 의사규칙 제44조 제1항). 전통적으로 연방각료는 투표 전에 마지막으로 연설을 한다. 상원과 하원 본회의는 재적의원 과반수 출석으로 심의하므로 의사정족수는 재적의원 과반수이다(연방헌법 제159조 제1항). 일반적인 의결정족수는 재적의원 과반수 출석과 출석의원의 과반수 득표이다(연방헌법 제159조 제2항). 개회 시점에만 의사정족수가 충족되면 본회의 중에 유효한 것으로 간주한다.

3. 효력 발생

연방의회의 법률안 의결로 입법절차가 완료되는 것은 아니다. 연방의회가 통과시킨 법률안은 국민투표의 대상이 된다. 연방의회를 통과한 법률안은 양원의 서명을 받아 연방내각사무처로 이송한다. 연방내각사무처는 이를 연방공보에 공고하고, 국민투표 회부안건으로 공시한다. 연방법률안 공고 후 100일 내에 유권자 5만 명의 서명 또는 8개 칸톤의 요구가 있으면 국민투표를 실시한다(연방헌법 제141조 제1항). 다만, 시행을 미룰 수 없고, 유효기간이 있는 긴급연방법률은 상원과 하원 재적의원 과반수가 의결하면 즉시 효력을 발생한다.

국민투표는 연방의회가 내린 결정에 반대할 수 있는 권한을 국민에게 준다는 의미가 있다. 연방법률, 유효기간이 1년을 초과하는 긴급연방법률, 국제기구 가입과 관련된 조약, 헌법 또는 법률을 근거로 하는 일반구속적 연방결의, 중요한 법률 규정을 포함하거나 그 시행에 연방법률의 제정이 필요한 국제조약 등은 연방공보에 공고한 이후 100일 이내에 유권자 5만 명 또는 8개 칸톤의 요구가 있는 경우 국민투표를 실시한다(연방헌법 제141조 제1항). 이를 선택적 국민투표라고 한다. 국민투표에 참가한 국민의 과반수 득표를 얻으면 가결된다(연방헌법 제142조 제1항).

한편 헌법상 근거를 갖지 않고 유효기간이 명시된 긴급연방법률은 연방의회가 채택한 날부터 1년 이내에 의무적 국민투표의 대상이 된다(연방헌법 제140조 제1항 제c호). 이러한 긴급연방법률이 국민과 칸톤의 과반수 찬성을 얻지 못하면 연방의회에서 의결된 날부터 1년이 경과하면 효력을 잃는다(연방헌법 제165조 제3항).

법률안 공고 후 100일 이내에 ① 선택적 국민투표를 요구하지 않거나, ② 국민투표 요구가 법적 요건을 갖추지 못해 국민투표가 성립하지 않거나,[64] ③ 국민투표에서 가결된 법률안은 최종적으로 확정되어 입법과정이 완결된다.[65] 가결된 법률안의 시행시기는 연방내각에 위임하여 결정하는 것이 일반적이지만, 법률안에 명시적으로 시행일을 규정하기도 한다.[66] 국민투표에 상정된 법률안은 국민투표 당시에 잠정적인 시행시기가 대체로 명시되어 있다. 법률안의 시행일은 대체로 매월 1일 또는 15일로 규정되어 있는 경우가 많다. 특별한 시행일 규정이 없다면 법률안 공포 5일 후에 효력을 발생한다(연방법령공표법 제7조 제1항).

연방의회가 제 · 개정한 법률은 연방대법원이 심사할 수 없다(연방헌법 제189조 제4항). 연방법률은 국민투표를 거쳐 확정하거나 국민의 뜻을 충분히 반영하여 연방의회가 제정한 것이므로 연방대법원에 그것을 번복할 권한을 부여하는 것은 직접 민주제에 반한다고 본다. 이는 법치주의보다는 민주주의를 선택한 것이다. 이처럼 스위스에는 연방의회가 제 · 개정한 법률에 대한 위헌법률심판이 존재하지 않는다.[67]

연방대법원이 구체적 규범통제의 일환으로 연방법률의 위헌성을 심사하자는 연방내각의 헌법개정안은 1997년 연방하원에서 부결됐다.[68] 또한 '2000년 사법개혁'에서도 연방법률에 대한 연방대법원의 사법심사 도입 문제는 쟁점이 됐지만, 연방하원의 반대로 채택되지 못했다. 또한 위헌소송(헌법소송)의 적용 범위를 연방법률까지 확대하기 위해 연방헌법 제190조를 삭제하는 의원발의안이 2005년 10월(의안번호 05.445)[69]과 2007년 10월(의안번호 07.476)[70] 제출됐으나 하원은 2012년 12월 3일 연방대법원의 권한을 연방법률에 대한 헌법소송까지 확대하지 않기로 결정하고, 2건의 의안을 부결시켰다.

한편 연방의회는 연방내각의 연방명령을 심사하지 않는다. 2014년 6월에 연방의회의 연방명령에 대한 위헌성 심사를 도입하는 의원발의안이 제출됐다. 상원은 연방명령에 대한 심사권을 부여하는 의원발의안(의안번호 14.421)[71]을 2015년 9월 24일 찬성 18, 반대 20으로 부결시켰다. 연방의회의 추가적인 심사로 인해 오히려 법 집행이 지연되고, 연방헌법에 위반된다는 의견을 근거로 했다. 하원은 연방명령에 대한 거부권을 부여하자는 의원발의안(의안번호 14.422[72])을 115대 64로 찬성하였지만, 상원과 연방내각이 반대했다.[73]

4. 안건처리 현황

가. 발의 주체별

연구결과에 따르면 1971~1976년에 46%는 연방의회 발의, 26%는 연방내각 발의, 15%는 칸톤과 국민발안을 통해 법안이 제출됐다. 20년 후인 제45대 의회기(1995~1999년)에서 연방의회의 발의 비율이 26%로 하락했고, 연방내각의 발의 비율은 26%에서 41%로 상승했다. 이는 연방내각이 시대 상황의 변화에 신속히 대응한 것에 따른 것이다.[74]

[표 25] 1971~1976년과 1995~1999년 입법 주체별 법안제출 비율

연도 / 발의주체	1971~1976년	1995~1999년(제45대 의회)
연방의회	46%	26%
연방내각	26%	41%
국민과 칸톤	15%	15%
(국민발안)		(14%)
국제조약 등	13%	17%
합계	100%	100%
(건수)	(137)	(210)

자료: Pascal Sciarini(2014: 528), 스위스 의회사무처 이메일 개인수신(2016. 6. 7.)

나. 안건별

연방의회 홈페이지 자료에 따르면 제48대 의회(2007.12.~2011.12.)부터 제

50대 의회(2015.12.~2019.12.)까지 연방내각이 80% 내외로 많은 법령을 제출했고, 법령의 13~14%는 연방의회가 제출했다. 또한 연방의회에서 가결된 안건의 29~32%는 연방법률이고, 40% 이상은 단순 연방결의이다.[75] 이를 구체적으로 살펴보면, 제48대 의회에는 558건의 법령이 제출됐고, 이 중 508건(연방법률 152건, 긴급연방법률 8건, 연방결의 108건, 단순 연방결의 215건, 그 밖의 연방의회 의결 25건)이 가결됐으며(91%), 50건이 연방의회 심의과정이나 국민투표에서 부결됐다(9%). 제49대 의회(2011.12.~2015.12.)에는 531건의 법령이 제출됐고, 490건(연방법률 156건, 단순 연방결의 185건 등)이 가결됐으며(92.3%), 41건이 부결됐다(7.7%). 제50대 의회는 제출된 523건의 법령 중 464건이 가결됐고(88.7%), 59건이 부결됐다(9%).

[표 26] 의회기별 법령 처리 현황

(단위: 건)

구분			제48대 의회 (2007.12~2011.12)	제49대 의회 (2011.12~2015.12)	제50대 의회 (2015.12~2019.12)
주체별 제출 안건	국민		22(3.9%)	33(6.2%)	17(3.3%)
	연방의회		78(14.0%)	75(14.1%)	67(12.8%)
	칸톤		1(0.2%)	2(0.4%)	2(0.4%)
	연방내각		457(81.9%)	421(79.3%)	437(83.6%)
	계		558	531	523
가결 안건 (a)	연방법률	연방법률	152(29.9%)	156(31.8%)	133(28.7%)
		긴급연방법률	8(1.6%)	5(1%)	1(0.2%)
		소계	160(31.5%)	161(32.8%)	134(28.9%)
	연방결의		108(21.3%)	125(25.6%)	94(20.3%)
	단순 연방결의		215(42.3%)	185(37.8%)	226(48.7%)
	연방의회 의결(명령)		25(4.9%)	19(3.9%)	10(2.2%)
	소계		508(91.0%)	490(92.3%)	464(88.7%)
부결 안건 (b)	도입토론 또는 일괄투표 부결		30	28	41
	양원조정협의회 부결		4	2	-
	최종투표 부결		5	5	4
	국민투표 등		11	6	14
	소계		50(9.0%)	41(7.7%)	59(11.3%)
처리 안건(a+b)			558	531	523

자료: 연방의회 홈페이지, https://www.parlament.ch/fr/%C3%BCber-das-parlament/faits-donnees-chifrees/chiffres-actes-legislatifs (2021. 12. 10. 최종 확인).

의회기별 안건[76]과 가결률을 비교하면, 제47대 의회(2003.12.~2007.12.)에서는 942건이 제출되어 이 중 486건이 가결되어 51.6%가 가결됐고, 연방내각 제출안의 가결률은 74.6%였고, 의원발의안의 가결률은 16.4%에 불과했다. 제48대 의회에서는 제출된 1,104건 중 598건이 가결되어 54.2%의 가결률을 보였고, 연방내각 제출안의 가결률은 87.8%였다. 제49대 의회는 연방내각이 599건, 연방의원이 374건을 제출하여 이 중 511건이 가결되어 52.5%의 가결률을 보였고, 연방내각 제출안의 가결률은 81.8%에 달했다. 이처럼 연방내각이 제출한 안건이 연방의원에 비해 많았을 뿐 아니라 가결률도 매우 높은 것으로 나타났다.[77]

[표 27] 의회기별 연방내각 제출안과 의원발의안 가결률 비교

구분	연방내각 제출안			의원발의안			합계		
	제출(건)	가결(건)	가결비율(%)	제출(건)	가결(건)	가결비율(%)	제출(건)	가결(건)	가결비율(%)
제47대 의회 (2003~2007)	569	425	74.6	373	61	16.4	942	486	51.6
제48대 의회 (2007~2011)	602	529	87.8	502	69	13.8	1,104	598	54.2
제49대 의회 (2011~2015)	599	490	81.8	374	21	5.6	973	511	52.5
제50대 의회 (2015~2016.6)	154	49	31.8	42	0	0	196	49	25.0

자료: José M. Magone (2017: 194), 스위스 의회사무처 이메일 개인수신 (2016. 6. 7.) 등.

다. 법률안 처리 기간

법률안 제 · 개정 절차는 상대적으로 느리다. 법률안 처리는 포괄성과 복잡성을 토대로 오랜 기간의 의견수렴과 심의과정을 거치기 때문이다. 도로교통법 등 국민 모두의 삶에 영향을 미치는 법률은 좀 더 면밀히 논의되고, 국민 다수의 지지를 얻어야 하므로 신중한 입법절차가 더 좋은 결과를 도출할 수 있다. 예를 들어 형법개정안 준비부터 시행까지 많은 시간이 필요했다. 시간 순서로 열거해보면, 형법개정을 위한 사전초안 준비(1983~1986년), 연방법무 · 경찰부에 설치된 전문가위원회(형법개정위원회)의 형법개정안 작성(1989~1992년), 관련 부처 및 이해단체로부

터 의견수렴(1993~1994년), 연방정부의 형법개정안 마련(1995~1998년), 연방의회 심사(1998~2003년), 시행(2007.1.1.) 등 20년 이상 소요됐다.[78] 그러나 전문화되고 복잡다기한 사회에서 신속한 법률 제정을 지연시킨다는 한계가 있다.

다른 연구에 따르면 1971~1976년 동안 법률안 수립단계부터 시행까지 평균 의결 기간은 5년(57개월)이었고, 제45대 의회(1995~1999년)의 평균 의결 기간은 4년 남짓(51개월)이었다. 법률안 처리에 소요되는 전체 기간(중간값)은 3년 내외였고, 의회심의단계는 7~9개월이었다. 의결과정 중 법률안 수립단계가 전체 입법과정의 2/3(1995~1999년) 또는 3/4(1971~1976년)을 차지했고, 나머지는 연방의회 심의와 국민투표에 할애됐다.

[표 28] 단계별 법률안 처리에 소요되는 기간

단계	1971~1976년			제45대 의회(1995~1999년)		
	평균값(개월)	중간값(개월)[79]	횟수	평균값(개월)	중간값(개월)	횟수
법률안 수립단계	41	28	133	35	18	184
- 전문가위원회	21	11	45	20	14	32
- 입법협의 절차	3	3	63	3	3	92
의회 심의단계	8	7	137	12	9	188
의회심의 이후 단계	8	5	130	4	4	188
전체 기간(개월)	57	39	137	51	33	184

자료: Pascal Sciarini(2014: 528).

또한 법률안 수립단계에서 전문가위원회가 진행된 경우 의결과정은 1년 이상 또는 전문가위원회가 활동한 기간만큼 증가했다. 전문가위원회 절차에 따라 지연된 이유는 자료 등 협의 준비, 결과 분석 및 종합, 부처 내부 조정, 법률안 수정에 필요한 기간 등이 반영된 것이다. 또한 입법협의 절차 실행으로 의결과정이 2년 이상(26개월)이 연기됐다. 입법협의 절차에 평균 기간이 3개월이라는 점을 고려하면 이는 상당히 긴 기간이다. 즉, 연방의회의 심의 기간은 1년에 지나지 않았지만, 입법과정을 준비하는 사전작업에만 2년~2년 6개월이 소요된 것이다.[80]

제4절 법률안 개정 사례

1. 정책검토요청서 방식: 라디오 및 텔레비전에 관한 연방법 개정

라디오 및 텔레비전에 관한 연방법 개정안은 2009년부터 논의가 시작되어 2016년 7월 1일부터 시행됐다.[81] 2009년 2월 하원의 교통 · 통신위원회는 연방내각에 정책검토요청서를 제출하면서 현행 라디오와 텔레비전 수신료 부과에 관한 문제점을 토대로 다양한 대안을 작성할 것을 요청했다. 연방내각은 정책검토보고서를 제출했고, 하원 교통 · 통신위원회는 연방내각에 새로운 수신료 부과체계에 관한 법률 개정안을 요청했다. 연방 환경 · 교통 · 에너지 · 통신부는 라디오 및 텔레비전에 관한 연방법 개정안(초안)을 마련했고, 2012년 5월 9일부터 8월 29일까지 입법협의 절차를 진행했다. 2013년 5월 29일 연방내각은 라디오 및 텔레비전에 관한 연방법 개정안과 제안설명서를 연방의회에 제출했다.

의장 간 협의를 통해 라디오 및 텔레비전에 관한 연방법 개정안을 하원에서 먼저 심사하도록 결정했다. 하원 교통 · 통신위원회는 예비검토와 이해당사자 그룹과의 논의를 거친 후에 16대 6으로 라디오 및 텔레비전에 관한 연방법 개정안을 심사하기로 결정했다(도입토론). 2013년 10월 21일 교통 · 통신위원회는 라디오나 TV를 소유하지 않은 가구를 수신료 징수대상에서 제외하는 규정을 14대 10으로 부결시켰고, 그 밖의 사항에 대해서는 찬성 14, 반대 7, 기권 3으로 가결했다.

2014년 3월 12일 하원 본회의는 7시간에 걸쳐 라디오 및 텔레비전에 관한 연방법 개정안을 심의했다. 수신료 납부대상에서 라디오 청취나 TV 시청이 불가능한 가구를 제외할지에 대하여 많은 토론을 했다. 하원 본회의는 교통 · 통신위원회의 소수의견인 라디오 청취나 TV 시청이 불가능한 가구에 향후 5년간 수신료를 면제하는 방안을 찬성했다. 또한 하원은 93대 92라는 근소한 차이로 기업의 수신료 납부를 제외한다는 규정을 부결시켰다.

개정안은 상원으로 송부됐고, 2014년 4월 1일 상원 교통 · 통신위원회는 만장일치로 라디오 및 텔레비전에 관한 연방법 개정안을 심사하기로 의결했다(도입토론).

상원 교통 · 통신위원회는 12대 1로 하원이 신설한 수신료 면제규정(라디오나 TV 시청이 불가능한 가구에 대해 5년간 수신료 면제)을 삭제하기로 의결했다. 그 외 규정은 하원과 동일한 의견으로 가결했다(찬성 10, 반대 1, 기권 1).

2014년 6월 19일 상원 본회의는 만장일치로 라디오 및 텔레비전에 관한 연방법 개정안을 심의할 것을 의결했다(도입토론). 4시간에 걸친 본회의 토론 끝에 상원 다수는 하원의 결정을 존중하되, 몇 가지 수정을 했다. 상원 본회의는 수신료 면제 규정을 상원 교통 · 통신위원회와 마찬가지로 반대했고, 유튜버 등 개인 방송가들이 수신료 혜택을 받을 수 있도록 요구했다. 상원 본회의는 수정안을 28대 14로 가결했다.

라디오 및 텔레비전에 관한 연방법 개정안 중 이견이 있는 부분을 해소하기 위해 하원 교통 · 통신위원회는 5년간 수신료 면제규정을 초안대로 유지하되, 나머지 4개의 쟁점은 상원의 결정에 따르기로 결정했다(찬성 14, 반대 9). 하원 본회의는 2014년 9월 11일 라디오 및 텔레비전에 관한 연방법 개정안을 두 번째로 심의했다(제2 독회). 수신료 면제규정에 관한 교통 · 통신위원회의 제안을 수용하되, 수신료 면제에 관해 5년 기한을 설정했다. 유튜버 등 개인 방송가에 관한 수신료 혜택은 하원 위원회와 달리 상원이 권고한 의견을 수용했다. 그 결과 6개의 이견 중 5개가 해소됐다. 2014년 가을 정기회에서 상원 교통 · 통신위원회는 미해결 쟁점에 대해 하원이 제안한 수정안을 찬성 10, 반대 2, 기권 1로 가결했다. 상원은 2014년 9월 16일 만장일치로 5년간 수신료 면제규정을 의결했다. 이를 통해 마지막 견해차가 해소됐다. 라디오 및 텔레비전에 관한 연방법 개정안(수정안)은 가을 정기회 마지막 날인 2014년 9월 26일 최종투표에서 가결됐다.

라디오 및 텔레비전에 관한 연방법 개정안은 연방공보에 공고됐다. 적법하게 서명한 9만 1,308명의 유권자의 뜻에 따라 2015년 1월 27일 국민투표가 공식적으로 요구됐다. 연방내각은 선택적 국민투표의 투표일을 2015년 6월 14일로 결정했다. 2015년 6월 14일 실시한 국민투표에서 유권자 50.1%의 찬성으로 라디오 및 텔레비전에 관한 연방법은 가결됐고, 연방내각은 법 시행일을 2016년 7월 1일로 설정했다.[82]

2. 연방내각 제출 방식: 이산화탄소배출량 축소에 관한 연방법 개정

1999년 10월 8일 제정된 이산화탄소배출량 축소에 관한 연방법(CO_2법)[83]을 전면적으로 개정하는 작업은 2008년부터 2013년 1월까지 약 5년이 소요됐다.[84] 연방내각은 2008년 2월 연방 환경 · 교통 · 에너지 · 통신부에 CO_2법 개정안을 마련하라고 지시했고, 연방환경청[85]이 개정안을 준비했다. 또한 환경단체와 좌파정당이 주축이 되어 11만 5,689명의 서명을 받아 '보다 건강한 환경'[86]이라는 국민발안이 2008년 2월 제출됐다. 연방내각은 2020년까지 이산화탄소배출량 감축 목표를 20%로 설정하였는데 국민발안은 30% 감축 목표를 제시했다.[87]

CO_2법 개정안은 이산화탄소배출량 감축을 위해 국내 배출감축 방안과 해외에서 탄소 배출권을 구매하여 국내 탄소배출량을 보완하는 두 가지 대안을 제시했다. 2008년 12월 CO_2법 개정안에 관한 입법협의 절차가 시작됐다. 입법협의 절차 중에 칸톤, 연방법원, 정당, 경제단체는 개정안에 관한 수정의견을 제시했다. 그와 동시에 연방내각은 '보다 건강한 환경'이라는 국민발안을 반대하기로 의결했다. 연방환경청은 2009년 5월부터 8월까지 입법협의 절차에서 제기된 200여 개의 의견을 검토하고, 기후정책에 관한 보고서와 국민발안의 취지를 담은 CO_2법 개정안을 작성했다. 2009년 8월 연방내각은 기후정책에 관한 보고서와 CO_2법 전부 개정안을 의결하여 연방의회에 제출했다.

상원의장과 하원의장은 하원이 CO_2법 개정안을 먼저 심의한다고 결정했다. 2009년 10월 하원의 환경 · 국토 · 에너지 위원회는 2010년 봄 정기회 및 여름 정기회에 CO_2법 개정안을 먼저 논의하고, 그 이후 '보다 건강한 환경'이라는 국민발안을 검토하기로 결정했다. 연방내각과 달리 하원은 국내수단으로만 이산화탄소배출감축을 진행하되, 20% 감축 목표를 설정했다. 또한 연방내각이 감축 목표를 40%까지 조정할 수 있도록 선택권을 부여했다. 2010년 6월 1일 하원 본회의는 '보다 건강한 환경'이라는 국민발안을 심사하고, 이에 대한 대안으로서 CO_2법 개정안을 채택하며, 국민발안의 검토 기간을 1년 더 연장했다(의회법 제105조).

상원의 환경 · 국토 · 에너지 위원회는 2010년 9월부터 2011년 3월까지 연방내각이 제출한 법률안의 대부분을 수용했다. 그러나 하원과 달리 국외 배출권의 부분적인 구매를 통해 이산화탄소 배출권을 20% 감축하자는 방안을 지지했다. 상원은 2011년 3월 CO_2법 개정안에 대한 조문별 토론을 진행했다. 상원 본회의는 환경 · 국토 · 에너지 위원회의 제안을 수용하여 2011년 3월 8일 개정안을 의결했다.

연방 상 · 하원 간 CO_2법 전부 개정안에 대한 의견이 일치하지 않기 때문에 2011년 9월부터 12월까지 연방의회는 이견해소 절차를 진행했다(제2 독회). 이견해소 기간에 안건은 하원에 먼저 제출됐다. 하원은 이견이 있는 규정들만 심의했고 하원의 심사를 마친 CO_2법 전부 개정안은 상원에 회부됐다. 상원의 검토를 마친 CO_2법 전부 개정안은 여전히 이견이 존재함에 따라 하원에 재차 회부됐다(제3 독회). 하원은 상원이 제출한 수정안을 의결하여 이견을 해소했고, 2011년 12월 23일 최종투표에서 상원과 하원은 CO_2법 전부 개정안을 가결했다. 한편, '보다 건강한 환경'이라는 국민발안을 검토한 연방의회는 국민과 각 칸톤이 국민발안에 반대할 것을 권고했다.

2012년 3월 28일 국민발안위원회는 CO_2법 전부 개정안에 대한 국민투표가 실시되지 않는 것을 조건으로 '보다 건강한 환경'이라는 국민발안을 철회했다. CO_2법 개정안에 관한 국민투표 요구가 없음에 따라 국민투표가 실시되지 않았고, 국민투표가 실시되지 않는다는 철회조건에 따라 '보다 건강한 환경'이라는 국민발안이 4월 13일 공식적으로 철회됐다. CO_2법 전부 개정안은 2013년 1월 1일부터 효력을 발생했다. 개정된 이산화탄소배출량 축소에 관한 연방법에 따르면 배출가스가 2020년까지 1990년 대비 20% 감축된다.

연방의회의 재정 권한

제1절 예산 일반론

1. 예산 개요

예산안[1]은 법률과 마찬가지로 연방의회의 심의를 거친다. 연방헌법, 연방재정법 등에 따라 연방내각은 예산안 편성 및 집행을 담당하고, 연방의회는 연방내각이 제출한 예산안을 겨울 정기회에서 심의 · 의결한다. 예산안 편성 및 심의절차는 연방헌법(제100조, 제126조, 제159조, 제167조, 제183조), 의회법, 연방재정법, 연방재정법 시행령 등에서 규정된다. 예산은 법률의 형식을 갖추지 않는다.[2] 예산안은 연방헌법과 연방재정법에 따라 연방의회가 의결할 뿐이고, 선택적 국민투표의 대상이 되지 않는다는 점에서 법률과 구분된다.

연방의 예산 관련 업무는 연방재무부가 담당한다(연방재정법 제58조). 연방재무부의 연방재정관리국[3]은 각 부처의 예산 관련 업무를 총괄한다(연방재정법 제59조). 연방재정관리국 직원은 약 240명이다. 연방재정관리국은 연방통계법[4], 연방통계법 시행령[5]에 따라 연방정부의 회계자료 작성에 필요한 권한을 가진다. 연방재정관리국 외에 연방재무부 소속 기관인 연방국세청[6], 연방관세청[7]이 연방의 세입을 담당한다. 연방국세청 및 연방관세청은 직무와 관련하여 상당한 독립성 및 자율성을 갖지만 헌법이나 법률에 따른 독립기구는 아니다.[8] 연방 부처에는 기관별 예산안 편성과 재정지출을 담당하는 재무국을 둔다.[9]

연방의회, 연방법원, 연방감사원, 연방검찰청, 연방검찰 감독위원회의 예산안과 결산은 직무상 · 조직상 독립을 고려하여 연방정부가 수정하지 않은 채 연방의회에 제출된다(의회법 제142조 제2항). 연방의회의 예산안 및 결산은 연방의회 행정사무대표단이 설명하고, 연방법원의 예산안 및 결산은 연방대법원이 설명하고, 연방감사원의 예산안 및 결산은 연방의회 재정심의회가 담당한다. 또한 연방검찰청과 연방검찰 감독위원회의 예산안 및 결산은 연방내각이 아닌 연방검찰 감독위원회가 담당한다(의회법 제142조 제3항). 연방검찰 감독위원회는 연방정부에 연방검찰청과 연방검찰 감독위원회의 예산안과 결산보고서를 제출하기 때문이다. 연방검찰청과 연방검찰 감독위원회의 예산안을 받은 연방정부는 이에 대한 수정 없이 연방의회에 제출할 뿐이다(연방형사기관조직법 제31조 제4항).

2. 예산 범위

예산안은 연방정부에 초점을 두고 있다. 연방은 칸톤의 재정정책에 대해 어떠한 통제권도 갖지 않고, 칸톤의 예 · 결산 자료를 요구할 수 있는 법령상 근거도 없다. 연방 예산은 일반예산과 4개의 특별기금을 포함하지만,[10] 공기업, 연방철도공사, 연방우정국의 재정정보는 연방 예산에 포함되지 않는다.[11] 연방의 권한에 속해 연방이 관리하는 조세로는 개인 및 법인에 대한 소득세(연방헌법 제128조), 부가가치세(연방헌법 제130조), 담배 · 주류 · 자동차 · 연료에 부과되는 특별소비세(연방헌법 제131조), 인지세(연방헌법 제132조), 관세(연방헌법 제133조)가 있다. 소득세의 경우 연방이 징수세율을 확정하지만, 조세의 부과 및 징수는 칸톤이 담당하고, 소득세입의 17%가 칸톤에 귀속한다(연방헌법 제128조 제4항). 그 밖의 조세 역시 칸톤과 코뮌에서 징수한다.

2020년 세출예산은 750억 프랑이다(약 96조 원). 연방 예산의 1/3은 연방 업무에 직접 지출된다. 나머지 2/3는 법률 등을 근거로 연방정부에서 지방정부(칸톤, 코뮌), 사회보험 보조금(노령유족 연금, 장애 연금, 실업 보험, 군인 보험), 공공기관으로 지출된다.[12]

3. 추가경정예산안

예산이 성립되고, 회계연도가 시작된 이후 본예산을 변경하거나 추가적인 재정 소요가 요구될 때 연방내각이 연방의회에 제출하는 예산안을 추가경정예산안[13]이라 한다(연방재정법 시행령[14] 제20조 제2항). 원칙적으로 각 부처는 본예산 범위 내에서 사업을 실시하지만, 예산과목의 변경, 지출변경, 예상하지 못한 지출이 발생할 경우 추가경정예산안이 마련된다(연방재정법 제33조 제1항). 예를 들어 2002년 금융 시장 악화로 연방 예산의 세입 전망치가 급속하게 하락하자 연방내각은 2003년 추가경정예산안을 연방의회에 제출했다.[15]

추가경정예산안은 보수적인 세입 예측과 함께 예측하지 못한 세입 및 세출 위험을 관리하는 수단이다. 추가경정예산으로 편성할 수 있는 분야는 몇 개 항목으로 제한된다. 예를 들면 채무변제 같은 항목은 포함되지 않는다. 이처럼 추가경정예산안을 통한 지출 증가는 선호되지 않기에 본예산안과 비교하면 낮은 비율을 차지한다. 추가경정예산 규모는 2000~2007년 동안 평균 8억 프랑(약 1조 원)으로 전체 예산의 1.5%에 해당할 뿐이다.[16] 주요 신규사업은 추가경정예산안 방식으로 제안하는 편이 더 성공 확률이 높다. 이는 예산안 편성과정에서 재정압박이 덜하고, 추가경정예산안 방식으로 제안하는 정책이 더 많은 관심을 가지기 때문이다.[17]

추가경정예산안은 특정 사업 또는 지출을 위해 연방의회의 심의가 필요한 일반적인 추가경정예산안[18]과 연방의회의 심의 이전에 지출되는 긴급 추가경정예산안[19]으로 구분된다(연방재정법 제33조 · 제34조). 연방내각은 주기적으로 정해진 일정에 따라 즉, 매년 연방의회의 여름 정기회(5월 또는 6월)와 겨울 정기회(11월 또는 12월)에 추가경정예산안을 연방의회에 제출한다(연방재정법 제33조 제2항, 연방재정법 시행령 제24조 제1항). 연방내각이 제출한 추가경정예산안은 연방의회의 재정위원회에 회부되고, 연방의회 재정위원회의 심사를 마친 추가경정예산안은 양원 본회의에서 최종적으로 의결된다.

다만, 긴급 추가경정예산안은 연방내각이 연방의회(재정심의회)의 사전동의 절차를 거쳐 집행된다. 이러한 긴급지출은 다음 추가경정예산안과 함께 제출할 수 있다(연방재정법 제34조 제2항). 그러나 일반적인 추가경정예산안과 함께 제출하기 어려운 긴급지출은 사후에 연방결산과 함께 연방의회에 제출한다(연방재정법 제34조 제2항, 제35조). 긴급지출은 추가경정예산안을 의결하기까지 기다릴 수 없는 경우를 말한다(연방재정법 시행령 제25조). 긴급지출 규모가 5억 프랑(약 6,300억 원)을 초과하고 연방의회의 긴급한 사후 승인이 필요한 경우 재정심의회의 사전동의 후 1주일 내에 임시회가 소집된다(연방재정법 제34조 제4항).

4. 재정계획

연방내각은 당해 회계연도부터 이후 3회계연도 기간, 즉 향후 4년간의 재정계획[20]을 매년 수립하여 다음연도 예산안과 함께 연방의회에 제출한다(의회법 제143조 제1항, 연방재정법 제19조 제1항). 연방내각은 재정계획을 연방의회에 단순 연방결의 형식으로 제출한다(의회법 제143조 제3항).

다년간 전망치인 재정계획에는 연간 예산안 규모, 중기 재정목표, 정책 우선순위, 인플레이션, 금리, 환율, 실질 GDP, 명목 GDP 추정치, 향후 재정수요, 재정조달 방안, 소요 경비(세입 및 세출, 적자와 부채 증가율), 목표 및 효과가 기술된다(연방재정법 제19조 제1항). 연방내각은 재정계획을 칸톤의 재정계획과 최대한 조율한다(연방재정법 제19조 제3항). 재정계획은 연방내각이 중기 재정전망을 파악하는 수단이고, 재정계획에 반영된 전망 및 근거가 예산안 편성과정의 출발점이기도 하다.

재정계획은 2회계연도 평가 결과가 다음 연도 예산안 편성을 위한 시작점이 되지만, 채무제동준칙 요건이나 신규사업 등을 이유로 예산안 편성과정이 시작되는 단계(3월)에서 변경될 수 있다. 따라서 매년 예산안 편성과정에서 재정계획을 조정한다(의회법 제143조 제5항).[21] 또한 재정계획은 경제 전망치를 바탕으로 전년도 세입과 세출 자료를 업데이트하면서 연방의 채무제동준칙을 토대로 작성 · 조정되고, 재정계획에서 제시된 4년간의 재정전망을 향후 4년간의 거시경제 전망치와 일치시킨다.

한편, 재정계획은 입법계획과 일치하도록 한다(의회법 제143조 제2항). 재정계획이 뒷받침되어야 향후 4년간의 입법계획과 정책 방향이 제시된 입법계획이 연방의 정책목표를 달성할 수 있기 때문이다. 따라서 재정계획에는 입법에 따른 재정수요 및 재정조달 계획을 포함하고, 입법 및 재정계획의 목표와 추진과제는 상호 관련을 갖는다(의회법 제146조 제4항).

제2절 재정준칙

1. 의의 및 연혁

스위스는 재정계획이나 재정전망을 통해 연방 채무나 재정적자가 일정 규모 이상 초과하지 않도록 재정준칙[22]을 설정했다. 재정준칙이란 예산 총량에 대한 수치적 제한을 통해 재정정책을 제약하는 수단이다. 재정준칙의 3가지 구성요소로 법령상 근거, 연방 채무 · 재정수지 등 총량적 재정목표, 재정준칙을 지키지 못했을 경우 제재조치를 제시한다.[23] 스위스는 연방의 재정준칙으로 균형재정원칙, 채무제동준칙이 있지만(연방헌법 제126조, 연방재정법 제12~18조),[24] 연방의회가 재정준칙을 지키지 않을 경우 제재조치는 없다.

1958년 5월 11일 국민투표를 통해 연방헌법에 세입과 지출이 균형을 유지한다는 '균형재정 원칙'과 채무를 점진적으로 상환한다는 '채무상환 원칙(Grundsatz der Entschuldung)'을 규정했다.[25] 이처럼 세입과 세출의 균형을 도모하고, 특히 자산으로 충당할 수 없는 부채는 상환한다는 규정이 있었지만, 연방 채무는 지속적으로 증가했다. 그 이유는 재정수입을 증대하기 위한 세율인상은 연방헌법 개정이 필요하지만, 세출 증가는 연방의회의 승인이 있으면 가능하다는 비대칭적 구조 때문이었다. 균형예산을 초과하는 지출정책으로 인해 수년에 걸쳐 연방 채무가 누적됐다. 1990년대 초반 경기침체를 겪으면서 재정수지는 1990년 GDP 대비 0.1% 적자에서 1994년에 2.8% 적자로 악화됐고, 국가채무는 1990년 GDP 대비 37.3%에서 1998년 62.7%로 1.7배 증가했다. 이처럼 연방헌법의 균형재정 원칙이 사문화됨에 따라 재정 건전성의 중요성을 인식했다.

'2001년까지 연방 예산 균형을 달성한다'라는 균형재정 원칙을 1998년 6월 7일 국민투표를 통해 찬성 70.7%, 26개 칸톤 전부의 찬성으로 도입했다. 균형재정 목표를 달성하기 위해 연방정부는 국방비와 철도예산 삭감 등을 추진했고, 1999~2000년의 경기호황으로 세수가 증가하면서 목표연도보다 빠른 2000년에 재정수지 흑자를 달성했다.[26] 그러나 경기침체 등으로 일반예산의 재정수지가 다시 악화되자

2001년 6월 세입과 세출을 연동시키는 '총지출 상한액(채무제동준칙)'을 도입하는 연방헌법 개정안이 가결됐고,[27] 2003년 예산안부터 새로운 채무제동준칙이 적용됐다. 2007년 국가채무 비율은 GDP의 24%(다른 국가의 평균 부채비율은 44%)였고, 2008년 국가채무 비율은 GDP의 22.8%였다. 이는 2002년도의 28%와 비교하여 5.2%포인트 하락한 것으로 다른 국가에 비해 부채비율이 비교적 낮은 수준이다.[28] 2008년에 110억 프랑의 예상치 못한 이례적 지출[29]이 발생했고, 그에 따른 재정적자를 방지하기 위해 2009년 연방의회의 심의를 거쳐 2010년부터 일반예산 외에 이례적 지출도 채무제동준칙을 적용했다. 2003년 채무제동준칙이 적용된 이래 2018년까지 연방정부의 채무는 1,240억 프랑(약 158조 원)에서 990억 프랑(약 126조 원)으로 4분의 1 가량 감소했다. 2003년 채무제동준칙을 도입한 이후 연방채무 증가율과 GDP 대비 국가채무 비율이 하락한 것처럼 채무제동준칙은 구조적 측면에서 균형예산을 보장하고, GDP 대비 부채비율을 낮게 유지한다.[30]

2. 균형재정 및 지출통제 원칙

연방의 재정준칙으로 연방헌법에 세입과 세출이 균형을 유지하는 균형재정 원칙이 규정됐다(연방헌법 제126조 제1항). 연방 예산은 세입과 세출 총액이 결정된 이후 균형예산으로 마련된다는 것이다. 연방의회와 연방내각은 연방헌법 제126조에 따라 세입과 세출의 균형을 유지하고(연방재정법 제12조 제1항), 재정지출과 그 결과를 동시에 고려하며(연방재정법 제12조 제2항), 재정지출과 입법을 조화시킬 수 있도록 한다(연방재정법 제12조 제3항). 또한 연방내각과 행정기관은 연방 예산을 적법성, 긴급성, 경제적 효율성 원칙에 따라 관리하고, 효율적으로 집행한다(연방재정법 제12조 제4항).

또한 연방헌법은 채무제동준칙 규정 외에 엄격한 지출통제를 규정한다. ① 1회의 신규지출이 2,000만 프랑(약 255억 원)을 초과하거나, ② 지출의무를 반복적으로 연간 200만 프랑(약 25억 원)을 초과하는 보조금의 지출의무가 발생하거나, ③ 채무부담행위 및 총지출 상한액에 관한 사항이거나, ④ 예상하지 못한 재정수요에 따른 총지출 상한액을 증가하는 경우 각각 연방의회의 재적의원 과반수 찬성을 필요로 한다(연방헌법 제159조 제3항). 이는 출석 과반수의 의결을 요구하는 일반정족수가 아닌 재적의원 과반수 찬성을 요구하기 때문에 특별 의결정족수라 할 수 있다.

3. 총지출 상한액(채무제동준칙)

가. 총지출 상한액 의의

2001년 경기 호황기와 경기 침체기에 모두 대처할 수 있는 채무제동준칙[31]인 총지출 상한액[32]을 규정했고, 2003년 예산안과 함께 시행됐다. 연방 예산으로 승인된 총지출 상한액은 경제 상황을 고려한 세입 한도 내에서 결정한다(연방헌법 제126조 제2항). 연방헌법 제126조에 따라 연방정부는 매년 세입 추계를 토대로 세입증가율을 추정하고, 현 회계연도의 세입에 추정치를 고려해 다음 회계연도의 총지출 상한액을 결정한다. 이러한 총지출 상한액은 경기 상황을 고려하여 균형재정을 이루도록 한다. 즉, 경기 호황기에는 세입보다 세출을 낮게 유지하고, 경기 침체기에는 세출이 세입을 초과하는 적극적 재정지출을 실시하여 경기를 안정시킴으로써 연방 예산은 균형을 이룬다. 총지출 상한액 규정은 연방의회의 예산심사를 제약하는 요인이지만, 연방의회(재정위원회)는 재정통제 수단으로서 총지출 상한액을 선호한다. 연방의회와 연방내각은 재정 관련 안건을 처리할 경우 재정효과 뿐만 아니라 총지출 상한액을 함께 고려한다(연방재정법 제14조).

총지출 상한액의 적용대상은 세입, 세출, 재정수지, 채무로서 연방 예산, 추가적인 채무, 연도별 연방 회계를 구속하나 재정계획 등을 구속하지 않는다. 또한 사회보장기금(노령유족연금,[33] 장애연금,[34] 군인보험[35]), 실업보험[36]은 연방 예산에서 제외되므로 총지출 상한액에 포함되지 않는다. 대학 지원금, 인도적 보조금처럼 그 기능에 따라 지출 상한선이 정해진 경우 각 제도별로 각각의 재정 규율을 적용한다.

총지출 상한액은 예산편성 및 집행단계에서 구속력을 가진다. 연방내각은 연방헌법에 따라 총지출 상한액에 기속된 예산안을 제출한다. 법인세, 소득세 등 세입

구조 변화로 추가적인 세입이 예상되거나 세출예산 구조조정을 통해 세입이 확보된 경우에 한해 세출예산의 조정이 허용된다. 세출 예산안이 세입예산에 맞추어 편성됨에 따라 채무제동준칙의 실질적 구속력이 제고됐다. 총지출 상한액 준칙을 초과하는 예산안은 연방의회에서 재적의원 과반수 찬성의 의결이 필요하고(연방헌법 제59조 제3항), 연방의회에서 의결되지 못하면 연방의회에서 수정된 예산안이 아닌 기존의 연방내각 제출 예산안이 채택된다.[37]

나. 총지출 상한액 산출 및 예외적 증액

총지출 상한액은 연방헌법 제126조에 따라 세입 전망치와 경기요인(경기조정계수)을 곱하여 산출한다(연방재정법 제13조 제1항).[38] 세입 전망치에는 일시적 투자 등 예상하지 못한 세입은 포함하지 않는다(연방재정법 제13조 제2항). 경기조정계수는 경기변동 요인을 고려한 잠재 GDP를 실질 GDP로 나눈 값으로 결정한다(연방재정법 제13조 제3항). 경기조정계수는 누적된 초과 지출이 총지출의 6%를 넘지 않는 한 별도로 규정하지 않는다. 다시 말해 총지출 상한액은 잠재 GDP가 실질 GDP를 초과할 경우(침체) 실제 지출이 예상 세입보다 높아질 수 있고, 이와 반대로 잠재 GDP가 실질 GDP를 밑돌 경우(호황) 실제 지출이 예상 세입보다 낮아질 수 있다.[39] 총지출 상한액은 2번에 걸쳐 계산된다. 먼저 예산편성 시점에 한 번, 다음으로 해당 회계연도의 최종 계정을 제시한 시점에 한 번 더 계산된다.[40] 연방정부는 경기침체 시 재정적자, 경기호황 시 재정 흑자를 통해 평균적으로 적자와 흑자를 상쇄시키면서 균형재정을 달성하며 경기를 안정화시킨다.

2009년 연방재정법이 개정되어 2010년부터 대규모 감염, 재난 · 재해 등과 같은 예상치 못한 이례적 지출도 채무제동준칙을 적용받도록 확대됨에 따라 예외적이고 특별한 재정수요가 발생할 경우 연방의회가 총지출 상한액을 증액할 수 있다(연방헌법 제126조 제3항).[41] 자연재해, 사회재난, 대규모 감염증, 심각한 경기침체 등 예외적이고 통제 불가능한 사태의 전개, 회계제도의 변경이 있는 경우 연방의회는 총지출 상한액을 증액할 수 있다(연방재정법 제15조 제1항). 총지출 상한액 증액은 균형재정의 예외로써 예외적 재정수요가 총지출 상한액의 0.5% 내에서만 가능하다(연방재정법 제15조 제2항). 총지출 상한액의 증액은 상 · 하원 의회에서 재적의원 과반수의 의결이 필요하다(연방헌법 제159조 제3항). 총지출 상한액의 예외적 증액에 따른 지출은 '상환계정'으로 관리되고 향후 6년 동안 적자를 해소하도록 했다(연방재정법 제17조의 a 제1항). 또한 연방의 전체 지출이 균형재정을 초과하거나 총지출 상한액을 넘는 경우 다음 연도에 '보상계정'을 통해 초과분을 충당하도록 했다(연방헌법 제126조 제4항). 이처럼 총지출 상한액과 실제 지출 간 편차가 발생할 경우 예상하지 못한 지출은 상환계정을 통해, 지출 한도를 초과하는 지출은 보상계정을 통해서 각각 관리된다.

다. 보상계정과 상환계정

세입과 세출 간 편차 또는 잠재 GDP와 실질 GDP 간 편차로 인한 수지 차는 별도로 편성된 보상계정[42]으로 관리된다. 그 절차를 살펴보면, 먼저 예산안 승인 후 전년도 총지출 상한액은 실제로 납입된 세입을 근거로 재산정된다(연방재정법 제16조 제2항). 연방 예산으로 설정된 총지출이 실제로 재산정된 총지출 상한액보다 높거나 낮을 경우 그 차액은 예산안과 별도로 관리되는 '보상계정'으로 적립된다(연방재정법 제16조 제3항). 재정적자가 발생할 경우 보상계정에서 인출하고, 흑자가 발생할 경우 보상계정에 적립하며, 향후 지출 삭감을 통해 초과 지출액을 보정한다. 보상계정의 부족액(적자)은 총지출 상한액 감액조치를 통해 여러 해에 걸쳐 충당된다(연방재정법 제17조 제1항). 예를 들어 연방의회는 연방내각이 제안하는 예산절약방안을 긴급 연방법령으로 즉시 시행할 수 있다(연방재정법 제18조 제3항). 다만, 보상계정의 적자가 총지출의 6%(GDP의 약 0.6%)를 초과할 경우 지출 한도 하향조정 등을 통해 3개 회계연도 이내에 적자 해소 조치를 한다(연방재정법 제17조 제2항).

2009년 예상하지 못한 이례적 지출에 대비하기 위한 상환계정[43]이 신설되어 이례적 지출은 이례적 수입과 함께 상환계정에서 관리됐다(연방재정법 제17조의 a

제1항). 다만, 법률로 규정된 이례적 수입이나 이례적 수입으로 충당되는 이례적 지출은 상환계정으로 관리되지 않는다(연방재정법 제17조의 a 제2항).

상환계정에 적자가 누적될 경우 일반예산의 구조조정 등을 통해 6개 회계연도 안에 흑자가 될 수 있도록 한다(연방재정법 제17조의 b 제1항). 상환계정의 적자가 총지출 상한액의 0.5% 이상 증가하면 상환계정의 적자 해소 기간(6년)이 다시 시작된다(연방재정법 제17조의 b 제2항). 보상계정이 균형 수지가 될 때까지 상환계정 수지의 적자 해소 의무는 연기된다(연방재정법 제17조의 b 제4항). 연방의회는 상환계정의 적자를 해소하기 위해 보상계정의 균형 수지가 될 것을 전제로 총지출 상한액을 축소할 수 있다(연방재정법 제17조의 c). 이러한 연방의회의 총지출 상한액 축소는 상환계정의 대변에 기입될 뿐, 보상계정의 차변에 기입되지 않는다(연방재정법 제17조의 d). 연방내각은 상환계정의 수지균형을 달성하기 위해 예산편성 및 집행과정에서 예산 절감을 실행하고, 필요한 경우 관련 법 개정을 연방의회에 요청할 수 있다(연방재정법 제18조의 e).

연방 차원의 재정적자 문제는 연방재무부 산하 재정관리국과 자산 · 부채 관리위원회가 감독한다.[44] 연방재정보고서[45]에서 채무제동준칙과 관련한 보상계정 수지, 상환계정 수지, 순환적 재정수지, 구조적 재정수지 등의 주요 내용과 경제 상황 등을 밝힌다. 또한 채무제동준칙은 채무억제, 각종 재정수지 평가 등과 함께 예산 및 결산에서 자세히 보고된다.

라. 칸톤 및 코뮌의 재정준칙

연방의 재정준칙은 연방정부를 대상으로 하므로 칸톤에 대해서는 적용하지 않는다. 하지만, 13개 칸톤은 다양한 재정준칙을 운용하고 있는데, 프리부르, 니트발덴, 장크트갈렌, 졸로투른, 취리히 칸톤은 매우 엄격한 재정준칙을 칸톤헌법으로 규정했다. 아르가우, 베른, 그라우뷘덴, 루체른, 발레 칸톤은 다소 완화된 재정준칙을 적용하여 경기 침체기에 부채 증가가 허용된다. 아펜첼아우서로덴, 바젤슈타트, 티치노 칸톤은 약한 수준의 재정준칙을 갖고 있으며, 나머지 13개 칸톤은 재정준칙을 마련하지 않았다. 또한 칸톤 주민은 일정규모 이상의 칸톤 재정이 투입되는 사업에 대해 주민투표를 요구할 수 있는 재정주민투표를 활용할 수 있다. 한편 몇몇 코뮌은 칸톤의 채무제동준칙을 갖는 등 대부분의 코뮌이 지출규제를 위한 재정준칙을 가지고 있으나, 코뮌별 규제 정도는 상이하다.[46]

제3절 연방내각의 예산안 편성

1. 일반적인 예산안 편성과정

연방내각의 예산안 편성과정은 예산안 편성지침[47]에 따라 단계별로 진행된다. 연방내각의 예산안 편성 준비는 잠정적인 거시경제 평가, 채무제동준칙 등을 기준으로 내년도 예산의 목표, 지침과 함께 1월에 시작된다. 경제전문가 그룹이 경제성장률과 인플레이션 등을 고려하여 다음연도 및 이후 3년간 예산안의 토대가 될 재정계획을 준비한다. 연방재무부의 연방재정관리국은 거시경제 예측을 바탕으로 중기재정계획, 다음연도 예산안의 지출 한도를 설정한다. 연방내각은 경제 전망치, 예산안의 목표, 예산안 편성지침, 재정계획을 위한 지침 및 일정표를 결정한다. 연방내각이 결정한 예산안의 목표, 예산안 편성지침, 지출 한도 등이 3월 초 약 100개 기관(연방의회의 재정위원회 포함)에 통보된다. 각 기관은 3월과 4월에 예산안 편성지침과 지출 한도 등을 바탕으로 기관별 예산요구안을 연방재정관리국의 지침에 따라 5주 내에 작성한다. 각 기관은 4월 말까지 예산안 편성지침에 따라 예산 수치, 근거자료, 설명자료를 첨부한 예산요구안을 작성하여 연방재정관리국에 제출한다.[48]

5월과 6월에 각 부서와 연방재정관리국이 부서별 예산요구안을 논의하고 조정한다(1단계). 연방재정관리국은 각 부서별 예산안을 검토하고, 6월까지 세출 예산안, 세입 전망치, 사업별 우선순위를 논의 · 조정한다. 각 부서의 기관장은 우선순위와 실행 가능성을 고려하여 실질적인 조정작업을 실시한다. 6월 말까지 연방내각은 예산안 수립 진행 과정을 보고 받고, 각 부서 차원에서 해결하지 못한 문제들을 결정한다. 연방내각은 매년 6월 30일과 9월 30일에 예상 수지계산서[49]를 작성하고, 이를 재정위원회에 제출한다(의회법 제142조 제4항). 이 시점에서는 최근 경제 수치를 토대로 업데이트된 거시경제 전망을 검토하고, 세입 예측에 따라 세출예산 총액, 지출 삭감액 및 재정계획을 결정한다. 다만, 의무지출 등 제약요인이 있어 세출예산안의 80%는 조정 또는 변경이 불가능하다. 세출 예산안의 나머지 부분도 투자, 주요 경비 등으로 되어 있어 연방각료회의의 결정에 따른 조정은 몇 억 프랑 정도의 변동에 불과하다.

6월부터 8월까지 각 부서별 예산요구안이 연방각료회의 결정에 따라 다시 조정된다(2단계). 연방재정관리국은 이 단계에서 연방내각의 결정을 토대로 각 부서의 재무국과 긴밀한 조율을 거쳐 구체적인 예산안을 확정하고, 재정계획을 검토한다. 연방재정관리국은 연방의회에 제출할 세입 · 세출 예산안을 상세하게 작성한다. 여기에는 현금주의와 발생주의에 따른 보고서, 예산안 설명자료, 재정통계, 품목별 예산안과 상세한 재정계획이 포함된다. 연방내각은 경제 전망치와 재정계획을 여름 휴가 이전에 확정한다. 연방내각은 8월 말에 조정된 예산안을 보고 받고, 채무제동 준칙을 참고하여 세입 및 세출 예산안을 결정한다.

연방내각은 예산안 및 재정계획을 8월 31일까지 연방의회에 제출한다(연방재정법 제29조). 종전에는 연방내각이 연방의회에 예산안을 제출하는 시점이 9월 말~10월 초였다. 연방의회는 예산안의 조기 제출을 요청해왔고, 2007년 발생주의 회계방식[50]이 도입되면서 연방내각의 예산안 제출기한을 8월 말까지로 하여 1개월 앞당겨졌다.[51] 연방재정관리국은 연방의회에 예산안을 제출하면서 예산안의 주요 특징 및 재정계획을 요약한 보도자료를 배포한다. 예를 들어 2021년 예산안과 2022~2024년 재정계획은 2020년 8월 27일 보도자료로 배포됐고 연방내각 홈페이지에 게재됐다.[52]

2. 긴급한 경우

긴급 상황에서 연방내각은 연방의회와 사전 논의 없이 긴급재정을 투입할 수 있다. 연방재정법에 명시된 특정한 긴급 상황은 '집행을 지체 없이 실시하는 경우(연방재정법 제28조 제1항)' 또는 '지출을 지연할 수 없는 경우(연방재정법 제34조 제1항)'이다. 다만, 연방내각은 긴급 상황에 대한 총괄적 감독권을 가진 재정심의회의 사전동의를 얻고(연방 재정에 관한 법률 제28조 제1항, 제34조 제1항), 연방의회가 사후적으로 승인한다(연방재정법 제28조 제2항, 제34조 제2항 · 제3항). 5억 프랑을 초과하는 긴급채무나 재정지출이 발생하는 경우 연방내각은 각각의 지출에 대한 사후 승인을 위해 연방의회에 임시회 소집을 요구할 수 있다(연방재정법 제28조 제3항, 제34조 제4항).

제4절 연방의회의 예산안 및 결산 심의과정

1. 예산안 심의과정

연방헌법에 따르면 모든 지출은 연방의회의 의결을 받기 때문에 연방의회는 연방 예산을 수정할 수 있지만, 예산안 심의과정에서 수정되는 폭은 크지 않다. 연방의회에 예산안에 대한 수정의견이 많이 제출되지만 통과되는 수정의견은 연간 30개 정도에 그친다. 이러한 수정의견의 대부분은 농업, 철도, 해외 개발, 도로, 국방 등 매년 검토를 거치는 영역이다. 연방의회의 예산안 심의를 제약하는 요인으로 연방각료회의의 집합체적 의사결정, 연방의 역할에 대한 일반적 합의와 강력한 채무제동준칙 등이 있다. 더욱이 예산지출의 최대 80%가 의무지출에 사용되기 때문에 예산안을 큰 폭으로 수정하기 어려운 측면이 있다. 다만, 연방의회는 채무제동준칙 범위 내에서 연방예산안을 다양하고 자유롭게 수정할 수 있다.[53] 평균적으로 연방의회에 제출된 예산안과 연방의회에서 의결된 예산안 간 편차는 약 2억 5,000만 프랑(약 3,200억 원)이다.[54]

연방의회의 역할은 연방내각이 다음 연도 예산안 편성에 필요한 주요 지침 등을 재정위원회에 통보하는 3월부터 시작된다. 이 시점의 지침은 정보 공유 차원에서 제출되는 것으로 연방의회의 특별한 조치가 필요하지 않지만, 재정위원회는 예산안 편성지침을 변경하기 위한 조치를 할 수 있다.

예산안에 대한 연방의회의 심의는 연방내각이 예산안 및 재정계획을 연방의회에 제출한 8월 말 이후부터 시작된다. 8월 말(겨울 정기회 3개월 전)에 연방의회에 제출되는 예산안 자료는 5권인데, 연방 재정의 변화, 연방의 세입 및 지출 추이, 재정계획, 중장기 거시경제 변수, 재정에 반영된 경제 조치, 총부채 등이 담겨있다. 제1권은 60페이지 분량으로 예산안 목표를 제시하고 경제전망을 요약하며, 세입, 세출, 자본 투자, 부채, 특별기금과 관련된 내용을 제공한다. 또한 주요 회계 지표, 현금 및 발생주의 양식으로 기재된 예산 총액, 채무제동준칙 등 예산의 주요 내용이 그래프와 도표로 제시된 예산안 요약본이라 할 수 있다.

제2A권 및 제2B권은 각 부처별 예산안을 제시하는데, 제2B권에 보다 자세한 정보가 담겨있다. 신규 세입 및 사업은 예산안 문서에 포함되고, 기존의 세입 변경안은 예산안에 포함되지 않지만, 연방재무부는 조세정책의 목적 및 세율 변경 등을 요약하여 제시한다. 제3권은 제1권에 대한 추가적인 정보를 제공하고, 거시경제 예측과 지출, 조세에 관한 다년간의 정보를 제공한다. 제4권은 특별기금(철도 기반시설 기금, 도로교통기금, 기술대학, 주류 독점위원회) 정보를 제공한다. 제5권은 각 부서에 대한 향후 3년간의 중기 수익 및 지출 평가 등을 자세하게 제공한다. 연방의회의 심의를 거쳐 최종적으로 예산안을 의결 · 확정하면 제6권이 발행된다. 제6권에는 최종적으로 의결된 예산이 제시된다.[55]

연방의회의 예산안 심의과정에서 상원과 하원의 재정위원회가 실질적인 역할을 한다. 연방의회(재정위원회)는 연방내각이 제출한 예산안, 예산안 제안설명서, 재정계획, 재정계획 보고서, 재정전망치 등을 토대로 12월 중순까지 예산안을 심의한다.[56] 예산안에 첨부된 재정전망치는 연방의회의 의결사항은 아니고, 연방의회가 예산안을 심의하는 데 참고자료가 된다. 연방내각은 예상 수지계산서를 9월 30일까지 작성하여, 이를 재정위원회에 제출한다(의회법 제142조 제4항).

예산안에 대해 상원과 하원의 의견이 일치하지 않으면 양원조정협의회가 구성되고, 양원조정협의회에서 합의가 이루어지지 않으면 제3 독회에서 가장 낮은 지출을 규정한 예산안을 최종 의결한 것으로 본다(의회법 제94조). 연방의회는 12월 중순 겨울 정기회에서 재정위원회의 심사를 마쳤거나 양원조정협의회 조정을 마친 예산안을 의결하고, 단순 연방결의 형식으로 공표한다. 예산안에 관해 의견 차이가 큰 경우에는 원칙적으로 연방의회가 예산안을 연방내각에 재송부하여 수정예산안의 제출을 요구할 수 있다. 그러나 예산안 수정을 위해 연방내각에 예산안을 재송부한 사례는 없었다. 연방의회가 의결한 예산안은 선택적 국민투표의 대상이 되지 않고, 연방내각에 회부된다.

2. 결산 심의과정

연방의회는 이미 집행된 연방정부의 결산 및 재무제표를 승인한다. 지난 1년간의 재정지출 결과가 포함된 연방내각의 결산보고서는 회계연도 종료 후 4개월 이내(4월 말까지) 연방의회에 제출된다. 연방의회에는 재무제표 및 별도의 감사보고서를 포함한 자료가 제출되지만, 칸톤과 코뮌의 재무제표는 포함되지 않는다. 연방의 결산 및 재무제표에는 연방감사원의 적합 또는 부적합 의견이 첨부되지 않는다. 이는 재무제표가 4월에 발표되지만, 감사보고서는 5월에 마치기 때문이다.

재무제표는 4권으로 발행되는데, 재무제표에 대한 외부감사 보고서는 제1권, 제2A권, 제4권에 포함되고, 제2B권, 제3권에는 포함되지 않는다. 1년 예산에 대한 집행실적 및 지출정보가 포함된 연방정부의 결산보고서는 연방의회에 제출되어 6월과 9월에 공개된다. 이러한 보고서에는 추가경정예산 및 결산검토 결과가 포함된다. 세 번째 결산보고서는 11월에 작성되어 연방재무부 장관에게 제출되지만 공개되지 않는다.[57]

연방의회 내 상임위원회는 매년 1회, 재정과 관련된 사항을 재정위원회 결산 회의에 보고한다. 재정위원회와 재정심의회가 결산을 전반적으로 심사하고, 감독한다. 재무제표에 문제가 있는 경우 해당 재무제표는 연방의회가 승인하지 않는다. 예를 들면 연방의회는 1990년대 연방연금기금[58]의 재무제표 승인을 거부했고, 연방연금기금의 부채가 1997년 회계상으로 최종 확정될 때까지 연방연금기금의 최종 결산을 승인하지 않았다.[59]

3. 예산안 심의기관

가. 재정위원회, 재정심의회

연방의회에서 예산안을 심사하는 기관으로 재정위원회, 재정위원회 소위원회, 재정심의회가 있고, 연방의 재정감독기관인 연방감사원이 참여한다. 연방내각이 3월에 제출한 예산안의 목표, 지침, 지출 한도 등은 연방의회 재정위원회의 봄 정기회(3~4월)에서 논의된다.

[표 29] 연방의회의 예산안 심의기관

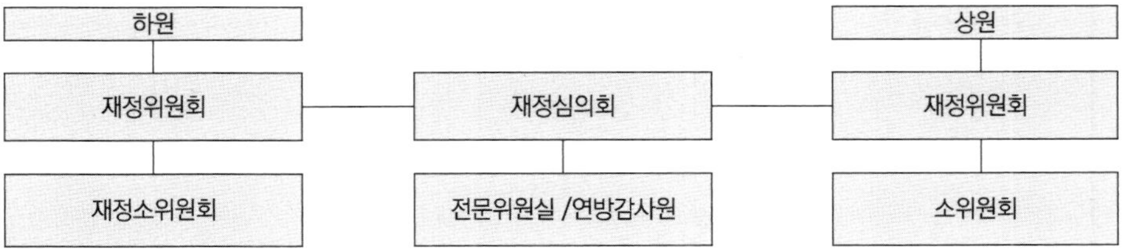

하원		상원
재정위원회	재정심의회	재정위원회
재정소위원회	전문위원실 /연방감사원	소위원회

자료: Krisztina Tóth(2005: 15).

재정위원회는 연방의회에서 예산안 검토를 위임받은 유일한 기구로서 회계연도 시작 전에 예산안을 심의하고, 회계연도 종료 이후 결산을 검토한다. 재정위원회는 예산안 전반을 논의하는 전체회의를 개최하고, 기관별 소위원회에서 상세하게 예산안을 심사한다. 연방각료는 재정위원회 전체회의에 참석하여 연방의원의 질문에 답변한다. 재정위원회는 균형재정이라는 목표를 달성하고자 한다. 예를 들면 2005년 2월 재정위원회가 제출한 지출삭감안은 2006년까지 재정적자 7억 9,900만 프랑(약 1조 원)을 해소하기 위한 것이었다.

재정위원회는 소위원회를 두어 예산안의 세부사항을 심의한다. 각 부처의 부서장 등이 소위원회에서 예산안을 설명하고 답변한다. 소위원회의 검토는 각 부처마다 하루 정도가 소요되는데, 검토일정은 예산안 심의과정에 참여하는 모든 기관에 시간적 여유를 두고 통지된다. 소위원회는 예산안 심의과정에서 종국적인 의결을 하기보다는 예산안에 대한 의견을 제출할 수 있다. 한편, 재정위원회는 소위원회에 업무 지침을 제시할 수 있다. 예컨대 재정위원회가 세출 감액을 결정할 경우 소위원회는 세출 감액에 필요한 권장 사항과 세출 감액 보고서를 제출한다. 소위원회 심의과정에서 논의된 예산안에 대한 다수 의견과 소수 의견은 기록된다.

한편 재정심의회는 예산의 집행과 결산 등 전반적인 재정상태를 관리 · 감독한다. 재정위원회가 예산 관련 작업을 재정심의회에 위임하거나 재정심의회가 재정위원회에 검토를 요청할 수 있다. 재정심의회는 연방의회를 대신해 긴급 상황이나 비상사태에서 규모에 제한 없이 특별예산의 전용을 승인할 수 있다. 재정심의회는 연방감사원에 특정 사안의 조사나 감사를 지시할 수 있고(연방감사원법 제14조 제1항), 연방감사원의 예산안 및 결산을 심사한다(의회법 제142조 제3항). 재정위원회와 재정심의회는 전문위원실(사무국)을 공유한다(연방감사원법 제18조 제1항). 연방의회에 소속된 전문위원실은 수석전문위원과 조사관 등으로 구성되는데, 현재 5명의 전문 분석가와 3~4명의 직원이 있다.[60] 수석전문위원은 재정위원회와 재정심의회 위원장의 지휘를 받고, 연방감사원과 동일한 자료요구권을 가진다.

나. 연방감사원

연방감사원은 자율적이고 독립적으로 연방 행정기관, 연방의회, 연방법원, 연방이 50% 이상을 소유하는 공기업에 대한 재정을 감독한다(연방감사원법 제1조 제1항). 또한 연방법령이나 칸톤의 동의를 얻어 칸톤의 연방 자금 집행내역을 감사할 수 있다(연방감사원법 제8조 제1항).

연방의회(재정심의회)와 연방감사원 간 업무 관계는 연방감사원법에 규정한다(의회법 제51조 제3항, 연방감사원법 제14조, 제15조 및 제18조). 연방감사원은 연방의회(재정심의회)에 감사와 관련된 각 기관의 감사보고서, 요약 보고서, 의견을 포함한 그 밖의 모든 감사 관련 문서를 제출한다(연방감사원법 제14조 제1항). 또한 연방감사원은 재정위원회에 감사 활동의 성격, 주요 결론, 종료되지 않은 감사와 지연 이유 등이 기재된 연차보고서를 제출한다(연방감사원법 제14조 제2항). 재정위원회는 연방감사원의 보고서를 확인하고, 연방감사원이 제기한 문제가 해결됐는지 점검한다. 연방의원은 재정심의회를 거쳐 연방감사원에 특정 조사나 감사를 요구할 수 있는데, 재정심의회가 연방의원의 감사요구안을 접수 · 집행하기 때문이다.

연방감사원장은 연방의회의 승인을 받아 연방내각이 임명하고, 그 임기는 6년이다(연방감사원법 제2조 제2항). 연방의회는 연방감사원의 직원 수 및 보수를 결정한다(연방감사원법 제2조 제4항).[61] 연방감사원은 예산안 및 결산심의에 참석할 수 있다. 연방감사원에 근무하는 전업 직원은 2015년 현재 남성 77명, 여성 36명을 합해 113명이다. 연방감사원에서 금융 감독, IT 감사, 건설 및 조달 감사, 경제적 효율성 평가, 비용 효율성 평가 등을 전담하는 전문인력은 80명이고, 일부 직원이 전문자격증을 보유하고 있다.[62]

제 7 장

연방의회의 인사, 외교 및 감독 권한

제1절 연방의회 인사 권한 개요

연방의회는 연방헌법에 따라 연방내각을 구성하는 연방각료 7명, 연방내각사무처장, 연방법관 200여 명, 전시사태에서 군대의 총사령관을 선출한다(연방헌법 제168조 제1항). 또한 연방법률이 정하는 바에 따라 그 밖의 주요 인사를 연방의회에서 임명하거나 임명을 승인할 수 있다(연방헌법 제168조 제2항). 그러나 연방의회는 연방내각을 불신임하거나 연방각료를 해임할 권한은 없다. 연방의회가 연방내각과 연방법원의 구성원을 임명한다는 점에서 연방의회의 높은 헌법적 위상과 지위를 보여준다.[1]

연방각료 등에 관한 선출 및 임명승인안 투표는 익명의 투표용지를 사용하는 비밀투표로 진행된다(의회법 제130조 제1항, 제140조 제3항). 상원의원과 하원의원이 모인 양원합동회의에서 유효투표의 과반수를 얻은 후보자가 당선되고, 과반수를 얻을 때까지 투표가 계속 실시된다(의회법 제130조 제2항). 이때 가장 적은 투표수를 얻은 후보자부터 탈락된다(의회법 제130조 제4항). 선출 예정 인원을 초과하는 후보자가 있는 경우 후보자명부의 제일 끝 순번부터 후보자 이름이 삭제된다(의회법 제131조 제4항).[2]

투표용지는 투표 이후 폐기된다. 피선거권이 없는 사람, 이미 선출된 사람, 투표에서 탈락한 후보자에게 투표한 표 또는 식별이 불가능한 표는 무효표로 본다(의회법 제131조 제2항). 부적절한 내용 또는 비밀투표 원칙에 위배되는 표시가 포함된 투표용지도 무효로 간주된다(의회법 제131조 제1항). 무효표[3]는 과반수 득표수를 산정할 때 유효득표수로 포함되지 않는다. 같은 투표용지에 동일한 후보자를 두 번 이상 중복해서 표기한 경우, 두 번 이상 기재한 이름은 득표 계산에서 제외된다(의회법 제131조 제3항). 예를 들어 1장의 투표용지에 동일 후보자를 3번 기입하더라도 1표를 얻은 것에 불과하다. 제공된 투표용지 수보다 더 많은 투표수가 집계되는 등 투표용지 숫자와 투표수가 일치하지 않은 경우 투표 전체를 무효로 한다. 이 경우 새로운 투표 일정이 마련된다(의회법 제131조 제5항).

[표 30] 연방의회의 인사 권한 대상

구분	직위	숫자	임기	의회 역할	추천 또는 검증
입법부	상·하원 의장	각 1명	1년	선출	교섭단체
	상·하원 부의장	각 2명	1년	선출	교섭단체
	상·하원 계표의원, 예비 계표의원	4명(하원) 1명(상원) 1명(상원, 예비)	4년(하원) 1년(상원)	선출	교섭단체
	의회사무총장	1명	4년	인준(승인)	양원합동회의 집행부
행정부	연방내각 각료	7명	4년	선출	교섭단체
	연방대통령	1명	1년	선출	교섭단체
	연방부통령	1명	1년	선출	교섭단체
	연방내각사무처장	1명	4년	선출	교섭단체
사법부	연방대법원 연방법관	38명(전임법관) 19명(겸임법관)	6년	선출	사법위원회
	연방대법원 법원장, 부원장	각 1명	2년(연임 1회)	선출	사법위원회
	연방형사법원 연방법관	21명	6년	선출	사법위원회
	연방형사법원 법원장, 부원장	각 1명	2년(연임 1회)	선출	사법위원회
	연방행정법원 연방법관	76명	6년	선출	사법위원회
	연방행정법원 법원장, 부원장	각 1명	2년(연임 1회)	선출	사법위원회
	연방특허법원 연방법관	2명(전임법관) 41명(겸임법관)	6년	선출	사법위원회
	연방특허법원 법원장	1명	6년(연임 가능)	선출	사법위원회
	연방군사대법원 연방법관[4]	4명	4년	선출	사법위원회
	연방군사대법원 법원장	1명	4년 (연임 가능)	선출	사법위원회
기타	검찰 감독위원회 위원	7명	4년	선출	사법위원회
	연방 검찰총장, 검찰차장	총장 1명, 차장 2명	4년	선출	사법위원회
	장군(총사령관)	1명	임기 없음	선출	임기 없음
	연방정보보호국장	1명	4년	인준	사법위원회(관행)
	연방감사원장	1명	6년	인준	사법위원회(관행)

자료: Philippe Schwab(2016.3. : 8)을 참고하여 필자 재작성.

제2절 연방각료 선출

1. 선출 시 고려요인: 지역, 언어, 마법의 공식 등

연방의회는 연방내각을 구성하는 7명의 연방각료를 선출하고, 연방내각에 대한 총괄적 감독권을 행사한다. 연방각료 임기는 연방의원과 동일한 4년이다(연방헌법

제175조 제3항). 연방각료의 임기가 종료될 때마다 연방내각이 새로 구성되는 점을 고려하면 연방내각은 마치 임기가 보장된 대통령제에 근접해 있다.[5] 임기를 마친 연방각료는 특별한 사유가 없는 한 임기종료 후에도 연방의회의 재선출 절차를 거쳐 계속해서 재직한다. 연방각료의 평균 재임 기간은 약 10년이다.

한편, 연방각료는 출신 정당의 통제를 완전히 받지 않지만, 연방각료의 출신 배경, 이념성향 등에 따라 연방내각의 정책 결정 과정에 다양한 연방 정책이 정파 간 협의되고 조율된다.[6] 또한 정당 간 협의, 타협 및 협상을 거치는 과정에서 극단적인 각료보다는 중도적이고 합의 가능한 후보자가 연방의회의 지명을 받을 가능성이 높다. 따라서 연방각료 선출 시 현직 각료가 아닌 다른 각료 후보자를 선출하는 것은 2003년과 2007년을 포함하여 단지 4번일 정도로 이례적이다.[7] 특히 2003년 12월 제47대 의회, 2007년 12월 제48대 의회가 각각 시작하는 양원합동회의에서 당시 연방각료(Ruth Metzler, Christoph Blocher)를 재선출하지 않는 등 연방의회의 권한을 강하게 행사했다.[8]

연방의회는 연방각료를 선출할 때 지역 및 언어가 다양하게 대표되도록 고려한다(연방헌법 제175조 제4항). 연방내각 구성에서 정당 간, 언어 간, 지역 간 조화를 꾀하는 것은 전통적으로 중요한 관심사였다. 종전에는 연방내각에 특정 칸톤 출신 각료가 2명 이상 있어서는 안 된다는 규정이 있었으나 1999년에 폐지됐고, 연방헌법에서 지리적, 언어적 요인이 다양하게 대표된다고 규정할 뿐이다. 가장 큰 3개의 칸톤(취리히, 베른, 보 칸톤)은 내각에 각료를 배출해야 한다는 것이 오랜 불문율이었으나, 최근에는 보 칸톤보다 제네바 칸톤이 더 우선시된다.

한편, 언어적 요인도 주요한 고려요인이다. 예를 들면 2009년 당시 연방내각은 독일어권 5명, 프랑스어권 2명으로 구성됐다. 몇 년 동안 연방내각에 이탈리아어권을 대표한 각료가 없었기 때문에 당시에 이탈리아어권인 티치노 칸톤 출신 후보자가 각료로 선출될 확률이 매우 높았다. 또한 2009년 9월 프랑스어권인 발레 칸톤 출신의 내무부 장관(Pascal Couchepin)이 사임하고, 후임자로 프랑스어권인 뇌샤텔 칸톤 출신의 디디에 부르칼테르(Didier Burkhater)가 선출되어 언어권 배분 비율은 변화가 없었다.

1959년부터 현재까지 연방의원 선거 결과에 따라 4개 정당 출신이 2:2:2:1의 비율로 연방내각을 구성하였는데, 이처럼 지난 60년 동안 안정적으로 유지된 정당별 연방내각 구성비율을 '마법의 공식(Magic Formula)'이라 한다. 1959년부터 2003년까지 7명의 연방각료는 자유민주당 출신 2명, 사회민주당 출신 2명, 기독민주당 출신 2명, 스위스국민당 출신 1명으로, 즉 정당별로 2:2:2:1의 비율로 연방각료를 배출한 것이다. 1848년 연방정부 출범 당시 연방내각은 1847년 내전에서 승리한 자유주의파(급진당) 출신 인사만으로 구성된 단독 내각이었으나, 1891년부터 연방내각에 다른 정당 출신을 서서히 받아들이면서 1959년부터 4당 체제로 변경된 것이다.[9]

2003년 선거에서 스위스국민당이 가장 많은 지지를 받아 4대 정당 중 최대 정당으로 성장했다. 이에 스위스국민당이 연방내각 구성에 있어 기존의 1석에서 2석을 요구했고, 결국 2003년 기독민주당에 배정되던 연방각료 의석을 1개로 축소하고, 이를 스위스국민당에 배정했다. 그 결과 2003년 이후 자유민주당 2명, 사회민주당 2명, 스위스국민당 2명, 기독민주당 1명으로 변경됐다. 2008년에는 스위스국민당을 탈당한 보수민주당(BDP)이 스위스국민당 몫의 각료 1명을 얻게 되어 5개 정당이 2:2:1:1:1로 각료직을 나누어 연방정부를 구성했다(자유민주당 2명, 사회민주당 2명, 스위스국민당 1명, 기독민주당 1명, 보수민주당 1명). 2015년 총선에서 스위스국민당이 제1당의 자리를 굳혔고 보수민주당의 세가 약해짐에 따라 2015년 이후 연방각료 7명은 자유민주당 2명, 사회민주당 2명, 스위스국민당 2명, 기독민주당 1명으로 구성되어 현재에 이르고 있다. 이처럼 연방의회의 연방각료 선출 권한은 언어별, 지역별, 성별, 마법의 공식 등 다각적인 제약사항을 고려함에 따라 연방각료에 대한 선택의 폭이 그리 넓지 않다.

이러한 연방의회는 연방각료에 대한 불신임 투표, 탄핵소추권, 해임 권한이 없고, 연방내각을 해산할 수 없다. 연방의회에서 임명된 7명의 연방각료는 선출된 이후에 더 이상 연방의회에 의존하지 않는 고도의 자치권을 가진다.

2. 선출 절차

연방의회는 연방각료를 매 4년마다 선출한다(의회법 제132조 제1항). 일반적으로 하원 총선거 이후 처음으로 소집되는 겨울 정기회의 둘째 주 수요일,[10] 아침 11시에 상원과 하원의원 전부가 모인 양원합동회의에서 연방각료를 선출한다. 예를 들면 2019년에는 하원선거가 실시(2019. 10. 20)된 후 7주가 지난 12월 12일(수요일)에 연방각료를 선출했다. 새로운 연방의회가 시작되어 4년 임기의 연방내각을 구성하는 선거에 비교적 긴 시간과 절차가 소요되는데, 연방각료 7명을 한꺼번에 선출하지 않고, 연방각료 1명씩 순차적으로 선출한다. 연방각료 7명의 선출순서는 연방각료의 재직기간 순서에 따른다. 현직 연방각료에 대한 선출 이후에 공석이 된 연방각료에 대한 선출이 이루어진다(의회법 제132조 제2항).

유효표의 과반수를 얻은 후보자가 나오지 않으면 과반수 득표를 얻을 때까지 투표가 진행되고, 가장 적은 투표수를 얻은 후보자부터 탈락되며, 탈락되지 않은 나머지 후보자에 대한 투표가 실시된다(의회법 제130조 제4항). 2차 투표[11]부터 10표 미만을 얻은 후보자는 탈락하고, 10표 이상을 얻은 후보자를 대상으로 투표를 진행한다(의회법 제132조 제4항 제a호). 양원합동회의 의장은 최소 10표 이상을 얻은 후보자의 득표결과만 발표하고, 10표 미만을 얻은 후보자는 득표 수치를 발표하지 않는다.[12]

연방각료 후보로 나서기 위해서는 2차 투표 이전에 해야 한다. 연방각료 후보에 대한 3차 투표부터 연방각료 후보자의 추가적인 입후보를 허용하지 않고(의회법 제132조 제3항), 3차 투표부터 후보자의 득표수가 같을 경우를 제외하고는 최소 득표자가 탈락되기 때문이다(의회법 제132조 제4항 제b호). 이러한 방식은 후보자 1명이 절대다수 득표를 할 때까지 반복되고, 절대다수 득표를 얻은 후보자의 당선이 선언된다.[13]

3. 연방각료 보궐선거

연방각료는 본인의 건강, 가족 등 일신상의 이유로 스스로 사임할 수 있다. 연방각료가 임기 중에 사임하거나, 사망 등 예측하지 못한 사유로 연방각료의 결원이 발생하거나, 연방각료의 직무수행이 어렵다고 확인된 경우 그 후임자를 선출한다. 연방각료 후임자를 선출하기 위한 선거는 일반적으로 연방의회의 다음 정기회에서 실시된다(의회법 제133조 제1항). 연방의회에서 선출된 후보자는 늦어도 선거 후 2개월 이내에 직무에 착수한다(의회법 제133조 제2항). 여러 자리가 공석인 경우 전임자의 근속연수 순서대로 공석을 충원한다(의회법 제133조 제3항). 연방각료의 중도 사퇴 시 정당, 언어, 지역적 요인 등을 종합적으로 고려하여 후임자를 선출하지만, 특정 정당의 연방각료가 사퇴하는 경우 해당 정당에서 각료 후보자를 추천한다.

먼저 소속 정당은 후보자추천위원회를 구성하여 후보자를 접수하고, 후보자 선출에 관한 몇 가지 기준과 원칙을 수립한다. 예를 들면 전임자의 언어권별, 지역별 기준을 제시하고, 정당 내에서의 정치적 역량 등을 살펴본다. 또한 후보자의 정치적 또는 개인적 평판도를 조사하고, 소속 정당과 함께 일할 수 있는지도 고려한다. 경우에 따라서는 여성이라는 기준도 제시된다. 해당 정당은 접수된 후보자 중에서 각료 후보자를 1명 내지 3명을 선별하여 후보자명부를 다른 정당에 제출한다. 연방의회 내 다른 정당은 후보자의 적합성 여부를 연방의회의 선거일 전까지 검토한다.

예를 들면 2009년 11월부터 연방내무부, 연방외교부 장관직을 맡은 자유민주당 출신의 디디에 부르칼테르(Didier Burkhalter)가 2017년 6월 사임 의사를 밝혔다. 연방의회 집행부는 후임자 선거를 후속하는 정기회인 2017년 가을 정기회의 두 번째 주 수요일인 9월 20일 실시하기로 결정했다. 자유민주당 지도부는 2017년 8월 11일까지 후보자 지원서를 접수하기로 했고, 2017년 9월 1일에 자유민주당 추천 연방각료 후보자를 다른 정당에 통지했다.[14] 따라서 선거일 전인 9월 19일까지 다른 정당은 해당 후보자의 적격성 여부를 검토할 수 있다

또 다른 연방각료 선출사례를 살펴보면, 2008년 11월 12일 국방 · 안보 · 체육부 장관인 사무엘 슈미트는 건강 악화 등을 이유로 2009년 1일 1일 자로 연방 각

료직을 사임한다고 발표했다. 2008년 11월 27일 같은 당(스위스국민당) 소속의 위엘 마우러(Ueli Maurer)가 만장일치로 연방각료 후임자로 지명됐다. 2008년 겨울 정기회(12월 10일)에서 마우러가 3차 투표를 거쳐 연방각료로 선출됐다. 당시 연방의회의 1차 투표에서는 유효투표 243표 중에서 스위스농민협회장인 한스요르그 월터(Hansörg Walter) 109표, 마우러 67표, 블로허 전 법무부 장관 54표, 녹색당 후보(Luc Recordon)는 기타 표(10표 미만)를 얻었다. 2차 투표에서 월터는 121표, 마우러는 119표를 얻어서 월터는 과반수(122표)에 1표가 부족해 연방각료가 되지 못했고, 3차 투표가 진행됐다. 마우러가 3차 투표에서 참석자(243표)의 과반수인 122표를 얻어 가까스로 연방각료로 선출되어 2009년 1월부터 연방 각료직을 수행했다.[15]

제3절 연방대통령 및 부통령 선출

1. 연방대통령 및 부통령 지위

연방의회는 연방각료 중에서 각각 1년 임기의 연방대통령과 부통령을 선출한다(연방헌법 제176조 제2항). 연방대통령은 연방각료로서 개별 부처의 장관직을 맡고, 연방각료회의를 주재하는 각료회의 의장이다(연방헌법 제176조 제1항)

연방대통령과 부통령은 임기 1년을 마친 후 연임하지 못한다. 또한 대통령은 다음 해에 부통령으로 선출되지 못한다(연방헌법 제176조 제3항). 대체로 직전 연도의 부통령이 다음 연도의 대통령이 된다는 점을 고려하면 연방대통령은 선출된 후 2년 이내에 재차 대통령으로 선출되지 못한다. 관례상으로 독일어권 각료가 대통령으로 선출되면 다음 연도에는 프랑스어권 각료, 그다음 연도에는 이탈리아어권 각료가 대통령으로 선출된다. 연방대통령은 의전서열 1위의 명목상 국가원수로서 외빈을 접견하는 것 외에는 별도의 사무실이나 관저 없이 연방각료 사무실(장관실)에서 근무한다.[16]

2. 선출 절차

연방의회는 연방대통령과 부통령을 한 번에 선출하지 않고, 각각 번갈아 가면서 차례로 선출한다(의회법 제134조). 연방대통령과 부통령 선출을 위한 투표절차는 다음과 같이 진행된다. 연방의회 의장은 교섭단체의 후보자 추천을 발표하고, 필요한 경우 대통령 및 부통령 후보자를 호명한다. 선거관리위원(계표의원)이 투표용지를 배부하고, 의회 경위가 투표가 완료된 투표용지를 수집한다. 선거관리위원은 개표를 실시하고, 개표 결과를 의장이 발표한다. 대통령 및 부통령 선출 후에 의장은 투표종료를 선언한다. 선출 절차가 진행되는 동안 다른 안건심사는 진행되지 않고, 후보자와 관련된 연방각료는 양원합동회의에 참석할 수 없다.

종전에는 아침 8시에 연방대통령과 부통령에 대한 투표가 실시됐고, 그 이후 일반 안건에 대한 토론을 진행했다. 2013년 12월 4일, 하원의원 안드레아 카로니(Andrea Caroni)는 의장단회의에 연방대통령과 부통령을 보다 성대하게 선출하자는 제안서를 제출했다. 양원 집행부는 2014년 겨울 정기회부터 새로운 선출방법을 적용하기로 했다(2014년 8월 29일 양원 집행부 결정).[17] 대통령과 부통령 선출 이후에 취임식, 기념촬영, 연설 등이 진행되는 점을 고려하여 겨울 정기회의 둘째 주 수요일 11시(또는 12시)에 연방대통령, 부통령 선출 등을 위한 양원합동회의가 열린다.

연방대통령과 부통령에 대한 선출결과가 발표된 이후에 선출된 연방대통령과 부통령은 양원합동회의가 열리는 하원 의사당에 초대되고, 의회 경위가 이들을 수행한다. 다시 한번 연방대통령과 부통령이 얻은 투표결과를 발표한 후에 신임 연방대통령과 부통령에 대한 축하 인사와 꽃다발 증정식이 이루어진다. 꽃다발 증정식을 마친 후에 선출된 연방대통령과 부통령은 하원의장 및 상원의장과 함께 하원 의사당에서 공식 기념촬영을 한다. 이후 하원의장은 새로 선출된 연방대통령에게 간단한 당선 소감을 밝히도록 발언 기회를 준다. 새로 선출된 연방대통령의 취임연설이 끝난 후에 폐회를 선언한다. 의사당에서 연방대통령 취임 축하주인 아페리티프(apéritif)가 제공되는데 이러한 행사는 새로운 연방 대통령을 배출한 칸톤과 협력하여 진행한다.

제4절 연방법관 선출

1. 의의

연방의회는 연방대법원 외에 2000년 3월 사법개혁에 관한 국민투표 통과로 설치된 연방형사법원, 연방행정법원과 연방특허법원의 연방법관을 선출한다(연방헌법 제168조 제1항, 연방형사기관조직법 제42조 제1항, 연방행정법원법 제5조, 연방특허법원법 제9조). 연방법관은 연방의회에서 선출되기 때문에 연방의회는 연방법원 구성에 있어서 주도적인 역할을 한다. 선거권[18]을 가진 모든 국민은 연방법관으로 선출될 수 있지만(연방헌법 제143조), 법조인 중심으로 연방법관이 선출된다.[19]

연방법관은 정당(교섭단체)의 연방법관 후보자 추천, 연방의회 사법위원회의 검증 및 제안, 연방의회 투표절차에 따라 선출된다. 연방의회가 연방법관을 선출할 때는 정당별 의석분포가 고려되기에 먼저 각 정당이 제안할 수 있는 연방법관 수가 의석수에 비례하여 정해진다. 따라서 정당 연고가 없는 법관후보자는 연방법관에 선출되기 어렵고, 연방의회는 연방법관을 정치적으로 선출하는 셈이다. 다음으로 연방의회의 사법위원회는 공석이 된 연방법관 후보자의 적합성을 평가하며, 연방의회에 선발제안서를 제출한다(의회법 제40조의 a 제1항 제a호, 제3항).

사법위원회의 검증결과를 토대로 연방의회는 연방법관을 선출한다. 정당이 연방의회에 연방법관 후보자를 추천하고, 연방의회는 이를 토대로 연방법관을 선출함으로써 사실상 정당이 제안한 후보자가 선출된다. 한편 정당을 대표하여 선출된 연방법관으로부터 위탁세[20]를 받는다. 위탁세는 정당별로 상이한데, 정당의 법관선출 지원에 따른 당비라고 할 수 있다.[21] 또한 연방의회는 각급 연방법원의 법원장 및 부원장을 2년 임기로 선출한다.

연방법관 선출이 연방의회에 의존적이고 정치적임에도 불구하고 연방법원의 독립성을 강화하기 위해 2000년 사법개혁에서 연방대법원의 독립성(연방헌법 제191조의 c)과 독자적 행정권(연방헌법 제188조 제3항)을 연방헌법에 명시했다.[22] 연방헌법에 규정된 독립적이고 공정한 재판절차(연방헌법 제191조의 c)는 연방법원의 독립을 핵심요소로 한다. 연방법원의 독립은 연방법관의 인적독립과 연방법원의 제도적 독립이라는 이중적 보장으로 이루어진다.[23] 연방법원의 독립은 연방법원이 법에만 의존하여 재판을 해야 함을 뜻한다(연방대법원법 제2조 제1항). 따라서 연방법원의 독립성은 법원 아닌 다른 기관이 연방법원의 재판에 영향을 미치거나 수정하지 못하도록 함으로써 보장된다.

2. 선출 절차

연방의회는 연방법관의 임기(6년, 정년 68세)가 종료되기 전에 연방법관을 선출한다.[24] 연방법관의 정년을 68세로 규정한 것은 연방의회에서 관례상으로 68세 이상의 연방법관을 재선출하지 않았기 때문이다.[25] 또한 임기가 만료되는 연방법관의 재선출을 위한 선거가 연방의회에서 실시된다. 연방법관은 관례상으로 재선출되기 때문에 특별한 문제가 없는 한 정년까지 근무한다. 따라서 연방법관은 정년제로 운영되어 법관의 독립성이 보장된다.[26]

연방의회는 연방법원의 종류별로 연방법관을 투표로 선출한다(의회법 제135조 제1항). 연방법관의 선출 절차는 다음과 같다. 투표용지는 법관후보자의 이름이 적힌 투표명부로 구성되고, 근속연수 순서대로 투표용지에 표시된다(의회법 제136조 제1항). 연방의원은 특정 법관후보자 이름을 명부에서 삭제할 수 있지만, 명부에 추가로 기재된 법관후보자의 득표는 고려되지 않는다. 즉 연방의원이 특정 법관후보자를 2번 이상 기재하더라도 1번의 투표로 인정된다. 삭제된 법관후보자에 대한 투표용지는 유효한 것으로 간주되고, 절대 과반수 계산에 반영된다(의회법 제136조 제2항). 연방각료에 대한 선출투표와 달리 1차 투표만 진행된다. 따라서 절대다수를 얻지 못한 법관후보자는 탈락되고, 추후 보궐선거에 입후보할 자격이 주어진다

(의회법 제136조 제4항). 그리고 연방법원장 및 부원장에 대한 선거는 각각 분리하여 실시된다(의회법 제138조).

연방법관의 사퇴, 사망으로 공석이 발생하거나 연방법관이 재선출되지 못한 경우 보궐선거가 실시된다(의회법 제135조 제2항, 제137조 제1항). 보궐선거에서도 투표결과에 따라 2차례 이상의 투표가 실시된다. 1차 및 2차 투표에서 연방의원은 연방법관 후보자를 선출하기 위한 투표를 실시한다. 2차 투표부터 10표 미만의 득표자는 자동으로 탈락한다. 또한 3차 투표부터 새로운 입후보가 승인되지 않고(의회법 제137조 제3항), 연방법관 공석보다 연방법관 후보자 수가 많은 경우 최소 득표자가 탈락한다. 다만, 여러 명의 연방법관 후보자의 득표수가 같을 경우 최소 득표자가 탈락하지 않는다(의회법 제137조 제4항). 한편 ① 연방의회의 투표 전날까지 선출예정 연방법관 수 이상으로 연방법관 후보자가 등록되지 않은 경우 ② 임기가 만료되는 모든 연방법관 후보자가 재선출된 경우 알파벳 순서로 후보자 이름이 기재된 연방법관 후보자명부가 보궐선거의 투표용지를 대신한다(의회법 제137조 제2항).

제5절 총사령관, 검찰총장 등의 선출

1. 총사령관 선출

연방의회는 전쟁이 발발하면 전쟁통수권자로서 총사령관을 선출한다(연방헌법 제168조 제1항). 대규모 병력을 동원할 필요가 있을 때만 총사령관을 선출하기 때문에 총사령관은 상설직위가 아니다. 1848년 이래 연방의회는 5차례에 걸쳐 총사령관을 선출했고, 마지막으로 총사령관을 선출한 것은 1939년이었다.[27] 1870~1871년 인접한 프랑스와 독일(프로이센)이 보불전쟁을 벌일 때의 한스 헤르조크(Hans Herzog) 장군, 1914년~1917년 제1차 세계대전 때의 울리히 빌레(Ulrich Wille) 장군, 1939~1945년 제2차 세계대전 때의 앙리 기상(Henry Guisan)

장군이 연방의회에서 각각 선출됐다.

2. 검찰총장, 검찰차장 선출

연방의회는 연방각료 외에도 연방헌법에 규정되지 않은 인사를 법률에 따라 연방의회에서 선출할 수 있다(연방헌법 제168조 제2항). 2011년 이후 연방의회는 연방검찰총장, 검찰차장 2명을 선출한다. 연방검찰의 직무상 독립성을 존중하고, 연방검찰 업무의 정치적 영향 등을 배제하기 위한 측면이다. 2011년 1월 1일부터 시행된 연방형사기관조직법에 따라 연방검찰청은 연방 행정기관과 분리되어 독립적으로 업무를 수행한다(연방형사기관조직법 제16조).

연방검찰청은 연방 관할 구역에서 범죄를 조사하고 기소할 책임을 진다(연방형사소송법[28] 제23조 · 제24조). 연방검찰의 임무는 연방의 형사소추, 사법공조 요청의 집행, 행정 임무로 구분할 수 있다. 연방검찰은 수사절차를 주재하고(형사소송법 제7조 제1항, 제16조 제1항), 예심절차[29]에서 범행을 추적하며, 기소 및 공소업무를 수행한다(형사소송법 제7조 제2항). 연방검찰은 초동수사에 있어서는 특히 연방수사경찰에 대한 지휘권이 있다.[30]

연방검찰청에는 검찰총장, 2명의 검찰차장이 있고, 사무국장, 대외관계국장 등 6개 국으로 구성된다.[31] 연방검찰총장은 연방검사를 임명할 권한이 있다(연방형사기관조직법 제20조 제2항). 연방검찰총장과 검찰차장 등 연방검사의 임기는 4년이고, 임기는 연방하원의 임기가 시작된 다음 해 1월부터 기산한다(연방형사기관조직법 제20조 제3항). 연방의회는 고의 또는 중과실로 인해 공적 업무를 심각히 위반하거나, 직무능력을 상실한 연방검찰총장과 연방검찰차장을 탄핵할 수 있다(연방형사기관조직법 제21조). 연방검찰총장은 연임이 가능한데, 2012년부터 임기를 시작한 연방검찰총장(미하엘 라우버)은 2019년 3회 연임에 성공한 이후 FIFA 고위층과의 비밀회동 문제로 2020년 7월 사의를 표명했다.[32]

3. 연방검찰 감독위원 선출

2011년 1월부터 연방검찰의 활동을 감독하기 위해 연방의회에서 선출되는 7명의 감독위원으로 구성되는 연방검찰 감독위원회를 설치했다.[33] 연방검찰 감독위원회는 연방검찰청의 합법성, 규칙성, 적절성, 효과성 및 효율성을 점검하고, 연방검사의 독립을 감독한다(연방형사기관조직법 제20조 제1항, 제23조 제1항). 연방검찰 감독위원회(7명)는 연방대법원의 연방법관 1명, 연방형사법원의 연방법관 1명, 칸톤변호사회에 공식적으로 등록된 변호사 2명, 연방대법원 · 형사법원 · 칸톤변호사회에 등록되지 않은 전문가 3명으로 구성된다(연방형사기관조직법 제23조 제2항). 연방의회 · 연방내각의 관계자나 연방정부와 고용 관계에 있는 자는 위원으로 선임될 수 없고, 칸톤변호사회에 등록된 변호사의 경우 정당을 대표할 수 없다(연방형사기관조직법 제24조 제1항 · 제2항). 연방대법원 및 연방형사법원의 연방법관은 연방 법관직을 사임하는 경우 동시에 연방검찰 감독위원 직위를 상실한다(연방형사기관조직법 제25조 제2항). 연방검찰 감독위원회는 위원장 1명, 부위원장 1명, 위원 5명으로 구성된다.[34] 연방검찰 감독위원의 임기는 4년이고(연방형사기관조직법 제25조 제1항), 연임할 수 있다. 감독위원의 재임 기간 중 사임할 경우 잔여 임기를 위해 후임자를 선출한다(연방형사기관조직법 제25조 제2항).

연방검찰 감독위원회와 관련된 법령상 근거는 연방형사기관조직법, 연방검찰 감독위원회의 조직 및 행정에 관한 연방의회 시행령,[35] 연방검찰 감독위원회 규칙,[36] 연방검찰총장 및 검찰차장의 고용 관계 및 급여에 관한 연방의회 시행령[37] 등이다. 연방검찰 감독위원회는 연방검사가 직무를 위반한 경우 감봉, 견책, 경고 등의 징계를 할 수 있다(연방형사기관조직법 제31조, 연방검찰 감독위원회의 조직 및 행정에 관한 연방의회 시행령 제16조~제18조). 연방검찰 감독위원회의 징계조사 후 탄핵 요건이 충족되면 연방의회 사법위원회에 연방검사의 탄핵을 청구할 수 있다(연방형사기관조직법 제31조, 연방검찰 감독위원회의 조직 및 행정에 관한 연방의회 시행령 제19조).[38]

연방검찰 감독위원회는 일반적인 업무지시만을 할 수 있을 뿐, 개별 사건의 수사

개시 및 종료, 법원에 기소된 사건의 대리, 상소 등에 대하여는 어떤 지시도 할 수 없지만(연방형사기관조직법 제29조 제2항), 연방검찰 업무에 대한 정보 및 추가적인 보고와 감찰을 요구할 수 있다(연방형사기관조직법 제30조 제1항). 연방검찰은 예산안, 결산, 활동보고서를 매년 연방검찰 감독위원회에 제출한다(연방형사기관조직법 제17조 제1항).[39] 연방검찰 감독위원이 고의 또는 중과실로 공무를 심각히 위반하거나, 직무능력을 영구적으로 상실하는 경우 연방의회에서 탄핵할 수 있다(연방형사기관조직법 제26조 제2항). 연방검찰 감독위원은 연방공무원책임법[40]의 적용대상으로 일반 공무원과 동일한 손해배상책임, 형사책임, 징계 책임을 진다(연방공무원책임법 제1조 제1항 제C의 2호).

연방의회의 사법위원회는 연방검찰청의 검찰총장 및 검찰차장, 연방검찰 감독위원 7명을 선출하거나 파면과 관련하여 검증을 1차로 담당한다(의회법 제40조의 a 제1항). 사법위원회는 검찰총장, 검찰차장 및 연방검찰 감독위원의 공석이 발생하면 후보자를 공개 모집한다. 또한 연방의회 감독위원회 또는 재정심의회는 연방검찰총장, 검찰차장의 인성 및 직무 적합성을 엄격하게 검증하고 그 결과를 사법위원회에 제출한다(의회법 제40조의 a 제6항). 사법위원회는 이들의 선출 또는 파면 관련 제안서를 연방의회(양원합동회의)에 제출한다(의회법 제40조의 a 제3항).

4. 연방정보보호국장, 연방감사원장, 의회사무총장 임명승인

연방의회는 연방법률에 따라 연방정보보호국장, 연방감사원장, 의회사무총장의 임명을 승인한다(연방헌법 제168조 제2항). 연방정보보호국장[41]은 정보를 보호하는 최고책임자이고, 연방감사원장은 재정 분야의 최고 기관장이며, 의회사무총장은 연방의회의 행정책임자이다. 연방정보보호국장은 연방내각이 4년 임기로 임명하지만, 연방의회의 임명승인을 받는다(데이터보호법[42] 제26조 제1항). 연방감사원장은 6년 임기로 연방내각이 임명하지만, 연방의회의 임명승인을 받는다(연방감사원법 제2조 제2항).[43] 의회사무총장은 양원합동집행부에서 임명되고, 연방의회의 임명승인을 받는다(의회법 제37조 제2항 제d호, 제4항).

연방내각이 연방정보보호국장과 연방감사원장을 임명하지만, 연방의회에서 임명승인 투표가 완료될 때까지는 그 직무를 수행할 수 없다. 연방의회는 연방정보보호국장과 연방감사원장에 대한 임명승인안을 동의 또는 거부할 수 있으나 두 직위의 후보자를 추천하지는 못한다.[44] 연방정보보호국과 연방감사원 직무의 자율성과 독립성을 보장하기 위해 연방정보보호국장과 연방감사원장에 대해 연방의회의 임명승인 절차를 거치는 것이다. 연방정보보호국장과 연방감사원장은 업무수행에 있어 연방내각의 간섭을 받지 않고, 해당 직무를 수행할 수 없다는 명백한 증거가 제출되지 않는 한 그 직에서 사퇴하지 않는다. 사법위원회는 연방정보보호국장과 연방감사원장 후보자를 인터뷰하고, 관련 정보를 수집 · 검토한 후 연방의회에 권고안을 제출하는 등 연방의회의 임명승인을 지원한다.

의회사무총장은 양원 의장단회의의 승인과 양원합동집행부에서 투표자의 과반수 찬성을 얻어 양원합동집행부에서 임명되고, 양원합동회의에서 임명승인을 받는다(의회법 제37조 제2항 제d호, 의회법 시행령[45] 제26조 제1항). 의회사무총장은 연방의회의 비밀투표로 인준되는 유일한 의회 관료이다.

제6절 연방의회의 외교 권한

1. 연방의회와 외교위원회의 역할

연방내각은 대외정책 분야에서 대부분의 권한과 책임을 진다. 그러나 연방의회도 외교정책의 형성에 참여하고, 외국과의 관계를 감독하며, 연방내각이 체결한 국제조약의 비준을 동의한다(연방헌법 제166조). 외교정책은 주로 연방내각의 책임이었으나 연방헌법은 외교에 대한 권한을 연방내각뿐만 아니라 연방의회의 권한으로 포함하였다.

연방의회의 역할은 연방내각이 체결 · 비준한 국제조약의 동의로 한정되는 경우가 많았다. 이로 인해 외교정책은 연방정부의 전문 영역이 됐고, 국제조약에 대한 연방의회의 승인은 오랫동안 외교정책과 관련하여 의회와 정부를 잇는 유일한 연결 고리였다. 그러나 금융 시장의 세계화, 새로운 기술진보 및 교통 · 통신의 발달로 외교정책을 이루는 기본 틀의 변화를 초래했고, 복잡성과 상호 의존성이 점차 커지는 등 의회의 역할이 확대됐다. 또한 국내정책과 외교정책의 경계가 모호해지는 등 국내정책과 관련된 결정은 국제변수에 크게 영향을 받으며, 외교정책이 국내 문제에 미치는 영향력이 커졌다. 그 결과 오늘날 연방의회는 주요 외교정책과 관련된 결정절차에 참여하고 기여한다(의회법 제24조 제1항).[46] 이처럼 외교정책은 연방내각과 연방의회의 공동영역으로써 두 기관은 외교정책에 대해 수평적인 권한을 가진다. 하지만 외교 관계의 일상적인 운영과 구체적인 전략은 연방내각이 담당하고 있어 실질적으로 연방내각이 더 많은 권한을 행사한다.[47]

연방의회는 국제정치의 흐름을 파악하고, 대외관계를 다루기 위해 상원과 하원에 각각 외교위원회를 둔다(하원 의사규칙 제10조, 상원 의사규칙 제7조 제1항). 연구결과에 따르면 외교위원회는 다른 어떤 위원회보다 중요하고, 가장 많이 일을 하는 위원회의 하나로 조사됐다.[48]

연방내각은 주요 대외정책, 외교 관련 네트워크에 대하여 외교위원회와 협의한다. 외교위원회는 대외정책에 대해 연방내각과 정기적으로 의견을 교환하면서 외교정책을 감독하거나 공동으로 결정한다(의회법 제152조 제1항). 또한 중요한 국제협상에 관한 지침과 기준을 결정하거나 변경하기 전에 그와 관련하여 외교위원회와 협의한다(의회법 제152조 제3항). 연방내각은 주요 외교정책 방향 및 국제협상이 어떻게 진행되고 있는지 등을 외교위원회에 알린다(의회법 제152조 제3항). 연방내각은 양원의 의장단회의와 외교위원회에 중요한 외교정책 결정사항을 주기적으로 적절한 시기에 보고한다(의회법 제152조 제2항). 외교위원회는 연방내각의 주요 외교정책을 관련 위원회에 알린다(의회법 제152조 제2항).

2. 조약 비준 동의 및 대외적 안보 조치

가. 조약 비준 동의

연방내각이 국제조약을 체결하고, 체결된 조약의 비준을 위해 연방의회에 제출하면 연방법률과 조약에 특별한 규정이 없는 한 연방의회는 모든 국제조약의 체결과 비준에 대해 동의권을 갖는다(연방헌법 제184조 제2항, 의회법 제24조 제2항). 연방내각은 연방의회의 국제조약에 대한 비준에 앞서 외교위원회와 사전 협의를 한다. 양원의 외교위원회가 국제조약에 반대하는 경우 연방내각은 국제조약을 철회한다. 따라서 외교위원회가 반대하는 국제조약은 비준이 이루어지기 어렵다(의회법 제152조 제3항의 2). 칸톤이 외국과 체결하는 조약에 대해서 연방내각이나 다른 칸톤이 이의를 제기하는 경우 연방의회가 동의 여부를 결정한다(연방헌법 제172조 제3항). 또한, 연방내각은 중요하지 않은 조약이나 협약을 매년 연방의회에 보고한다(정부조직법 제48조의 a 제2항). 양원이 동의한 국제조약은 조약의 내용에 따라 국민투표의 대상이 된다. 집단적 안전보장과 관련된 국제기구 또는 초국가적 공동체 가입을 내용으로 하는 국제조약은 의무적 국민투표의 대상이 되고, 국민투표 및 칸톤투표에 회부된다(연방헌법 제140조 제1항 제b호).[49] 집단안보기구 또는 국제기구 가입문제는 영세중립국인 스위스에 대해서는 매우 중대한 것으로 보기 때문이다.

한편, 국제조약 중 ① 종료 기간이 정해지지 않은 무기한이고 폐기할 수 없는 국제조약, ② 국제기구 가입과 관련된 국제조약, ③ 중요한 법률 규정을 포함하는 국제조약 또는 이를 실시하기 위해 연방법률을 제정할 필요가 있는 국제조약은 선택적 국민투표의 대상이 된다(연방헌법 제141조 제1항 제d호). 국제조약에 대한 국민투표를 '조약 국민투표'라고도 한다. 국제조약에 대해 선택적 국민투표를 제기하기 위해서는 5만 명의 유권자 또는 8개 칸톤의 요구가 필요하다(연방헌법 제141조 제1항).

나. 외교 관련 법률안 심사

연방의회는 외교 관련 법률안을 제 · 개정할 수 있다. 연방의회가 제정한 대외정책 관련 연방법률은 국제개발협력 및 인도주의적 원조에 관한 연방법[50], 동유럽 국가와의 협력에 관한 연방법[51], 시민평화지원 및 인권증진 조치에 관한 연방법[52], 국제제재 이행에 관한 연방법[53] 등이 있다. 또한 연방의회는 재외공관의 유지, 국제기구 탈퇴, 연방내각의 정책 촉구 등 외교정책과 관련한 모든 분야에 대해 법안제출요구안을 제출할 수 있다.

법안제출요구안은 외교정책의 모든 분야에 관련되어 제출된다. 예를 들면 한스 페르(Hans Fehr) 하원의원이 발의한 'UN 탈퇴'(의안번호 03.3118)[54], 피에르 루스코니(Pierre Rusconi) 의원이 발의한 '솅겐 조약 종료'(의안번호 12.3126[55]), 하원 외교위원회에서 발의한 '과테말라 스위스 대사관 유지'(의안번호 12.3991[56]), 상원 외교위원회에서 발의한 '스리랑카 내전, 스위스의 책무'(의안번호 09.3358[57]) 등이 있다. 또한 연방의회는 연방결의를 통과시키거나 외교정책에 관해 성명[58]을 발표할 수 있다(하원 의사규칙 제32조, 상원 의사규칙 제27조). 예를 들면 '스위스 은행과 미국 간 재정 논란에 관한 상원과 하원의 성명'(2013년 6월 19일)이 있다.[59]

다. 대외적 안보 보장조치

연방의회는 대외적 안전보장, 독립 및 중립을 보장하기 위해 연방명령, 단순 연방결의 제정 등 필요한 조치를 할 수 있다(연방헌법 제173조 제1항 제a호 · 제c호). 연방내각도 공공질서와 대외적 안전보장 등을 이유로 긴급연방명령을 제정할 수 있다(연방헌법 제185조 제3항). 또한 연방내각의 동원병력이 4천 명 이상이거나 병력 동원 기간이 3주를 넘는 경우 연방의회가 지체 없이 소집된다(연방헌법 제185조 제4항). 긴급 상황인 경우 연방내각은 외교위원회 위원장과 협의하고, 위원장은 이를 즉시 외교위원회 위원에게 통지한다(의회법 제152조 제4항). 대외정책과 관련한 정보나 협의 등이 필요한 경우 외교위원회 또는 관련 위원회는 연방내각에 정보의 제공이나 협의를 요청할 수 있다(의회법 제152조 제5항). 종전에 연방의회는 선전포고와 강화조약의 체결에 관한 권한이 있었다(종전 연방헌법 제85조 제6항). 그러나 현행 연방헌법에는 이러한 내용이 없기 때문에 선전포고권과 강화조약 체결권은 일반적인 국제조약 체결과 같이 연방내각의 권한이고, 연방의회의 동의가 필요하다.[60]

3. 국제회의 참석 등 의회외교

연방의회는 국제회의에 참석하고, 외국 의회와 긴밀한 관계를 유지할 수 있다(의회법 제24조 제4항). 연방의회는 의회 간 국제회의에 스위스의 입장을 대변할 국제회의 상설대표단, 스위스와 인접한 국가의 의회와 정례적인 교류를 담당하는 인접국 의회외교 상설대표단, 그 밖의 주요 국가 간 의회와 교류를 전담할 비상설 특별대표단을 운영한다.[61] 각각의 대표단은 2년 임기의 단장과 부단장을 선출하고(의회외교에 관한 연방의회 시행령[62] 제7조 제1항), 구성원의 다수결로 의결한다(의회외교에 관한 연방의회 시행령 제7조 제3항).

가. 국제회의 상설대표단 구성

연방의회는 의회 간 국제회의에 대표단을 파견한다. 대표적인 의회 간 조직인 국제의회연맹(IPU), 유럽자유무역연합 및 유럽연합 의회(EFTA/EU), 유럽평의회 의회협의체(PACE), 프랑스어권 의회(FPA), 유럽안보협력기구 의회(PA-OSCE), 북대서양조약기구 의회(PA-NATO)에 참석할 상설대표단을 구성한다(의회외교에 관한 연방의회 시행령 제2조). 국제회의 상설대표단은 연방의회의 위임을 받아 국제회의에 참여하고, 국제회의 규정과 관례들을 준수한다(의회외교에 관한 연방의회 시행령 제8조 제1항). 국제회의 상설대표단의 구성원은 대체의원에 의해서만 대신할 수 있다(의회외교에 관한 연방의회 시행령 제7조 제2항).

[표 31] 국제회의 상설대표단과 인접국 의회외교 상설대표단

국제회의 상설대표단		인접국 의회외교 상설대표단	
명칭	구성	명칭	구성
국제의회연맹(IPU)	하원 5인, 상원 3명	독일 의회외교 대표단	각각 하원 3명, 상원 2명, 대체의원 하원 3명, 상원 2명 *구성원 언어고려
유럽자유무역연합/유럽연합 의회 (EFTA/EU)	하원 3명, 상원 2명, 대체의원 각각 3명, 2명	리히텐슈타인 의회외교 대표단	
유럽평의회 의회협의체(PACE)	하원 4명, 상원 2명, 대체의원 각각 4명, 2명	오스트리아 의회외교 대표단	
프랑스어권 의회 (FPA)	하원 3명, 상원 2명, 대체의원 각각 3명, 2명	프랑스 의회외교 대표단	
유럽안보협력기구 의회 (PA-OSCE)	하원 3명, 상원 3명, 대체의원 각각 1명, 1명	이탈리아 의회외교 대표단	
북대서양조약기구 의회 (PA-NATO)	하원 2명 (국방위원장, 부위원장), 상원 2명 (국방위원장, 부위원장), 대체의원 각각 1명, 1명 (국방위원회 전임 위원장)		

자료: 필자 작성

국제의회연맹(IPU)[63]은 1년에 2번 제네바 또는 그 밖의 도시에서 국제회의를 개최한다. 국제의회연맹 대표단은 하원의원 5명, 상원의원 3명으로 구성한다. 대표단 구성원에 결원이 발생할 경우 대표단장이 동일 정당 소속의원을 대체의원(후보의원)으로 임명한다(의회외교에 관한 연방의회 시행령 제6조 제1항 제a호).

유럽평의회 의회협의체(PACE)[64] 대표단은 하원의원 4명, 상원의원 2명으로 구성하고, 동일한 숫자의 대체의원을 임명한다(의회외교에 관한 연방의회 시행령 제6조 제1항 제b호). 유럽자유무역연합 및 유럽연합 의회(EFTA/EU[65]) 대표단은 하원의원 3명, 상원의원 2명으로 구성하고, 동일한 숫자의 대체의원을 임명한다(의회외교에 관한 연방의회 시행령 제6조 제1항 제c호). 유럽자유무역연합 의회에 참석하는 상설대표단은 유럽의회의 대외 관계도 함께 담당한다(의회외교에 관한 연방의회 시행령 제3조 제1항). 연방의회가 논의하는 주제가 유럽정책과 관련이 있는 경

우 유럽자유무역연합 의회 대표단은 관례상으로 공동보고서를 작성한다(의회외교에 관한 연방의회 시행령 제3조 제5항).

프랑스어권 의회(FPA)[66] 대표단은 1967년 구성됐다. 프랑스어권 의회 대표단은 하원의원 3명, 상원의원 2명으로 구성하고, 5명의 대체의원을 임명한다. 대표단장은 상원에서 맡고, 하원에서 부단장을 맡는다. 대체의원을 두는 것은 프랑스어권 의회의 회의일시가 유동적이고 준비 기간이 짧다는 점을 고려한 것이다. 프랑스어권 의회 대표단은 프랑스어권 의원으로만 구성된다(의회외교에 관한 연방의회 시행령 제6조 제1항 제d호). 유럽안보협력기구 의회(PA-OSCE)[67] 대표단은 하원의원 3명, 상원의원 3명으로 구성되고, 대체의원으로 하원의원 1명, 상원의원 1명을 둔다(의회외교에 관한 연방의회 시행령 제6조 제1항 제e호).

북대서양조약기구 의회(PA-NATO) 대표단은 하원의원 2명, 상원의원 2명으로 구성되고, 대체의원은 하원의원 1명, 상원의원 1명으로 구성된다(의회외교에 관한 연방의회 시행령 제6조 제1항 제f호). 북대서양조약기구 의회 대표단은 통상 상원과 하원의 국방위원회 위원장과 부위원장으로 구성하고, 대체의원은 전임 국방위원회 위원장이 맡는다(의회외교에 관한 연방의회 시행령 제6조 제1항 제g호).

나. 인접국 의회외교 상설대표단

연방의회는 스위스와 인접한 5개국(오스트리아, 프랑스, 독일, 이탈리아, 리히텐슈타인) 의회와의 관계를 도모하기 위해 5개의 상설대표단을 구성 · 운영한다(의회외교에 관한 연방의회 시행령 제4조). 인접국 의회외교 상설대표단은 하원의원 3명, 상원의원 2명으로 구성되고, 대체의원으로 하원의원 3명, 상원의원 2명이 임명된다. 대표단 위원은 사용언어를 고려하여 선출된다(의회외교에 관한 연방의회 시행령 제6조 제2항). 인접국 의회외교 상설대표단은 예산 범위 내에서 정기적으로 인접 국가의 대표단을 만난다(의회외교에 관한 연방의회 시행령 제8조 제2항). 인접국 의회외교 상설대표단은 외교위원회의 사전검토를 거쳐 의회기(4년) 중 최소 1회, 단장이 작성한 대표단 활동 보고서를 서면으로 제출한다(의회외교에 관한 연방의회 시행령 제9조 제3항).

다. 비상설 특별대표단

연방의회는 상설대표단 외에 비상설 특별대표단을 구성한다. 비상설 특별대표단은 다른 국제회의나 국제기구에서 연방의회의 이익을 대변하거나 다른 국가 의회와 양자 관계를 수립하는 경우에 구성된다(의회외교에 관한 연방의회 시행령 제5조 제1항). 비상설 특별대표단이 하원의원 1~2명과 상원의원 1~2명으로 구성될 때에는 양원 의장단회의가, 하원의원과 상원의원이 각각 2명 이상으로 구성될 때에는 양원합동집행부가 각각 비상설 특별대표단을 구성한다(의회외교에 관한 연방의회 시행령 제5조 제2항 제c호 · 제d호). 비상설 특별대표단이 동일한 의회 출신 의원 1~2명으로 구성될 때에는 해당 의회의 의장이, 동일한 의회 출신 의원 2명 이상으로 구성될 때에는 해당 의회의 집행부가 각각 비상설 특별대표단을 구성한다(의회외교에 관한 연방의회 시행령 제5조 제2항 제a호 · 제b호).

또한 상 · 하원 의장은 대외적으로 상원과 하원을 각각 대표하여 외국의 의회 의장과 외국 정부의 대표들을 접견한다(하원 의사규칙 제7조 제1항 제d호, 상원 의사규칙 제4조 제1항 제d호). 하원의장은 외국 의회의 의장과 외국 정부의 대표와 접촉하고, 단독 또는 의회 대표단을 동반하여 해외 순방을 실시한다. 또한 스위스를 방문하는 외국 사절을 접수하는데, 의회 차원의 국제교류를 강화하기 위해 매년 30~40개의 외국 의회 대표단을 접수한다.[68]

라. 외교위원회 비상설 대표단

외교위원회는 외국 의회와의 관계를 담당한다. 그러나 외교위원회 내에 의회외교를 목적으로 상설대표단을 구성하지 않고(의회외교에 관한 연방의회 시행령 제1조 제1항), 필요한 경우 예산 범위 내에서 외국 의회와 외교 활동을 할 수 있다(의회외교에 관한 연방의회 시행령 제1조 제2항). 하원 외교위원회 대표단은 8명, 상원 외교위원회 대표단은 6명으로 각각 구성되고, 상원과 하원이 공동으로 구성하는 대표단은 8명 이하의 위원으로 구성된다(의회외교에 관한 연방의회 시행령 제1조 제3항). 외교위원회에서 대표단을 구성할 때는 교섭단체 비율을 고려한다(의회외교에 관한 연방의회 시행령 제1조 제4항). 외교위원회는 4년의 의회기 동안 최소한 1회, 외교위원회 대표단의 활동 보고서를 서면으로 양원에 제출한다(의회외교에 관한 연방의회 시행령 제9조 제1항).

한편 외교위원회는 대외정책을 다루고 국제관계를 논의하는 연방의회의 다른 기관과의 관계를 도모한다(의회외교에 관한 연방의회 시행령 제1조 제5항). 양원의 외교위원회 위원장과 양원합동집행부 위원으로 구성된 '확대 양원합동집행부'는 연방의회의 대외관계에 관한 계획을 수립하고 조정한다(의회법 제37조 제5항). 또한 외교위원회 위원장과 유럽자유무역연합 대표단장은 공동으로 유럽의회와의 외교 관계를 논의하는데(의회외교에 관한 연방의회 시행령 제3조 제2항), 외교위원회는 1년에 1회 유럽자유무역연합 대표단과 합동 회의를 한다(의회외교에 관한 연방의회 시행령 제3조 제2항 · 제4항).

마. 의원 친선단체(합동외교단체)

정당과 무관하게 특정 분야에 관심이 있는 의원을 중심으로 의원 친선단체[69]를 구성할 수 있다(의회법 제63조 제1항). 의원 친선단체는 의회사무처에 의원 친선단체의 회원 명단을 통지하고, 의원 친선단체 등록부를 관리한다(의회법 제63조 제2항). 의원 친선단체는 행정지원을 받거나 회의장을 사용할 수 있지만, 연방의회를 공식적으로 대표하지 못한다(의회법 제63조 제4항). 의원 친선단체의 사례로 주요 국가 또는 지역과의 외교나 교류를 공통된 관심사로 공유하기 위한 비공식적 의원 모임인 합동외교단체가 있다. 합동외교단체 일부는 '양해각서'를 근거로 설치되는데, 우리나라를 포함해 다수의 국가와 의회 교류를 위한 합동외교단체가 활동하고 있다.[70]

제7절 연방내각 등에 대한 감독 권한

연방의회는 연방내각, 연방 행정기관, 연방법원과 그 밖에 연방 사무를 수행하는 기관을 감독한다(연방헌법 제169조 제1항, 의회법 제26조 제1항). 연방의회의 연방내각, 연방법원 등에 대한 감독 권한은 견제와 균형의 원칙을 실행하는데 중요한 수단 중 하나이다. 전통적으로 의회민주주의에서 야당은 정부의 정책을 감독하지만, 스위스에서는 여당과 야당의 구분이 분명하지 않기 때문에 이러한 통제메커니즘이 작동하지 않는다. 따라서 연방의회 차원에서 연방내각 등을 효과적으로 감독하기 위한 시스템 구축이 필요하다.[71]

연방내각은 연방의회에 정기적으로 연방내각의 업무수행과 국가정책을 보고하고(연방헌법 제187조 제1항 제b호), 업무 현황, 향후 계획, 조치사항 등에 관한 정보를 신속하게 공개한다(정부조직법 제10조 제2항). 연방의회는 연방내각에 대한 대정부질문과 현안질의를 통해 연방내각이 추진하는 국내외 정책에 대한 연방내각의 답변을 듣고(의회법 제125조 제1항), 연방내각이나 기관으로부터 연간보고서 등 각종 보고서 등을 제출받아 이를 검토하며, 이를 위해 연방의회의 자료요구권이 보장된다(정부조직법 제10조 제1항). 연방내각의 정보공개는 연방의회의 효과적인 감독에 있어 필수적인 요건이 된다.

또한 연방의회는 감독권의 일환으로 연방 정책의 효과성을 평가할 수 있다(의회법 제27조). 연방의회는 효과성 평가를 자체적으로 실시하거나 외부전문가에게 위탁하거나 연방내각이 실시한 평가 결과를 검토할 수 있다(의회법 제27조). 효과성 평가를 통해 연방의회는 연방 정책과 연방정부를 감독할 수 있는 실효성 있는 수단을 가지게 됐다. 또한 연방내각의 법률안 제안설명서에는 법률안에 대한 사전적 입법평가 결과가 의무적으로 첨부된다(의회법 제141조 제2항). 연방의회는 법안의 주요 내용을 검토하는 과정에서 연방내각이 제출한 입법평가 결과를 확인하게 되고, 이러한 과정에서 연방의회의 통제가 이루어진다.[72]

연방의회의 감독 권한에 연방정부의 시행령을 검토하거나 연방법원의 결정을 취소할 권한까지는 포함되지 않는다. 사법권과 관련하여 연방의회의 감독 권한은 사법부의 독립성을 저해하지 않는 범위에서 행사되기 때문에 계속 중인 재판에 관여해서는 안 된다.[73]

연방의회의 집회 및 운영

제1절 연방의회의 최초 집회

1. 연방의회의 집회 장소

1848년 11월 28일 연방의회는 첫 번째 투표에서 베른을 연방 수도로 정하고 연방정부, 연방의회를 두기로 결정했다. 그 이후 연방의회는 독일어권 도시인 베른에 위치한다.[1] 1848년 이래 베른은 연방의 수도이자 정치 활동의 중심이 됐다. 다만, 연방의회의 결정으로 베른이 아닌 다른 지역에서 집회할 수 있다. 연방의회는 세 번에 걸쳐 베른 외의 도시에서 정기회를 개최했다. 1993년 가을 정기회를 프랑스어권인 제네바에서, 2001년 봄 정기회를 이탈리아어권인 루가노에서, 2006년 가을 정기회를 레토로망스어권인 그라우뷘덴 칸톤의 플림(Flims)에서 개최했다.[2] 다른 지역에서 정기회를 개최한 이유는 당시 의사당 건물의 수리가 필요했기 때문이다. 또 다른 이유 중 하나는 서로 다른 언어권에서 연방의회를 개최함으로써 연방의원들이 언어적 소수권을 이해하고, 연방의회가 공용어에 관한 관심을 두고 있음을 대외적으로 보여주기 때문이다.[3]

2. 하원과 상원의 구성

가. 하원 구성(개원)

하원선거 종료 후 일곱 번째 수요일(겨울 정기회 첫째 주 수요일)에 처음으로 회의가 열려 하원선거의 유효성을 심사한다(하원 의사규칙 제1조 제1항). 임기가 만료되는 하원 집행부는 연방내각의 하원선거 결과보고서를 토대로 가장 오랫동안 의원직을 수행한 최다선 의원을 임시의장으로 지명한다(하원 의사규칙 제2조 제1항 · 제2항). 임시의장이 주어진 직무를 수행할 수 없는 경우 최다선 및 연장자 순으로 임시의장이 결정된다(하원 의사규칙 제2조 제3항). 임시의장은 언어, 지역을 고려하여 임명한 8명의 하원의원으로 임시집행부를 구성한다. 임시의장은 임시집행부 회의를 주재하며, 새로운 하원의장이 선출될 때까지 하원회의를 주관한다(하원 의사규칙 제3조 제1항). 임시집행부는 하원의원 선거 결과에 논란이 없는지 등

하원선거의 유효성을 심사하고, 이 조건이 충족된 경우 하원 구성이 완료됐다는 확인을 의회에 제안하고 의원선서(서약)를 실시한다. 하원 다수결로 하원의 선거 결과가 유효한 것으로 결정되면 하원이 합법적으로 구성된 것으로 간주된다. 적법하고 유효하게 선출됐다고 인정된 하원의원이 과반수에 미달한 경우 하원을 구성할 수 없고, 임기가 만료된 하원 집행부가 후속 절차를 결정하기 위해 소집된다. 하원선거 후 새로운 하원 구성이 첫 번째 본회의에서 완료되지 않는 경우 하원 집행부는 예산안 등 긴급한 안건을 심의하기 위해 하원을 소집할 수 있다. 그러나 아직 이러한 이유로 하원 구성이 지연된 적은 없다. 또한 임시집행부는 새로 선출된 의원이 의회법에 따른 겸직금지 규정과 충돌하는지를 심사하고, 필요한 경우 해당 의원의 겸직금지 확인을 의회에 제안한다. 아울러 임시집행부는 새로운 하원 집행부가 구성될 때까지 신임 하원의장의 선거에 관한 사항을 관리한다(하원 의사규칙 제4조 제1항).

새로운 하원 구성을 위한 하원 본회의는 임시의장의 연설로 시작한다. 그다음에 최연소 초선의원이 연설을 이어간다(하원 의사규칙 제1조 제2항 a호). 이는 의회가 연륜을 갖춘 의원과 청년의원이 공존하는 것을 상징적으로 보여준다. 최연소 초선의원의 개원식 연설은 2003년 하원 의사규칙 개정으로 도입됐다.[4] 최연소 초선의원의 연설 후 하원은 출석의원 수를 확인한다(하원 의사규칙 제1조 제2항 b호). 이후 하원선거를 유효한 것으로 선언하고, 하원의원의 선서(서약)를 실시하며(하원 의사규칙 제1조 제2항 c호), 하원의원의 이해충돌을 방지하기 위해 겸직 여부를 확인한다(하원 의사규칙 제1조 제2항 d호).

새로운 하원을 이끌어갈 하원의장이 선출되면, 신임 하원의장의 주재하에 제1 부의장, 제2 부의장을 각각 선출한다(하원 의사규칙 제1조 제2항 제e호~g호). 그 이후 계표의원 및 예비 계표의원을 일괄적으로 선출한다(하원 의사규칙 제1조 제2항 h · i호). 이를 통해 하원을 이끌어갈 새로운 집행부 구성이 완료된다(하원 의사규칙 제1조 제2항 a호).

[표 32] 새로운 하원 구성을 위한 절차

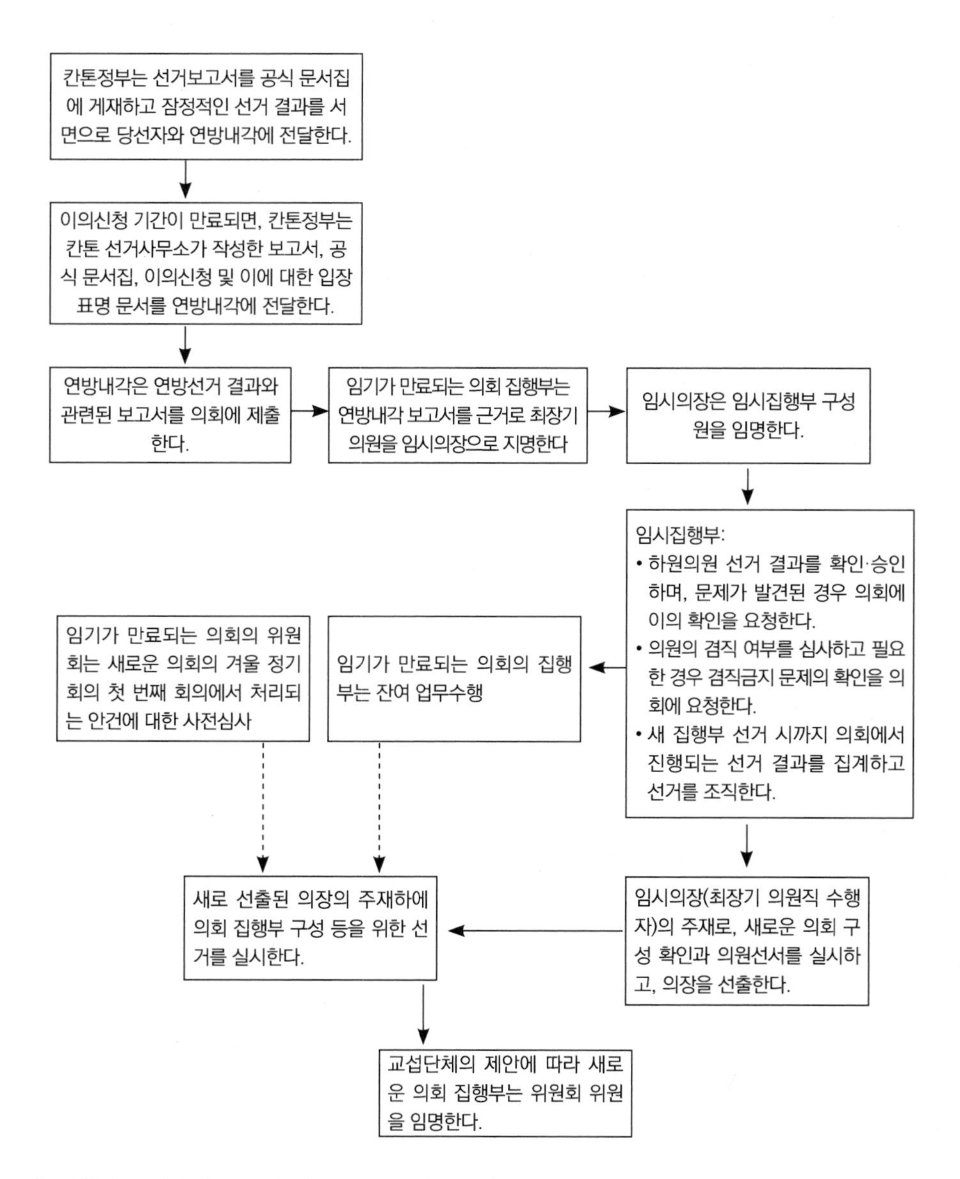

자료: Bibliothèque du Parlement Recherches et statistiques(2017: 13).

나. 상원 구성(개원식)

상원은 각 칸톤으로부터 칸톤의 상원선거 결과를 통보받는다(상원 의사규칙 제1조). 칸톤의 선거 결과를 받은 상원은 상원선거 후 첫 번째 겨울 정기회에서 개원식을 가진다. 상원의 경우 각 칸톤법에 따라 상원 선출 및 임기가 정해지고, 일괄 개편이 이루어질 수 없기 때문에 최다선 의원이 임시의장을 맡거나 임시집행부를 구성할 수 없다. 따라서 새로운 상원의장이 선출될 때까지 임기가 만료되는 상원의장이 상원 본회의를 주재하고, 상원의원의 겸직금지 여부 심사 등은 임기가 만료되는 상원 집행부에서 담당한다. 다만, 하원 개원식 이후 처음 개회되는 상원의 첫 번째 본회의는 하원의장이 주재한다.[5] 개원식이 열리는 상원 본회의에서는 상원의원의 겸직 여부를 확인하고, 새로 선출된 상원의원의 선서(서약)를 실시한다. 그 이후 상원의장, 제1 부의장, 제2 부의장, 계표의원 1명, 예비 계표의원 1명 등을 선출하여 상원 집행부를 구성한다(상원 의사규칙 제3조 제1항, 제5조 제1항).

3. 연방의원의 선서 또는 서약

모든 연방의원은 직무수행에 앞서 총선거 후 새롭게 구성되는 본회의에서 취임선서 또는 서약을 한다(의회법 제3조 제1항). 연방의원은 자유롭게 선서 또는 서약 중 어느 것을 선택할지 결정한다. 선서는 종교적 특색이 배제된 반면, 서약에는 종교적인 헌신의 의미가 가미되어 있다. 따라서 서약문에는 '전능하신 신 앞에'라는 문구가 추가된다.

선서 또는 서약을 위해 모든 연방의원은 자리에서 일어난다(하원 의사규칙 제5조 제1항, 상원 의사규칙 제2조 제2항). 의장은 연방의회 사무총장에게 선서문 또는 서약문을 낭독하게 한다(하원 의사규칙 제5조 제2항, 상원 의사규칙 제2조 제3항). 선서 문구는 "나는 헌법과 법률을 준수하고 나에게 부여된 임무를 충실하게 수행할 것을 약속한다."이다(의회법 제3조 제4항). 서약 문구는 "나는 '전능하신 신(Almighty God) 앞에' 헌법과 법률을 준수하고 나에게 부여된 임무를 충실하게 수행할 것을 서약한다."이다(의회법 제3조 제4항). 사무총장이 선서문과 서약서를 낭독하면, 선서자는 오른손 세 손가락을 세워 "나는 약속한다"[6]라고 말하고, 서약자는 "나는 서약한다"[7]라고 엄숙하게 말한다(하원 의사규칙 제5조 제3항, 상원 의사규칙 제2조 제4항). 재선출된 하원의원도 새롭게 선서 또는 서약을 한다.[8] 새로 선출된 상원의원은 선서 또는 서약을 하지만, 연이어 재선출된 상원의원은 새롭게 선서 또는 서약을 할 필요는 없다(상원 의사규칙 제2조 제1항).

서약 또는 선서를 거부하는 연방의원은 그 직무가 취소되어 의원직을 포기하는 것으로 본다(의회법 제3조 제3항). 선서 또는 서약에 불출석한 의원은 추후 선서 또는 서약을 할 수 없다.

4. 본회의장 의석 배정

하원 본회의장의 의석은 소속 정당별로 배정되고, 정기회 기간에 의석 배치도가 발행된다. 2021년 12월 현재 제51대 의회의 경우 하원의장을 중심으로 왼쪽에 사민당이, 중앙의 왼쪽은 기민당 · 복음인민당 · 보수민주당과 녹색당, 중앙의 오른쪽은 자민당과 녹색자유당, 오른쪽은 스위스국민당으로 배정됐다.[9] 동일 정당 소속의원은 연공서열(연장자) 순으로 본인이 선호하는 의석을 가진다. 제44대 의회(1991. 12~1995. 12)까지는 하원 의석이 독일어권 칸톤과 프랑스어 칸톤 출신별(언어권)로 배정됐다.[10] 본회의장에서 개인별 의석은 의회기 동안 고정되고, 의장, 부의장, 계표의원의 경우 해당 직무를 수행할 때까지 의장석, 부의장석, 계표의원석을 가진다.[11]

하원 본회의장에는 하원의장의 우측에 제1 부의장이, 제1 부의장 우측에 제2 부의장의 의석이 마련됐다. 하원의장 좌측에 의회사무총장석이 있어, 하원의장의 회의 진행을 보좌한다. 안건에 대한 발표의원석(1석)과 보고위원석(2석)은 의장석 앞에 마련되어 있고, 그 앞에는 계표의원석이 있다. 연방각료 좌석은 하원의장 앞쪽의 좌우에 위치한다. 또한 하원 본회의장에는 방청석과 기자석이 있다(하원 의사규칙 제61조 제3항).

[그림 2] 하원 본회의장 의석배치도

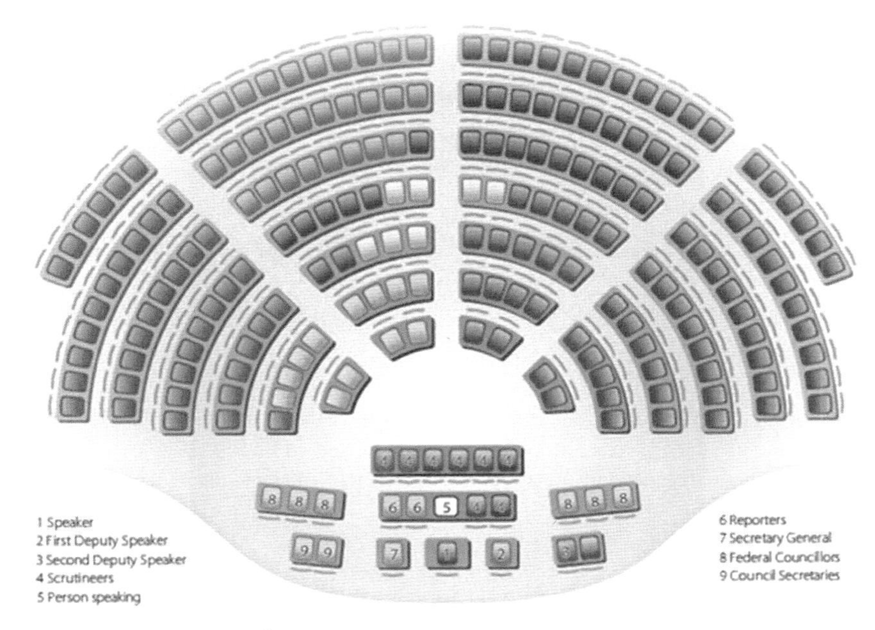

자료: Parliamentary Services(2016: 5).[12]

[그림 3] 하원 본회의장

자료: Services du Parlement(2016: 16).

상원 본회의장의 의석 배정과 관련된 규칙은 없다. 대체로 상원의원은 연공서열 순으로 의석을 배정받지만, 정당별로 함께 앉는다.[13] 2021년 12월 현재 상원의장을 중심으로 왼쪽에 사민당(2~3열)과 녹색당(1~2열)이, 중앙의 왼쪽과 오른쪽에 자민당(2~3열)이, 중앙에 스위스국민당(1열), 오른쪽에 기민당(1~3열)으로 배정됐다. 재선 이상 상원의원은 종전의 의석이나 빈 의석에 앉을 수 있지만, 초선의원의 경우 의회사무처가 제안한 의석 배정안을 토대로 상원 집행부가 의석을 배정한다.[14]

상원 본회의장에는 상원의장의 우측에 제1 부의장석이, 상원의장의 앞 열에 제2 부의장석이 있고, 그 옆에 계표의원석이 있다. 상원의장 좌측에 의회사무총장이 앉고, 제1 부의장 옆에는 사무처의 공보 및 기록국장이 앉는다. 연방각료석은 상원의장 앞 열의 좌우에 위치한다.[15] 또한 상원의 본회의장에는 방청석과 기자석이 있다. 연방각료, 연방대법원 대표법관 등의 수행원은 방청석 아래 마련된 좌석에 앉고, 출입기자들은 기자석에 앉는다(상원 의사규칙 제47조 제3항). 하원의원 및 의회사무처 직원은 상원 본회의장 프레스코 벽화 아래에 마련된 의석에 앉아 상원 본회의를 참관할 수 있다.

[그림 4] 상원 본회의장 의석배치도

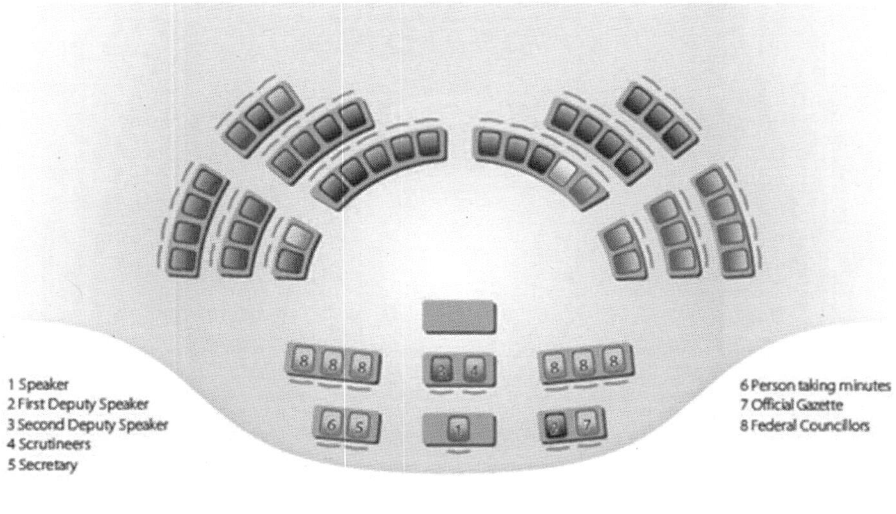

자료: Parliamentary Services(2016: 13).[16]

[그림 5] 상원 본회의장

자료: Services du Parlement(2016: 16).

5. 본회의장 질서유지

가. 복장

하원의 경우 복장과 관련하여 상원처럼 특별한 금지규정이 없다. 그러나 하원의 품위를 손상하는 복장을 하고 출석하는 것은 의원의 의정활동을 방해하는 행동으로 간주될 수 있다. 이 경우 하원의장은 하원의원에게 정숙 명령을 내릴 수 있다. 하원의장은 정숙 명령을 따르지 않는 하원의원에게 징계 조치를 할 수 있다(하원 의사규칙 제39조 제1항 · 제2항).

상원 본회의장에 입장하는 모든 사람은 적절한 복장을 착용한다(상원 의사규칙 제33조). 2016년 상원 집행부가 해당 복장 규정을 해석한 바에 따르면 남성의원은 양복 정장에 넥타이나 나비넥타이를 착용하고, 여성의원은 어깨가 노출되지 않는 적절한 의상을 입어야 한다.[17] 상원은 하원보다 소수인 정치 분위기를 반영하여 복장 규정을 마련한 것으로 보인다.

하원과 상원 본회의장에서 전화통화나 먹거나 마시는 행위가 금지된다. 본회의장에서 이루어지는 대화는 조용하게 하되, 3명 이상의 대화는 회의장 밖에서 한다. 하원 본회의장에서 컴퓨터, 태블릿 등 전자장비의 사용이 가능하다. 상원 본회의장에서는 회의 중 컴퓨터 사용이 금지되지만, 문서를 열람 또는 조회하고, 다른 상원의원의 심의에 방해가 되지 않는 전제하에 다른 전자장비의 사용이 허용된다.[18] 의사당 내에서 질서가 즉시 회복될 수 없는 경우 회의가 중단된다(하원 의사규칙 제62조 제4항, 상원 의사규칙 제48조 제4항).

나. 회의장 출입

상원 및 하원의장은 상원과 하원의 회의장 사용을 결정한다. 그 밖의 연방의회 내 대기실, 사무처 공간 등은 행정사무대표단이 결정한다(의회법 제69조 제1항). 상원과 하원 본회의장 외에 부속실도 상원과 하원의원을 위한 업무장소로 사용되기 때문에 양원 의장은 의사당 및 부속실 등의 출입 규정이나 비회기 중 의사당 이용 규정을 만들 수 있다(상원 의사규칙 제47조 제5항 · 제6항, 하원 의사규칙 제61조 제5항 · 제6항). 양원 의장은 필요한 경우 방청석 입장 시간을 제한할 수 있다(상원 의사규칙 제47조 제5항, 하원 의사규칙 제61조 제5항). 본회의를 비공개로 진행하는 경우 연방의원, 연방각료, 연방내각사무처장, 연방법원 대표법관, 의회사무처 직원만 본회의장에 출입할 수 있고, 수행직원, 기자, 방청객 출입은 제한된다(상원 의사규칙 제47조 제4항, 하원 의사규칙 제61조 제4항).

연방의원, 연방각료, 연방내각사무처장, 연방법원 대표법관은 언제나 의사당과 부속실(로비와 대기실)에 출입할 수 있다. 이들과 동반하는 직원과 의회사무처 직원은 필요한 범위 내에서 부속실을 출입할 수 있다(상원 의사규칙 제47조 제1항, 하원 의사규칙 제61조 제1항). 전직 연방의원은 언제라도 부속실에 출입할 수 있다. 출입이 허가된 언론매체 기자는 연방의원과 접촉하기 위해 언제든지 부속실을 출입할 수 있고, 부속실에서 연방의원, 연방각료 등과 인터뷰를 진행할 수 있다(상원 의사규칙 제47조 제2항, 하원 의사규칙 제61조 제2항). 부속실 내 업무공간과 부대시설은 연방의원만 사용할 수 있고, 부속실에 출입하는 모든 사람은 연방의원의 업무를 방해하거나 본회의장의 출입을 저지해서는 안 된다. 연방의원이 초청한 손님이나 단체방문객은 연방의원이 동행한 상태에서 잠시 동안 부속실에 출입할 수 있고, 장시간 또는 다자간 면담은 부속실이 아닌 다른 장소에서 이루어진다.

제2절 연방의회 개회

1. 연방의회 개회

가. 의회기

하원은 4년이라는 정해진 의회기를 가지며, 4년마다 하원이 새롭게 구성된다. 의회기는 총선거에서 당선된 의원의 임기가 개시된 때부터 의원의 임기가 만료되거나, 의회가 해산될 때까지의 기간을 말한다. 연방의회는 정례적으로 회의를 소집하고, 회의소집에 관한 사항은 연방법률로 정한다(연방헌법 제151조 제1항, 의회법 제2조 제1항). 상원과 하원은 양원합동회의를 제외하고 독립적으로 운영되지만, 일반적으로 양원의 회의는 같은 시기에 동시에 개최된다(의회법 제2조 제4항). 연방의회(본회의)는 연간 52일 동안 개회되고, 각 정기회마다 평균 13~15차례 본회의가 개최되며, 양원의 연간 누적 회의시간을 합하면 약 500시간에 달한다.[19]

[표 33] 연방의회 의회기

의회기	기 간	선거일(하원·상원)	의회기	기간	선거일(하원·상원)
제51대 의회	2019.12.2.~2023.12.1.	2019. 10.20.[20]	제45대 의회	1995.12.4.~1999.12.5.	1995. 10. 22.
제50대 의회	2015.11.30.~2019.12.1.	2015. 10. 18.	제44대 의회	1991.12.~1995.12.	1991. 10. 21.
제49대 의회	2011.12.5.~2015.11.29.	2011. 10. 23.	제43대 의회	1987.12.~1991.12.	1987. 10. 18.
제48대 의회	2007.12.3.~2011.12.2.	2007. 10. 21.	제42대 의회	1983.12.~1987.12.	1983. 10. 23.
제47대 의회	2003.12.1.~2007.11.30.	2003. 10. 19.	제41대 의회	1979.12.~1983.12.	1979. 10. 21.
제46대 의회	1999.12.6.~2003.11.30.	1999. 10. 24.	제40대 의회	1975.12.~1979.12.	1975.10.26.

자료: 연방의회 홈페이지 등을 참조하여 필자 작성.[21]

하원은 4년간 확정된 의회기 동안 활동하고, 의원임기 만료 후에 의원 및 행정에 관한 불연속 기간이 존재한다. 다만, 새로운 의회(위원회)가 구성될 때까지 임기가 만료되는 의회(위원회)는 겨울 정기회의 첫 번째 회의에서 처리되는 안건에 대한 사전심사를 담당한다.[22]

상원의원의 선출, 임기 등은 칸톤 자율로 정하고 있을 뿐(연방헌법 제150조 제3항) 연방헌법에 규정되어 있지 않다. 또한 상원의원을 동시에 교체하는 총선거가 실시되지 않기 때문에 상원은 하원과 같은 의회기가 존재하지 않는다.[23]

나. 정기회 등 회기

회기는 의회가 안건 등을 심의하기 위해 연방의원이 모이는 일정 기간으로, 정기회, 임시회 및 특별회로 분류할 수 있다. 상원과 하원은 1년에 4회, 정기적으로 3주 동안 정기회[24]를 개최한다. 1848년 연방헌법에는 연방의회가 "1년에 1회 정기회를 연다"라고 규정됐고, 연방의회는 1년에 2주 또는 3주 동안 정기회를 개최한 후 폐회됐다. 1863년 12월 22일 연방법은 두 '부분'으로 분할된 정기회를 규정했다. 연방의회가 자주 휴회 결정을 하는 바람에 두 부분도 각각 두 부분으로 다시 분할됐다. 1962년 3월 23일 의사절차법[25]에서 1년 4회의 정기회 체제가 공식적으로 규정됐다.[26]

봄 정기회는 3~4월, 여름 정기회는 5~6월, 가을 정기회는 9~10월, 겨울 정기회는 11~12월에 개최된다. 연방의회 홈페이지에 연간 정기회 일정이 게시되어 있다. 2021년의 경우 봄 정기회는 3월 1일~3월 19일, 여름 정기회는 5월 31일~6월 18일, 가을 정기회는 9월 13일~10월 1일, 겨울 정기회는 11월 29일~12월 17일, 특별회는 5월 3일~5월 5일이다. 또한 2022년 정기회 일정도 함께 공지되어 있어 안정적이고 계획적인 회의가 가능하다.[27]

하원은 특별한 예외가 없는 한 의사규칙에 따라 정해진 일정대로 회의를 개최한다. 대부분의 회의는 오전에 진행되지만 수요일과 목요일은 오전에 이어 오후에도 회의가 열린다. 이를 구체적으로 살펴보면, 월요일은 14시 30분부터 17시까지, 화요일은 8시부터 13시까지, 수요일은 8시부터 13시까지, 15시부터 19시까지, 목요일은 8시부터 13시까지, 마지막 회기 주의 목요일은 15시부터 19시까지, 마지막 회기 주의 금요일은 8시에서 11시까지 회의가 열린다. 교섭단체 회의를 월요일 오후 회의 시작 전에 개최하기 때문에 연방의원들은 월요일 회의에 대체로 참석하는 경향을 보인다.[28] 또한 화요일 오후도 교섭단체 회의를 위해 본회의 일정이 없다(하원 의사규칙 제34조 제1항). 업무 부담이 많고, 긴급한 업무처리가 요구되는 경우 19시부터 22시까지 야간 회의를 한다(하원 의사규칙 제34조 제2항).

[표 34] 연방 상 · 하원 주간 회의일정

요일	하원 개회 시간	상원 개회 시간
월	14:30 - 19:00 14:30 - 19:00	16:15 - 20:00(1주 차) 15:15 - 20:00(2주~3주 차)
화	08:00 - 13:00	08:15 - 13:00
화요일 오후	*교섭단체별 회의	*교섭단체별 회의
수	08:00 - 13:00	08:15 - 13:00
수요일 오후	15:00 - 19:00	15:00 - 19:00
목요일	08:00 - 13:00	08:15 - 13:00
목요일 오후(마지막 셋째 주)	15:00 - 19:00	15:00 - 19:00
금요일(마지막 셋째 주)	08:00 - 11:00	08:15 - 08:30
예외적인 야간 회의(업무의 긴급성)	19:00 - 22:00	긴급한 필요

자료: https://www.parlament.ch/en/ratsbetrieb/sessions (2021. 12. 10. 최종 확인).

상원도 의사규칙에 정해진 바에 따라 주간 캘린더식 일정으로 회의가 진행된다. 첫째 주 월요일은 16시 15분~20시까지, 둘째 주 및 셋째 주 월요일은 15시 15분~20시까지, 화요일은 8시 15분~13시까지 회의가 열린다. 화요일 오후에는 교섭단체 회의가 열린다. 수요일은 8시 15분~13시까지, 수요일 오후는 15시~19시까지, 목요일은 8시 15분~13시까지, 셋째 주 목요일 오후는 15시~19시까지, 셋째 주 금요일은 8시 15분~8시 30분까지 열린다. 처리해야 할 안건이 많고 긴급한 경우, 오후 회의는 야간 회의(19시~21시 45분)까지 연장될 수 있다. 처리할 사안이 많지 않으면 오후 회의를 생략할 수 있다.[29]

다. 정기회 운영

매 정기회마다 의회사무총장이 서명한 서신에 따라 정기회가 소집되고, 의사일정을 바탕으로 안건을 심의한다. 정기회에 앞서 연방의원에게 양원 집행부에서 작성한 프로그램, 정기회 첫날의 의사일정, 각종 제안서 및 발언 자료, 안건의 제출 기간 등 의사일정(dépliants)이 공지된다.[30] 의사일정에는 연방정부 및 상 · 하원의 결정, 위원회가 채택한 안건, 소수 제안 등이 포함되고, 의안번호를 통해 의안정보시스템에서 안건을 열람할 수 있다. 정기회 의사일정은 정기회 시작 2~3주 전에 열리는 양원 집행부 회의가 끝난 후 정기회 시작 2주 전에 인터넷에 게시되고, 의원들에게는 문서로 전달된다. 첫 번째 본회의 의사일정 역시 2주 전에 인터넷에 게시되고, 정기회 중에는 다음 날 의사일정이 인터넷과 부속실에 게시되고 의원들에게 배포된다.

매 정기회 시작 전에 연방의회에서 국가(國歌)가 연주된다. 2000년 조사에 따르면 스위스 국민의 3%만이 국가 전부를 부를 수 있고, 30%가 국가의 일부만 부를 수 있다고 한다.[31] 2009년 12월 11일 정기회 시작 전에 국가를 연주하자는 Marra Ada 의원의 발의안이 하원에서 가결됐다.[32] 반면, 루체른 칸톤 출신 하원의원이 2009년 연방의회에서 '보여주기식 애국심(show patriotism)'인 국가연주를 폐지하자는 법안제출요구안을 제출했다. 이 제안은 93대 83의 근소한 차이로 부결됐다.[33]

양원에서의 안건심사는 3단계로 이루어진다. 위원회의 심사 경과를 들은 후 상원 또는 하원 본회의에서 안건에 대한 심의 여부를 결정하는 도입토론을 실시한다. 안건을 심의하기로 의결하면 본회의는 축조심사를 진행한 후 의결절차를 거친다.[34] 반대가 없는 안건은 표결을 실시하지 않는다. 동일한 주제이지만, 상반되거나 유사한 내용이 담긴 2개의 제안서가 상정되면 이 중 어느 안건을 채택할지에 대한 투표가 실시된다. 동일한 주제에 대해 3개 이상의 제안서가 상정되면 제거투표(elimination vote)가 실시되어 2개의 제안서만 남긴다. 그 이후 2개의 안건 중 어느 안건을 채택할지를 투표한다. 안건에 관한 투표를 통해 이견이 해소되도록 하되, 이견이 해소되지 않으면 의원 제안, 소수 제안, 연방내각 제안 순으로 제거투표가 실시된다. 2개의 제안서 중 채택된 1개의 안건이나 위원회에서 채택한 안건을 대상으로 표결이 실시되고, 조문별로 1개 이상의 질의가 나오면 각 조문별로 표결이 실시된다. 이러한 안건심의 절차는 회의 중 의사진행과 관련된 발언인 의사진행발언[35]과 그 성격이 다르다.[36] 한쪽 의회(본회의)에서 가결된 안건은 다른 쪽 의회에 송부되어 동일한 심의절차를 거친다. 최종투표는 각 정기회의 마지막 셋째 주 금요일에 일괄적으로 실시된다.[37]

의장이나 의회사무처 직원이 벨을 통해 투표가 진행될 예정임을 알리고, 본회의장 부속실에는 투표 관련 사항이 음성으로 안내된다. 의원들은 의회 내 카페에서 TV 화면을 통해 회의 진행 상황을 파악할 수 있기 때문에 투표가 실시되기 전에 상원 또는 하원 본회의장으로 향한다.

2. 임시회 및 특별회

가. 임시회

상원과 하원은 각각 독립적으로 임시회[38]를 열 수 있다. 임시회는 특정안건의 심의를 위해 연방의원 4분의 1 이상 또는 연방내각이 소집을 요구할 수 있다(연방헌법 제151조 제2항, 의회법 제2조 제3항). 임시회에서 심의되는 안건은 주요 인사선출안, 연방내각 또는 연방의회(위원회)에서 제출한 법률안, 양원 모두에 제출된 법안제출요구안, 양원 모두에 제출된 연방내각 또는 연방의원의 성명서로 한정된다(의회법 제2조 제3항). 임시회는 원칙적으로 3주간의 정기회 중에 열린다. 그러나 5억 프랑을 초과하는 추가경정예산의 사후 승인을 위해 재정위원회 동의 후 1주일 이내에 임시회 소집이 요구되는 경우 소집요구서가 제출된 후 셋째 주에 임시회가 개최된다(연방재정법 제28조 제3항, 제34조 제4항).[39]

1999년까지 연방내각, 하원의원의 1/4 또는 5개 칸톤이 임시회 소집을 요구할 수 있었다(종전 연방헌법 제86조 제2항). 그러나 신연방헌법에 따라 2000년 이후부터 상원의원의 1/4도 임시회 소집을 요구하도록 했으나, 칸톤은 임시회를 요구할 수 없도록 개정됐다.[40]이는 칸톤에서 임시회를 요구한 사례가 2000년 폐지될 때까지 한 번도 없었던 점을 반영한 것이다.

임시회 개최현황을 살펴보면, 하원에서 1891년 한 차례 임시회를 요구한 이후 1984년까지 임시회를 요구한 적이 없었다. 1985년부터 2016년까지 하원의원 1/4 이상의 요구로 임시회가 스물여섯 차례 소집됐다. 임시회 소집은 대체로 사회주의 정당 또는 우파정당(스위스국민당) 소속의원이 요구하는데, 스위스국민당 소속의원은 9번 요구했다.[41] 2000년 이후 임시회 소집요구 권한이 부여된 상원의원은 아직 임시회 소집을 요구하지 않았다. 연방내각은 오래전에 대외적 위험 등 긴급한 상황에 처하거나 많은 안건을 신속히 처리하기 위해 임시회 소집을 요구했다. 1914년과 1939년 연방내각은 군대의 총사령관을 선출하기 위해 임시회 소집을 요구했다.[42]

[표 35] 하원의원 1/4이 요구하여 소집된 임시회 현황

일 자	의사일정	비고(요구정당)
1891년 7월	지폐의 독점 도입	
1985년 2월 6~7일 하원 (1985년 2월 4~8일에 열린 특별회 범주에서) 1985년 2월 8일 상원 (1985년 2월 7~8일에 열린 특별회 범주에서)	산림파괴 대책	
1986년 10월 9일~11일 하원(가을 정기회에 이어) 1986년 10월 9일 상원(가을 정기회에 이어)	체르노빌 사태에 따른 에너지 정책	
1998년 1월 22~23일 하원 (1998년 1월 19~23일에 열린 특별회 범주에서) 1998년 1월 21일 상원 (1998년 1월 19~22일에 열린 특별회 범주에서)	경제정책, 세금 탈루 및 합병(UBS 및 SBS의 합병)	
2001년 11월 16일 하원(별도 회기) 2001년 11월 17일 상원(별도 회기)	스위스항공의 재정	
2002년 10월 3일 하원(가을 정기회 범주에서) 2002년 9월 26일 상원(가을 정기회 범주에서)	LPP(사회보장) 최소 이자율	
2007년 10월 1일 하원 및 상원(가을 정기회 범주에서)	세무 관련	스위스국민당
2008년 12월 8일 하원(겨울 정기회 범주에서) 2008년 12월 9일 상원(겨울 정기회 범주에서)	재정 위기	
2009년 3월 9일 하원(봄 정기회 범주에서) 2009년 3월 11일 상원(봄 정기회 범주에서)	경제 위기	
2009년 6월 3일 하원(여름 정기회 범주에서) 2009년 6월 11일 상원(여름 정기회 범주에서)	형법 강화	스위스국민당

일 자	의사일정	비고(요구정당)
2009년 9월 15일 하원(가을 정기회 범주에서) 2009년 9월 9일 상원(가을 정기회 범주에서)	경기 및 실업	
2009년 12월 3일 하원(겨울 정기회 범주에서) 2009년 12월 8일 상원(겨울 정기회 범주에서)	우유 가격 및 농업정책	스위스국민당
2010년 3월 3일 하원(봄 정기회 범주에서) 2010년 3월 18일 상원(봄 정기회 범주에서)	이민	
2010년 3월 10일 하원(봄 정기회 범주에서) 2010년 3월 2일 상원(봄 정기회 범주에서)	실업	스위스국민당
2011년 4월 12일 하원(특별회 범주에서) 2011년 6월 9일 상원(여름 정기회 범주에서)	2차 법인세 개혁	
2011년 6월 8~9일 하원(여름 정기회 범주에서) 2011년 9월 28일 상원(가을 정기회 범주에서)	핵에너지 및 대체 에너지	
2011년 6월 9일 하원(여름 정기회 범주에서) 2011년 6월 6일 상원(여름 정기회 범주에서)	유럽 정책 및 양자 협약 III	스위스국민당
2011년 9월 28일 하원(가을 정기회 범주에서) 2011년 9월 12일 상원(가을 정기회 범주에서)	이민 및 망명	스위스국민당
2011년 9월 19~20일 하원(가을 정기회 범주에서) 2011년 9월 14일 상원(가을 정기회 범주에서)	국민의 경제 및 사회적 상황	
2011년 12월 21일 하원(가을 정기회 범주에서) 2011년 12월 6일 상원(가을 정기회 범주에서)	프랑의 강세: 산업부문에 대한 위협	
2012년 3월 14일 하원(봄 정기회 범주에서) 2012년 3월 15일 상원(봄 정기회 범주에서)	스위스 중앙은행의 신용도 회복	
2013년 4월 17일 하원(특별회 범주에서) 2013년 3월 6일 상원(봄 정기회 범주에서)	솅겐/더블린(Schengen/Dublin)	스위스국민당
2013년 6월 19일 하원(봄 정기회 범주에서) 2013년 6월 20일 상원(여름 정기회 범주에서)	세무 및 정보의 자동 교환 규칙에 따른 금융센터	
2015년 9월 9일 하원(가을 정기회 범주에서) 2015년 9월 10일 상원(가을 정기회 범주에서)	망명 분야에서 즉각적인 유예	스위스국민당
2016년 12월 10일 하원(겨울 정기회 범주에서) 2016년 12월 7일 상원(겨울 정기회 범주에서)	유럽으로의 난민의 쇄도 및 국경 통제	스위스국민당
2016년 12월 16일 하원(가을 정기회 범주에서) 2016년 12월 17일 상원(겨울 정기회 범주에서)	공공서비스에 관한 보고서	

자료: Bibliothèque du Parlement(2017: 9).

나. 특별회

특별회[43]는 정기회에서 처리하지 못한 안건을 논의하기 위해 열린다(연방헌법 제151조 제1항, 의회법 제2조 제2항). 상원과 하원은 각각 별개로 독립적으로 특별회를 소집할 수 있다. 특별회는 적어도 1년에 한 번, 1주일 동안 열리며(하원 의사규칙 제33조의 d 제1항 제b호), 이 경우 임시회 규정은 적용되지 않는다(하원 의사규칙 제33조의 d 제2항). 대체로 특별회는 봄 정기회와 여름 정기회 사이에 과부하된 업무량을 해소하기 위해 개최되고, 임시회 안건이 특정된 것에 비해 특별회의 안건은 특정되지 않는다. 그리고 연방헌법에 근거를 가지는 임시회와 달리 특별회는 의회법에 직접적인 근거를 둔다는 점에 차이가 있다.[44]

1974년 3월 14일 의사절차법에 4번의 정기회 외에 다른 회기를 운영할 수 있는 규정이 신설됐다. "특별회"라는 용어는 1991년 10월 4일 의사절차법에 도입됐고, 1992년 2월 1일부터 "각 의회는 독자적으로 특별회를 개최할 수 있다"라는 내용이 규정됐다(의사절차법 제1조 제2의 2항). '독자적으로'라는 용어는 각 의회의 상황을 고려한 것이다. 처음에는 상원과 하원의 특별회 소집이 비슷했지만 점차 안건이 많은 하원에서 더 개최됐다. 특별회는 1992년 의사절차법에 특별회가 명시적으로 규정된 이후 2017년까지 하원 및 상원에서 8번, 하원에서 13번, 상원에서 2번 등 모두 23번 개최됐다.

[표 36] 특별회 개최현황(1992년 이후)

일자	하원 및 상원	하원	상원
1992. 08. 24. - 09. 03.	O		
1993. 04. 26. - 04. 29.	O		
1995. 01. 23. - 02. 03.	O		
1997. 04. 28. - 04. 30.	O		
1998. 01. 19. - 01. 23.	O		
1998. 04. 27. - 04. 30.	O		
1999. 04. 20. - 04. 22.	O		
1999. 08. 30. - 09. 03.	O		
2001. 05. 07. - 05. 09.		O	
2002. 04. 15. - 04. 17.		O	
2003. 05. 05. - 05. 08.		O	
2004. 05. 03. - 05. 07.		O	
2006. 05. 08. - 05. 12.		O	
2008. 04. 28.			O
2009. 04. 27. - 04. 30.		O	
2009. 08. 10. - 08. 11.			O
2011. 04. 11. - 04. 14.		O	
2012. 05. 02. - 05. 03.		O	
2013. 04. 15. - 04. 17.		O	

일자	하원 및 상원	하원	상원
2014. 05. 05.		O	
2015. 05. 01. - 05. 07.		O	
2016. 04. 25. - 04. 27.		O	
2017. 05. 02. - 05. 04.		O	
합계(횟수)	8	13	2

자료: Bibliothèque du Parlement(2017: 7).

2005년, 2007년, 2008년에 하원 집행부는 특별회를 개최하지 않기로 결정했다. 그러나 수많은 안건이 특별회 중에 처리될 수밖에 없었고, 특별회 개최 포기 선언이 나오지 않도록 하원 의사규칙을 개정했다(의안번호 07.400[45]). 2009년부터 1년에 한 번 일주일간 특별회를 개최하도록 규정했다(하원 의사규칙 제33조의 d 제1항 제b호). 공식적으로는 "임시회"와 "특별회"를 구분하지 않고 사용하는 경우가 많기 때문에 "특별회"인지 또는 "임시회"인지 구별하기가 어렵다.[46]

제3절 연방의회 발언 및 토론

1. 연방의회 언어

가. 연방의원 구사 언어

연방헌법에서 독일어, 프랑스어, 이탈리아어, 레토로망스어를 국어로 지정했다(연방헌법 제4조). 4개 국어는 양원에서 동등한 지위를 가지기 때문에 연방의원은 본인의 선택에 따라 4개 국어 중 하나를 연방의회에서 사용할 수 있다(국어법[47] 제8조 제1항). 2014년 현재 연방의원의 언어 구사 현황을 살펴보면, 175명이 독일어(71%), 57명이 프랑스어(23%), 11명이 이탈리아어(5%), 3명이 레토로망스어(1%)를 사용한다. 연방의원의 구사 언어는 지역별 언어사용권과 일치하고, 스위스 전체의 언어사용 비율과 비슷하다.[48]

하원의장은 자신의 언어로 회의를 주재하지만, 중요발표, 전달사항, 의사일정 등은 통역사가 다른 공용어로 통역한다(하원 의사규칙 제37조 제1항). 연방의원은 출신 지역 칸톤의 공용어로 발언한다. 예를 들어 프랑스어권 칸톤을 대표하는 독일어 구사 의원은 연방의회에서 프랑스어를 사용한다. 이탈리아어와 레토로망스어로 말하는 연방의원의 숫자가 적다는 점을 고려한다면, 대부분의 토론은 독일어와 프랑스어로 진행되고, 이탈리아어와 레토로망스어 토론은 아주 드물다.[49] 2개 이상의 공용어를 채택한 칸톤(베른, 프리부르, 그라우뷘덴, 발레 칸톤)에서는 연방의원이 자신의 언어사용 지역을 대표한다는 규정은 없다.[50] 몇몇 연방의원이 2~3개의 언어를 구사하는데, 이들은 가장 편한 언어로 발언한다. 예를 들어 상원의원이 해당 지역구를 대표하는 연설을 할 때는 이탈리아어로 말하지만, 모든 사람이 그의 주장을 듣기를 원한다면 프랑스어나 독일어로 말한다. 위원회는 회의에 참석한 외부전문가, 이해당사자의 의견을 청취하되, 가능한 여러 개의 공용어로 진술되도록 한다(의회법 제46조 제3항). 이러한 언어사용 원칙은 연방각료와 연방법관에도 적용된다. 4개의 국어로 진행될 수 있는 소송절차에서는 참여자들이 사용하는 언어가 선택된다(연방행정소송법 제33조의 a)[51]. 연방법관은 법정에서 자신의 언어를 사용하고, 법원의 결정과 판결문은 토론이 진행된 언어를 사용한다.

양원 합동의회 및 하원에서 본회의 토론이 진행되는 동안 독일어 · 프랑스어 · 이탈리아어로 회의가 동시 통역된다(하원 의사규칙 제37조 제2항). 레토로망스어 통역은 사전요구가 있을 때 가능하다. 특별히 중요하거나 복잡한 문제가 아니라면 이미 보고된 사항을 다른 국어로 반복해서 설명하지 않는다(하원 의사규칙 제19조 제1항). 상원에서는 동시통역이 지원되지 않는다.[52] 상원의원은 적어도 몇 가지 공용어를 이해할 수 있는 수준이어야 한다는 인식을 반영한 것으로 이해된다.

위원회에서 보고자료 등은 대체로 독일어와 프랑스어(또는 이탈리아어)로 번역되지만(하원 의사규칙 제19조 제1항), 위원회의 토론은 비용과 시설 등의 이유로 인해 동시통역이 제공되지 않는다. 2007년 6월 60여 명의 하원의원이 제출한 위원회 동시통역 요청에 관한 법안제출요구안(07.3355)은 부결됐고, 위원회에서 동시통역은 제공되지 않는다. 당시 하원 집행부는 "연방의원은 언어, 문화, 타인에 대한 태도를 이해하고, 토론에서 언어적 장벽을 극복해야 한다. 또한 위원회 회의장의 구

조적 한계와 상당한 비용이 소요된다."라는 의견을 제시하면서 반대했다.[53]

나. 연방의회 문서

본회의 및 위원회 심사를 위해 제출되는 보고서, 법률안 초안, 신청서 등은 독일어, 프랑스어, 이탈리아어로 작성된다(국어법 제8조 제2항). 그 밖의 다른 서류들은 적어도 독일어와 프랑스어로 작성된다(의회법 제46조 제3항). 일반적으로 연방 공무원은 소관 위원회에 2개의 공식 언어(독일어, 프랑스어)로 작성된 문서를 제출한다. 예외적으로 위원회의 자료 제출 요구가 짧은 기간 내에 이루어졌거나 자료의 양이 상당할 경우 추후 번역본이 제출된다.[54]

연방의원은 본인의 언어선택에 따라 서면제안을 제출할 수 있다. 공식 게시판, 웹사이트 등은 4개 언어가 제공된다. 법안제출요구안, 대정부질문, 의원발의안, 연방의회 가이드, 언론 보도, 의원신상 공지 등은 독일어, 프랑스어, 이탈리아어로 번역된 이후 회람된다. 의회발간물, 의회 데이터베이스, 수정된 의사일정은 적어도 2개 언어(독일어, 프랑스어)로 번역되어 회람된다. 일부 자료는 영어로 번역되기도 한다.

2. 연방의회 발언

하원에서 발언하기 위해서는 하원의장의 허가를 받아야 한다(하원 의사규칙 제41조 제1항). 하원의원은 하원의장에게 서면으로 발언을 신청하고, 의장은 발언신청 순서대로 발언권을 부여한다(하원 의사규칙 제41조 제2항). 그러나 하원의장은 주제별, 언어권별, 관점별로 구분하여 발언 순서를 정할 수 있다(하원 의사규칙 제41조 제3항). 교섭단체 대표의원과 의원발의안, 법안제출요구안, 정책검토요청서 등을 제출한 의원은 다른 의원들보다 먼저 발언한다(하원 의사규칙 제41조 제4항). 의원발의안, 법안제출요구안, 정책검토요청서를 제출한 의원은 해당 안건을 반대하는 의견에 반론을 개진할 수 있고, 이를 반대한 의원도 발언할 수 있다(의회법 제6조 제4항). 어떤 의원도 같은 사안에 대해 두 번 이상 발언권이 부여되지 않는다(하원 의사규칙 제41조 제5항). 위원회 보고의원과 연방각료 대표는 모든 사안에 대해 발언권을 갖는다(하원 의사규칙 제41조 제6항).

발언 시간은 발언자에 따라 달라진다. 도입토론에서는 위원회 보고의원[55]에게 총 20분, 연방각료 대표에게 20분, 교섭단체 대표 의원에게 각 10분, 그 밖의 발언 의원에게 5분씩 부여된다(하원 의사규칙 제44조 제1항). 도입토론을 제외한 그 밖의 토론에서는 교섭단체 대표의원, 의원발의안 발의의원, 개별 발언의원에게 각각 5분씩이 부여되지만, 위원회 보고의원과 연방각료 대표에게는 발언 시간제한이 없다(하원 의사규칙 제44조 제2항). 그 밖의 토론에서 발언 시간은 요청에 따라 연장될 수 있다(하원 의사규칙 제44조 제3항). 위원회별로 2명의 보고의원이 있고, 하원의장석 앞 열에 보고의원석(2석), 발언의원석(1석)이 마련되어 있다. 위원회 보고의원은 독일어와 프랑스어로 위원회 활동 경과를 발표하고, 토론 중에 제기되는 의견에 대응한다. 연방각료는 하원의장석 앞 열의 좌우 양쪽에 마련된 연방각료 의석에서 토론이 진행되는 안건에 대한 연방내각의 의견을 밝힌다.[56]

연방의원이나 연방각료 대표는 발언을 마친 후 발언자에게 발언 내용에 대해 간략한 질문을 할 수 있지만 자신의 의견을 정당화하는 발언을 할 수 없다(하원 의사규칙 제42조 제1항). 한편 발언 도중 발언자에게 질문하기 위해서는 의장의 요청에 따라 발언자가 수용 의사를 밝혔을 때 가능하고, 이 경우 발언자는 중간질문에 대해 짧게 답변한다(하원 의사규칙 제42조 제3항).

하원과 달리 상원은 발언 시간의 제한이 없다. 다만, 상원의장에게 발언 허가를 받은 이후에 모든 안건에 대해 발언할 수 있다(상원 의사규칙 제35조 제1항). 상원의장은 발언신청 순서대로 발언을 허가하지만(상원 의사규칙 제35조 제4항), 위원회 보고의원, 심사를 담당한 위원회 위원, 다른 위원회 위원 순서대로 발언 순서를 부여한다(상원 의사규칙 제35조 제3항). 일반적으로 연방각료 대표는 마지막에 발언한다. 상원의원이 의사진행발언 또는 개인적인 신상 발언을 하는 경우 이러한 발언 순서를 따지지 않는다(상원 의사규칙 제35조 제6항).

3. 연방의회 토론

가. 토론 참여

의회라는 단어는 라틴어의 'parlare' 즉, '말하다'에서 나왔다. 의회의 실질적인 심의 결과는 무수한 토론과 논의 끝에 도출된다는 점을 보여준다.[57] 하원은 안건증가에 효율적으로 대응하고, 토론시간을 합리적으로 배분하기 위해 발언 시간에 제한을 둔다. 하원의 경우 안건의 성격과 중요도에 따라 토론을 6개 범주(자유토론, 기획토론, 교섭단체 토론, 단축토론, 교섭단체 토론과 단축토론이 혼합된 토론, 서면 토론)로 구분한다.

위원회 보고의원과 연방각료 대표는 원칙적으로 안건이 어느 토론에 속하는지와 관련 없이 모든 안건에 대해 발언할 수 있다(하원 의사규칙 제46조 제3항). 다만, 교섭단체 토론과 약식토론에 회부된 안건에 대해서는 발언할 수 없다(하원 의사규칙 제48조 제3항). 또한 의원발의안, 법안제출요구안, 정책검토요청서를 제출한 의원은 해당 안건이 어떤 토론분류에 속하는지와 관계없이 발언할 수 있다. 칸톤발안의 경우 칸톤발안이 어느 토론에 속하는지와 관계없이 칸톤의 과반수 지지를 얻은 의원이 칸톤발안을 구두로 제안 설명할 수 있다(하원 의사규칙 제46조 제5항). 안건에 대해 첫 번째로 반대의견을 낸 의원에게 우선으로 발언권이 주어지고, 토론신청이 없는 경우 토론을 생략할 수 있다(하원 의사규칙 제45조 제1항). 하원은 토론에 회부된 안건을 조문별, 장(章)별 또는 일괄하여 토론에 부칠 수 있다(하원 의사규칙 제45조 제2항).

하원의장은 더 이상의 발언신청이 없거나 발언 시간이 경과한 경우 토론을 종료한다(하원 의사규칙 제52조 제1항). 교섭단체 대표의원의 발언과 설명이 종료된 이후에는 하원의장이 더 이상 발언할 의원이 없음을 선언한다(하원 의사규칙 제52조 제2항). 토론 종료가 선언된 이후 위원회 보고의원과 연방각료 대표는 토론 중 이루어진 여러 발언에 대해 간략하게 마무리 답변을 할 수 있다(하원 의사규칙 제52조 제3항). 본회의 토론사항은 바로 공용어(독일어, 프랑스어, 이탈리아어)로 번역되고, 이렇게 작성된 문서는 약 1시간 후에 홈페이지에서 열람할 수 있으며, 본회의

종료 후에 인쇄되어 발간된다.[58]

나. 토론 종류

하원 안건은 자유토론(카테고리 I), 기획토론(카테고리 II), 교섭단체 토론(카테고리 III), 단축토론(카테고리 IV), 교섭단체 토론과 단축토론이 혼합된 토론, 서면토론(카테고리 V) 중 하나로 구분되어 토론된다(하원 의사규칙 제46조 제1항). 양원 집행부는 회기 중 의사일정을 작성할 때, 토론에 회부될 안건을 어느 분류(카테고리)로 회부시킬지를 결정한다(하원 의사규칙 제46조 제2항).

[표 37] 토론종류별 발언

카테고리	I	II	IIIa	IIIa/IV	IIIb	IIIb/IV	IV	V
토론 명칭	자유 토론	기획토론	교섭단체 정식토론	교섭단체 토론	교섭단체 약식토론	소그룹 토론	단축토론	서면 토론
발언자	의원들 전부	집행부가 지명한 의원, 안건 제출 의원	교섭단체 대표, 안건 제출의원	교섭단체 대표, 위원회 소수의견 제출 의원	교섭단체 대표, 안건 제출의원	교섭단체 대표, 안건 제출의원, 위원회 소수의견 제출의원	소수의견 제출의원	위원회는 보고서를 서면으로 제출
발언 시간	5분	20분 (보고의원, 내각 대표) 10분(교섭단체 대표) 5분(그 외)			20분 (보고의원, 내각 대표) 5분(교섭단체 대표) 5분(그 외)			
대상과 특징	모든 안건	도입토론 여부, 대정부 질문		소수의견은 제출의원 미포함 (정식토론+단축토론)	교섭단체 대표 발언 시간 축소	교섭단체 대표 발언 축소, 소수의견은 제출의원 미포함 (약식토론+단축토론)	소수의견 제출의원 (개별제안+서면제안)	발언권 없음

출처: 연방의회 홈페이지 등 참조하여 필자 작성

자유토론[59](카테고리 I)에 회부된 안건은 모든 하원의원이 5분 범위 내에서 자유롭게 토론할 수 있다(하원 의사규칙 제44조 제2항).[60] 하원 집행부는 교섭단체의 발언 시간 총량을 결정하고, 교섭단체별 의석수에 따라 발언 시간을 배분한다(하원

의사규칙 제47조 제2항). 교섭단체는 배분된 발언 시간을 소속 의원에게 어떻게 할당할지를 알린다(하원 의사규칙 제47조 제3항). 교섭단체에 속하지 않은 무소속 의원도 일정한 시간이 배정된다(하원 의사규칙 제47조 제4항).

기획토론[61](카테고리 II)에 회부되는 안건은 의안에 대한 도입토론 여부, 대정부 질문이다(하원 의사규칙 제47조 제1항). 하원 집행부가 지명한 의원, 안건을 제출한 의원이 기획토론에서 발언할 수 있다. 기획토론의 경우 위원회 보고의원은 20분, 교섭단체 대표의원은 10분, 연방내각의 대표는 20분, 그 밖의 발언의원은 5분의 발언 시간을 가진다(하원 의사규칙 제44조 제1항).

교섭단체 토론(카테고리 III)은 교섭단체 정식토론(IIIa)과 교섭단체 약식토론(IIIb)으로 구분된다(하원 의사규칙 제48조). 교섭단체 정식토론(IIIa)[62]과 교섭단체 약식토론(IIIb)[63]은 교섭단체를 대표하는 의원과 의안을 발의한 의원에게만 발언권이 부여된다(하원 의사규칙 제48조 제1항 · 제2항). 교섭단체 정식토론과 교섭단체 약식토론의 차이는 교섭단체 대표의원의 발언 시간 단축 여부이다. 교섭단체 약식토론에서 교섭단체 대표의원의 발언 시간은 도입토론 발언 시간의 절반으로 줄어들고, 다른 발언의원의 발언 시간은 그대로이다. 따라서 교섭단체 대표의원의 발언 시간은 종전 10분에서 5분으로, 의안을 발의한 의원의 발언 시간은 5분이다.

단축토론(IV[64])에서는 위원회 제출안에 대한 소수의견을 제기하는 의원만 발언할 수 있다(하원 의사규칙 제48조 제2항). 단축토론의 대상이 되는 것은 의원발의안이 개별적인 제안이고, 서면으로 이유가 작성된 경우이다. 교섭단체 토론으로 회부된 의원발의안에 대해 단축토론이 실시된 경우 교섭단체 토론으로 기재된다. 법안제출요구안, 정책검토요청서를 대상으로 단축토론이 진행하는 경우 해당 안건을 반대한 의원이 발언할 수 있다(하원 의사규칙 제48조 제2항의 2).

교섭단체 토론과 단축토론이 혼합된 토론이 있다. 교섭단체 정식토론과 단축토론이 혼합된 경우(IIIa/IV) 또는 교섭단체 약식토론과 단축토론이 통합된 경우(IIIb/IV) 교섭단체 대표의원과 소수의견을 제기한 의원이 발언할 수 있다. 두 분류의 차이는 교섭단체 대표의원의 발언 시간 축소 여부이다.[65] 약식토론의 경우 교섭단체 대표의원의 발언 시간이 절반으로 축소되기 때문이다.

서면 토론(카테고리 V[66])은 구두 질문이 아닌 서면으로 토론하는 서면 절차이다(하원 의사규칙 제46조 제4항). 서면 토론을 따를 경우 발언권이 부여되지 않는다(하원 의사규칙 제49조 제1항).

제4절 연방의회 운영원칙

1. 다수결(정족수) 원칙

상원의장과 하원의장은 투표를 하기 전에 정족수를 확인한다(하원 의사규칙 제38조, 상원 의사규칙 제31조). 상원과 하원의 의사정족수는 재적의원 과반수 출석이다(연방헌법 제159조 제1항). 46석인 상원의 재적의원 과반수는 24석이고, 200석인 하원의 재적의원 과반수는 101석이다. 의사정족수가 충족됐는지는 출석부의 사인이나 호명투표를 통해 확인된다. 연방헌법에 따라 재적의원 과반수가 출석하지 않으면 심의할 수 없지만, 현실적으로 엄격하게 적용되지 않는 것이다. 개회 시점에 의사정족수가 충족되면 토론 등 회의 진행 중에는 계속 유효한 것으로 간주되고, 의사정족수 원칙을 요구하지 않는다. 다만, 현재 재적의원 수가 안건에 대한 토론을 지속하기에 적합한지를 의장이 판단하는 경우가 있다.

상원과 하원 회의, 양원합동회의는 출석한 의원의 과반수 득표로 결정하기 때문에 의결정족수는 출석의원의 과반수이다(연방헌법 제159조 제2항). 연방헌법 개정의 경우에도 법안과 마찬가지로 투표자의 과반수 찬성으로 의결한다.[67] 의사정족수가 아닌 의결정족수 규정은 표결 시점에서 요청된다. 상원은 지역적, 문화적, 언어적 소수를 보호하기 때문에 상원에서의 토론은 좀 더 타협이 가능하고, 하원보다는 정당별 갈등이 덜 첨예하다.[68] 따라서 상원 본회의에서 만장일치 비율은 96%를 보였다(78%가 만장일치, 18%가 만장일치에 가까운 합의율). 2021년 12월 현재 상원에서 스위스국민당의 의석점유율이 낮고(15.2%), 연방내각에 각료를 배출하는

3개 정당(기민당, 자민당, 사민당) 사이에 강한 응집력(73.9% 의석점유율)이 있어 상대적으로 만장일치 비율이 매우 높은 것으로 이해된다.

상원과 하원에서 각각 재적의원의 과반수 찬성을 요구하는 특별정족수 안건이 있다. 긴급연방법률, 2천만 프랑을 초과하는 일회성 지출, 반복적으로 200만 프랑 이상의 신규지출을 야기하는 보조금 · 채무부담행위 · 지출 상한 규정, 총지출을 증가시키는 예외적인 재정수요는 출석의원 과반수가 아닌 재적의원의 과반수 찬성을 필요로 한다(연방헌법 제159조 제3항). 또한 연방각료 등 연방의회에서 선출되는 인사에 관한 사항도 재적의원 과반수 찬성을 필요로 한다(의회법 제130조 제2항).

2. 전자투표 원칙

가. 연혁

연방의원은 원칙적으로 의원석에서 안건을 전자투표[69]로 표결한다(하원 의사규칙 제56조 제1항, 상원 의사규칙 제44조 제1항). 예외적으로 전자투표 시설이 고장 나거나 비밀토론을 하는 경우 하원에서는 기립투표나 호명투표를(하원 의사규칙 제58조), 상원에서는 거수투표 또는 호명투표를 한다(상원 의사규칙 제44조 제2항). 거수투표를 실시할 경우 앞쪽 의석에 앉은 의원들은 뒤쪽에 앉은 다른 의원들이 어떻게 투표하는지를 모르는 한계가 있었다.

전자투표의 연혁을 살펴보면 하원에서는 기립투표[70]나 기명투표[71]가, 상원에서는 거수투표[72]나 기명투표가 활용됐다.[73] 하원에 전자투표를 도입하려는 시도가 있었으나 1979년과 1984년 두 차례 부결된 이후 1990년대 이후 하원 투표가 호명투표[74] 방식으로 기록됐고, 1994년부터 전자투표 방식을 적용했다. 2007년부터 하원의원 개개인의 투표결과가 온라인에 공개됐다.[75]

상원에서는 2014년 봄부터 전자투표가 도입되기까지 거수투표를 활용했다. 상원의 모든 회의가 2006년부터 비디오 영상으로 기록되어 상원의원의 투표행태에 관심이 있는 사람은 누구라도 의회 홈페이지를 통해 확인할 수 있었다. 그러나 언론사나 연구진이 상원의원의 회의상황을 모니터링하고, 출석 여부를 일일이 확인하기가 쉽지 않았다. 이처럼 2013년 말까지 상원의 투표는 손을 들어 찬성과 반대를 표시하는 거수투표방식을 활용했다.[76] 상원의원별 투표결과는 상원의원 10명 이상이 요구하는 경우에만 공개되지만, 상원의원은 이런 선택을 거의 하지 않았다.

2002년, 2003년, 2005년에 상원은 전자투표방식을 도입하여 투표의 투명성을 제고하려는 몇 건의 제안을 부결시켰다. 2011년 12월 12일 스위스국민당 소속의 제니 디스(Jenny This) 상원의원이 전자투표의 도입과 의원별 투표기록의 부분적인 공개를 요구하는 발의안(의안번호 11.490)을 제출했다.[77] 연방내각은 투표집계 오류를 감소시킨다는 점에서 해당 발의안을 찬성했다.[78] 반면, 상원의원의 투표결과가 공개되는 경우 합의를 추구하는 상원의 정치문화가 훼손될 수 있고, 정당 대표의 압력이 증가할 것이라는 견해가 있었다. 이에 대해 유권자는 그들의 대표가 의회에서 어떻게 투표하는지를 알아야 할 권리가 있다는 점에서 투표결과 공개를 지지하는 입장도 있었다. 2012년 6월 상원 본회의에서 도입토론이 가결되어 발의안을 검토하기 시작했고, 상원 정치제도위원회는 초안을 작성하여 상원 본회의에 제출했다. 그러나 2012년 11월 실시된 상원의 최종투표에서 찬성 20, 반대 25로 해당 제안이 부결됐다.

며칠 후 시민단체(Politnetz)에서 특정 물품의 수입을 규제하는 법안의 투표결과를 집계하는 데 있어 오류가 있다는 점을 지적했다. 이 법안은 가부 결정권(캐스팅 보트)을 행사한 상원의장의 반대표에 힘입어 찬성 18, 반대 19로 통과되지 못했던 법안이었다. 당시 상원 본회의 녹화기록을 검토한 결과 상원의장의 표를 제외하고 찬성 19, 반대 17이라는 결과가 나왔다. 이러한 명백한 투표집계 오류는 큰 문제를 야기했고, 특정 물품의 수입을 규제하는 법안에 대한 투표가 다시 실시됐다. 그 이후 상원은 전자투표에 관한 종전의 결정을 재검토했다. 2013년 3월 투표의 투명성에 관한 법령(전자투표 도입 목적)이 다시 토론됐고, 3월 22일 찬성 28, 반대 14로 동 법령이 가결됐다. 당시 사민당, 녹색자유당, 보수민주당의 모든 의원이 찬성했고, 자유민주당, 기독민주당, 스위스국민당 의원의 50~60%만 찬성했다. 상원의 법령 의결 후 1년이 경과한 2014년 3월부터 상원 본회의장에 전자투

표시스템이 구축됐다.[79]

나. 투표 방법

전자투표시스템은 의석에 설치된 찬성(녹색), 반대(빨간색), 기권(흰색)이라는 3개의 버튼으로 구성된다. 전자투표의 버튼은 30초 내에 선택하고, 투표종료 8초 전부터 의원석에 장착된 전자투표의 3개 버튼이 깜박거리기 때문에 연방의원은 몇 초 간 전자투표 찬반 선호를 변경할 수 있다.[80] 연방의원이 투표를 마치면 중앙전광판에 투표결과가 즉각적으로 나타난다. 전자투표시스템 화면에 투표결과가 녹색(찬성), 빨간색(반대), 흰색(기권)으로 표시되고, 의석 분포별 투표결과도 확인된다. 투표결과는 모든 연방의원의 투표가 종료된 이후에 확인할 수 있기에 전자투표시스템이 연방의원의 투표성향에 미치는 영향은 없다. 투표결과는 본회의장에 있는 연방의원, 방청인은 물론 생방송이나 인터넷 시청자에게 공개된다.

[그림 6] 상원 본회의장 전자투표 시스템

[스위스 본회의장 전자투표 시스템]

[스위스 본회의장 방청석]

[스위스 본회의장 의원 좌석]

자료: 국회사무처 국제국(2016: 72).

한편, 하원의원 30명 이상이 호명투표를 요구하는 경우 호명투표가 실시된다(하원 의사규칙 제60조 제1항). 알파벳순으로 호명을 받은 하원의원은 하원의장이 제출한 투표안건에 대해 '찬성', '반대', '기권'이라고 대답하고, 호명을 받은 직후에 대답한 표만 계산된다(하원 의사규칙 제60조 제2항 · 제4항). 하원의원의 모든 표결이 끝난 후에 의회사무처 직원이 잠정적인 투표결과를 공지한다(하원 의사규칙 제60조 제3항). 비공개 투표를 제외한 일반적인 투표 결과는 전자투표 방식과 동일하게 공표된다(하원 의사규칙 제60조 제1항).

상원에서 전자투표 시스템에 문제가 있거나 비공개 토론을 진행하는 경우 거수투표나 호명투표로 투표를 진행한다(상원 의사규칙 제44조). 거수투표를 하더라도 투표결과가 분명하면 득표수를 계산하지 않을 수 있다(상원 의사규칙 제45조 제1항). 그러나 일괄투표, 최종투표, 재적의원 과반수 찬성이 필요한 안건(연방헌법 제159조 제3항)에 관한 투표를 거수투표 방식으로 실시하는 경우 득표수가 찬성 · 반대 · 기권으로 기록된다(상원 의사규칙 제45조 제2항).

상원의원 10명 이상이 호명투표를 요구하는 경우 호명투표가 실시된다(상원 의사규칙 제46조 제1항). 호명투표는 의회사무처 직원이 알파벳 순서로 상원의원 이름을 호명한다. 알파벳순으로 호명을 받은 상원의원은 투표안건에 대해 '찬성', '반대', '기권'이라고 대답하고, 그 표만 계산된다(상원 의사규칙 제46조 제2항 · 제3항). 상원의원의 모든 표결이 종료된 후에 의회사무처 직원이 잠정적인 투표결과를 발표한다(상원 의사규칙 제46조 제4항). 비공개 투표를 제외한 일반적인 투표 결과는 의원 이름이 기재된 명부 형식으로 공개된다(상원 의사규칙 제46조 제5항). 상원에서는 전자투표방식을 제안한 안건에 대해 2003년부터 2011년까지 한 번의 호명투표가 있었다.[81]

3. 본회의 공개 원칙

상원과 하원의 본회의는 공개되지만(연방헌법 제158조), 위원회 회의는 비공개를 원칙으로 한다(의회법 제47조).

가. 본회의 공개

상원과 하원의 본회의, 양원합동회의는 불가피한 경우를 제외하고는 공개한다(연방헌법 제158조, 의회법 제5조 제1항). 본회의 및 양원합동회의에서 논의된 심의 결과는 의회공보[82]를 통해 일반에 공개된다(의회법 제4조 제1항).[83] 의회공보의 2/3를 차지하는 발언 내용뿐 아니라 연방의원에게 제출된 문서, 제안된 개정안, 수정안, 의결사항, 투표결과, 대정부질문에 대한 답변, 양원의 심의경과 등 안건처리와 관련된 다양한 정보가 의회공보에 기록된다. 연방의원, 위원회, 언론사, 이익단체, 연방내각, 연방정부, 연방법원, 전문가, 국민은 의회사무처(공보 및 기록과) 공식 게시판(Official Bulletin)에서 문서로, 온라인으로, 웹상으로 어떠한 제약 없이 의회공보를 열람하고 활용할 수 있다.

1848년부터 양원에서 이루어진 모든 본회의 심의 내용을 공개하자는 20여 차례의 제안이 재정적인 이유 등을 들어 부결되다가 1891년부터 본회의 심의 내용이 공개됐다. 1891년 속기 부서가 신설되면서 6월 4일 최초의 '속기공보'가 발행됐다. 2000년에 본회의 토론 내용이 홈페이지에 게재됐고, 2003년에 토론과 관련된 시청각 문서가 홈페이지에 게재됐다. 하원 및 상원의 본회의는 방청석에서 지켜볼 수도 있고, 웹을 통해 인터넷(www.parlement.ch)으로 생중계되며, 스마트폰과 태블릿으로도 시청할 수 있다.

하원에서는 모든 투표결과가 기명식 명부로 공표된다(하원 의사규칙 제57조 제3항). 기명식 명부에는 찬성, 반대, 기권, 불출석, 사전양해된 불출석으로 표시된다. 사전에 양해가 되는 회의 불출석 사유는 연방의원의 업무수행 또는 사고 · 질병 · 임신 · 출산 · 친인척 사망이다(하원 의사규칙 제57조 제4항, 상원 의사규칙 제44조의 a 제5항). 투표종료 후 의원별 투표성향, 투표결과는 연방의회 홈페이지에 공개된 자료를 통해 쉽게 찾아볼 수 있고, 의원별 · 일자별 · 정당별 · 칸톤별 · 성별 검색이 가능하다.[84]

상원의 경우 전자투표시스템을 도입하면서 모든 종류의 투표결과를 공표하지 않고 중요한 회의에 한정해 투표결과를 공개하기로 했다. 어떤 경우에 투표결과를 기명식 명부 방식으로 공개할지는 양원의 의사규칙으로 결정한다(의회법 제82조). 상원에서는 ① 최종투표(가결 여부), ② 일괄투표(법률안 전체에 대한 투표), ③ 채무제동준칙(일정 금액 이상 지출), ④ 긴급투표(긴급입법),[85] ⑤ 투표결과 공개를 요구하는 상원의원 10명 이상의 요구가 있는 경우 상원의원의 이름이 표시된 기명식 명부 형식(PDF 형식)으로 공표됐다(상원 의사규칙 제44조의 a 제4항). 공개되지 않은 상원의 투표결과를 학술 목적으로 사용하기 위해서는 상원 집행부의 허가가 필요하다(상원 의사규칙 제44조의 a 제6항). 하원에서는 모든 투표결과가, 상원에서는 중요한 투표결과만 기명식 명부로 공표된다는 점에서 차이가 있다.

예를 들어 제49대 의회기(2011~2015년)에 상원에서는 모두 2,041건의 투표가 실시됐다.[86] 평균적으로 본회의 1회당 9번의 투표가 실시됐고, 투표의 56%는 비밀투표로, 44%는 공개투표(최종투표, 일괄투표, 채무제동준칙, 긴급입법)였다. 투표결과가 공개된 투표의 49%는 일괄투표, 33%는 최종투표, 18%는 채무제동준칙, 1%가 긴급입법 투표였다.[87]

[표 38] 제49대 의회(2011~2015)의 상원 투표행태

투표유형	투표행태	건수	비율(%)
비밀투표	비밀투표	1,137	56
공개투표	최종투표	302	33
	일괄투표	438	49
	채무제동준칙	159	18
	긴급입법	5	1
	소계	904	44
합계		2,041	100

자료: Katharina E. Hofer(2017: 19-20).

다만, 상원의원 6분의 1, 하원의원 6분의 1, 양원합동회의 의원의 6분의 1, 위원회의 과반수, 연방내각의 요구로 국가안보 또는 개인의 권리 보호와 관련된 안건을 비공개로 심의할 수 있다(의회법 제4조 제2항). 비공개 요구와 관련된 의결도 비공개로 진행된다(의회법 제4조 제3항). 비공개 의결에 참여하는 모든 구성원은 이와

의결된 사항에 대하여 비밀을 유지할 의무가 있다(의회법 제4조 제4항). 그러나 의회에서 비공개로 본회의가 개최된 사례는 매우 드물다. 1944년에 다양한 비밀조치를 승인하기 위한 비공개 본회의가 있었고, 1990년에 전시에 연방정부의 피난처에 관한 비공개회의가 있었다. 2건의 비공개회의에는 오직 연방의원과 의회사무총장만이 참석했고, 음향설비는 전원을 차단한 채 심의 내용이 녹음되지 않도록 했다.[88]

나. 본회의 회의록

양원의 심의(부속서 제외)를 기록한 회의록은 연간 A4 용지 10,000쪽 분량에 달한다. 의회사무처(공보 및 기록과)에는 시간제로 일하는 40여 명의 회의록 작성자가 있고,[89] 10명의 상근 직원은 철자, 맞춤법, 숫자, 화폐 수치, 연방내각의 자료 등을 점검한다. 정확성을 기하기 위해 회의록 초안이 연방의원에게 제출되고, 연방의원에게 제출된 회의록은 3일 내에 수정할 수 있다. 이 경우 형식에 관한 사항은 수정할 수 있지만 기본적인 사항은 수정되지 않는다. 근무일 기준 3일 내에 수정을 요청하지 않으면 회의록 초안은 승인된 것으로 간주된다.[90] 회의록 초안은 발언 순서에 따라 독일어와 프랑스어 등으로 편집되는데, 11명은 독일어를, 7명은 프랑스어를, 2명은 이탈리아어를 편집한다. 회의록 대부분은 독일어로 작성되며(의회공보의 75%), 나머지는 프랑스어나 드물게는 이탈리아어로 작성된다.

확인 절차를 마친 회의록은 최종본 형식으로 편집되고, 외부 인쇄소로 보내지며, 각 회기별로 회의록이 게재된다. 위원회 보고서 등 부속서에 수록된 자료는 CD 형식으로 제작되어 추가된다.

제5절 연방의회 활동 수단

1. 개요

연방의원은 국정 현안에 대해 의견을 제출할 절차적 요구수단[91]이 있다(연방헌법

제160조 제2항). 의회법에 규정된 연방의원의 절차적 요구수단은 법안제출요구안, 정책검토요청서, 대정부질문, 현안질의이다(의회법 제118조 제1항). 위원회는 위원 과반수 의결로 절차적 요구수단을 제출할 수 있고, 회기 중에는 교섭단체나 연방의원이 제출할 수 있다(의회법 제119조 제1항). 연방의원의 절차적 요구수단은 연도별, 종류별로 구분하여 의안번호가 부여된다. 연도를 앞에 두고, 그다음에 의안의 종류별로 연번을 부여한다(예: 07.301). 계류 중인 법안, 의회발의, 칸톤발안은 1970년부터, 절차적 요구는 1983년부터, 현안질의는 1986년부터 의안번호를 부여했다.[92]

[표 39] 의안번호 분류체계[93]

연번	내용
001~189	연방내각의 제안설명서 및 보고(Federal Council messages and reports)
200~299	연방각료, 연방법관 선출 등(Various parliamentary items such as the election of the Federal Council, federal judges, etc)
300~399	상원발의(Council of States initiatives)
400~499	의원발의(Parliamentary initiatives)
1000~1099	요구(Requests)
2000~2099	청원(Petitions)
3000~4999	법안제출요구안(Motions), 정책검토요청서(postulates), 대정부질문(interpellations)
5000~5999	현안질의(Question time)
9001~9009	의장, 부의장 선출 등(Non-business parliamentary votes, in particular by the Speaker or Deputy Speaker)

자료: 연방의회 홈페이지 참조

제48대 연방의회(2007~2011년)에서는 의원발의 481건, 법안제출요구안 1,952건, 정책검토요청서 683건, 대정부질문 1,882건, 현안질의 575건, 서면 질문 2,239건을 합해 모두 7,812건의 절차적 요구수단이 제출됐다.[94] 한편, 하원은 원칙적으로 의원 및 행정에 관한 불연속 기간이 존재하지만, 실질적으로는 불연속 기간이 없어서 하원 총선거 전에 의결되지 못했던 안건은 의회에 계류된다. 따라서 새롭게 구성된 하원에 이전 의회기에서 처리하지 못한 안건을 다시 제출할 필요가 없다.[95]

2. 의원발의안

의원발의안은 위원회가 연방의회에서 논의할 법률안 초안을 만드는 근거가 된다.[96] 1명 이상의 연방의원, 위원회, 교섭단체, 칸톤은 의원발의안을 제출할 수 있다(연방헌법 제160조 제1항). 의원발의안은 회기 중에 서명이 포함된 서면(전자문서 가능)으로 의회 행정실에 제출된다. 연방의원은 연방내각의 도움 없이 아이디어가 담긴 일반제안서 형식 또는 법조문 형식을 갖추어 의원발의안을 제출할 수 있다.[97] 일반제안서 형식으로 제출된 의원발의안이 연방의회에 계류 중인 법률안과 관련된 경우 제안서 형식의 의원발의안은 접수되지 않는다. 다만, 의회 집행부는 이에 대한 예외를 인정할 수 있다(의회법 제108조). 이처럼 일반제안서 형식의 의원발의안은 안건과 유사한 법률안이 없는 경우에 접수된다는 점에서 보충적 성격을 가진다.

3. 법안제출요구안

가. 개념

법안제출요구안[98]은 연방의원이 연방내각으로 하여금 법률안 초안을 제출하도록 하거나 필요한 조치를 하도록 의무를 부과하는 수단이다(의회법 제120조 제1항). 법안제출요구안은 연방의원, 위원회 또는 교섭단체가 제출한다(의회법 제109조, 하원 의사규칙 제48조 제2항의 2). 1명의 연방의원이나 교섭단체는 회기 중 언제든지 법안제출요구안을 제출할 수 있고, 다수 의원의 서명이 필요하지 않다. 법안제출요구안은 반드시 상원과 하원 모두의 동의를 얻어야 한다. 연방의회에서 법안제출요구안이 의결되면 연방내각은 법률안 초안을 제출하거나, 상응한 조치를 할 의무가 있다(의회법 제120조 제1항). 따라서 법안제출요구안은 연방의회가 연방내각에 내리는 명령의 일종으로서,[99] 입법절차의 개시를 연방내각에 의무화시키는 것이라 할 수 있다.

연방의회의 법안제출에 있어서는 법안제출요구안 형식이 널리 사용되고, 법안의 제정이나 개정 등에 유용하게 활용된다.[100] 연구에 따르면 1960년대 이후 의원발의안과 법안제출요구안은 실질적으로 증가했지만, 1960년대 초기 25%인 법안제출요구안의 성공률이 제43대 의회(1987~1991년)에서는 8%로 하락했다. 대부분의 법안제출요구안은 시간 부족으로 의회 의사일정에서 제외되고 토론도 되지 않았던 것이다.[101]

법안제출요구안 사례를 살펴보면, 2011년 6월 8일 하원은 2019년부터 2034년까지 자국 내 원전 5개의 가동을 중단하고 추가 원전을 건설하지 않는다는 법안제출요구안 2건을 통과시켰다.[102] 기존 원전의 운영 허가가 만료되는 시점(2034년)까지 모든 원전을 퇴출하자는 녹색당의 법안제출요구안(1건)은 찬성 108표, 반대 76표, 기권 9표로 가결됐다. 또한 대체 원전을 새로 건설하지 말자는 기민당의 법안제출요구안(1건)은 찬성 101표, 반대 54표, 기권 35표로 가결됐다. 친기업 성향의 중도우파 자유민주당은 기권을 했고, 극우파 스위스국민당은 반대를 했으며, 그 외 나머지 정당들은 원전 퇴출에 모두 찬성했다. 그 결과 연방정부는 2010년 3월 일본 후쿠시마 원전 폭발 사고 이후 노후 원전을 신형으로 교체하려던 계획을 보류하고 원전 퇴출안을 잠정적으로 마련했다.

나. 제출 및 심의절차

법안제출요구안을 제출받은 의회에서 이를 원안대로 가결한 경우 다른 쪽 의회로 해당 법안제출요구안을 송부한다(의회법 제121조 제2항). 법안제출요구안을 이송 받은 다른 쪽 의회는 원안대로 의결(가결, 부결)하거나 수정할 수 있다. 이 경우 소관 위원회의 과반수 결정이 있어야 한다(의회법 제121조 제3항). 다른 쪽 의회에서 법안제출요구안을 수정한 경우 이를 처음 심사한 의회에 송부하여 수정된 내용을 심의하도록 한다. 먼저 심의한 의회는 두 번째 회의를 열어(제2 독회) 해당 수정사항을 최종적으로 가결하거나 부결시킬 수 있다(의회법 제121조 제4항). 양원 중 한 쪽 의회에서 부결된 법안제출요구안은 종료(폐기)된 것으로 본다(의회법 제121조 제2항). 또한 먼저 심의한 의회의 조직 · 직무와 관련된 법안제출요구안이나, 위원회가 제출한 법안제출요구안이 다른 쪽 의회에서 가결된 내용과 동일한 경우 먼저 심의한 의회의 결정을 최종적인 것으로 보고, 다른 쪽 의회로 법안제출요구안을 송부하지 않는다(의회법 제121조 제5항).

법안제출요구안이 정기회 시작 1개월 전에 제출되는 경우 연방내각은 다음 정기회가 열릴 때까지 법안제출요구안에 대한 의견서를 제출한다(의회법 제121조 제1항).[103] 연방내각은 법적 처리기한(2년) 내에 법안제출요구안의 수용 여부를 답변하지만, 연방내각의 최종 결정이 내려진 이후에 답변할 수도 있다.

하원은 상원이 가결한 법안제출요구안을 접수한 이후 또는 연방내각의 의견서 제출 이후 두 번째 정기회까지 심사를 마친다(하원 의사규칙 제28조의 a). 상원은 하원이 가결한 법안제출요구안을 접수한 후 첫 번째 정기회에서 안건을 심의한다(상원 의사규칙 제24조). 법안제출요구안이 ① 연방의회에서 2년 안에 토론되지 않거나 ② 연방내각이 2년 안에 답변하지 않거나 ③ 제출한 의원이 사임한 경우, 법안제출요구안은 종료(폐기)된다(의회법 제19조 제5항 제a호, 제b호).[104] 또한 법안제출요구안이 행정상 결정이나 이의신청 결정에 영향을 주는 내용이 있다면 해당 법안제출요구안은 처리되지 못한다(의회법 제120조 제3항).

일부 법안제출요구안은 다른 부처와의 협의나 조정으로 법정기한(2년)까지 답변하기 어려운 경우가 있다. 법안제출요구안이 연방의회에서 가결된 후 2년 동안 연방내각에서 계류 중인 경우 연방내각은 검토계획과 조치사항을 매년 연방의회(소관 위원회)에 보고서로 제출한다(의회법 제122조 제1항).

위원회 또는 연방내각은 특별보고서나 법률안 제안설명서를 통해 목적이 달성되거나 더 이상 타당하지 않은 법안제출요구안의 종료(폐기)를 제안할 수 있다(의회법 제122조 제3항). 법안제출요구안이 상원 또는 하원의 조직 · 직무와 관련된 경우를 제외하고는 종료(폐기)가 제안된 법안제출요구안은 양원 모두에 회부된다(의회법 제122조 제2항). 상원과 하원이 법안제출요구안 폐기 제안을 부결시킨 경우 연방내각은 양원이 지정한 기간 내에 또는 부결 후 1년 이내에 법안제출요구안에 따른 조치를 한다(의회법 제122조 제5항). 연방내각이 기간 내에 조치를 하지 않거나 목적을 달성하지 못하는 경우 양원은 소관 위원회의 제안에 따라 다음 정

[표 40] 법안제출요구안 처리절차

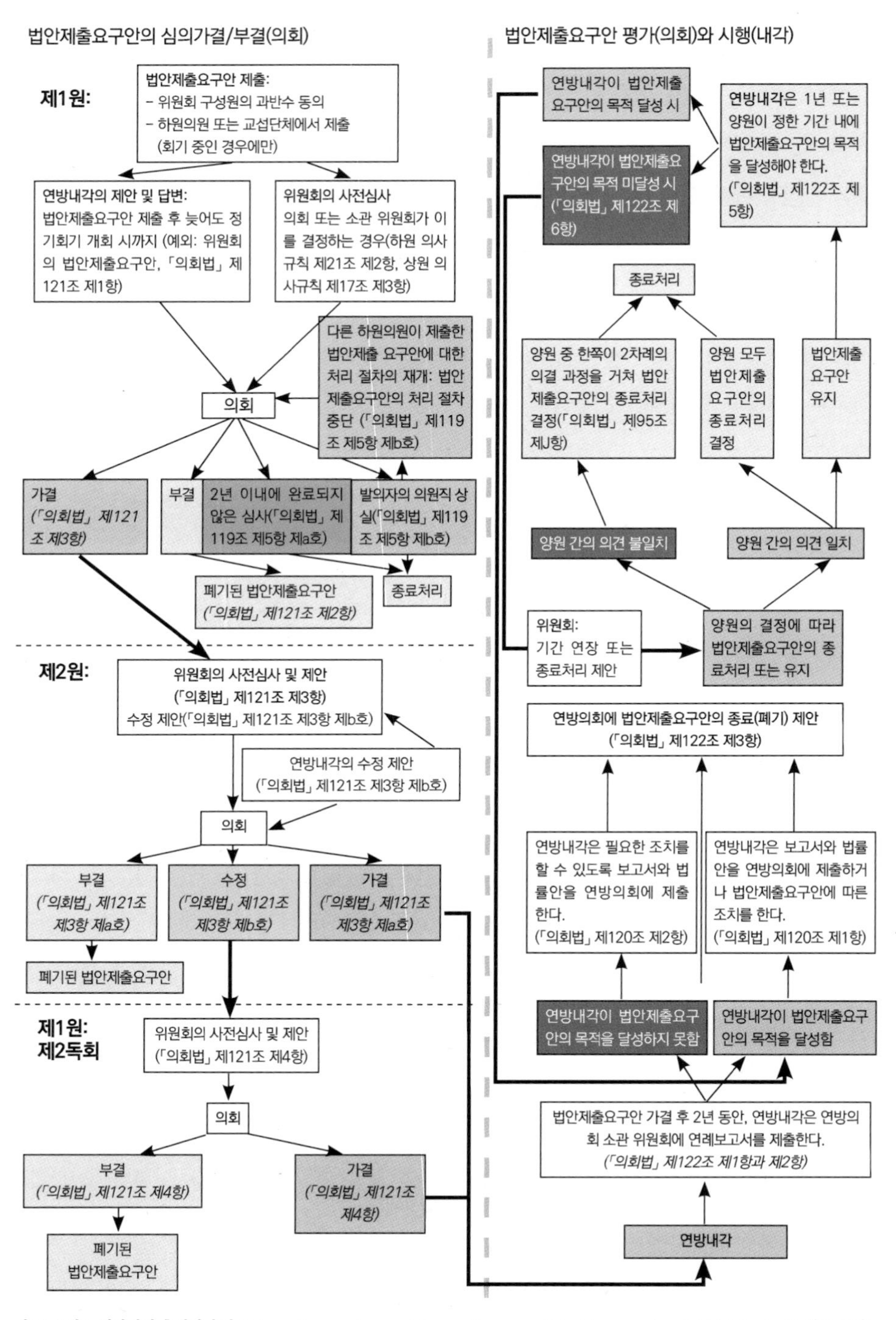

자료: 스위스 연방의회 홈페이지 참조, https://www.parlament.ch/centers/documents/fr/verfahren-motion-f.pdf (2021. 12. 10. 최종 확인).

기회에서 제출 기간을 연장하거나, 법안제출요구안의 폐기 여부를 결정한다(의회법 제122조 제6항).

관련 사례를 살펴보면 2005년 12월 14일 슈탤린 필립(Stähelin Philipp) 하원의원이 개정이 필요한 법령을 모아 한 건으로 제출할 것을 요구하는 법안제출요구안(의안번호 05.3815)이 제출됐다. 연방내각은 2006년 3월 1일 법안제출요구안에 찬성했고, 연방상원은 2006년 3월 23일, 연방하원은 2006년 12월 19일 법안제출요구안을 각각 가결했다. 연방내각은 법안제출요구안에 대한 의견서를 2007년 8월 22일 연방의회에 제출했다. 연방내각은 선택적 국민투표에 부수한 17개 법령을 포함하여 31개 연방법령을 폐지하고, 55개 법령의 사문화된 규정을 삭제할 것을 제안했다. 또한 112개의 연방 법규와 연방 부처 규정 56개를 폐지하고, 연방정부 명령에 산재한 107개 규정을 무효화하거나 단순화했다.[105] 또한, 슈탤린 하원의원은 중요한 연방법의 포괄적 개정을 요구하는 법안제출요구안(의안번호 07.3615)을 제출했다. 연방내각은 많은 시간과 비용이 든다는 이유로 법안제출요구안을 거부할 것을 권고하고, 일괄개정보다는 필요할 때마다 개정할 것을 주장했다. 그러나 연방의회는 연방정부의 단계적 접근방식을 거부하는 대신에 슈탤린 하원의원의 법안제출요구안을 통과시켰다(2007년 12월 17일 상원 결의, 2008년 3월 3일 하원 결의).[106] 연방의회는 「2008년 3월 3일 연방법과 연방 규칙의 형식적 개정에 관한 일괄법」을 제정했고,[107] 그 결과 기존 법령의 약 10%가 폐지되며, 개별 규정의 삭제 또는 단순화가 이루어졌다.[108]

4. 정책검토요청서

정책검토요청서[109]는 연방의회가 연방내각으로 하여금 연방의회에 필요한 정책 조치의 타당성 등 실행 여부를 검토하여 보고서를 제출하도록 요청하는 수단이다(의회법 제123조). 정책검토요청서를 통해 정책 현안에 대한 연방내각의 보고서가 제출된다는 점에서 연방내각에 입법작업을 '명령'하기보다는 '초대'하는 것이다.[110] 정책검토요청서는 연방내각이 답변해야 할 구속력은 없다는 점에서 법안제출요구안과 비교되고, 상원 또는 하원 중 한쪽 의회의 동의만 얻으면 되기 때문에 양원의 동의를 얻어야 하는 법안제출요구안과 차이가 있다. 또한 연방내각이 정책검토요청서를 수용하지 않을 경우 그 생명력이 짧기에 법안제출요구안에 비해 덜 중요한 조치로 평가된다. 정책검토요청서나 법안제출요구안이 제출된 후 연방의회에서 의결될 때까지 평균적으로 3년 4개월이 소요된다.[111]

상원 또는 하원 중 한쪽 의회가 가결한 정책검토요청서는 의결된 것으로 본다(의회법 제124조 제2항). 상원 또는 하원에서 의결된 정책검토요청서는 연방내각에 제출된다. 정책검토요청서를 접수한 연방내각은 늦어도 다음 정기회가 열릴 때까지 해당 정책검토요청서를 수용할지 또는 거부할지를 결정한다. 정기회 시작 1개월 전에 정책검토요청서를 제출하는 경우 연방내각은 다음 정기회가 열릴 때까지 정책검토요청서에 대한 의견서를 제출한다(의회법 제124조 제1항). 연방내각의 답변 형식은 보고서, 외부보고서, 법률안 제안설명서 등으로 다양하다.[112]

정책검토요청서에서 요청한 사항이 특별보고서, 연차보고서, 법률안 제안설명서에 소개된 때에는 정책검토요청서의 목적이 달성된 것으로 보고 폐기를 제안할 수 있다(의회법 제124조 제3항). 또한 정책검토요청서의 목적이 달성됐거나, 정책검토요청서를 더 이상 계류시킬 필요가 없는 경우에도 연방내각 또는 위원회의 제안에 따라 정책검토요청서를 폐기한다. 정책검토요청서를 폐기할 때에는 해당 요청서를 의결한 의회의 승인이 필요하다(의회법 제124조 제5항). 정책검토요청서가 연방내각에 2년 이상 계류 중이면 연방내각은 검토계획, 향후 조치에 대해 매년 연방의회에 보고한다(의회법 제124조 제4항).

관련 사례로 장 크리스토프 슈왑(Jean-Christophe Schwaab) 하원의원과 토마스 바이벨(Thomas Weibel) 하원의원이 2013년 9월 11일과 2013년 12월 5일 제출한 가상화폐 검토에 관한 정책검토요청서(의안번호 13.3687, 의안번호 13.4070)를 들 수 있다.[113] 하원은 2013년 12월 13일, 2014년 3월 21일에 각각 정책검토요청서를 의결했다. 연방재무부 주도하에 연방법무 · 경찰부, 스위스 국립은행, 스위스 금융감독원이 협력하여 가상화폐에 관한 보고서를 작성하여 연방의회에 제출했다.[114]

5. 대정부질문

대정부질문[115]은 연방의원이 연방내각에 대해서 특정 사안과 관련된 자료의 제출을 요구하거나, 대내외 정책에 대한 정보의 제공을 요구하는 의정활동이다. 연방의원은 대정부질문을 통해 국내외 정책에 대한 연방내각의 추진 방향 등을 확인할 수 있다(의회법 제125조 제1항). 연방내각은 다음 정기회까지 대정부질문에 답변한다(의회법 제125조 제2항). 대정부질문에 대해 토론할 경우 대정부질문을 제출한 의원이 우선으로 발언권을 가진다(하원 의사규칙 제46조 제4항). 또한, 연방의회는 대정부질문을 긴급 안건으로 지정할 수 있다(의회법 제125조 제3항). 이 경우 토론이 허용되지 않고, 3주 이내에 서면으로 답변한다.[116] 연방의회가 대정부질문에 대해 토론하지 않기로 결정하거나, 연방내각이 대정부질문을 검토하기로 결정한 경우 해당 대정부질문은 종료(폐기)된 것으로 본다(의회법 제125조 제4항).

6. 현안질의

현안질의[117]는 하원에서만 운영한다. 현안질의는 문제가 제기된 정책 사안과 관련되어 연방내각을 상대로 연방의원이 특정 사안에 대해 질문하는 수단이다. 연방내각의 대표는 현안질의에 대해 간략하게 구두로 답변한다. 제47대 의회(2003~2007년)에서 제출된 1,132개의 현안질의를 분석한 결과 현안질의의 1차 목적은 정보를 취득하기 위한 것이었다.[118] 이는 현안질의를 통해 연방내각이 연방의회에 정보를 제공할 의무가 있다는 취지와 연결된다(의회법 제125조 제1항). 현안질의는 연방내각이 답변서를 제출하면 종료된 것으로 본다(의회법 제125조 제5항).

현안질의는 3주 간의 정기회 중 둘째 주와 셋째 주 월요일에 각각 실시되는데, 현안질의 시간은 최대 90분이다(하원 의사규칙 제31조 제1항). 현안질의 목록은 현안질의 1주일 전, 수요일 오전 회의가 끝나기 전(수요일 정오)까지 서면으로 제출된다(하원 의사규칙 제31조 제2항). 현안질의서는 구체적인 근거 등을 제시하지 않아도 되지만, 최대 500자를 넘지 않도록 작성되며, 현안질의 시작 전에 연방의원에게 서면으로 배부된다(하원 의사규칙 제31조 제3항). 사전에 질의서가 미리 작성되고, 연방정부가 답변할 시간을 준다는 점이 특징이다. 연방의회는 현안질의를 긴급안건으로 지정할 수 있는데(의회법 제125조 제3항), 이 경우 토론이 허용되지 않고, 3주 이내에 서면으로 답변한다.[119]

현안 질의서를 제출한 의원이 질의하는 경우 연방내각의 대표가 간략하게 답변하되, 동일한 내용이나 동일한 주제에 속하는 질의는 일괄하여 답변한다. 답변을 받은 의원은 추가적인 질의를 할 수 있고, 연방내각의 대표는 간략하게 답변한다(하원 의사규칙 제31조 제4항 · 제5항). 연방내각 대표의 답변이 미흡하거나 시간이 오래 걸리거나 추가적인 검토가 필요한 경우 연방내각은 다음 회기까지 서면으로 답변한다(의회법 제125조 제3항, 하원 의사규칙 제31조 제4항 · 제6항). 연방내각이 답변서를 제공하면 현안질의는 종료된 것으로 본다(의회법 제125조 제5항).

7. 제안

연방의원은 본회의 또는 위원회에 계류 중인 안건과 관련된 제안서[120]를 본회의 또는 위원회에 제출할 수 있다(의회법 제76조 제1항). 제안은 절차적인 사안(의사일정, 안건 재검토 요청)과 실질적인 내용(안건심의 여부, 심의 중인 안건)으로 구분된다.[121] 회의절차에 관한 제안(의사진행발언)은 즉시 검토된다(의회법 제76조 제2항). 제안서는 프랑스어와 독일어로 번역되어 의원들에게 배포되는데,[122] 제안서 작성, 번역, 배포에는 시간이 걸리므로 제안서는 빨리 제출한다.

본회의에 제안서를 제출하기 위해서는 서면으로 작성하되, 서명이 있어야 한다. 본회의 제안서를 제출받은 본회의 행정실은 이를 의장에게 보고하고 사무처에 제출한다(하원 의사규칙 제50조 제1항, 상원 의사규칙 제38조 제1항). 제안서를 보고받은 의장은 제안서의 서명 여부 등 형식적 적합성을 심사한다. 제안서가 하원 또는 상원에서 의결된 경우, 본회의 결정 또는 위원회 요구에 따라 소관 위원회가 제안서를 미리 검토한다(하원 의사규칙 제50조 제4항, 상원 의사규칙 제38조 제3항).

안건에 대한 토론이 길어지고 중요한 경우 의장은 제안서 제출기한을 설정할 수 있다(하원 의사규칙 제50조 제2항). 하원에서 법률안에 대한 제안서를 작성할 경우 의장은 해당 법률안을 심사하기 전까지 제출하도록 요청한다.

위원회에 제안서를 제출할 때에는 회의 전에 전자문서 양식으로 위원회 행정실에 제출한다. 계류 중인 법률안을 분리하는 경우 해당 법률안은 제안서 형식을 갖추어야 한다(의회법 제76조 제1의 1항). 연방의원은 최종투표로 회부되기 전의 법률안에 대해 재검토를 요청할 수 있지만, 안건의 심의 여부에 대한 결정(도입토론)은 이의를 제기할 수 없다(의회법 제76조 제3항). 위원 과반수 반대로 부결된 안건은 소수의견으로 본회의에 제안할 수 있다(의회법 제76조 제4항).

제 9 장

연방의원에 대한 지원

제1절 연방의원에 대한 재정지원

1. 연방의원 수당 개요

연방의원은 의원신분증만 지갑에 넣고 다닐 정도로 특권이 없고, 연방의원으로 생계를 이어가는 사람은 한 명도 없다고 말할 정도이다.[1] 이는 연방의원직을 직업이 아닌 봉사 활동으로 인식하기 때문이다. 더욱이 연방의원에게는 의정활동을 위한 전용 사무실이나 의정활동을 지원해줄 보좌진이 없다. OECD 국가의 의원 1명당 보좌진은 평균 3.5명인데, 스위스는 평균 0.6명에 불과했다.[2]

그러나 연방의원의 의정활동을 지원하고 관련 경비 보전 차원에서 의회법, 의원수당법 등을 근거로 연간수당, 일일 수당, 식비 수당, 숙박수당, 교통수당, 해외 출장비, 특별 직책수당, 연간보조금 등이 지급된다. 2017년 연방의회 자료에 따르면 연방의원은 연평균 13~15만 프랑을 지급 받는다.[3] 20~30년 전 연방의원은 수당과 보조금 등 연방의 재정지원으로 생활할 수 없었지만, 지금의 연방의원은 의원 수당으로 부자가 될 수 없을 뿐 충분히 생계를 유지할 수 있다.[4] 연방의원은 월급명세서를 통해 수당 지급 사항을 확인할 수 있고, 매년 1월 전년도에 지급된 수당 및 보조금 명세서를 받는다.[5] 연방의회는 매년 초에 물가상승분을 반영한 수당, 보조금이 지급되도록 연방의회 명령을 개정할 수 있지만, 물가상승분을 초과하여 인상된 경우 국민투표의 대상이 될 수 있다.[6]

아래의 표는 연방의원에 대한 재정지원 사항을 보여준다.

[표 41] 연방의원에 대한 각종 재정지원(2017년)

구분	사유	금액	산정 기준	과세	지급	근거 (의원수당법)	비고
연간수당	의정활동준비	26,000프랑	1년	과세	매월	제2조	
일일 수당	본회의, 위원회, 교섭단체 회의 등 참석	440프랑	1일 회의	과세	매월	제3조	질병, 사고, 출산 시 일일 수당 보상금 지급
식비수당	회의참석에 따른 식비	115프랑	1일	과세	매월	제4조, 시행령 제3조	

구분	사유	금액	산정 기준	과세	지급	근거 (의원수당법)	비고
숙박수당	회의참석을 위한 숙박 (회의 장소에서 10km, 30분 이내 거주 의원 미지급)	180프랑	1박	과세	매월	제4조, 시행령 제3조 제1항·제2항	이틀 연속으로 회의가 있는 경우 1박당 지급
장거리 교통수당	이동시간이 1.5시간을 초과하는 의원에게 지급	1.5시간 초과 15분마다 22.50프랑	이동 시간	2/3 비과세, 1/3 과세	매월	제6조, 시행령 제6조	수당의 2/3는 경비 보상, 1/3은 손실 소득보상
교통수당	국내외 교통비	일시불		비과세	매년	제5조, 시행령 제4조	1등석 정기권 또는 상응 금액. 실비 추가 지급 가능.
해외출장 숙박비·식비	해외출장	395프랑	1일	비과세	출장 시	제4조, 시행령 제3조 제3항	특정 국가·도시는 기준액 이상 지급 가능
해외출장 교통비	해외출장 실비 지급	4시간 미만 일반석, 그 이상 비즈니스석		비과세	출장 시	시행령 제4조 제4항	
가족수당		허가 한도액과 수령한 수당 차이			매월	제6조의 a	연방공무원법에 따라 지급
위원회 위원장 수당	위원회 회의 기준	880프랑	1일 회의	과세	매월	제9조	약식회의 미적용
보고위원 수당	보고의원에게 지급	220프랑	1일 회의	과세	매월	제9조	일일 수당과 함께 지급
양원 의장 수당	의장 직무수행에 따른 경비	44,000프랑	연간	비과세	매월	제11조, 시행령 제9조	
양원 부의장 수당	부의장 직무수행 보상	11,000프랑	연간	비과세	매월	제11조, 시행령 제9조	
의원 특별 직책 수당	특별 업무수행 보상	행정사무대표단 결정				제10조	특별안건 검토 등
연간 보조금	인건비 및 장비 구입비 명목	33,000프랑	1년	과세	매월	제3조의 a	연간보조금 범위 내 보좌진 채용
연금 보조금		연간 13,536프랑		과세(세금 공제)			연금기관에 분기별 지급

자료: GRECO(2017: 12).

2014년 기준, 연방의원에게 지급하는 수당과 보조금 등을 합한 연평균 지원경비는 하원의원 139,556 프랑, 상원의원 155,374 프랑으로 나타났다. 2014년 근로자 연봉 74,268 프랑(월 평균 6,189 프랑)보다 2배 가량 많은 금액이다.[7]

이를 구체적으로 살펴보면, 하원의원과 상원의원은 동일하게 연간수당 26,000

프랑, 연간보조금 33,000 프랑, 교통수당 4,640 프랑을 각각 받았다. 또한 연평균 식비수당은 하원의원 10,074 프랑, 상원의원 11,522 프랑이었고, 연평균 숙박수당은 하원의원 9,492 프랑, 상원의원 10,935 프랑이었으며, 연평균 장거리 교통수당(총액)은 하원의원 1,394 프랑, 상원의원 2,267 프랑이었고, 연평균 가족수당은 하원의원 1,008 프랑, 상원의원 898 프랑이었다.[8]

[표 42] 2014년 연방 상 · 하원의원에게 지급된 연평균 수당

성격	구분	하원의원(프랑)	상원의원(프랑)
수당(과세)	연간수당	26,000	26,000
	일일 수당	40,205	47,702
	의장단 및 보고위원에게 지급되는 수당	1,774	4,400
	장거리 교통수당(소득보전 1/3)	465	756
	질병, 사고, 출산 시 일일 수당	385	1,004
	가족수당	1,008	898
	소계	69,837	80,760
보조금(비과세)	연간보조금	33,000	33,000
	식비수당	10,074	11,522
	숙박수당	9,492	10,935
	해외 출장비용	1,475	2,897
	장거리 교통수당(실비보전 2/3)	929	1,511
	교통수당	4,640	4,640
	소 계	59,610	64,505
연금(과세)	연금보조금	10,109	10,109
합 계		139,556	155,374

자료: GRECO(2017: 11).

2. 연방의원 수당 연혁

가. 하원

1848년 하원의원은 연방 재정을 통해 일일 수당을 지급 받았다(제헌헌법 제68조). 당시에는 연방 재정이 충분하지 않았기에 칸톤에서 하원의원에게 추가적인 수당을 지급했다. 일일 수당은 연방의회 및 위원회 회의에 출석한 의원에게 지급된 회의출석 수당이었고, 1848년 당시 하루에 12프랑이었다. 본회의보다 위원회 회

의의 강도가 높기 때문에 위원회 회의출석 수당이 1858년 15프랑으로 인상됐다. 1869년 연방의회는 모든 회의의 일일 출석수당을 14프랑으로 결정했다.

1852년 연방의원의 교통비를 "일등석 승합마차"를 기준으로 지급했고, 1858년 하원은 이동시간 1시간당 '1.5프랑'의 왕복교통비 수당을 지급했으나,[9] 11년 후인 1869년 상대적으로 저렴한 철도요금을 이유로 교통수당을 '1프랑'으로 하향 조정했다.

1922년 4월 3일 「하원 및 연방의회 위원회의 출석 및 교통수당에 관한 연방법안」에 대해 연방내각은 회의출석 수당이 충분치 않고, 의정활동에 비해 낮은 수준이라고 지적했다. 또한 회의참석으로 인해 소득이 줄어든 연방의원에게 출석수당을 지급해야 한다는 의견을 제출했다(연방공보 1922 I 572 s). 1923년 10월 6일 「하원 및 연방의회 위원회의 출석 및 교통수당에 관한 연방법」이 제정되어 연방의원 업무에 대한 최소한의 보상과 경비 보전 차원에서 회의출석 수당을 법률로 규정했다.

1961년 연방의회는 「하원 및 연방의회 위원회의 출석 및 교통수당에 관한 연방법」을 개정하여 일일 수당(회의출석 수당)을 65 프랑(실질가치 264 프랑)에서 100 프랑(실질가치 406 프랑)으로 인상했다. 연방의회의 결정에 반대하는 측은 경제여건 악화, 물가상승을 이유로 긴축재정 조치와 지출예산 억제를 공표한 연방의회의 정책과 반대된다고 주장하면서 선택적 국민투표를 요구했다. 연방의원 일일 수당 인상안은 1962년 5월 27일 국민투표에서 찬성 31.7%, 반대 68.3%로 부결됐고, 그 결과 일일 수당은 65 프랑으로 유지됐다.

1965년부터 숙박수당이 신설되어 연방의사당 인근에 거주하지 않는 하원의원에게 20 프랑(실질가치 71 프랑)이 지급됐다. 1968년 연방의원의 의정활동을 위한 일반경비, 사무비, 회의, 업무준비에 필요한 의원업무수행의 대가로 지급되는 연간수당이 도입됐다. 1969년에 처음으로 지급된 연간수당은 3,000 프랑(실질가치 9,245 프랑)이었다.

1972년 2월 의장단회의에서 연방의원의 직무는 영리적 성격과는 거리가 멀다고 지적하면서 연방의원의 의정활동에 부합하는 수당이 제공되어야 한다고 의견을 모았다. '명예직 자원봉사 개념의 직무수행원칙 파기'와 '연방의원에게 적정 수당을 보장하는 체제로의 변화'가 초래되어 1972년 3월 17일 「연방의원 수당에 관한 연방법」이 제정되어 각종 수당이 법률로 규정됐다. 연간수당은 10,000 프랑(실질가치 26,175 프랑), 일일 수당은 150 프랑(실질가치 393 프랑), 숙박수당은 40 프랑(실질가치 105 프랑)으로 인상됐고, 처음으로 40 프랑(실질가치 105 프랑)의 식비수당이 신설됐다. 또한 특별임무(별도 안건 검토 등)를 수행한 의원에게 지급되는 특별수당이 신설됐고, 위원회 위원장은 일일 수당의 2배를 받고, 보고위원은 일일 출석수당에 더해 추가수당을 지급했다. 또한 연방의원이 의회, 위원회, 교섭단체 회의 중에 또는 거주지와 회의 장소를 오가는 도중에 질병, 사고가 발생한 경우 해당 의원에게 최대 한 달 동안 병원비 보조금과 일일 수당을 지급했다. 연방의원에게 지급된 연평균 수당은 1970년까지 13,000 프랑(실질가치 38,677 프랑)이었으나, 1972년 이후 26,000 프랑(실질가치 68,055 프랑)으로 2배 증가했다.

1981년 6월 19일 「연방의원 수당에 관한 연방법」이 개정되어 장거리 교통수당이 신설됐다. 이는 장거리 이동시간으로 인해 근로시간의 손실을 본 연방의원에 대한 추가적인 보상의 성격을 가진다. 장거리 교통수당은 2시간 30분 거리를 기준으로 1시간 30분에서 15분을 초과할 때마다 5 프랑씩 추가 지급하도록 산정됐고, 연간 최대 5,000 프랑(실질가치 8,596 프랑)을 한도로 지급됐다. 또한 의정활동으로 인해 감당하기 힘든 소득감소와 지출 증가가 발생한 경우에 긴급지원 특별수당이 지급됐다. 의장, 부의장, 전년도 의장으로 구성된 연방의회 심의회의 논의를 통해 연간 최대 10,000 프랑(실질가치 17,191 프랑)의 긴급지원 특별수당을 지급하도록 했다.

1987년 하원에서 실시한 설문조사 결과 연방의원 대다수가 연간수당의 인상을 원했다. 1988년 「연방의원 수당 및 교섭단체 보조금에 관한 연방법」 제정(1988. 3. 18. 제정, 1988. 7. 1. 시행)을 통해 연간수당을 30,000 프랑으로 인상하고, 연방의원의 경제활동 축소에 따른 금전적 불이익을 보상하기 위해 연간보조금을 신설했다. 1988년 연방재무부와의 논의를 거쳐 연간수당 중 18,000 프랑(실질가치 25,680 프랑)은 연간보조금으로, 12,000프랑(실질가치 17,120 프랑)은 연간수당으로 지급했다. 1981년에 도입된 긴급지원 특별수당은 연간수당이 인상됨에 따라 더 이상 필요치 않다고 판단되어 1988년 폐지됐다.

1991년 연방의회는 「의원수당법」[10]을 개정하여 연방의원에게 지급되는 각종 수당을 대폭 인상했다. 의정활동의 대가로 연간수당 50,000 프랑(실질가치 61,966 프랑), 일일 수당 400 프랑(실질가치 496 프랑)을 지급하도록 규정했다. 또한 연방의원의 공동활동, 토론 · 학술 · 행정 등을 위해 연간 30,000 프랑(실질가치 37,179 프랑)을 지급하도록 했다. 「업무추진지원법」[11]을 통해 연방의원의 행정 및 업무 추진을 위해 연간 24,000 프랑(실질가치 29,744 프랑)을 지급하도록 했다.

연방의회에서 통과된 2건의 법률안에 대해 선택적 국민투표가 실시됐다. 직업화된 연방의원은 일상적인 문제에 관심을 기울이지 않고, 비현실적인 법률과 수많은 규제를 양산할 것이라면서 법률안에 반대하는 의견이 있었다. 반면 법률안에 찬성하는 측은 연방의원에 대한 재정지원이 이루어질 경우 폭넓은 계층이 연방의원으로 참여할 수 있기 때문에 민주주의가 강화될 것이라고 주장했다. 1992년 9월 27일 실시된 국민투표에서 의원수당법은 찬성 27.6%, 반대 72.4%로, 업무추진지원법은 찬성 30.6%, 반대 68.4%로 각각 부결됐다.[12]

2001년 하원 정치제도위원회가 전문기관을 통해 실시한 연방의회 종합평가에 따르면 연방의원에게 지급되는 수당, 보조금이 충분하지 않은 것으로 나타났다. 연방의원에 대한 설문조사 결과 80% 이상이 행정지원에 필요한 보좌직원을 원하는 것으로 나타났다. 이러한 평가에 근거하여 연방의회는 14년간 12,000 프랑으로 동결된 연간수당을 2002년부터 24,000 프랑(실질가치 25,553 프랑)으로, 18,000 프랑이던 연간보조금을 인건비를 포함해 30,000 프랑(실질가치 31,941 프랑)으로 각각 인상했다.

2003년부터 가족수당과 두 종류의 임시지원금이 도입됐다. 연방의원은 연방 공무원과 동일하게 가족수당이 지급됐다. 임시지원금은 전직 연방의원이 65세 이전에 의원직을 그만둔 후 의원 수당만큼 소득을 얻지 못하거나(일반적 형태의 임시지원금), 현직 연방의원이 경제적으로 열악한 경우(긴급지원 형태의 임시지원금) 임시지원금이 지급될 수 있다.

2012년에 물가상승분을 반영하여 연간수당 26,000 프랑, 일일 수당 440 프랑, 연간보조금 33,000 프랑, 식비수당 115 프랑, 숙박수당 180 프랑으로 각각 인상 · 조정되었다.[13]

[표 43] 2005~2014년 하원의원에게 지급된 수당

(단위: 프랑)

연도	연간수당		일일 수당 (회의출석 수당)		연간보조금		식비수당		숙박수당		연금보조금	
	명목 가치	실질 가치	명목 가치	실질 가치	명목 가치	실질 가치	명목 가치	실질 가치	명목 가치	실질 가치	명목 가치	실질 가치
2005	21,000	21,782	400	415	30,000	31,117	110	114	170	176	12,384	12,845
2006	21,000	21,564	400	411	30,000	30,806	110	113	170	175	12,384	12,717
2007	21,000	21,415	400	408	30,000	30,593	110	112	170	173	12,730	12,982
2008	25,000	24,879	425	423	31,750	31,597	110	109	170	169	12,730	12,669
2009	25,000	25,000	425	425	31,750	31,750	110	110	170	170	13,132	13,132
2010	25,000	24,832	425	422	31,750	31,536	110	109	170	169	13,132	13,044
2011	25,000	24,750	425	421	31,750	31,433	110	109	170	168	13,364	13,230
2012	26,000	25,921	440	439	33,000	32,900	115	115	180	179	13,364	13,324
2013	26,000	25,974	440	440	33,000	32,967	115	115	180	180	13,478	13,464
2014	26,000	26,000	440	440	33,000	33,000	115	115	180	180	13,478	13,478

자료: Bibliothèque du Parlement Recherches et statistiques(2016:5-7).

나. 상원

1850년부터 상원의원은 연방 당국이 지급하는 일일 수당과 교통비를 받았다. 이는 상원의원이 출신 칸톤에서 수당을 받도록 한 규정(제헌헌법 제72조)과 상반될 소지가 있으나, 상원에서는 이러한 조치가 연방헌법에 위반되지 않다고 밝혔다. 1869년 상원은 연방의원직이 "명예직"임을 강조했는데, 이는 연방의원의 업무에 대한 적절한 보상은 어렵지만, 최소한의 수당을 지급하면 충분하다는 것을 뜻했다. 1972년 상원의원은 출신 칸톤에서 수당을 지급 받지만, 그 외 사항은 연방 당국의 지원을 받는다고 법률로 명시했다.[14] 상원은 연방헌법 규정을 그대로 유지하면서

새로운 법률 규정을 둔 것은 120년 이상 이어온 오래된 연방헌법의 관례에 따른 것이라 했다.

2000년부터 시행된 신연방헌법에서 상원의원이 출신 칸톤을 통해 수당을 받도록 한 규정(제79조, 제83조)이 삭제됨에 따라 상원의원은 연방 당국으로부터 하원의원과 동일한 수당을 받고 있다.

제2절 각종 수당

1. 연간수당

연방의원은 의정활동과 관련하여 연간수당[15] 26,000 프랑을 정액으로 받는다(의원수당법 제2조). 질병이나 사고 이외의 사유로 연방의원이 1분기 이상 본회의 또는 위원회 회의에 출석하지 않은 경우 결석 일수에 비례하여 연간수당이 감액된다(의원수당법 시행령 제12조 제2항).

2. 일일 수당(회의출석 수당)

연방의원이 본회의, 위원회, 교섭단체 회의, 교섭단체 지도부 회의에 출석하는 경우 출석 일수에 따라 하루 440 프랑의 일일 수당[16]을 지급 받는다(의원수당법 제3조 제1항). 연방의원이 같은 날 2개의 회의에 출석했더라도 1일 치 일일 수당만 지급되기에 사실상 회의출석 수당이다.[17] 질병, 사고, 출산으로 회의에 출석하지 못해 일일 수당을 받지 못한 연방의원은 수당신청서를 의회 행정실에 제출하여 해당 기간에 따른 일일 수당 보상금을 받는다(의원수당법 제3조 제2항). 일일 수당 보상금은 질병, 사고 시점부터 30일까지 일일 수당의 100%가, 31일째부터는 일일 수당의 80%만 지급되며, 최대 730일까지 지급된다. 질병이나 사고로 인한 불출석으로 5일 이상의 일일 수당 보상금을 받기 위해서는 진단서를 제출한다(연방의원에게 제공되는 재정수단 및 교섭단체에 지급되는 보조금에 관한 연방법 시행령[18]). 출산휴가 기간은 출산 후 2~4개월(노동법[19] 제35조의 a)이므로 출산에 따른 일일 수당 보상금은 최대 16주까지 지급된다(의원수당법 제3조 제3항, 의원수당법 시행령 제8조의 a 제3항).

3. 식비수당 및 숙박수당

연방의원의 식비수당[20]은 하루 115 프랑이다(의원수당법 시행령 제3조 제1항). 연방의원이 이틀 이상 숙박하는 경우 1박 기준으로 180 프랑의 숙박수당이 지급된다(의원수당법 시행령 제3조 제1항). 회의 장소에서 거주지까지 대중교통으로 30분 이내 또는 직선으로 10㎞ 이하의 거리에 거주하는 연방의원은 숙박수당[21]이 지급되지 않는다. 숙박수당을 받을 자격이 없는 연방의원도 직무상 불가피한 경우 숙박수당 지급을 요청할 수 있다(의원수당법 시행령 제3조 제2항). 연방의사당이 소재한 베른이 아닌 다른 지역에서 연방의회가 열리는 경우 의회사무처가 회의장과 호텔을 예약한다.[22]

4. 교통수당

연방의원에게는 정액제로 스위스철도공사의 일등석 정기권 또는 그에 상응하는 금액을 교통수당[23]으로 지급한다(의원수당법 시행령 제4조 제1항). 연방의원은 정기권 또는 교통수당 중 하나를 선택할 수 있고, 매년 정기권의 갱신 또는 수당 지급이 자동으로 이루어진다.[24] 특별한 경우 행정사무대표단이 국내선 항공료 등 추가적인 교통수당을 지급할 수 있다(의원수당법 시행령 제3조 제3항). 항공편을 이용한 출장은 예외적이고, 반드시 출장 담당 부서를 통해서 예약한다.[25]

장거리 교통수당[26]은 특별히 먼 거리를 이동하는 연방의원에게 지급되는데, 경비지출에 대한 보상 3분의 2와 손실소득에 대한 보상 3분의 1로 구성된다. 장거리 교통수당은 거주지와 연방의사당이 위치한 베른 사이의 출퇴근 시간 1시간 30분을 기준으로, 그 시간을 15분 초과할 때마다 22.5 프랑씩 지급된다(의원수당법 시행령 제6조 제3항).

5. 가족수당

연방의원은 매월 연방 공무원[27]과 동일한 가족수당[28]을 받는다. 연방의원이 다른 곳에서 가족수당을 받을 경우 연방의회 차원에서 받는 가족수당은 차감된다(의원수당법 제6조의 a).연방의원은 「가족수당법[29]」에 규정된 가족수당 이상을 추가적으로 받을 수 있다(연방공무원법 제31조 제1항). 연방 당국은 칸톤의 가족수당이 기준액 이하인 경우, 해당 의원에게 추가적인 가족수당을 지급한다. 가족수당은 2015년 기준으로 첫째 자녀는 365.7 프랑, 그 외의 자녀는 236.15 프랑이다. 가족수당은 자녀가 18세가 될 때까지 지급되지만, 학생이거나 소득이 없는 경우 25세가 될 때까지 추가수당을 받는다.

6. 해외출장 숙박비, 식비, 교통비

연방의원이 국제회의 등 공무상 해외출장을 가는 경우 그에 따른 식비와 숙박비는 1일 395 프랑이다. 특정 지역의 식비와 숙박비가 높거나 증빙서류를 제출한 경우 행정사무대표단이 식비 및 숙박비 지급액을 기준보다 높게 지급할 수 있다(의원수당법 시행령 제3조 제2항). 해외출장을 위해 기차표 또는 항공권(4시간 미만은 일반석, 4시간 이상은 비즈니스석)을 제공한다(의원수당법 시행령 제4조 제4항). 해외출장 중인 연방의원에게 하루에 50 프랑씩 정액으로 로밍 비용(음성 및 데이터)이 지원되는데, 증빙 자료를 첨부할 필요는 없다.[30]

해외출장 중인 연방의원이 직무수행 중에 질병 · 사고를 입었지만 연방의원의 질병상해보험으로 충당하지 못하는 경우, 연방 당국은 본국 이송비용 30,000 프랑, 진료 · 입원비용 100,000 프랑, 입원비 30,000 프랑을 연방의원에게 지급한다(의원수당법 제8조 제2항, 의원수당법 시행령 제8조 제1항). 연방의원에 대한 지원금은 연방의원이 가입한 보험회사에서 지급한 보험액에 비례하여 감액된다(의원수당법 시행령 제8조 제2항). 연방의원의 해외출장 내역을 공개하자는 법률 개정안(의안번호 15.442)[31]이 하원 정치제도위원회에서 가결됐으나, 상원에서는 부결됐다.[32]

7. 특별 직책수당

연방의장의 직무수행을 위한 특별수당[33]으로 의장에게 연간 44,000 프랑, 부의장에게 11,000 프랑을 각각 지급한다(의원수당법 제11조, 의원수당법 시행령 제9조). 또한 양원 의장 또는 부의장이 국제회의 참석 등 해외출장을 가는 경우 특별수당을 지급한다(의원수당법 시행령 제10조 제1항).

연방의원이 위원회, 소위원회 또는 교섭단체 회의를 주재하는 경우 일일 수당의 2배인 880 프랑을 위원장 수당[34]으로 받지만, 이는 회의 중간에 개최되는 약식회의에는 적용되지 않는다(의원수당법 제9조 제1항). 위원회 회의결과를 본회의에 보고하는 연방의원은 일일 수당의 절반인 220 프랑을 보고위원 수당으로 받는다(의원수당법 제9조 제2항).

연방의원이 의장 또는 위원장 요청에 따라 안건에 대한 심사, 특정안건에 대한 질의서 작성 등 특별한 직무를 수행하는 경우 직무 일수에 따라 특별직책 수당을 받는다(의원수당법 제10조 제1항). 특별직책 수당의 지급 여부 및 액수는 행정사무대표단이 결정한다(의원수당법 제10조 제2항).

또한 해외에 체류 중인 연방의원에게 특별수당을 지급한다. 행정사무대표단은 식비 · 숙박비 · 교통비 · 장거리 교통비와 관련된 특별수당을 회의 장소에서 해외 체류지까지의 거리를 고려하여 결정한다(의원수당법 시행령 제3조 제2항의 2, 제4조 제1항의 2).

제3절 보조금 등

1. 연간보조금

연방의원은 직무수행과 관련된 인건비 및 경비지출에 대한 연간보조금[35]으로 33,000 프랑을 받는다(의원수당법 제3조의 a). 연방의원이 질병 또는 사고 이외의 사유로 본회의 또는 위원회 회의에 참석하지 않은 경우 결석일수에 비례하여 연간

보조금이 삭감된다(의원수당법 시행령 제12조 제2항). 연방의원은 연간보조금으로 보좌진을 채용할 수 있지만, 일반적으로 보좌진을 두지 않는다. 연간보조금으로 주당 1.5일 근무에 해당하는 인건비(보좌진)를 책정했지만, 현실적으로 주당 1.5일 근무하는 보좌직원을 구하기 어렵기 때문이다.[36] 2015년 6월 연간보조금 33,000프랑 대신 보좌진 1명을 두고, 10,000 프랑을 지원하는 내용의 의회법 개정안(의안번호 15.445)이 하원에 제출됐다. 하원 정치제도위원회는 연간보조금이 보좌진보다 좀 더 유연하게 활용될 수 있다는 점을 이유로 해당 의원발의안을 채택하지 않았다.[37]

2. 임시지원금

연방의원을 그만둔 이후 경제활동이 어려운 연방의원을 지원하기 위해 임시지원금[38]이 지급된다.[39] 일반적 형태의 임시지원금은 65세 이전에 의원직을 그만둔 전직 연방의원이 종전에 받던 의원 수당만큼 소득이 없는 경우에 지급된다(의원수당법 제8조의 a 제1항). 또한 현직 의원이 경제적으로 열악한 상황에 처한 경우에 긴급지원 형태의 임시지원금이 지급된다(의원수당법 제8조의 a 제1항). 임시지원금은 최대 2년 동안 지급되고, 연방의원이 신청한 임시지원금은 행정사무대표단이 지급 여부를 결정한다(의원수당법 제8조의 a 제2항 · 제3항). 임시지원금은「노령 · 유족 · 장애인연금법」[40]제34조에 따른 연간 노령연금 최고액(2016년 기준 28,200프랑)을 초과할 수 없다(의원수당법 시행령 제8조의 b 제1항). 실제로 임시지원금을 신청한 의원은 거의 없다.[41]

3. 연금보조금(연금부담금 보조)

연방의원은 연방의원직 수행에 따른 경제적 손실에 대한 보상 차원에서 65세까지 노령, 장애, 사망에 대비한 연금부담금 일부를 연금보조금으로 지원받는다(의원수당법 제7조 제1항). 연방의원도 2004년부터 연금납부액의 4분의 1을 본인부담금으로 납부한다(의원수당법 시행령 제7조 제1항). 연금보조금[42]은 노령·유족·장애연금법 제8조 제1항에 따라 직장연금 가입자가 납부할 수 있는 연간상한액의 16%에 해당한다. 2016년 기준 연금보조금은 상원의원과 하원의원이 동일한 13,536 프랑이다.[43] 연방의원의 퇴직연령에 따라 연금지급이 달라지는데, 연방의원이 60세 전에 의원직을 그만둔 경우 연금납부액은 다른 연금기관으로 이전할 수 있다. 연방의원이 60~65세에 의원직을 그만둔 경우 해당 연금액을 퇴직급여로 지급할 수 있다. 연방의원이 직업 활동을 계속해서 수행하는 경우 연금납부액은 가입된 연금기관으로 이전할 수 있다. 연방의원이 65세까지 의원직을 유지한 경우 노령연금을 지급한다. 연방의원이 사망한 경우 상속인에게 연금액이 지급된다(의원수당법 시행령 제7조 제2항).

또한 연방의원은 65세까지 장애연금부담금[44] 일부를 연방 당국으로부터 지원받는다. 장애연금액은 노령·유족·장애인연금법 제34조에 따라 규정된 연간 노령연금 최고액(2016년 기준 28,200 프랑)의 250%까지 받을 수 있다. 2016년 기준 장애연금 부담금은 월 5,875 프랑이다.[45] 연방의원이 사망한 경우 유가족이 사망연금[46]을 받을 수 있다. 사망한 연방의원의 유가족이 다른 직장연금이나 개인연금을 받지 못하는 경우 해당 연방의원의 유가족에게 사망연금을 지급한다(의원수당법 시행령 제7조 제4항). 사망연금은 노령·유족·장애인연금법 제34조에 규정된 연간 노령연금 최고액에 65세와 사망 당시 연령 간의 차이에 해당하는 연수를 곱한 금액이다(의원수당법 시행령 제7조의 b 제2항). 이 경우 직장연금기관이나 개인연금(3a 유형)형식으로 지급된 사망연금은 여기에서 차감된다.

4. 그 밖의 경비지원

연방의원은 노트북('울트라북')을 의회사무처로부터 지원받거나 아니면 그에 상응하는 컴퓨터 예산을 지원받을 수 있다. 연방의원이 컴퓨터 지원을 선택하는 경우 노트북을 지원받고, 프린터나 토너 구매비용으로 의원임기 중 3,500 프랑을 지원받는다. 본인 컴퓨터가 있는 연방의원은 의원임기 중 9,000 프랑을 지급 받는다. 이와 관련된 사항은 「제50대(2015 ~2019년) 연방의원과 교섭단체에 제공되는 IT 서비스에 관한 행정사무대표단 지침[47](2014.11.7.)」에 규정되어 있다.[48] 또한 연방의원에게 휴대전화 및 인터넷 사용료로 월 200 프랑이 정액으로 지급된다. 통신비용은 연방의원의 수당과 함께 매달 의원들에게 지불되며 증빙서류는 필요하지 않다. 의회사무처는 연방의원에게 법률 자문이나 법적 지원을 하지 않지만, 소송보험 명목으로 매년 500프랑을 지급한다.

제4절 연방의원에 대한 행정지원

1. 공용 사무공간

연방의원은 독립적인 사무공간이 없고, 개인 보좌진도 없다. 연방의사당 1층 상단의 알프스 갤러리(Galerie des Alpes)와 4층에 마련된 개방된 업무공간을 이용할 수 있다. 사무공간은 연방의원 수에 비해 부족한 실정이나 연방의원이 자비로 의원 사무실이나 보좌진을 둘 수 있고, 이 경우 관련 비용을 공개할 의무는 없다.

연방의원은 연방의사당을 상시로 출입할 수 있는 2개의 출입 카드[49]를 받는다(의회법 제69조 제2항). 연방의원이 출입 카드를 출입구에 대면 자동으로 문이 열리고, 별다른 통제 없이 연방의사당에 출입할 수 있지만, 야간, 일요일, 공휴일에는 별도로 비밀번호를 입력한다. 출입 카드를 분실한 경우 재발급비 50 프랑을 부담한다.[50] 또한 연방의원은 출입 카드를 로비스트나 지역구민에게 일정 기간 사용하게 할 수 있지만, 해당 출입 카드 사용자의 이름 및 직업이 인터넷에 공개된다(의회법 제69조 제2항).

2. 사무용품 지원

연방의원은 사무용품이 필요한 경우 의회사무처(관리국)에 신청한다. 연방의원이 의사당 내에서 사용한 전화 및 팩스 비용은 의회사무처가 부담한다. 또한 의장, 부의장, 교섭단체 대표 등 연방의원의 1/4은 자택에 팩스를 무료로 제공한다.[51] 연방의원은 출입 카드를 접촉해 연방의사당에 있는 다기능 복합기(빨간색 "PARLRM" 표시)와 스캔을 사용할 수 있다.[52]

연방의원은 의회사무처(연방의사당 2층)에서 모든 자료를 제공받을 수 있고, 필요한 경우 자료를 요청할 수 있다. 연방의원의 이름(알파벳순), 주소(의원이 공개를 허용한 경우), 우편번호, 출신 칸톤 및 교섭단체, 의원선출 연도 등이 포함된 연방의원 수첩이 발행된다. 주요 연방 기관의 주소, 전화번호 등은 연방내각사무처 홈페이지를 통해 확인할 수 있다.[53]

연방의원은 회기 중 의정활동을 위해 '의회의사당용'이라고 기재된 우편물(편지, 소포)을 상원 부속실 부근에 설치된 우편함에 넣어 발송한다. 연방의사당이 아닌 곳에서도 연방의원은 '의회의사당용'이 기재된 우편물을 발송할 수 있다. '의회의사당용'으로 기재된 우편물은 의정활동 용도로만 사용한다. 따라서 개인용 선거 홍보물이 포함되는 전단, 국민발안 또는 국민투표를 위한 서명 목록, 협회 또는 기관용 우편물(초대장), 비회기의 개인적 우편물 발송을 위한 목적으로 사용할 수 없다. 등기 우편물(편지, 소포)에 대한 우편요금은 연방의원이 부담한다. 회기 중에는 우편물이 도착하는 대로 매일 오전에 의원의 우편함으로 직접 전달된다.

3. 교통편의 지원

연방의원이 회의에 참석하기 위해 자가용을 이용하는 경우 주차공간을 제공한다. 연방의원은 코체르거리(Kochergasse) 카지노 주차장 H 구역에 마련된 27대의 주차공간을 사용할 수 있다. H 구역이 만차일 경우 공용주차장에 주차할 수 있다. 연방의원은 베른 또는 다른 지역의 주차장 이용에 따른 주차요금을 영수증을 첨부하여 매년 환급받는다(의원수당법 시행령 제4조 제2항). 오토바이를 이용하는 연방의원은 코체르거리 카지노 주차장 상단에 주차할 수 있다. 이곳에는 오토바이 80대를 주차할 수 있고, 헬멧과 의류를 보관할 수 있다. 자전거는 연방의사당 서관 측면 통로에 있는 자전거 전용 공간에 보관할 수 있다.

4. 각종 교육 지원

연방의원의 외국어 습득을 위해 공용어(독일어, 프랑스어, 이탈리아어), 영어, 그 밖에 필요한 외국어 강의수강료가 연간 최대 2,000 프랑까지 지원된다. 최근에는 이탈리아어보다는 영어를 배우는 스위스인이 늘고 있어 일부 연방의원은 영어를 사용하자고 주장할 정도이다.[54]

연방의원의 요청에 따라 IT 부서[55]는 노트북에 설치된 프로그램 활용과 관련된 정보화 교육을 실시할 수 있다. IT 부서의 정보화 교육에 참석하는 의원에게는 일일 수당이 지급된다(의원수당법 시행령 제5조 제1항). 의회사무처의 IT 부서에서 초선의원에게 공식이메일 계정을 제공한다. 연방의원의 이메일 주소는 "이름.성@parl.ch"로 구성되고, 재선 이상 연방의원은 이미 배정된 이메일 계정이 유지된다. 보안상 이유로 공식 전자메일을 다른 주소로 전송하는 것은 금지되며, 의회사무처 직원과 연방의원은 공식 이메일 계정을 통해 소통한다.

연방의원은 연방의사당 내에서 와이파이를 통해 내부 프로그램과 데이터에 접근할 수 있다. 보안 문제로 인해 노트북('울트라북')을 통해 와이파이를 사용하기 위해서는 IT 부서의 전자인증서를 사전에 설치해야 한다. 전자인증서는 보안을 이유로 유료로 제공되고, 신청서를 제출한 연방의원과 교섭단체 직원들이 사용한다.[56]

연방의원은 연방의회에서 사용되는 내부 전자문서시스템인 엑스트라넷을 통해 연방의회의 회의록 등 내부문서를 열람할 수 있다. 엑스트라넷 접속은 연방의원, 의회사무처 및 교섭단체 직원 등 제한된 사람들만 허용된다(의회법 시행령 제6조의 a 제2항). 사전에 인증절차를 거쳐 접근이 허용된 연방의원만 소속 위원회 활동과 관련된 문서를 열람할 수 있다. 연방의원은 각종 전자신청서(e-양식), 양원 집행부나 행정사무대표단의 회람문서 및 안내문, 연방의원에게 발송되는 각종 정보, 의안의 제출이나 회의장 예약 등을 엑스트라넷에서 확인할 수 있다.[57]

제10장

연방의회사무처 및 연방의사당

제1절 연방의회사무처 개요

1. 상·하원 통합지원

의회사무처의 소속 및 조직 형태는 각국의 정치 · 경제 · 역사 · 문화 환경, 권력 구조, 의회가 차지하는 위상에 따라 달라진다. 양원제 의회에서 의회사무처[1]가 의회 직속인 경우도 있고, 일부 또는 전체가 행정부 소속인 경우도 있다. 스위스는 연방의회를 지원하는 의회사무처를 연방정부와 독립하되, 필요한 경우 연방정부에 행정지원을 요청할 수 있도록 했다(연방헌법 제155조).

양원제 의회에서는 프랑스, 독일, 폴란드, 인도, 이탈리아, 러시아처럼 상원과 하원이 별도의 건물 및 사무처를 두는 것이 일반적이다. 호주는 상원과 하원이 별도의 건물 및 사무처를 두지만, 양원의 사무처는 시민 교육 등 다양한 분야에서 협업한다. 미국은 양원이 같은 건물에 있지만, 상원과 하원 사무처가 각각 별도로 존재한다. 영국은 양원이 같은 건물에 있으면서 식당, 청사 경비, 방문자 관리, IT 지원 등의 서비스 및 절차를 공유한다. 캐나다는 양원이 같은 건물에 있고, 의회도서관을 공유한다. 이러한 사례를 보면 양원제 의회에서 시설, 인원, 절차 등 다양한 측면에서 양원 사무처 간 협업을 한다. 오스트리아, 아일랜드 의회는 상원과 하원이 같은 건물을 사용하고, 상원과 하원을 모두 담당하는 단일화된 의회사무처를 운용하고 있어 양원 간 밀접한 지원이 이루어진다.

스위스의 경우 상원과 하원은 같은 건물에 있고, 의회사무처는 양원에 대해 동등하게 업무를 지원한다. 본회의와 관련된 일부 업무를 제외하면 모든 의회사무처 직원은 상원과 하원 업무 모두를 지원하고, 의회사무총장의 지시를 받는다. 연방의회의 인사, 재무, 총무, 기술지원, 위원회 지원, 보고서 초안작성, 의회외교, 의사 진행 업무, 기록 보관, 번역, 도서관, 웹 서비스, 출장 지원 등은 상하원 공통사항이다.[2]

상원과 하원의 의회 행정을 통합 · 지원할 경우 상 · 하원 간 인력 및 자원관리에 있어 다양한 이점이 있다. 조직관리 측면에서는 단일화된 지원시스템을 통해 중복을 피하고, 절차를 간소화하며 비용을 줄일 수 있고, 새로운 요구에 유연하게 대응할 수 있다. 인사관리 측면에서는 파편화된 업무처리가 아닌 집중화된 역량을 발휘할 수 있다. 한편으로는 상원 및 하원에 같은 직원을 배치하면 직원의 업무처리 문제, 예컨대 상 · 하원 간 이견이 있을 경우 어떻게 대응할지에 대한 문제가 제기될 수 있다. 그러나 의회사무처 직원은 하원 또는 상원을 위해 일하지 않고, 오히려 의회 전체 차원에서 상 · 하원의 이견을 조율할 수 있다.

2. 연혁

하원사무처는 1848년부터 1968년까지 연방내각 소속인 연방내각사무처장이 관장했다. 상원사무처는 1848년부터 1980년까지 연방내각사무처 차장이 관장하여 상원의 회의록 작성을 담당했다.[3] 1920년에 의회사무처를 창설하면서 의회사무처 업무를 규정한 「의회사무처규칙」이 제정됐다.[4] 하원은 의회사무처규칙을 심의하면서 연방내각사무처장이 하원회의에 참석하되, 회의록은 작성하지 않도록 명시했다. 하원의 회의록 작성업무는 의회사무처 직원 2명(직원 1명과 1명의 번역가)이 담당했다. 당시 의회사무처 직원에 대한 선발권은 연방의회가 아닌 연방내각사무처에 있었고, 연방의회는 아주 적은 범위에서 자체 직원을 선발했다.

1962년 연방의회와 연방내각 간 관계, 양원 간 관계 등과 관련된 법률개정이 이루어졌다. 이를 통해 의회사무처가 연방정부로부터 독립성을 확보하고 의회사무총장은 연방정부가 아닌 양원 의장의 지휘를 받았다. 1968년 연방내각사무처장(칼 후버, Karl Huber)이 2개의 직무(연방내각사무처 업무와 하원사무처 업무)를 동시에 맡는 것을 중단하기 직전까지 연방내각사무처장은 하원사무처를 관리했고, 특히 회의록 작성업무를 담당했다. 1972년 하원사무처는 구조적 · 기능적 측면에서 연방정부로부터 분리됐지만, 행정적인 측면에서 여전히 연방정부에 종속됐다.

1981년부터 상원사무처는 연방내각사무처에서 독립했다. 그 결과 연방내각사무처 차장(프랑수아 쿠슈팽, François Couchepin)이 상원사무처 업무를 더 이상 겸직하지 않고, 연방내각사무처의 업무만을 담당했다.

1988년 상원과 하원을 통합적으로 지원하는 단일화된 의회사무처 조직을 재편하여 공보국 및 관리운영 부서를 신설하고, 의회사무처를 감독할 행정사무대표단이 설치됐다.[5] 1999년 연방헌법 전부 개정을 통해 의회사무처는 연방정부로부터 완전히 독립했고(연방헌법 제155조), 의회사무처 업무를 담당했던 연방내각사무처는 연방내각의 일반행정만을 지원하도록 연방헌법에 명시됐다(연방헌법 제179조). 이는 권력분립 원칙이나 연방의 최고기관인 연방의회의 위상과도 부합하는 조치였다(연방헌법 제148조 제1항).[6] 2011년에 과거(1891~1995년) 의회공보 인쇄본에 대한 디지털화가 시작됐고, 2016년 의회공보 사이트가 전면 개편되어 사용자의 접근성을 제고했다.[7]

3. 직무

의회사무처는 권력분립 원칙에 따라 연방의회 소속이고, 연방내각으로부터 독립되어 있다. 의회사무처의 직무는 의회법 제64조에 구체적으로 규정되어 있다. 의회사무처는 하원 · 상원 · 양원합동회의 · 위원회의 회의 및 업무를 계획하고 지원한다. 또한, 연방의원, 의장단회의, 위원회에 의회법과 의사 절차와 관련된 내용을 자문하고, 회의록을 작성하고 번역하며, 정보화 분야에 대한 지원을 제공한다. 또한 연방의회 활동을 공개하고, 국제관계와 관련하여 연방의회를 지원하며, 의회 행정과 관련된 그 밖의 모든 업무를 지원한다(의회법 제64조 제2항 제a호~제g호). 의회사무처는 행정사무대표단의 감독을 받고, 의회사무총장이 지휘한다(의회법 제64조 제1항).

의회사무처의 가치와 철학을 규정한 조직헌장이 2011년 개정됐다. 다양한 업무를 제공하는 많은 조직으로 구성된 의회사무처에서는 공통의 가치와 목표를 공유하는 것이 필수적이기 때문이다. 먼저 의회사무처 직원은 정치적으로 중립을 지켜야 한다. 의회사무처 직원은 정치적 성향과 무관하게 연방의회와 연방의원을 지원하기에 정파적인 지시나 임무를 거부하지만, 연방의원과 긴장 관계를 형성하지 않는다. 한편 의회사무처 직원은 전문성을 기반으로 업무를 수행한다. 연방의원의 업무를 지원하기 위해서는 회의자문, IT 지원, 행정과 보안에 이르는 개별 업무의 전문성이 뒷받침되어야 한다. 또한 의회사무처 직원은 권력분립 원칙에 따라 연방내각에 독립적이고, 적어도 2개의 공용어를 구사할 필요가 있다. 정당이나 연방의원이 교체되고 연방의회를 둘러싼 환경이 급변하더라도 연방의회는 지속적이기 때문에 의회 행정은 영속적이다. 그리고 의회사무처 직원은 관례에 따른 선물이나 편의를 제외한 그 밖의 금전이나 특혜를 받아서는 안된다.[8]

4. 의회 예산 및 정원

2020년 기준 연방의회 예산은 1억 1,038만 프랑이다(약 1,411억 원). 이는 의회사무처 예산 6,320만 프랑(808억 원)과 의정활동 지원예산 4,718만 프랑(603억 원)을 합한 수치이다.[9] 연방의회 자료에 따르면 1년간 소요되는 연방의회 예산은 전체인구 1명당 13프랑에 해당하는 수준이다.[10]

의회사무처 정원은 연방의회의 권한 및 책임 강화와 함께 늘어났다. 1970년 의회사무처에는 약 30명의 직원이 있었으나, 2001년 146명, 2007년 183명, 2019년 2월 현재 296명의 직원(전일제 상근 직원은 218명)으로 증가했다.[11] 의회사무처 인력은 지난 50년 동안 10배나 증가하여 의회 서비스 역량도 크게 향상됐지만, 여전히 위원회 업무를 지원하는 인력은 부족하다. 이러한 스위스 의회사무처는 다른 국가에 비해 상대적으로 작은 규모이고, OECD 20개 의회를 대상으로 실시된 연구에서도 운영비가 가장 적은 의회 중 하나로 조사됐다.[12]

그 외에도 의회사무처 직원은 아니지만, 보안, IT, 번역, 물류, 음식 공급업 등의 분야를 지원해주는 서비스 제공 업체가 있다. 고위직을 제외한 대부분의 직원은 공개채용절차를 통해 의회사무총장이 임명하고, 직무 성격에 따라 38개 단위로 구분된 급여를 받는다.[13] 안내원부터 식당직원, 행정직원, 전산직원, 위원회 직원 등 모든 직원은 영어 등 몇 가지 언어에 익숙하고, 이러한 사항은 직원채용에도 영향을 미친다.[14] 또한 의회사무처 직원이 연방내각 등으로 이직하는 경우는 매우 드물 정도로 의회사무처 조직의 안정성이 높은 편이다.

제2절 연방의회사무처 조직

1. 의회사무처 조직도

의회사무처는 행정사무대표단의 지휘를 받는다. 사무총장을 정점으로, 사무차장 및 과학서비스국장, 국제협력국장, 관리국장, 공보국장이 있다. 각급 국장 밑에 구체적인 업무를 집행할 담당 기관이 존재한다. 2010년 의회사무처 조직도는 아래와 같다.

[표 44] 2010년 의회사무처 조직도

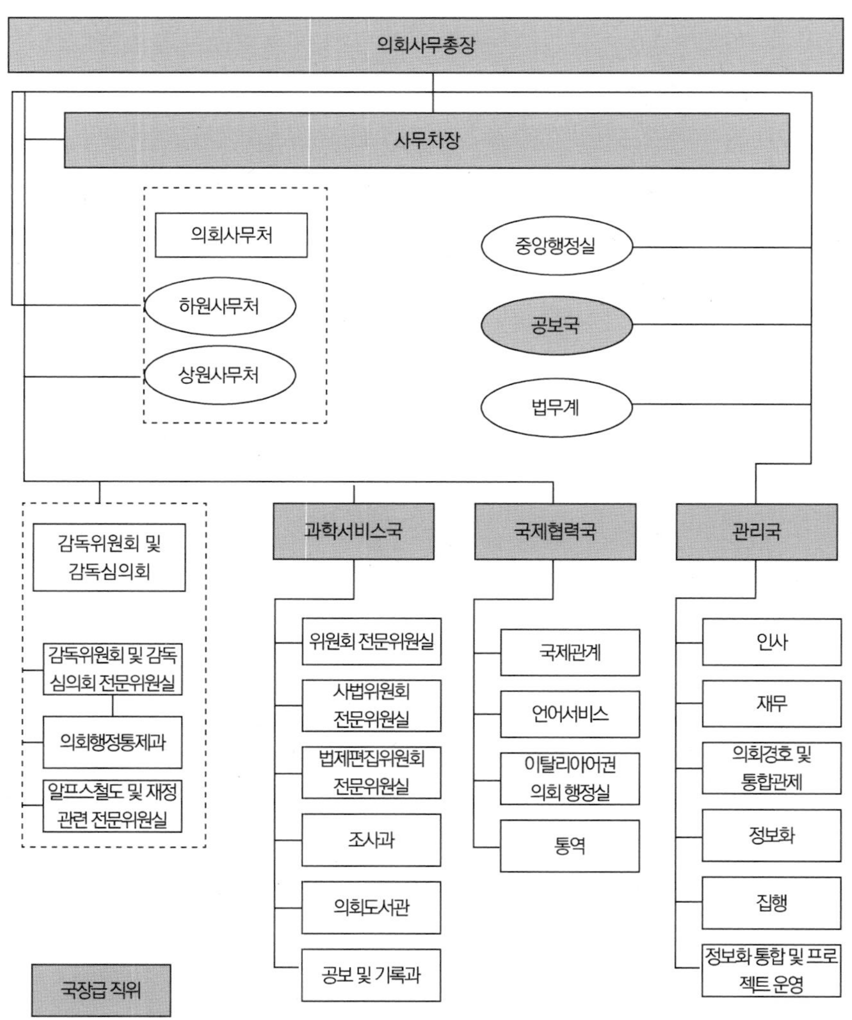

자료: 국회입법조사처(2010:23) 참조 · 작성

[표 45] 2021년 의회사무처 조직도

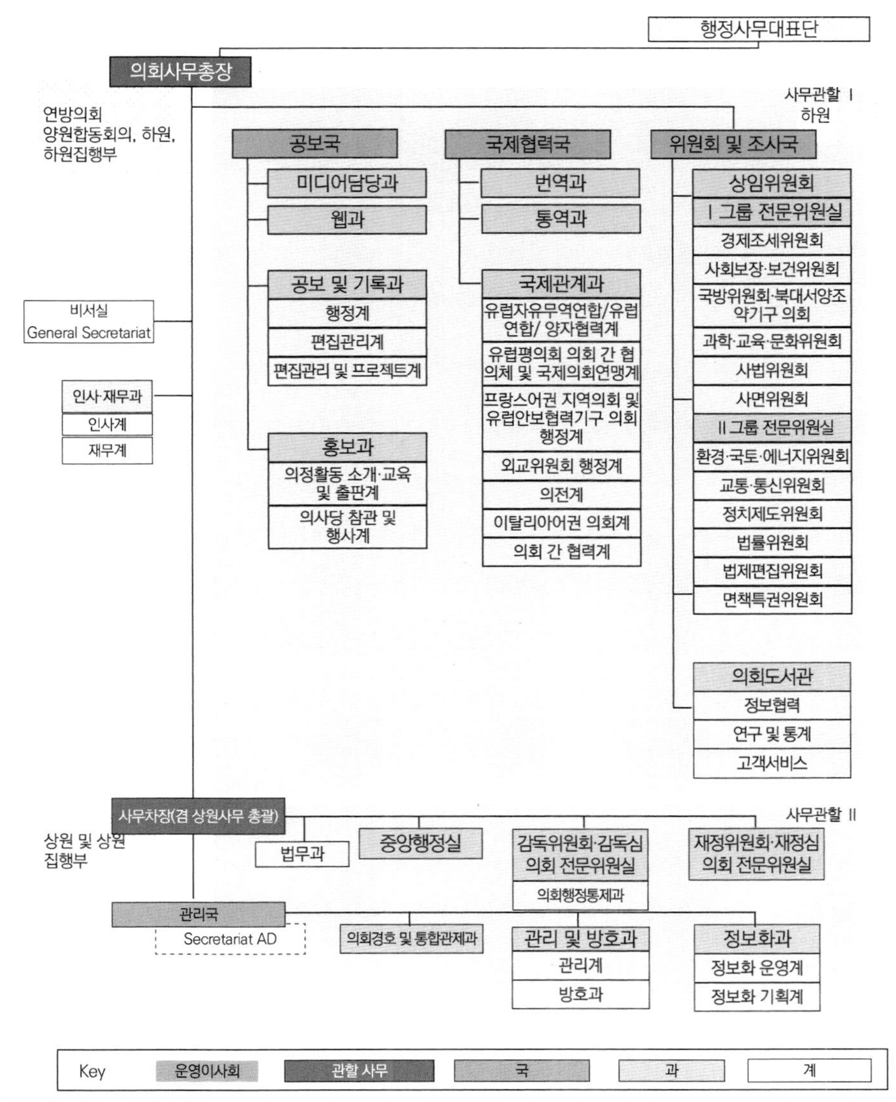

자료: 연방의회 홈페이지 참조, https://www.parlament.ch/en/%C3%BCber-das-parlament/parliamentary-services/organisation-chart (2021. 12. 10. 최종 확인).

2021년 7월 현재 의회사무처 조직은 하원사무처를 담당하는 의회사무총장 산하에 공보국, 국제협력국, 상임위원회 및 조사국을 두었다. 1명의 사무총장이 하원의 행정사무를 총괄하는 사무총장이자 의회사무총장이다. 상원의 행정사무를 총괄하는 의회사무차장은 감독위원회, 관리국, 중앙행정실을 관장한다. 인사 및 재무 관련 업무는 종전의 관리국 산하에서 벗어나 별도의 독립부서장으로 변화됐다. 사무총장을 포함해 상원 사무총장 겸 의회사무차장, 공보국장, 국제협력국장, 위원회 및 조사국장, 관리국장, 인사 · 재정과장을 포함해 7명으로 운영이사회를 구성 · 운영하여 의회사무처 등 의회 행정을 논의한다.

2. 의회사무총장

의회사무총장은 연방의회에서 선출되는 유일한 의회 관료이고, 이러한 선출 절차는 의회사무총장이 의회 행정 분야에서 최고의 권한을 행사할 수 있는 합법성을 부여한다. 의회사무총장은 상원과 하원의 의회사무처를 이끌어가고, 상원과 하원의 활동이 원만하게 운영될 수 있도록 모든 의회 행정에 대한 책임을 지며,[15] 행정사무대표단의 관리 · 감독을 받는다.

의회사무총장의 임기는 법적으로 하원선거 다음 해 1월 1일부터 시작하고, 차기 하원선거 다음 해 12월 31일까지 4년이다(의회법 시행령 제26조 제2항). 양원합동집행부에서 사무총장 임기 마지막 연도의 6월 30일에 근로관계를 종료하지 않는 한 사무총장은 4년 임기로 연임된다(의회법 시행령 제26조 제3항). 따라서 의회사무총장의 임기는 4년이고, 양원합동집행부가 이의를 제기하지 않으면 사무총장의 임기는 4년 더 연장된다.

2021년 현재 의회사무총장은 필립 슈밥(Philippe Schwab)이다. 2008년부터 2012년까지 연방의회 사무차장을 역임한 이후, 2012년 11월 16일 양원합동집행부에서 제9대 의회사무총장으로 지명됐고, 2012년 12월 12일 양원합동회의에서 임명 승인됐으며(찬성 183, 반대 11), 2013년 7월부터 의회사무총장직을 수행 중이다.[16]

3. 의회사무처 조직

공보국(Information)은 '공보 및 기록과', '미디어 담당과', '웹과', '홍보과'로 구성되고, 홍보, 언론 및 국민과의 의사소통을 담당한다. 공보 및 기록과(Official Bulletin)는 하원 및 상원 본회의 심의 결과를 작성하는 팀과 위원회 회의록을 작성하는 팀으로 구성된다. 10여 명으로 구성된 상근 팀은 업무 지휘, 업무 계획서 작성, 문서 준비 및 교정을 담당한다. 시간제로 일하는 40여 명의 회의록 작성자들이 회의록을 작성하고, 정기회와 정기회 사이에는 주로 재택근무를 한다.[17] 미디어 담당과(Information Service)는 언론 보도 초안작성, 기자회견 준비 등 언론 및 기자단의 여론을 담당한다. 홍보과(Public Relations)는 의정활동을 소개 · 교육하고, 대외 홍보를 담당하며, 의사당 참관을 지원한다. 홍보과는 연방내각사무처와 공동으로 '연방정치포럼'을 베른에서 개최한다.[18] 연방정치포럼은 정치 관련 전시 및 행사를 개최하고, 연방의원의 토론회 주최를 지원한다. 또한 연방의회, 연방내각의 주요 출판물을 일반인에게 제공하는 정보센터를 운영한다.[19]

국제협력국(International Affairs & Multilingualism)은 연방의회의 양자 및 다자간 활동, 해외 방문 및 통 · 번역 서비스를 담당한다. 국제협력국은 숙박, 교통, 비자 등 연방의원의 해외출장에 필요한 행정업무를 담당한다. 번역과(Translation) 및 통역과(Interpreting)는 연방의원의 의정활동과 발언을 독일어, 프랑스어, 이탈리아어로 번역 및 통역한다. 국제관계과(International & Interparliamentary Relations)는 외교위원회 및 외교대표단의 해외출장, 외국 의회 대표단의 영접 및 의전을 담당한다.

위원회 전문위원실은 상원과 하원의 조사업무, 상임위원회, 재정위원회 및 감독위원회의 조사업무를 지원한다. 위원회 직원은 상원과 하원의 회의업무를 함께 담당한다. 연방의원들은 위원회 전문위원실로부터 회의자료 등을 지원받는다. 위원회 수석전문위원(Committee Secretariat)은 위원회 업무를 총괄적으로 지원하고, 의사절차 및 법률문제를 조언한다.[20] 위원회에서 해외출장을 가는 경우 전문위원실이 숙박, 교통 등의 업무를 지원한다. 각 위원회에는 3~5명의 자료조사인력과 2~3명의 행정지원인력이 있는데, 감독위원회에는 10명의 직원이 있다. 아래의 표는 위원회에 근무하는 직원 수를 보여준다.

[표 46] 위원회 전문위원실 직원 현황

구분	수석전문위원	전문위원(행정실장)	입법조사관	주무관	합계
외교위원회	1	1	1	1	4
사회보장·보건위원회	1	1		1	3
환경·국토·에너지위원회	1	1	1	2	5
교통·통신위원회	1	1		1	3
경제·조세위원회	1	1	1	2	5
과학·교육·문화위원회	1	1		1	3
국방위원회	1	1		1	3
정치제도위원회	1	1	2	1	4
사면위원회	1			1	2
법률위원회	1	1	1	2	5
재정위원회	1	1	2	1	5
감독위원회	1	1	4	4	10
법제편집위원회	1	1		1	3

자료: 연방의회 홈페이지 참조하여 필자 작성

법무과는 의회법과 관련한 사항에 답변하거나 정보를 제공한다. 중앙행정실(General Secretariat)은 회기, 의사일정 등을 준비한다.

의회도서관은 법령발의를 위한 학술자료의 검색, 보고서 작성 등을 담당한다. 연방의원은 전화나 이메일을 통해 의회도서관에 다양한 정책 문제와 관련된 자료조사, 보고서 작성 등을 요청할 수 있다.[21] 일반인의 의회도서관 방문은 사전 약속을 잡은 뒤에 가능하다는 점에서 일반인의 자유로운 이용은 허용되지 않는다.

관리국(Infrastructure)은 의회경호 및 통합관제, 방호, 정보화 담당 부서로 구성된다. 의회경호 및 통합관제과(Security & Project Management)는 경호 및 안전문제, 안전 · 보안 · IT · 문서관리 및 통합관제를 담당한다. 연방의원은 보안요원의 지시를 존중하고, 위급상황 시 보안요원에게 즉시 알린다. 관리 및 방호과(Operations & Usher)는 의사당 및 부속 시설 등의 관리 · 점검 · 보수를 담당하고, 의사당 내 회의장, 교섭단체 사무실 등을 관리한다. 본회의, 위원회, 소위원회의 활동에 영향을 주지 않는 범위 내에서 회의질서를 유지하고, 공공행사 시 의장단 경호 등을 담당한다.[22] 정보화과(IT & New Technologies)는 연방의원에게 노트북 등 IT 장비를 지급하고, IT 기자재 유지 · 보수를 관리한다.

인사 · 재무과(Human Resource & Finance)는 인사계와 재무계로 구성된다. 인사계(Human Resource)는 충원 등 인사관리, 교육 및 연수를 담당한다. 재무계(Finance, systems and administration)는 예산집행, 의원 수당 지급, 회계 및 감사를 담당한다.

4. 의회행정통제과

가. 연혁 및 직무

연방의회는 다양한 분야에서 연방의 정책을 감독하지만, 연방내각과 행정기관의 활동을 지속적이고 전문적으로 평가 · 검토할 조직과 인력이 없었다. 연방의회는 1990년 12월 의원발의 방식으로, 연방 정책의 성과를 감독하고 평가할 전담기구로서 감독위원회 소속으로 의회행정통제과[23]를 설립했다. 의회행정통제과의 직무, 절차 등에 관한 구체적인 사항은 의회법이 아닌, 의회법 시행령 제10조에 규정되어 있다.[24] 의회행정통제과는 상원과 하원에 책임을 지는 전문기관으로 1991년부터 평가 업무를 시작했으나, 단순히 연방내각의 법령이 의회의 취지에 부합하는지를 검토하는 수준에 머물렀다. 2000년 신연방헌법이 시행되면서 연방 정책의 효과성 평가조항이 세계 최초로 규정됐고(연방헌법 제170조), 의회행정통제과는 감독위원회를 대표하여 적법성(legality), 합목적성(expediency), 효과성(effectiveness) 측면에서 연방내각의 정책을 평가한다(의회법 제52조 제2항). 의회행정통제과는 감독위원회 보좌기관이지만 학문적 관점에서 독립적으로 의견을 표명할 수 있다(의회법 시행령 제10조 제5항). 의회행정통제과는 예산집행 내역을 감독위원회에 보고하고(의회법 시행령 제10조 제4항), 대학이나 민간 컨설턴트 같은 외부전문가에게 연구를 의뢰할 수 있다. 현재 의회행정통제과는 과장 1명, 계장 1명, 정책분석가 3~4명으로 구성된다(박사 5명, 학사 1명).

의회행정통제과는 복잡한 연방 업무, 한정된 재원의 효율성을 고려하고, 전통적 정책평가 개념을 보충하는 차원에서 연방 정책을 다각적으로 평가한다. 의회행정통제과는 감독위원회나 다른 위원회의 요청에 따라 연방 정책의 효과성을 평가할 수 있다(의회법 제27조, 의회법 시행령 제10조 제2항). 다른 위원회가 의회행정통제과에 효과성 평가를 요청할 경우 감독위원회의 동의가 필요하다. 그러나 의회행정통제과 업무의 95% 이상이 감독위원회에서 의뢰하는 사안들을 중심으로 진행할 정도이고, 감독위원회가 아닌 다른 위원회로부터 평가를 의뢰받은 사례는 거의 없다.[25]

의회행정통제과는 의회의 감독권 범위 내에서 평가를 실시하고, 감독위원회에 조사가 필요한 부분을 보고한다(의회법 시행령 제10조 제1항 제a.호). 또한 연방 기관의 평가를 재평가하고, 의사결정과정에서 평가의 사용 여부를 검토한다(의회법 시행령 제10조 제1항 제b.호). 의회행정통제과의 평가 결과는 감독위원회에서 공식적인 결정을 내릴 때까지 비공개하고, 비공개 등 특별한 사유가 없는 한 매년 평가 보고서를 공개한다(의회법 시행령 제10조 제6항).

기본적으로 의회행정통제과는 감독위원회의 요청을 받고 정책에 대한 평가를 진행하기 때문에 사후적 평가가 업무의 중심이다. 다만, 연방의회가 연방법무 · 경찰부에서 실시한 입법평가에 대해 의문을 가지는 경우 의회행정통제과가 입법평가를 검토할 수 있다. 예를 들면 문화 관련 법률안에 대해 의회행정통제과는 해당 법안이 비현실적이라는 의견을 개진한 사례가 있다.

나. 평가 업무 절차

의회행정통제과의 평가는 주제선택, 프로젝트 개요작성, 평가실시, 권고 사항 제시, 후속 조치의 순서로 진행된다. 먼저, 감독위원회는 평가주제를 선정한다. 위원회, 연방의회 내 기관, 의회행정통제과 또는 제3자(칸톤, 국민, 언론 등)가 평가주제에 관한 제안서를 제출한다. 의회행정통제과가 사전에 설정한 기준(주제, 문제, 정보확보 가능성 등)에 따라 감독위원회는 2~5개의 평가주제를 결정한다. 다음으로 의회행정통제과는 선정된 프로젝트에 대한 개요를 작성한 이후 평가를 실시한다. 의회행정통제과는 사회과학에서 사용하는 과학적 방법에 따라 자료를 수집하고 분석한다. 의회행정통제과의 평가는 민간학술단체인 스위스 평가학회의[26] 표준화된 조사방법 및 평가 기준을 따른다. 일반적으로 심층 인터뷰, 그룹 인터뷰, 이해관계자 설문조사, 데이터베이스 및 문서 분석, 통계 및 문헌 검토 등이 사용된다. 각각의 평가 프로젝트마다 평균적으로 30회의 인터뷰를 진행하며 프로젝트의 2/3에서 통계 분석을 실시한다. 또한 평가 프로젝트의 50%는 사례 연구와 설문조사를 실시하고, 해외 사례를 조사한다. 의회행정통제과의 평가보고서는 조사결과 요약본과 상세한 보고서로 구분되어 작성된다.

다음 단계로 감독위원회는 평가보고서를 검토하여 위원회의 의견이 반영된 보고서 초안을 작성하고, 연방내각에 권고안을 제시한다. 권고안의 작성 주체는 감독위원회이고, 의회행정통제과가 아니다. 이때 연방내각은 감독위원회의 권고안에 대한 입장을 밝힌다. 감독위원회는 연방내각의 답변을 검토하고 필요한 경우 추가 자료를 요청하거나, 간담회를 열기도 한다. 평가 결과는 평가에 관한 연방정보시스템(ARAMIS)에[27] 등록된다. 감독위원회는 평가 결과에 따라 연방의회의 조치가 필요하다고 판단하는 경우 연방의회가 관련 법률안을 자체적으로 제안하거나(의원발의안 방식), 연방내각으로 하여금 개정 법률안을 제출하도록 요구할 수 있다(법안제출요구안 방식). 마지막으로 감독위원회는 연방내각에 연방의회의 권고안에 대한 이행조치 보고서를 요청한다.

이제는 법안을 성안하여 통과시키던 '입법작업'의 시대에서 '입법평가'의 시대로 전환되어 입법과 평가 사이의 상호 작용이 필요하다. 연방의회의 진정한 권력은 법률을 제정하는 데 있는 것이 아니라, 정부의 정책을 통제하고 평가하는 것으로 변모하고 있다.[28]

[표 47] 의회행정통제과 평가 업무 절차

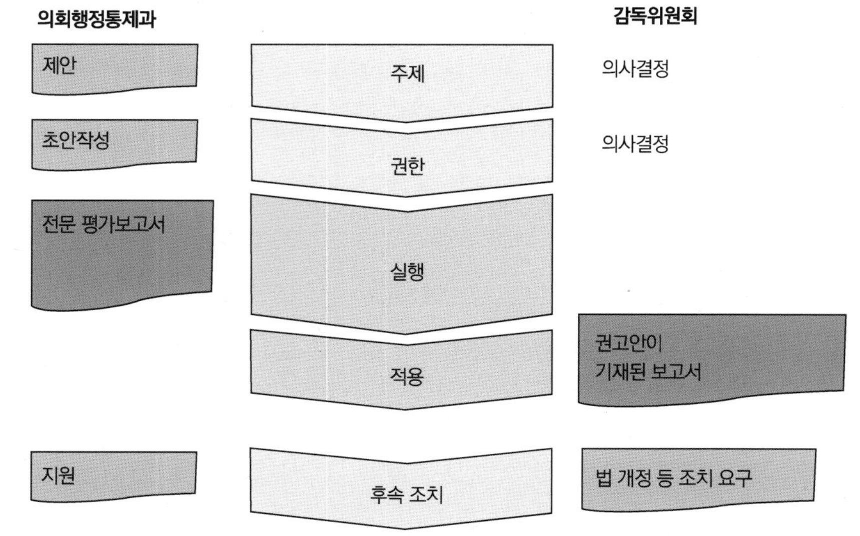

자료: Katerina Stolyarenko(2014: 10).

다. 권한 및 실적

의회행정통제과는 감독위원회에 부여된 권한과 마찬가지로 연방 정책에 대한 광범위한 접근이 허용된다(의회법 시행령 제10조 제3항). 의회행정통제과는 연방내각으로부터 필요한 정보를 받을 수 있고, 연방내각은 국가안보, 정보보안 등을 제외하고는 의회행정통제과의 정보요구를 거부할 수 없다. 의회행정통제과는 연간 계획을 준비하고 평가주제를 선정할 때 연방감사원과 의견을 교환하고, 업무를 조정한다.[29] 연방내각이 정기적으로 주요 평가 결과를 연방의회에 통보하면 연방의회의 관련 위원회가 이를 검토한다. 의회행정통제과는 감독 및 평가 업무를 담당하는 다른 연방 기관과 협조하고 교류하면서 평가의 중복을 피한다. 연방 차원에서 평가 활동에 지출한 비용은 1999년 연간 800만 프랑(102억 원)에서 2013년에는 1,500만 프랑(192억 원)으로 증가했다.[30]

[표 48] 연방의회와 연방내각의 평가 및 감독기관

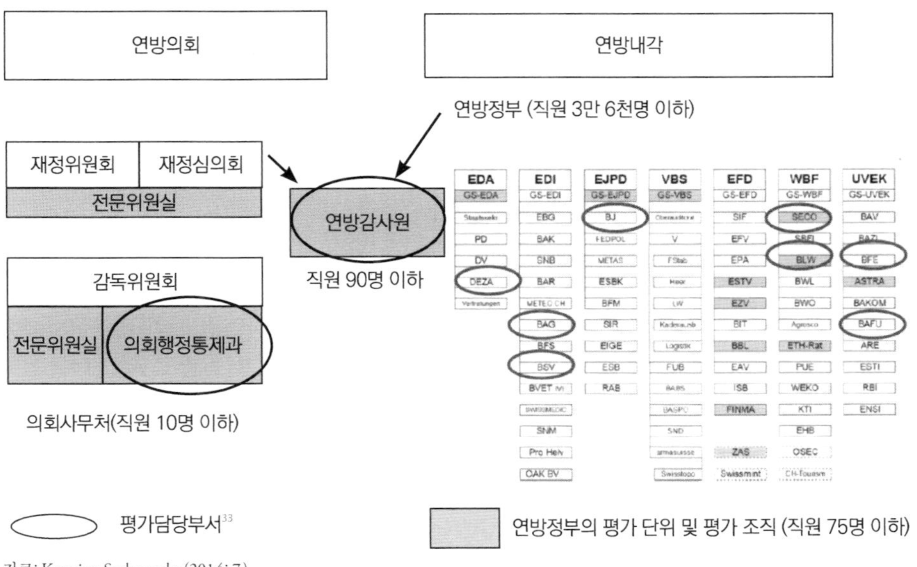

자료: Katerina Stolyarenko(2014: 7).

의회행정통제과는 1995년부터 2019년까지 72건에 대한 평가를 완료하여 연 평균 3건 내외의 평가보고서를 발간한 셈이다. 2019년 의회행정통제과 연간보고서에 따르면 2019년에 5건의 평가보고서를 완료했고, 2건이 진행중인 것으로 나타났다.[32] 의회행정통제과에서 발간한 평가보고서의 주제는 범죄조사에서 DNA 분석, 연방의 대국민 활동, 행정부의 이민자 구류, 자유무역협정의 영향, 전자투표 개표, 연방내각의 경제제재 동참, 연방통계청의 인구추계 적절성, 외교 분야 평가, 농지 보호, 국방 분야의 국제 협력 등이다. 2005년부터 2021년까지 의회 행정과가 실시한 평가보고서 50건의 주제는 다음과 같다.

[표 49] 의회행정통제과가 실시한 평가보고서 주제(2005~2021)

연도	주제	발간일	건수
2021	연방법원의 업무배분	2021. 6. 24.	1
2020	연방행정부의 전문가 활용평가	2020. 3. 18.	1
2019	연방행정부의 행정조사 및 범부처 간 조사 연방행정부의 외부고용 연방의 대외 활동 홍보 채택된 법안제출요구안 및 정책검토요청서 범죄조사에서 DNA 분석	2019. 6. 17. 2019. 7. 31. 2019. 5. 3. 2019. 5. 7. 2019. 2. 14.	5
2018	연방내각에 의한 경영진 임명절차에 관한 평가:추가 평가 연방통계청의 인구추계 적절성	2018. 11. 1. 2018. 2. 8.	2
2017	연방의 재정정책 과정에서의 역할 망명에서의 행정구류 전자투표의 개표	2017. 11. 9. 2017. 11. 1. 2017. 2. 9.	3
2016	자유무역협정의 영향평가	2016. 10. 26	1
2015	직업교육 및 훈련 분야의 협력 관계 평가 외교 분야의 직원평가 농지 확보 군사훈련 및 방산물자 취득의 국제 협력 분권화된 연방 행정에서의 독립적인 감독 및 규제기관 평가	2015. 11. 2. 2015. 8. 10. 2015. 6. 11. 2015. 3. 11. 2015. 2. 2.	5
2014	연방행정의 외부용역 직원	2014. 4. 4.	1
2013	인적 이동의 자유협정하의 외국인의 거주평가 연방내각에 의한 고위 경영진 선출 대외관계에서 부처 간 협력강화 의무적인 건강보험 하에서 의약품 허가 및 심사평가	2013. 11. 6. 2013. 6. 20. 2013. 6. 19. 2013. 6. 13.	4
2011	연방내각에 의한 사회보험의 전략적 운영 스위스 우체국, 스위스연방 철도, 스위스 통신사(Swisscom) 관리 유럽평의회 각료위원회에서 의장직 평가 연방의 협의 및 청문 관행 평가 개인의 자유로운 이동과 관련하여 수반되는 조처의 모니터링과 효과 평가	2011. 10. 28. 2011. 8. 30. 2011. 3. 3. 2011. 6. 9. 2011. 6. 16.	5
2010	연방 관세 행정 : 전략, 업무 및 자원관리 연방환경청 경영 평가	2010. 6. 11. 2010. 1. 28.	2
2009	연방내각의 전략적 정책 운용 연방내각의 인사 정책 연방행정부와 비정부기구 간의 협력 연방가축국 경영 감사	2009. 10. 15. 2009. 6. 17. 2009. 6. 10. 2009. 3. 9.	4
2008	의무 의료의 의료 서비스 정의 및 평가 연방 실업보험 운영 및 감독	2008. 8. 21. 2008. 3. 27.	2
2007	연방 국방·안보·체육부의 무기 조달 연방외교부 및 국방·안보·체육부 프로젝트 평가 의료 보험의 품질 보증에서의 연방의 역할 연방스포츠국 경영 감사 연방 차원의 자연재해 위험 관리 연방에 의한 부동산 관리(민간 영역)	2007. 10. 18. 2007. 6. 18. 2007. 9. 5. 2007. 6. 18. 2007. 6. 18. 2007. 4. 16.	6

연도	주제	발간일	건수
2006	연방행정부의 외부전문가 활용 문화 진흥 기관(Pro Helvetia 재단) 평가 스위스개발협력국(SDC) 의 일관성 및 전략적 관리 연방행정부가 수행한 연구: 정치-행정 협약과 연구 기본 계획 및 구현 평가	2006. 6. 16. 2006. 4. 5. 2006. 4. 5. 2006. 4. 3.	4
2005	장애보험의 연금성장 요인 연방정부의 자원 및 환경관리 평가 외국인 관련 법률의 강제조치 평가 연방정부의 세 가지 테스트	2005. 6. 6. 2005. 5. 2. 2005. 3. 15. 2005. 2. 23.	4

자료: 연방의회 의회행정통제과 홈페이지(https://www.parlament.ch/en/organe/committees/parliamentary-control-administration-pca/publications-pca/evaluation-eports-pca) 등 참고하여 필자 작성

제3절 역사가 흐르는 연방의사당

1. 건립과정

1848년 9월 12일 연방헌법이 발효됐지만, 연방정부와 연방의회의 소재지가 결정되지 않았다. 1848년 11월 연방의회에서 수도로 결정된 베른에는 연방의회, 연방정부 등을 수용할 건물이 없었다. 하원은 1821년 완공된 음악당에서 주로 개회하되, 베른 시청사에서도 회의를 열었다. 상원은 연회장인 Zum Ausseren Stand을 이용하고, 연방내각은 에를라호프(Erlacherhof, 현재 베른 칸톤 청사)를 이용했다. 연방대법원과 연방정부는 구시가지의 다양한 건물을 이용했다. 1849년 2월, 관계 당국이 모여 상원, 하원, 연방내각이 들어설 부지를 찾기 시작했고, 1850년 4월 8일 아레(Aare) 강 위 구시가지 남쪽부지에 연방의회, 연방내각을 수용할 목적으로 연방 건물[33]을 건설하기로 결정했다.

연방 건물은 도보로 연결되는 3부분(동관, 연방의사당, 서관)으로 구성된다. 연방의사당은 연방 건물의 동관과 서관 사이에 위치하고, 하원과 상원이 함께 연방의사당에 있다. 현재의 서관은 1852년 공사가 시작되어 1857년 6월 5일 완공됐고, 동관은 1888년 공사가 시작되어 1892년 완공됐다.[34] 연방의사당은 장크트갈렌 칸톤 출신 건축가인 한스 빌헬름 아우어(Hans Wilhelm Auer)의 설계로 1894년 건축공사가 시작되어 1902년 4월 1일 준공식을 가졌다. 연방의사당 건축공사에는 스위스

내 173개 회사와 38명의 예술가가 참여했고, 건설자재의 95%는 스위스 전역에서 공급됐다. 이는 스위스의 문화적 · 지역적 다양성을 상징적으로 보여준다. 연방의사당은 준공된 지 100년이 지난 후인 2006년부터 2008년까지 리모델링이 실시됐다.

연방의사당은 세계문화유산으로 지정된 베른시의 역사 지구 안에 있어 버스, 트램 등의 교통수단을 이용하여 쉽게 접근할 수 있다. 남쪽에는 아레 강이 흐르고, 베른지역의 상징인 구어텐(Gurten)산을 볼 수 있어 베른 시에서 가장 좋은 전망을 자랑한다. 또한 연방 건물 앞의 광장(Bundesplatz)에서는 여름엔 분수를, 겨울엔 라이트 쇼와 아이스링크를 운영하며, 저녁에는 조명이 건물과 분수대를 비추는 명소가 된다.[35] 2016년 4월 20일 자 「연방 건물 국기게양에 관한 명령」[36]에 따라 연방의사당과 연방 관청에 스위스 국기가 게양되고, 국빈이 방문할 경우 연방의사당과 베른에 해당 국가의 국기가 게양된다.[37]

2. 연방의사당 외부

연방의사당 건물은 돌출된 돔과 주랑 현관을 갖춘 네오 르네상스 양식[38]을 가진다. 건축가는 3가지 주제(헌법제정, 각 칸톤의 가치와 이념, 스위스의 문화적 · 정치적 · 지리적 · 경제적 다양성)를 토대로 설계하여 스위스의 모든 것을 보여주려고 했다.[39] 연방의사당의 북쪽 파사드의 박공식 지붕구조에는 보 칸톤 출신 조각가 로도 드 니더호이전(Rodo de Niederhäusern)이 제작한 3개의 조각이 배치되어 있다. 중앙의 입상은 정치적 독립을, 좌측 좌상은 행정부를, 우측 좌상은 입법부를 각각 상징한다. 티치노 칸톤 출신의 예술가 안셀모 로렌티(Anselmo Laurenti)가 제작하여 지붕 좌측과 우측에 배치한 신화적 동물인 그리핀[40]은 권능(우측)과 지성(좌측)을 나타낸다. 홍예문[41] 위의 쐐기 돌은 제네바 칸톤 출신의 조각가 모리스 히폴리테 레이몽(Maurice Hippolyte Reymond)이 제작한 것으로 용기, 지혜, 권능을 표현했다. 벽감에는 제네바 칸톤 출신의 조각가 제임스 앙드레 비베르(James André Vibert)가 자유(좌측: 끊어진 사슬)와 평화(우측: 칼집에 꽂혀 있는 칼)를 표현한 조각상이 있다. 2개의 청동상은 과거(좌측)와 현재(우측)를 기록하는 역사가를 나타

[그림 7] 연방의사당

자료: 필자 촬영, 국회입법조사처(2010: 20)

내는데 제네바 칸톤 출신인 모리스 히폴릿 레이몽(Maurice Hippolyte Reymond)이 제작했다.[42]

3. 연방의사당 중앙홀

연방의사당의 중앙홀(Domed Hall)은 국가를 상징하는 공간이다. 위에서 중앙홀을 바라보면 스위스 국기(십자가) 형상이 보인다. 정문 입구 계단을 따라가면 제네바 출신 조각가 제임스 앙드레 비베르(James André Vibert)가 제작한 '삼인 동맹' 조각상이 보인다. 삼인 동맹 조각상(Trois Confédérés)은 1291년에 맺은 스위스 동맹(뤼틀리 서약[43])을 표현한 것으로 무게는 24톤에 달한다. 계단의 엄지기둥에 세워진 '사인의 용병' 조각상도 앙드레 비베르의 작품이다. '삼인 동맹'의 명예 근위병인 4명의 용병은 지리적 · 언어적으로 구분된 4개의 지역과 공용어를 상징한다. 좌측 전방 조각상(정문 입구에서 바라봤을 때 기준)은 스위스에서 독일어를 사용하는 지역을, 우측 전방 조각상은 프랑스어를 사용하는 지역, 좌측 후방 조각상은 레토로망스어를 사용하는 지역, 우측 후방 조각상은 이탈리아어를 사용하는 지역을 상징한다.[44]

[그림 8] 연방의사당 중앙홀, 삼인동맹 조각상, 사인의 용병 조각상

자료: 필자 촬영

중앙홀 북쪽 벽에는 루체른 출신 조각가 후고 지크바르트(Hugo Siegwart)가 조각한 2개의 조각상이 있다. 좌측 조각상은 1386년 젬파흐 전투[45]의 영웅 빙켈리트(Winkelried)로서 자기희생(헌신)을 상징한다. 우측 조각상은 1481년에 맺어진 슈탄스 협약[46]의 공동서명자인 니클라우스 폰 플뤼에(Niklaus von Flüe)로 화해(통합)를 상징한다. 두 조각상 사이에는 건물을 장식하는 홍예문 스타일의 발코니(명예의 로지아)가 있다. 그 위에는 바젤 출신 조각가 아돌프 마이어(Adolf Meyer)가 조각한 석고 부조가 있다. 석고 부조는 프리드리히 실러(Friedrich Schiller)의 희곡 '빌헬름 텔'의 한 장면인 스위스인의 선조가 스위스 땅에 도착하는 모습을 보여준다.

중앙홀의 유리형 돔 천장에는 모자이크로 스위스 국기를 새겼다. 이 모자이크는 뇌샤텔 칸톤의 클레멘트 히튼(Clement Heaton)이 제작했다. 스위스 국기를 둘러싼 배너에는 라틴어 'Unus pro omnibus, Omnes pro uno'(모두를 위한 하나, 하나를 위한 모두)가 쓰여 있는데, 스위스의 국가관을 상징적으로 나타낸다. 그 사이에 있는 두 여성은 자유를 형상화했다. 또한 22개 칸톤(반 칸톤을 1개의 칸톤으로 포함) 문장이 새겨진 유리화가 모자이크화 된 스위스 국기 주위를 둥그렇게 둘러싸고 있다. 이 유리화는 1902년 알버트 뤼티(Albert Lüthi, 취리히 칸톤 출신)가 제작했다. 1978년에 신설된 쥐라 칸톤의 문장은 삼인동맹 위의 아치에 새겨져 있다.[47]

중앙홀의 유리형돔 바로 아래에 위치한, 4개의 대형 아치 형태로 만든 창에는 4

[그림 9] 유리형 돔, 원형 부조, 아치 형태의 창

자료: 필자 촬영, Services du Parlement(2016: 8)

명의 스위스 예술가가 제작한 스테인드글라스(유리화)가 설치되어 있다. 이 유리화는 1902년경 스위스의 주요 산업 네 가지를 보여준다. 동쪽 유리화(알버트 벨티, Albert Welti 제작)는 취리히 호수 주변의 섬유 산업을 나타내고, 북쪽 유리화(에밀 다비드 투리안, Emile-David Turrian)는 라인강 주변의 상업 및 운수 산업을 나타낸다. 서쪽 유리화(어니스트 비엘러, Ernest Biéler)는 쥐라 칸톤의 금속 산업을 나타내고, 남쪽 유리화(한스 잔트로이터, Hans Sandreuter)는 융프라우 산간 지역의 농업을 나타낸다.

중앙홀의 유리형 돔과 4개의 대형 아치 형태의 창 사이에는 4개의 원형 부조가 있다. 하원의원을 역임한 안토니오 솔디니(Antonio Soldini)가 디자인한 4개의 원형 부조는 국방, 정의, 교육, 공공작업을 상징한다.[48]

4. 본회의장

하원 본회의장은 제네바 출신의 화가 찰스 지롱(Charles Giron)이 작업한 벽화 '동맹의 요람'으로 장식되어 있다. 이 벽화는 1291년 스위스 동맹의 토대가 된 뤼틀리 초지(그림 전면의 하단 가장자리 부분)와 루체른 호수를 보여주면서 스위스의 기원을 형상화했다. 그림의 배경으로 슈비츠 지역과 2개의 미텐(Mythen) 산이 묘사되어 있고, 호수 위에 떠 있는 하얀 구름에는 황금색 올리브 가지를 손에 들고 있는 평화의 천사가 앉아 있다. 그림의 좌측 벽면에는 정치와 행동의 자유를 상징하는 빌헬름 텔 좌상이 배치되어 있다.[49] 이 조각상은 티치노 칸톤 출신 안토니오 키아토네(Antonio Chiattone)가 만들었다. 그림의 우측 벽면에는 지혜를 상징하는 게르투르트 슈타우프파허(Gertrud Stauffacher)[50] 조각상이 있다. 이 조각상은 주세페 키아토네(Giuseppe Chiattone)가 제작했다. 벽화 위로는 1902년 당시의 주요 스위스 지역을 나타내는 59개 문장이 회의장 전체를 둥글게 장식하고 있고, 이러한 배열을 통해 공동체의 정치적 위상을 표현한다.

하원 본회의장 뒤쪽 벽면에는 각 칸톤의 문장이 새겨진 44개의 의석이 있고, 여기에 각 칸톤의 상원의원이 앉는다. 상원 의석 등받이에는 페르디난트 후텐로허(Ferdinand Huttenlocher)가 스위스에서 자생하는 꽃과 동물을 조각해 놓았다. 1978년 신설된 쥐라 칸톤의 상원 의원석은 서쪽 구역에 있는 외교관 연단 아래에 있다. 이 의석 위에는 졸로투른 칸톤 출신의 까미요 후버(Camillo Huber)가 조각한 청동 부조 '국민의 각성'이 새겨져 있다.[51]

상원 본회의장은 알버트 벨티(Albert Welti)와 빌헬름 발머(Wilhelm Balmer)가 18세기경 니트발덴 칸톤의 란츠게마인데를 표현한 프레스코 벽화로 장식되어 있다. 루드비히 슈나이더 폰 바르텐제(Ludwig Schnyder von Wartensee)가 제작한

[그림 10] 하원 본회의장

자료: 필자 촬영

[그림 11] 상원 본회의장

자료: 필자 촬영

대형 샹들리에는 208개의 전구를 포함하여 무게가 총 1.5톤에 달하고, 1902년 당시로는 최첨단 전기기술이 적용됐다. 상원 본회의장에는 3개의 대형 아치형 창이 있다. 이는 장크트갈렌 칸톤에서 만들어진 레이스가 달린 커튼으로 장식되어 있다. 홍예문 옆 벽면에 새겨진 황금색 연도는 스위스 헌정사에서 중요한 사건이 일어난 연도를 나타낸다.

본회의장 대기실은 연방의원이 이야기를 나누거나, 인터뷰를 진행하거나, 방청객을 맞이하는 공간이고, 연방정부가 국빈을 영접하거나, 연방대통령이 신년 행사를 개최하는 장소이다. 44m 길이의 반원형으로 디자인된 공간으로 깊이감이 느껴지는 이곳의 천장 그림은 티치노 칸톤 출신의 안토니오 바르자기 카타네오(Antonio Barzaghi-Cattaneo)가 그렸다. 천장 양각 부조의 중간 열에는 스위스의 여섯 가지 미덕(진실, 지혜, 애국심, 번영, 자비, 정의)이 표현되어 있다. 천장의 내측 열에는 금속세공, 제화, 관광, 제빵, 건축을 의미하는 그림이, 외측 열에는 자연과학, 예술, 교육, 농업, 장신구 및 시계 산업을 나타내는 그림이 순서대로 배열되어 있고, 1902년 당시 스위스의 주요 무역 및 산업을 나타낸다.

5. 연방의사당 편의시설

연방의사당 1층 상단에 있는 알프스 갤러리는 다양한 식사가 제공되고, 여름 휴

[그림 12] 프레스센터

프레스센터 건물 정면

지하 2층 기자회견장

자료: Schweizerische Eidgenossenschaft(2006:1).

가철과 연말연시를 제외하고는 1년 내내 열려 있다. 연방의사당 2층에 간이 식당인 자이퉁짐머(Zeitungszimmer)가 있는데, 회기 중 간단한 식사가 제공된다. 의원 휴게실은 연방 건물(동관) 4층에 있고, 의사당 출입 카드를 이용하여 출입할 수 있다. 의원 휴게실의 개별 부스를 이용하고자 하는 의원은 관리과에 요청하여 사용한다. 의무실은 연방 건물(서관) 1층 관리과와 9호실(흡연실) 사이에 있고, 자동심장충격기(AED)는 연방의사당 각 층에 배치되어 있다.[52]

연방의회는 연방 건물에 더 많은 공간을 확보하기 위해 2001년부터 의사당 내의 프레스센터(기자실, 기자회견장)를 옆 건물로 이전하기로 결정했다. 프레스센터 건축공사는 2003년 10월 시작됐고, 2006년 5월 종전 건물과 조화를 이룬 프레스센터가 완공됐다. 종전 건물이 19세기 건축 문화재이기에 건물 밑으로 14m 깊이까지 터파기 공사를 하여 새로운 지하 공간을 만들었다. 건물 정면과 지붕을 포함하여 역사적 의미를 지닌 구조물을 그대로 유지하여 전통적인 마룻바닥, 붙박이장, 문을 보호했다.[53] 지상층에는 편집실 및 라디오방송국이 마련됐고, 지하 2층에는 120석 규모의 기자회견장을 두고, 지하 3층에는 280㎡ 규모의 멀티미디어실을 갖춘 TV 스튜디오를 두었다.

제4절 국민과 함께 하는 연방의회

1. 연방의회 참관

연간 10만 명 이상이 회기 중 또는 비회기 중에 연방의회를 참관한다.[54] 본회의장은 연방의원의 방문객, 예약한 방문객 등이 참관할 수 있다. 연방의원은 회기나 비회기 중에 출입 카드를 의회사무처에 요청하여 방문객을 출입시킬 수 있다. 연방의원의 방문객이 연방의사당 뒤편의 방문자용 출입구에서 신분증을 제시하면, 이후 연방의원의 안내를 받는다. 연방의원의 전용 사무실이 없는 관계로 연방의원과의 개별 면담은 부속실, 대기실 등에서 이루어진다. 부속실, 대기실, 의사당 2층의 간이 식당(자이퉁짐머) 출입은 연방의원이나 보안요원이 동행하는 경우에 가능하다. 1명의 연방의원과 대기실을 사용할 수 있는 방문객은 최대 2명이고, 연방의원은 방문객이 나갈 때까지 동행한다. 회기 중 방문객은 방청석에서 찬반 표시를 해서는 안 되고, 본회의장에서 사진 촬영, 오디오 및 비디오 녹화를 하기 위해서는 의회 집행부의 허가가 필요하다(상원 의사규칙 제48조 제1항, 하원 의사규칙 제62조 제1항). 회기 중 단체방문객(10~40명)은 사전에 연방의회 웹사이트에서 참관예약을 신청할 수 있지만, 상원의 방청석은 예약할 수 없다. 단체방문객은 부속실, 대기실, 간이 식당 등에 출입할 수 없지만, 30분가량 빈 공간(회의장)을 예약하여 이용할 수 있다.[55] 의회사무처 안내원은 삼인동맹 조각상 앞에서 단체방문객에게 연방의사당과 관련된 정보를 약 20분 동안 설명한다.

비회기 중 의회를 방문하려는 방문객(10~40명)은 연방의사당 참관부서에 신청을 한다. 방문객은 독일어, 프랑스어, 이탈리아어 또는 영어로 설명을 듣는데, 영어로 안내되는 의사당 참관은 토요일에 진행된다. 아울러 연방의회는 스위스 건국일(8월 1일)에 연방의사당을 일반인과 관광객에게 공개한다. 관람 희망자는 별도의 신청절차 없이 매년 8월 1일 연방의사당 앞에서 대기한 이후 순서대로 상원과 하원의 본회의장, 회의장, 대기실 등을 자유롭게 관람할 수 있다. 의장은 입장자격이 없는 방문객이나, 연방의회에서 정숙을 지키지 않는 방문객을 퇴장시킬 수 있다(상원

의사규칙 제48조 제3항, 하원 의사규칙 제62조 제3항).

2. 로비스트

가. 개념

로비스트라는 말은 미국 율리시스 그랜트(1822~1885) 대통령이 미국 워싱턴의 호텔 복도에서 청탁을 위해 자신을 기다리던 사람들에 대해 처음 사용했다고 알려져 있다. 한편으로 로비스트는 영국의 상 · 하원 의원이 토론을 전후하여 만나던 장소인 연방의사당의 '로비' 또는 '홀'에서 유래했다는 견해도 있다.[56] 로비스트는 법안(초안)이 작성되는 의회 전 입법협의 단계, 법안을 토론하는 의회 심의단계, 법안의 집행단계 등 여러 절차에 개입한다.

연방헌법 제147조에 따른 입법협의나 의견청취 절차가 퇴색하고, 입법과정의 영향력이 높아지는 등 연방의회의 역할이 증대함에 따라 경제단체들은 연방의회를 대상으로 직접적인 로비를 벌였다.[57] 정기회가 개최될 때마다 이익단체와 공공기관, NGO, 개별기업, 언론 등에 의한 의회 로비는 증가하였고, 세분화, 전문화됐다. 연방의원은 이익단체나 로비스트와 오찬 모임, 토론회, 의원단체 활동, 홍보물, 보고서, 제안서 등을 통해 의견을 교환한다. 또한 로비스트나 로비 단체는 언론 보도, 여론 캠페인, 시위 등을 통해 연방의원에게 직 · 간접적으로 영향력을 행사한다.

연방의원은 본회의장을 제외한 연방의사당을 상시로 출입할 수 있는 2개의 출입카드를 발급받는다(의회법 제69조 제2항). 연방의원은 출입 카드를 로비스트에게 제공할 수 있고, 이들은 연방의사당을 자유로이 출입할 수 있다. 다만, 연방의원으로부터 출입 카드를 제공받은 사람의 이름 및 직업은 등록 대장에 기재되고, 인터넷에 공개된다(의회법 제69조 제2항). 로비활동이 연방의회의 의사결정과정에 영향을 미친다는 사실을 부인할 수 없을 정도로 로비활동이 활발히 이루어지고 있다. 연방의회에서 활동하는 로비스트는 300~400명으로 추정되고, 약 220명이 핵심적으로 활동하는 것으로 알려져 있다. 이 중 67명이 이익단체를 대표하고, 64명이 공공기관을, 26명이 비영리단체를, 14명이 기업을 위해 활동하고 있다.[58] 참고로 유럽

연합에는 2021년 12월 현재 13,295개 기관이 로비스트로 등록되어 있다.[59]

나 로비스트의 양면적 역할

로비스트는 입법과정에서 양면적 역할을 한다. 로비스트는 연방의회에 자료제공, 아이디어 전달, 특정사안에 대한 전문적인 의견을 제공한다. 이러한 측면에서 로비스트의 활동은 연방헌법 제16조에 따른 표현의 자유에 근거를 둔다. 반면, 연방의원이 특정 단체를 대변하는 경우 로비스트에게 포획당할 우려가 있다. 연방의원이 특정 단체로부터 사례금을 받거나, 정책세미나 또는 토론회 초청에 응할 경우 연방의원의 독립성이 위협받을 수 있다.[60] 예를 들어 퇴임 후 로비스트가 된 독일 주재 전 스위스대사가 외국 법무부의 입장을 대변하는 내용의 대정부질문 초안을 작성했다는 사실이 언론에 보도됐다. 이처럼 로비스트에 대한 부정적 문제가 제기됐고, 이들을 규제해야 한다는 여론까지 일어났다.[61]

로비스트를 대변하는 의원이 증가함에도 불구하고 로비활동에 대한 효율적인 감독을 규정하는 것은 어렵다. 특히 공식적이고 합법적인 의견제시를 위한 로비활동과 기득권 옹호를 위한 비합법적인 로비활동을 구분하는 경계선이 모호하다.[62] 2015년 로비스트에 대한 검증시스템을 도입하고, 로비스트의 숫자를 제한하며, 로비스트 소속 단체나 로비스트의 연방의회 내 활동 등을 등록 대장에 기록하자는 의원발의안(의안번호 15.438)이 제출됐다. 2016년 3월 상원에서는 찬성 20, 반대 17, 기권 1로 이를 가결시켰다. 그러나 하원 정치제도위원회는 찬성 5, 반대 5, 위원장의 반대(캐스팅보트)로 개정안을 부결시켰다.[63] 그 이유는 개정안이 복잡하고, 개정에 따른 실익이 없으며, 연방의원의 출입증 발급 권한을 활용하여 개정 취지를 달성할 수 있다는 것이었다.[64]

[별첨 1] 양원조정협의회 안건 목록(1992.10.~2017.6)

재정위원회(FK), 외교위원회(APK), 과학 · 교육 · 문화위원회(WBK), 사회보장 · 보건위원회(SGK), 환경 · 국토 · 에너지 위원회(UREK), 국방위원회(SiK), 교통 · 통신위원회(KVF), 경제 · 조세위원회(WAK), 정치제도위원회(SPK), 법률위원회(RK)

제출일	의안번호	안건	위원회	
			하원	상원
1992.10.08	92.038	예산안 재정 건전화 조치 1992	FK	FK
1992.12.16	92.064	예산안 1993	FK	FK
1994.03.15	91.071	의료보험법 개정안	SGK	SGK
1994.09.28	93.029	연방 직접세법(DBG) 연방법 개정안	WAK	WAK
1995.02.24	91.045	자연 및 국토보호법 연방법 개정안	UREK	UREK
1995.06.21	93.095	실업보험법 부분 개정안	WAK	SGK
1995.10.03	93.075	정부 및 행정조직법	SPK	특별
1997.03.17	95.046	"청소년과 약물" 및 "합리적인 약물 정책"(Droleg-Initiative) 국민 청원	SGK	SGK
1997.06.18	90.257	의회발의 스위스 시민권 부여	SPK	SPK
1997.06.19	96.072	수자원보호법	UREK	UREK
1997.12.17	97.061	1998년 예산안 및 1999-2001 재정 운영계획 관련 보고	FK	FK
1998.03.19	96.060	2002 농업정책	WAK	WAK
1998.06.23	95.079	민법전	RK	RK
1998.06.25	95.088	난민법 및 ANAG	SPK	SPK
1998.12.11	96.091	연방헌법 개정(심의안 1)	VK	VK
1998.12.11	96.091	연방헌법 개정(심의안 2)	VK	VK
1998.12.11	96.091	연방헌법 개정(심의안 3)	VK	VK
1999.06.08	93.461	의회발의 부가가치세에 관한 연방법	WAK	WAK
1999.09.30	97.400	의회발의 벤처 자본	WAK	WAK
1999.10.05	97.030	CO_2 배출법 연방법	UREK	UREK
1999.10.05	99.401	의회발의 지원금 지급 관련 의결	UREK	UREK
1999.10.05	97.028	"에너지 환경 및 태양에너지 운동" 국민 청원(심의안 1)	UREK	UREK
1999.10.05	97.028	"에너지 환경 및 태양에너지 운동" 국민 청원(심의안 2)	UREK	UREK
1999.10.06	99.419	의회발의 의회운영 절차법(심의안 1)	SPK	SPK
1999.10.06	99.419	의회발의 의회운영 절차법(심의안 2)	SPK	SPK
1999.10.07	96.091	연방헌법 개정안(심의안 4)	VK	VK
2000.03.22	98.058	의료보험법	SGK	SGK
2000.10.05	98.037	우편통신교통 모니터링	RK	RK
2000.12.13	00.062	2001년 예산안	FK	FK
2000.12.13	99.055	전기시장법	UREK	UREK
2001.06.07	98.075	어린이 보호를 위한 헤이그 협약	RK	RK
2002.06.20	01.079	정치적 권리에 대한 연방법	SPK	SPK

제출일	의안번호	안건	위원회	
			하원	상원
2002.06.20	02.400	의회발의 의회의 의무 수행을 위한 지원	SPK	SPK
2002.12.03	99.076	의무 규정의 임대차권 부분 개정 및 국민 청원 "공정한 가격으로 임대하기"	RK	RK
2002.12.12	00.094	"장애인 평등권" 국민 청원 및 장애인 차별 방지를 위한 연방법	SGK	SGK
2002.12.11	01.401	의회발의 의회법	SPK	SPK
2002.12.12	00.072	직업교육법	WBK	WBK
2003.03.13	01.022	"모라토리엄 플러스" 및 "원자력 없는 전력 생산" 국민 청원 및 원자력에너지법	UREK	UREK
2003.03.20	02.020	담뱃세 관련 연방법 개정안	WAK	WAK
2003.06.05	01.021	세수 패키지 2001(심의안 1)	WAK	WAK
2003.06.05	01.021	세수 패키지 2001(심의안 2)	WAK	WAK
2003.06.18	02.072	연방에 의한 관광업 지원	WAK	WAK
2003.09.24	00.014	제11차 AHV 개정안(심의안 1)	SGK	SGK
2003.09.24	00.014	제11차 AHV 개정안(심의안 2)	SGK	SGK
2003.09.25	00.027	제1차 BVG 개정안	SGK	SGK
2003.10.01	02.050	스위스국립은행법 개정안	WAK	WAK
2003.12.09	03.047	연방 재정 경감 프로그램(심의안 1)	SpezK	SpezK
2003.12.09	03.047	연방 재정 경감 프로그램(심의안 6)	SpezK	SpezK
2003.12.15	00.079	의료보험법 (병원 재정지원)	SGK	SGK
2004.06.08	03.060	고용보험 개선안	SGK	SGK
2004.12.15	03.076	전문대학교에 대한 연방법	WBK	WBK
2004.12.16	04.047	2005년 예산안	FK	FK
2004.12.17	04.036	2004 군수물자 조달 프로그램	SiK	SiK
2005.12.08	98.451	의회발의 환경폐기물 조사 비용	UREK	UREK
2005.12.13	04.065	스위스 수출 보험	WAK	WAK
2004.12.15	05.047	2005년 예산안	FK	FK
2006.03.21	03.073	통신법 개정안	KVF	KVF
2007.03.20	04.083	전기공급법 및 전기법	UREK	UREK
2007.06.19	06.038	2011년 농업정책 지속적 개발	WAK	WAK
2007.06.20	06.017	재정 시장 감독법	WAK	WAK
2007.06.21	06.425	의회발의 배송 비용 지원을 통한 언론 지원	SPK	SPK
2007.10.02	07.024	회사설립 지원 2008-2011	WAK	WAK
2007.12.20	04.061	의료보험에 대한 연방법 부분 개정, 병원 재정지원 관련(심의안 1)	SGK	SGK
2007.12.20	04.061	의료보험에 대한 연방법 부분 개정, 병원 재정지원 관련(심의안 2)	SGK	SGK
2008.03.18	06.009	강제력 사용법	SPK	SPK
2008.06.05	05.025	요양 재정 정비에 대한 연방법	SGK	SGK
2008.06.11	05.053	제4차 추가 재정지원	SGK	SGK
2008.06.12	08.029	자유로운 인적 교류를 위한 협정 계속 시행 여부 및 불가리아와 루마니아로 확대 적용 여부	APK	APK

제출일	의안번호	안건	위원회	
			하원	상원
2008.08.19	08.007	2007-2011 입법계획	SPK	SPK
2008.09.24	04.062	의료보험에 대한 연방법 Managed Care 부분 개정	SGK	SGK
2008.10.01	04.476	의회발의 펠릭스 굿츠빌러 간접흡연의 위험으로부터 경제 및 국민 건강 보호	SGK	SGK
2009.03.17	05.092	형사소송법 일관화	RK	RK
2009.06.10	08.027	군대 및 군 행정 관련 연방법(군법, MG)	SiK	SiK
2009.06.11	08.054	기술적 무역 장벽에 대한 연방법	WAK	WAK
2009.09.24	09.062	경기 안정화 조치 한시적 연방법	WAK	WAK
2009.09.24	09.032	연방직접세 도입 시 과세 부담 증가 결과 보정	WAK	WAK
2009.09.24	07.074	2007-2013 미디어 프로그램 유럽공동체와의 협약	APK	APK
2009.12.10	09.051	쉥겐 지위의 지속적 발전 비자 정보 시스템에 대한 규정 도입	SPK	SPK
2009.12.10	09.044	쉥겐 지위의 지속적 발전 무기소지법 개정안(심의안 1)	SPK	SPK
2009.12.10	09.044	쉥겐 지위의 지속적 발전 무기소지법 개정안(심의안 2)	SPK	SPK
2010.03.10	08.012	기간도로 사용 비용 지급법	KVF	KVF
2010.06.17	10.038	UBS AG 협약 관련 USA의 행정지원 요청	WAK	WAK
2010.09.23	09.053	의료보험법(KVG) 비용 증가 억제 조치	SGK	SGK
2010.12.02	05.453	의회발의 Kohler Pierre. 스위스 역내 핏불테리어 금지안	WBK	WBK
2010.12.07	07.062	국토개발법(RPG) 해외 거주자의 토지 구입 해외 거주자의 토지 구입에 대한 연방법 폐지를 위한 지원 조치	UREK	UREK
2011.06.01	09.082	스포츠지원법 및 스포츠 분야에 대한 연방 IT 시스템 연방법	WBK	WBK
2011.06.15	09.069	불공정 경쟁에 대한 연방법 개정안	RK	RK
2011.09.14	04.062	의료보험에 대한 연방법 Managed Care 부분 개정	SGK	SGK
2011.09.14	04.062	의료보험에 대한 연방법 Managed Care 부분 개정	SGK	SGK
2011.09.28	11.028	은행법 개정안("too big to fail")	WAK	WAK
2011.09.28	09.074	주택청약 운동 및 "주택청약을 이용한 자가 주택 확보안" 국민 청원(심의안 1)	WAK	WAK
2011.09.28	09.074	주택청약 운동 및 "주택청약을 이용한 자가 주택 확보안" 국민 청원(심의안 2)	WAK	WAK
2011.12.06	10.109	교육, 연구 및 혁신을 위한 지원안, 2012년	WBK	WBK
2011.12.08	08.011	OR. 주식 취득 및 회계법	RK	RK
2011.12.21	11.041	2012 연방예산안	FK	FK
2012.03.16	10.443	의회발의 RK-SR. 국민 청원 "과도한 매니저 급여 방지"에 대한 간접적인 대응 발의안	RK	RK
2012.06.12	12,008	2011-2015 입법계획	LPK	LPK
2012.09.26	10.052	난민법 개정안	SPK	SPK
2012.09.26	09.076	예방법	SGK	SGK
2012.12.13	12.041	2013 연방예산안	FK	FK
2013.06.19	11.030	제6차 IV 개정안 두 번째 조치 패키지	SGK	SGK
2013.06.19	10.077	채권추심 및 파산법 개인회생법	RK	RK

제출일	의안번호	안건	위원회	
			하원	상원
2013.12.12	13.041	2014 연방예산안	FK	FK
2014.06.17	11.022	시민권법 전체 개정	SPK	SPK
2014.09.17	12.069	체결된 인권 협약 비준 잠정으로 제한된 범위에 협약 적용	SPK	SPK
2014.12.08	13.058	장학금 관련 청원 및 교육비 납부법 전체 개정	WBK	WBK
2014.12.10	13.106	d'action financière 그룹의 2012년도 권고 사항 이행	RK	RK
2014.12.11	14.041	2015년 예산안	FK	FK
2015.03.19	13.060	의료종사자법 개정안	SGK	SGK
2015.06.04	12.046	형사법전(StGB) 및 군형법(MStG). 처벌법 개정안	RK	RK
2015.06.10	13,085	결혼 및 가정을 위하는 권리 - 가정 폭력 반대 국민 청원	WAK	WAK
2015.06.18	06.441	의회발의 Bonhôte Pierre. 소비자 보호 확충 및 휴대전화 판매 시 악용 억제	RK	RK
2015.09.24	15.019	회사설립 지원 2016-2019	WAK	WAK
2015.12.16	15.041	2016년 예산안	FK	FK
2016.03.09	12.080	치료제법 개정안	SGK	SGK
2016.03.15	13.025	우편 및 통신 모니터링 관련 연방법 개정안	RK	RK
2016.03.16	14.046	임야 관련 연방법 개정안	UREK	UREK
2016.06.12	16.016	2015-2019 입법계획	LPK	LPK
2016.06.16	16.028	자유로운 인적 교류를 위한 협정 크로아티아까지 확대 적용할 여부	APK	APK
2016.09.29	15.025	부가가치세법 부분 개정	WAK	WAK
2016.12.15	16.041	2017년 예산안	FK	FK
2016.12.15	16.041	2018-2020년도 재정 운용계획 관련 연방 의결 II	FK	FK
2017.03.15	16.045	2017-2019 안정화 프로그램	FK	FK
2017.03.16	14.088	2020 노령보험 개혁	SGK	SGK
2017.03.16	14.088	부가가치세 인상을 통한 AHV 추가 재정지원에 관한 연방 의결	SGK	SGK
2017.06.15	17.007	2017년 추가경정예산안 예산안 I 및 Ia	FK	FK

자료: Parlamentsbibliothek Recherchen und Statistik (2017: 4).

[별첨 2] 의회사무처 연락처

구분	이메일	전화번호[65]
의회도서관	doc@parl.admin.ch	058 322 97 44
공식 게시판	bulletin@parl.admin.ch	058 322 99 82
하원 집행부, 상원 집행부 양원 합동의회 집행부	buero.bureau@parl.admin.ch	058 322 97 25
외교위원회	apk.cpe@parl.admin.ch	058 322 94 66
과학·교육·문화위원회	wbk.csec@parl.admin.ch	058 322 99 22
사회보장·보건위원회	sgk.csss@parl.admin.ch	058 322 97 40
환경·국토·에너지위원회	urek.ceate@parl.admin.ch	058 322 97 68
국방위원회	sik.cps@parl.admin.ch	058 322 97 58
교통·통신위원회	kvf.ctt@parl.admin.ch	058 322 94 94
경제·조세위원회	wak.cer@parl.admin.ch	058 322 95 30
정치제도위원회	spk.cip@parl.admin.ch	058 322 99 44
법률위원회	rk.caj@parl.admin.ch	058 322 97 19
면책·특권위원회(하원)	ik.cdi@parl.admin.ch	058 322 98 52
법제편집위원회	redk.cdr@parl.admin.ch	058 322 95 10
사면 및 권한분쟁위원회	bek.cgra@parl.admin.ch	058 322 99 44
사법위원회	gk.cj@parl.admin.ch	058 322 99 27
재정위원회	fk.cdf@parl.admin.ch	058 322 90 64
감독위원회	gpk.cdg@parl.admin.ch	058 322 92 17
의회행정통제국	pvk.cpa@parl.admin.ch	058 322 97 99
유럽자유무역연합/유럽연합 대표단	efta.aele@parl.admin.ch	058 322 97 23
프랑스어권 의회 대표단	apf@parl.admin.ch	058 322 92 71
북대서양조약기구 의회 대표단	natopv.apotan@parl.admin.ch	058 322 92 43
독일 의회외교 대표단	del.deutschland@parl.admin.ch	058 322 94 29
리히텐슈타인 의회외교 대표단	del.fuerstentum-liec@parl.admin.ch	058 322 94 29
오스트리아 의회외교 대표단	del.oesterreich@parl.admin.ch	058 322 94 29
프랑스 의회외교 대표단	del.france@parl.admin.ch	058 322 94 40
이탈리아 의회외교 대표단	del.italia@parl.admin.ch	058 322 94 40
유럽평의회 의회협의체 대표단	erd.dce@parl.admin.ch	058 322 97 56
유럽안보협력기구 의회 대표단	oszepv.aposce@parl.admin.ch	058 322 92 71
국제의회연맹 대표단	ipu.uip@parl.admin.ch	058 322 97 56
인사	hr@parl.admin.ch	058 322 94 31
중앙비서실	zs.kanzlei@parl.admin.ch	058 322 97 11
사무총장	gs.sg@parl.admin.ch	058 322 97 25
이탈리아어 비서실	elena.wildi@parl.admin.ch	058 322 94 40
보안	sicherheit@parl.admin.ch	058 322 99 99
법률 서비스	rechtsdienst@parl.admin.ch	058 322 97 25
통역	uebersetzung@parl.admin.ch	058 322 95 26

구분	이메일	전화번호[65]
의회 방문	parlamentsbesuche@parl.admin.ch	058 322 90 22
출장	reisen@parl.admin.ch	058 322 97 45
웹	web@parl.admin.ch	058 322 97 06
행정사무대표단	vd.da@parl.admin.ch	058 322 97 05
감독위원회	gpk.cdg@parl.admin.ch	058 322 97 13
재정심의회	findel.delfin@parl.admin.ch	058 322 95 40
알프스관통철도(NLFA) 대표단	nad.dsn@parl.admin.ch	058 322 94 90
운영 및 집행	betrieb@parl.admin.ch	058 322 91 91
재정	finanzen@parl.admin.ch	058 322 98 10
정책포럼	kaefigturm@bk.admin.ch	058 462 75 00
알프스 갤러리	galeriedesalpes@zfv.ch	031 312 94 01
온라인	sicherheit@parl.admin.ch	058 322 92 90
미디어 담당	information@parl.admin.ch	058 322 99 10
정보 처리 및 신기술	helpdesk@parl.admin.ch	058 322 90 90
번역	dolmetscher@parl.admin.ch	079 676 68 77
의전	protocole@parl.admin.ch	058 322 97 03
국제관계	international@parl.admin.ch	058 322 90 58

자료: 연방의회 홈페이지

참고문헌

【국내 문헌】

1. 단행본

김계동, 현대유럽정치론, 서울대학교출판부 (2007).

김용빈 · 박계호, 스위스의 무장중립정책과 위기관리: 제2차 세계대전을 중심으로, 북코리아 (2014).

김유향, 기본강의 헌법 전정 5판, ㈜ 월비스 (2018).

김정환, 스위스: 꿈의 나라, 실속의 나라, 정우사 (1983).

구니마쓰 다카지(이덕숙 번역), 다부진 나라 스위스에 가다, 기파랑 (2008).

국회도서관, 세계의 헌법(제3판) 제1권 · 제2권 (2018).

_________, OECD 국가 의회제도 한눈에 보기: FACT BOOK 제45호 (2014).

국회사무처, 국회법 해설 (2021).

_________, 국회선례집 (2021).

_________, 쉽게 풀어쓴 의회 용어 (2018).

국회사무처 국제국, 김대현 국회사무차장 프랑스, 스위스 방문 결과보고서 (2016).

국회사무처 법제실, 법제이론과 실제 (2019).

국회입법조사처, 스위스 · 독일 공무 국외 출장 결과보고서 (2010).

____________, 스위스 · 이탈리아 출장보고서 (2009).

____________, IFLA 분과회의 참석 및 벨기에, 스위스 출장보고서 (2014).

국회운영위원회 전문위원실, 의회대사전 (1992).

노시내, 스위스 방명록, 마티 (2015).

박영도, 법령 입안기준 개발에 관한 연구(Ⅱ)-스위스의 법령 입안심사기준, 한국법제연구원 (2004).

______, 스위스연방의 헌법개혁과 향후 전망, 한국법제연구원 (2004).

박인수 · 조홍석 · 남복현, 주요 국가별 헌법재판제도의 비교분석과 시사점- 미국형 사법심사와 유럽형 헌법재판을 중심으로 -, 헌법재판소 정책연구용역 보고서 (2010)

박응격 · 김상겸 · 이옥연 · 정재각 · 디트마 되링, 서구 연방주의와 한국, 인간사랑 (2006).

박윤정, 스위스 스케치, 컬처그라피 (2015).

법제처, 스위스 법제 기관의 입법지원제도 연구를 위한 국외 출장 결과보고서 (2016).

부르노 카우프만 · 롤프 뷔치 · 나드야 브라운(이정옥 옮김), 직접민주주의로의 초대, 리북 (2008).

사무엘 W. 크럼프턴(김일수 번역), 승자와 패자가 만드는 백 가지 전쟁, 미토 (2002).

선학태, 민주주의와 상생 정치: 서유럽 다수제 모델 vs 합의제 모델, 다산출판사 (2005).

성윤모 · 김기준 · 전윤종 · 천영길 · 박재영 · 이호현 · 노용석, 유럽을 알면 한국의 미래가 보인다: 유럽 강국의 비밀을 찾아서, 한국생산성본부 (2012).

실리아 호이저만(남찬섭 역), 복지국가 개혁의 정치학, 나눔의 집 (2015).

안성호, 분권과 참여 스위스의 교훈, 다운샘 (2005).

______, 스위스연방 민주주의 연구, 대영문화사 (2001).

______, 왜 분권 국가인가: 리바이어던에서 자치공동체로, 박영사 (2016).

양시훈 · 최유경, 각국 법관 징계제도에 관한 연구, 사법정책연구원 (2015).

외교부, 스위스 개황 (2014).

______, NATO 개황 (2016).

______, OSCE 개황 (2013).

윤광진 · 정창화, 입법 영향평가제도 교차국가사례 비교연구, 한국법제연구원 (2012).

윤현진, 입법 영향분석이 입법과정에 미치는 영향에 관한 비교연구(국회입법조사처 정책연구용역), 국회입법조사처 (2015).

윤상용, 국외 출장보고서, 한국보건사회연구원 (2010).

융커(이주성 번역), 스위스 직접민주주의, 법문사 (1996).

이기우, 분권적 국가개조론, 한국학술정보 (2014).

이상민, 독일어 사용 4개국, 다해 (2011).

이성만, 스위스 문화 이야기, 역락 (2004).

이소야마 토모유키(김채경 번역), 브랜드 왕국 스위스의 비밀, 생각과 꿈 (2007).

이옥연, 통합과 분권의 연방주의 거버넌스, 오름 (2008).

이진국, 독일과 스위스의 보안처분 집행절차 및 실무연구, 법무부 정책연구용역 보고서 (2010)

______, 형사특별법 정비방안(14) 주요 선진국의 형사특별법제 연구: 스위스 신형법의 주요 내용

과 정책적 시사점, 한국형사정책연구원 (2008).
이종훈, 스위스의 연방제도와 민족정책: 연구 노트 (1992).
임도빈, 개발협력 시대의 비교행정학, 박영사 (2016).
임재주 · 서덕교 · 박철 · 장은덕, 국회의 이해, 한울아카데미 (2019).
임종훈 · 이정은, 한국입법과정론, 박영사 (2021).
장 지글러(양영란 번역), 왜 검은돈은 스위스로 몰리는가?, 갈라파고스 (2013).
장철균, 스위스에서 배운다: 21세기 대한민국 선진화 전략, 살림 (2013).
전득주, 한국의 국가권력 구조의 개혁 방향: 미국, 독일, 스위스 사례를 중심으로, 지식과 교양 (2013).
조두환, 하이 알프스: 작은 스위스, 아펜첼로 떠나는 문화기행, 청년정신 (2009).
최용훈, 스위스 연방의회 제도에 관한 연구-입법과정 등을 중심으로-, 대법원 사법정책연구원 (2020).
헨드릭 빌렘 반 룬(임경민 역), 반 룬의 지리학, 아이필드 (2011).
홍근석 · 김성찬, 세대 간 회계 및 재정준칙 법제화에 관한 연구, 국회예산결산특별위원회 정책연구용역 보고서 (2017)

2. 논문

강휘원, "스위스의 언어정책", 새 국어 생활 제22권 제3호 (2012).
김승기, "대립 아닌 협의 거듭하여 통합 실현하는 스위스", 국회보 2009년 10월호, 국회사무처 (2009).
김정미 · 이정구, "해외 주요국의 재정준칙 운용 동향과 정책시사점", 경제현안분석 제84호, 국회예산정책처 (2013).
노경필, "스위스연방 대법원(Bundesgericht)의 조직 및 권한에 관한 연구", 재판자료 제107집, 법원도서관 (2005).
박주범, "외국의 군사법원/군사법원의 존립목적", 군 사법개혁을 위한 토론회, 민주사회를 위한 변호사 모임 (2003. 4. 16.).
박태조, "외국 의회 소개: 스위스(상)", 국회보 1992년 4월호, 국회사무처 (1992).
신교식, "스위스의 헌법재판제도와 그 시사점에 관한 연구", 경기 법조 제20호, 수원지방변호사회 (2013).
이원상, "스위스 형사사법개혁 취지를 통해 살펴본 한국의 검찰개혁", 비교 형사연구 제19권 제3호, 한국비교형사법학회 (2017).
Felix Uhlmann, "Legislation and evaluation in Switzerland", 입법평가연구 제3호 (2010).
Luzius Mader (장철준 번역), "'법을 위한 투쟁'의 단계로부터 '입법육성'의 단계로: 입법의 질적 제고를 위한 스위스연방의 최근 노력", 입법평가연구 제8호 (2014).
Werner Bussmann, "Impact assessment and evaluation of legislation in Switzerland", 제5차 의회조사기구 국제세미나 결과보고서, 국회입법조사처 (2014).

【외국 문헌】

1. 영어 문헌

Association of Secretaries General of Parliaments, reform of parliament (1992), https://www.asgp.co/sites/default/files/documents//NYLCLWQSDRWUMEGGHFPCCXXXBGKVXZ.pdf (2021. 12. 10. 최종 확인).
______________________________, relations between chambers in bicameral parliaments (1991).
______________________________, The system for the preparation of the Official Report in the Swiss Parliament (1996).
Christine Benesch & Monika Bütler & Katharina E. Hofer, "Transparency in Parliamentary Voting", CESifo Working Paper Series No. 5682 (2016).
Clive H. Church, The Politics and Government of Switzerland, Palgrave Macmillan UK (2004).
Dirk-Jan Kraan & Michael Ruffner, "Budgeting in Switzerland", OECD Journal on Budgeting, Vol. 5 No. 1 (2005).
Federal Statistical Office, Switzerland's population in 2016 (2017).
George Arthur Codding, The Federal Government of Switzerland, Houghton Mifflin (1961).
GRECO, Fourth Evaluation Round: Corruption prevention in respect of Members of Parliament, Judges and Prosecutors, Evaluation Report Switzerland (2017).
Hanspeter Kriesi & Alexander H. Trechsel, The Politics of Switzerland: Continuity and Change

in a Consensus Democracy, Cambridge University Press (2008).

International Monetary Fund Fiscal Affairs Department, "Switzerland: Report on Observance of Standards and Codes: Fiscal Transparency Module", IMF Country Report No. 09/201 (2009).

Jan-Erik Lane, The Swiss Labyrinth: Institutions, Outcomes and Redesign, Routledge (2001).

John Clerc, "The New Swiss Constitution", Communication from the Association of Secretaries General of Parliaments (1999. 10.).

José M. Magone, The Statecraft of Consensus Democracies in a Turbulent World: A Comparative Study of Austria, Belgium, Luxembourg, the Netherlands and Switzerland, Routledge (2017).

Katerina Stolyarenko, "National evaluation policy in Switzerland", parliamentary forum for development evaluation (2014).

Katharina E. Hofer, "Shirk or Work? On How Legislators React to Monitoring", Economics Working Paper Series 1616, University of St. Gallen (2017).

Kris W. Kobach, The Referendum: Direct Democracy in Switzerland, Dartmouth Publishing (1993).

Krisztina Tóth, "The Impact of Legislature and Citizens on the Budgeting Process in Switzerland: Lessons for Central and Eastern Europe", the 13th Annual Conference of the Network of Institutions and Schools of Public Administration in Central and Eastern Europe (2005).

OECD, Recommendation Of The Council On Principles For Transparency And Integrity In Lobbying, C(2010)16 (2018).

Parliamentary Service, "The Federal Assembly-The Parliament of Switzerland" (2016), https://www.parlament.ch/en/suche#Default=%7B%22k%22%3A%22motion%22%2C%22r%22%3A%5B%7B%22n%22%3A%22FileType%22%2C%22t%22%3A%5B%22equals(%5C%22odp%5C%22)%22%2C%22equals(%5C%22ppt%5C%22)%22%2C%22equals(%5C%22pptm%5C%22)%22%2C%22equals(%5C%22pptx%5C%22)%22%2C%22equals(%5C%22potm%5C%22)%22%2C%22equals(%5C%22potx%5C%22)%22%

2C%22equals(%5C%22ppam%5C%22)%22%2C%22equals(%5C%22ppsm%5C%22)%22%2C%22equals(%5C%22ppsx%5C%22)%22%5D%2C%22o%22%3A%22or%22%2C%22k%22%3Afalse%2C%22m%22%3Anull%7D%5D%7D (2021. 12. 10. 최종 확인).

Patricia Egli, Introduction to Swiss Constitutional Law, Dike Publishers (2016).

Philippe Schwab, "Joint administration of the two chambers in bicameral parliaments", Contribution at the Session of the Association of Secretaries General of Parliaments (2017. 10.).

______________, "Lobbyists and interest groups: the other aspect of the legislative process", Contribution at the Session of the Association of Secretaries General of Parliaments (2015. 3.)

______________, "Role of the Swiss Parliament in monitoring the effectiveness of public policy", Communication from the Association of Secretaries General of Parliaments (2012. 10.).

______________, "Strategic plan of the parliamentary service of the Swiss Parliament for 2012-16", Communication from the Association of Secretaries General of Parliaments (2012. 4.).

______________, "The elective function and checks on nominations to Parliament", Contribution at the Session of the Association of Secretaries General of Parliaments (2016. 3.).

______________, "The Emergence of Parliamentary Diplomacy: Practice, Challenges and Risks", Contribution to the general debate in the Association of Secretaries General of Parliaments (2013. 10.).

______________, "The Swiss Parliament as a plurilingual forum", Communication from the Association of Secretaries General of Parliaments (2014. 10.).

______________, "The Swiss Parliamentary Services-Tasks, Principles and challenges", Speech delivered to the Parliamentary Institute of Cambodia (PIC), Phnom Penh (2015. 3. 26.).

Summary of the report by the Parliamentary Control of the Administration for the Council of

States' Control Committee, "Dealing with adopted motions and postulates" (2019).

The Swiss Confederation: a brief guide 2008, Federal Chancellery (2008).

____________________: a brief guide 2015, Federal Chancellery (2015).

____________________: a brief guide 2017, Federal Chancellery (2017).

____________________: a brief guide 2020, Federal Chancellery (2020).

Tsachevsky, The Swiss Model-The Power of Democracy, Peter Lang AG (2014).

Uwe Serdült, "Referendums in Switzerland", in: Qvortrup M., Referendums Around the World, Palgrave Macmillan (2014).

Venelin Tsachevsky, The Swiss Model-The Power of Democracy, Peter Lang AG (2014).

Walter Haller, The Swiss Constitution in a Comparative Context, Dike Publishers (2016).

Wolf Linder & Isabelle Steffen, Swiss Confederation, Forum of Federations (2006).

2. 독일어 문헌

Andreas Kley/Reto Feller, "Die Erlassformen der Bundesversammlung im Lichte des neuen Parlamentsgesetzes", Schweizerisches Zentralblatt für Staats-und Verwaltungsrecht Jg. 105, 2004.

Bütikofer/Hug, Le parlement de milice cher aux Suisses a de fait disparu, Le Temps (2010).

Christine Rothmayr Allison/Frédéric Varone, Justiz, in: Peter Knoepfel et al. (Hrsg.), Handbuch der Schweizer Politik: Manuel de la politique suisse, 5. Aufl., Verlag Neue Zürcher Zeitung (2014).

Das Parlamentsgebäude in Bern (2016), https://www.parlament.ch/centers/documents/de/broschuere-A5-d.pdf (2021. 12. 10. 최종 확인).

Kiener, Richterliche Unabhängigkeit, Verfassungsrechtliche Anforderungen an Richter und Gerichte, Stämpfli Verlag AG (2001).

Parlamentsbibliothek Recherchen und Statistik, Faktenbericht Einigungskonferenz (2017).

Parlamentsbibliothek Fakten und Zahlen, Die 49. Legislatur in Zahlen (2017), https://www.parlament.ch/centers/documents/de/Das%20Parlament%20in%20Zahlen_d_07.12.2015.pdf (2021. 12. 10. 최종 확인).

Pascal Sciarini, Processus législatif, in: Peter Knoepfel et al. (Hrsg.), Handbuch der Schweizer Politik: Manuel de la politique suisse, 5. Aufl., Verlag Neue Zürcher Zeitung (2014).

Pascal Sciarini/Anke Tresch, Votations populaires, in: Peter Knoepfel et al. (Hrsg.), Handbuch der Schweizer Politik: Manuel de la politique suisse, 5. Aufl., Verlag Neue Zürcher Zeitung (2014).

Racioppi, "Die moderne ≪Paulette≫: Mandatssteuern von Richterinnen und Richtern", in: Justice - Justiz - Giustizia, 2017/3.

Ruth Lüthi, Parlament, in: Peter Knoepfel et al. (Hrsg.), Handbuch der Schweizer Politik: Manuel de la politique suisse, 5. Aufl., Verlag Neue Zürcher Zeitung (2014).

Schweizerische Eidgenossenschaft, "Dépenses liées de la Confédération Inventaire et pistes pour de futures réformes", 2017.

Schwenkel, Das Vertrauen der Bevölkerung in die Gerichte: Ergebnisse einer nationalen Befragung, in: Kuhn André et al. (Hrsg.), Strafverfolgung - Individuum - Öffentlichkeit im Spannungsfeld der Wahrnehmungen: Schweizerische Arbeitsgruppe für Kriminologie, Band 35, Stämpfli Verlag AG (2017).

Services du Parlement, Das Parlamentsgebäude in Bern, Schweiz (2016).

Wolf Linder/Mitarbeit von Rolf Wirz, Direkte Demokratie, in: Peter Knoepfel et al. (Hrsg.), Handbuch der Schweizer Politik: Manuel de la politique suisse, 5. Aufl., Verlag Neue Zürcher Zeitung (2014).

3. 프랑스어 문헌

Andrea Pilotti, "Le Parlement: L'≪autorité suprême de la Confédération≫ délaissée par les historiens", L'histoire politique en Suisse - une esquisse historiographique (2013. 3.).

Assemblée fédérale, Le Bulletin officiel de l'Assemblée fédérale, Services du Parlement Bulletin officiel (2017).

Assemblée fédérale, Prochain arrêt-Palais fédérale: Un guide pour les députés, Service du Parlement (2017).

Bibliothèque du Parlement, "Doyen/ne de fonction: Rapport factuel", Service du Parlement

(2019).

______________________, "Président(e) du Conseil national", Service du Parlement (2016).

______________________, "Président/e du Conseil des États", Service du Parlement (2017)

Bibliothèque du Parlement Recherches et statistiques, Fiche d'information: Législature, Service du Parlement (2017).

Conseil des Etats, Accès à la salle du Conseil des Etats et aux antichambres pendant les sessions (2016).

Initiative parlementaire: Loi sur le Parlement, Rapport de la Commission des institutions politiques de Conseil national (2001. 3. 1.)

【웹사이트】

1. 국내

국립국어원 홈페이지, https://www.korean.go.kr/front/onlineQna/onlineQnaView.do?mn_id=216&qna_seq=184733 (2021. 12. 10. 최종 확인).

법제처 세계법제정보센터 홈페이지, http://world.moleg.go.kr/web/wli/lgslInfoReadPage.do?CTS_SEQ=38858&AST_SEQ=1289 (2021. 12. 10. 최종 확인).

법제처 현행법령 통계 홈페이지, http://www.moleg.go.kr/lawinfo/status/statusReport (2021. 12. 10. 최종 확인).

외교부 홈페이지, http://www.mofa.go.kr/www/wpge/m_3854/contents.do (2020. 10. 29. 최종 확인).

스위스 약황 (2017), 주 스위스 대한민국대사관 홈페이지, http://overseas.mofa.go.kr/ch-ko/brd/m_8041/view.do?seq=1201481&srchFr=&srchTo=&srchWord=&srchTp=&multi_itm_seq=0&itm_seq_1=0&itm_seq_2=0&company_cd=&company_nm=&page=1 (2021. 12. 10. 최종 확인).

주 스위스 대한민국대사관 홈페이지, http://overseas.mofa.go.kr/ch-ko/index.do (2021. 12. 10. 최종 확인).

2. 국외

유럽연합 홈페이지, http://ec.europa.eu/transparencyregister/public/homePage.do (2021. 12. 10. 최종 확인).

유럽평의회 의회협의체 홈페이지, https://pace.coe.int/en/ (2021. 12. 10. 최종 확인).

유럽평의회 홈페이지, https://www.coe.int/en/web/portal (2021. 12. 10. 최종 확인).

세계의회사무총장회의(ASGP) 홈페이지, https://www.asgp.co/executive-committee-member/2707# (2021. 12. 10. 최종 확인).

스위스 국방 · 안보 · 체육부 홈페이지, https://www.oa.admin.ch/en/militaerstrafverfahren/das-militaerstrafverfahren.html (2021. 12. 10. 최종 확인).

스위스 국방정보국 홈페이지, https://www.vtg.admin.ch/de/organisation/kdo-op/mnd.html (2021. 12. 10. 최종 확인).

스위스 금융시장감독국 홈페이지, https://www.finma.ch/en/finma/finma-an-overview/ (2021. 12. 10. 최종 확인).

스위스 노령유족 · 장애연금 홈페이지, https://www.ahv-iv.ch/en/Social-insurances/Old-age-and-survivorss-insurance-OASI (2021. 12. 10. 최종 확인).

스위스 역사검색 홈페이지, https://hls-dhs-dss.ch/de/articles/017348/2008-04-29/ (2021. 12. 10. 최종 확인).

스위스 역사 홈페이지, https://www.myswitzerland.com/ko/bundeshaus.html (2021. 12. 10. 최종 확인).

스위스 연방감사원 홈페이지, https://www.efk.admin.ch/en/ (2021. 12. 10. 최종 확인).

스위스 연방감사원 역사 홈페이지, https://timeline.efk.admin.ch/?lang=en#2000-842 (2021. 12. 10. 최종 확인); https://www.efk.admin.ch/en/about-us/organisation-e/competence-centres.html (2021. 12. 10. 최종 확인).

스위스 연방검찰청 홈페이지, https://www.bundesanwaltschaft.ch/mpc/en/home.html (2021. 12. 10. 최종 확인).

스위스 연방검찰 감독위원회 홈페이지, http://www.ab-ba.ch/de/ueber_uns.php (2021. 12. 10. 최종 확인).

스위스 연방경찰청 홈페이지, https://www.fedpol.admin.ch/fedpol/en/home.html (2021. 12. 10.

최종 확인).
스위스 연방국세청 홈페이지, https://www.estv.admin.ch/estv/en/home.html (2021. 12. 10. 최종 확인).
스위스 연방관세청 홈페이지, https://www.ezv.admin.ch/ezv/en/home.html (2021. 12. 10. 최종 확인).
스위스 연방내각사무처 홈페이지, https://www.bk.admin.ch/ch/d/pore/va/vab_1_3_3_1.html (2021. 12. 10. 최종 확인).
스위스 연방내각사무처 국민투표 홈페이지, https://www.bk.admin.ch/ch/d/pore/va/19920927/index.html (2021. 12. 10. 최종 확인).
스위스 연방내각 입법협의절차 홈페이지, https://www.admin.ch/gov/de/start/bundesrecht/vernehmlassungen.html (2021. 12. 10. 최종 확인).
스위스 연방내각 포털, https://www.admin.ch/gov/de/start/dokumentation/medienmitteilungen.msg-id-53026.html (2021. 12. 10. 최종 확인).
스위스 연방내각 홈페이지, https://www.admin.ch/gov/fr/accueil/documentation/communiques.msg-id-46919.html (2021. 12. 10. 최종 확인).
스위스 연방대법원 홈페이지, https://www.bger.ch/index/federal/federal-inherit-template/federal-richter/federal-richter-bundesrichter.htm https://www.bger.ch/index/federal/federal-inherit-template/federal-richter/federal-richter-nebenamtlicherichter.htm (2021. 12. 10. 최종 확인).
스위스 연방상원 이해관계 등록부: https://www.parlament.ch/centers/documents/de/interessen-sr.pdf (2021. 12. 10. 최종 확인).
스위스 연방연금기금 홈페이지, https://publica.ch/en/about-us (2021. 12. 10. 최종 확인).
스위스 연방철도공사 홈페이지, https://www.sbb.ch/en/home.html (2021. 12. 10. 최종 확인).
스위스 우정국 홈페이지, https://www.post.ch/en/ (2021. 12. 10. 최종 확인).
스위스 연방의회 홈페이지, https://www.parlament.ch/en/ratsbetrieb/sessions/schedule (2021. 12. 10. 최종 확인).
스위스 연방의회 감독위원회 홈페이지, https://www.parlament.ch/en/organe/committees/supervisory-committees/control-committees-cc (2021. 12. 10. 최종 확인)

스위스 연방의회 공공건축위원회 홈페이지, https://www.parlament.ch/de/%C3%BCber-das-parlament/archiv/fruehere-kommissionen/koeb (2021. 12. 10. 최종 확인).

스위스 연방의회 명예회복위원회 홈페이지, https://www.parlament.ch/de/%C3%BCber-das-parlament/archiv/fruehere-kommissionen/kommission-rehako (2021. 12. 10. 최종 확인).

스위스 연방의회 사면 및 권한쟁의 위원회 홈페이지, https://www.parlament.ch/de/organe/kommissionen/weitere-kommissionen/kommission-bek (2021. 12. 10. 최종 확인).

스위스 연방의회 알프스철도 심의회 홈페이지, https://www.parlament.ch/de/%C3%BCber-das-parlament/archiv/fruehere-kommissionen/neat-aufsichtsdelegation (2021. 12. 10. 최종 확인).

스위스 연방의회 의안정보시스템(Curia Vista) 홈페이지, https://www.parlament.ch/en/ratsbetrieb/suche-curia-vista; https://www.parlament.ch/en/ratsbetrieb/curia-vista/curia-vista-explained (2021. 12. 10. 최종 확인).

스위스 연방의회 의회공보 홈페이지, https://www.parlament.ch/fr/ratsbetrieb/amtliches-bulletin (2021. 12. 10. 최종 확인).

스위스 연방의회 의회행정통제과 홈페이지, https://www.parlament.ch/de/organe/kommissionen/parlamentarische-verwaltungskontrolle-pvk (2021. 12. 10. 최종 확인).

스위스 연방의회 재정위원회 홈페이지, https://www.parlament.ch/en/organe/committees/supervisory-committees/committees-fc (2021. 12. 10. 최종 확인).

스위스 연방재정관리국 홈페이지, https://www.efv.admin.ch/efv/en/home/finanzberichterstattung/finanzberichte/staatsrechnung.html (2021. 12. 10. 최종 확인).

스위스 연방정보국 홈페이지, https://www.vbs.admin.ch/en/ddps/organisation/administrative-units/intelligence-service.html (2021. 12. 10. 최종 확인).

스위스 연방정보시스템(ARAMIS) 홈페이지, https://www.aramis.admin.ch/?Sprache=en-US (2021. 12. 10. 최종 확인).

스위스 연방정부 공보집 홈페이지, https://www.admin.ch/gov/de/start/bundesrecht/bundesblatt.html (2021. 12. 10. 최종 확인).

스위스 연방정부 공포법령집 홈페이지, https://www.admin.ch/gov/de/start/bundesrecht/

amtliche-sammlung.html (2021. 12. 10. 최종 확인).
스위스 연방정부 현행법령집 홈페이지, https://www.admin.ch/gov/de/start/bundesrecht/systematische-sammlung.html (2021. 12. 10. 최종 확인)
스위스 연방정부 현행법령집 검색 홈페이지, https://www.admin.ch/opc/de/classified-compilation/19620059/history.html (2021. 12. 10. 최종 확인).
스위스 연방통계청(Federal Statistical Office, FSO) 홈페이지, Switzerland's Population 2018, ttps://www.bfs.admin.ch/bfs/en/home/statistics/population.assetdetail.10827609.html (2021. 12. 10. 최종 확인).
스위스 연방특허법원 홈페이지(조직), https://www.bundespatentgericht.ch/das-gericht/organisation/ (2021. 12. 10. 최종 확인).
스위스 자유민주당 홈페이지, https://thomas-hefti.ch/ (2021. 12. 10. 최종 확인).
스위스 연방하원 이해관계 등록부, https://www.parlament.ch/centers/documents/de/interessen-nr.pdf (2021. 12. 10. 최종 확인).
스위스 연방하원 면책특권위원회 홈페이지, https://www.parlament.ch/de/organe/kommissionen/weitere-kommissionen/kommission-ik-n (2021. 12. 10. 최종 확인).
스위스 연방행정법원 홈페이지, https://www.bvger.ch/bvger/de/home/das-bundesverwaltungsgericht/richter-innen-und-gerichtsschreibende.html (2021. 12. 10. 최종 확인).
스위스 연방형사법원 홈페이지, https://www.bstger.ch/de/il-tribunale/giudici/elenco-giudici-supplenti.html (2021. 12. 10. 최종 확인).
스위스 연방환경청 홈페이지, https://www.bafu.admin.ch/bafu/en/home.html (2021. 12. 10. 최종 확인).
스위스 제네바 칸톤 법령 홈페이지, https://www.ge.ch/legislation/rsg/f/s/rsg_C1_19.html (2021. 12. 10. 최종 확인).
프랑스어권 국제기구(프랑코포니) 홈페이지, https://francophonie.or.kr/la-francophonie/?lang=ko (2021. 12. 10. 최종 확인).
GRECO 홈페이지, https://www.coe.int/en/web/greco/about-greco/what-is-greco (2021. 12. 10. 최종 확인).

IMF 홈페이지, https://www.imf.org/external/datamapper/NGDPDPC@WEO/OEMDC/ADVEC/WEOWORLD/EUQ/CHE (2021. 12. 10. 최종 확인).

IMF 홈페이지, https://www.imf.org/external/datamapper/fiscalrules/map/map.htm (2021. 12. 10. 최종 확인).

OECD 홈페이지, https://one.oecd.org/document/C(2010)16/en/pdf; https://www.oecd.org/gov/ethics/oecdprinciplesfortransparencyandintegrityinlobbying.htm (2021. 12. 10. 최종 확인).

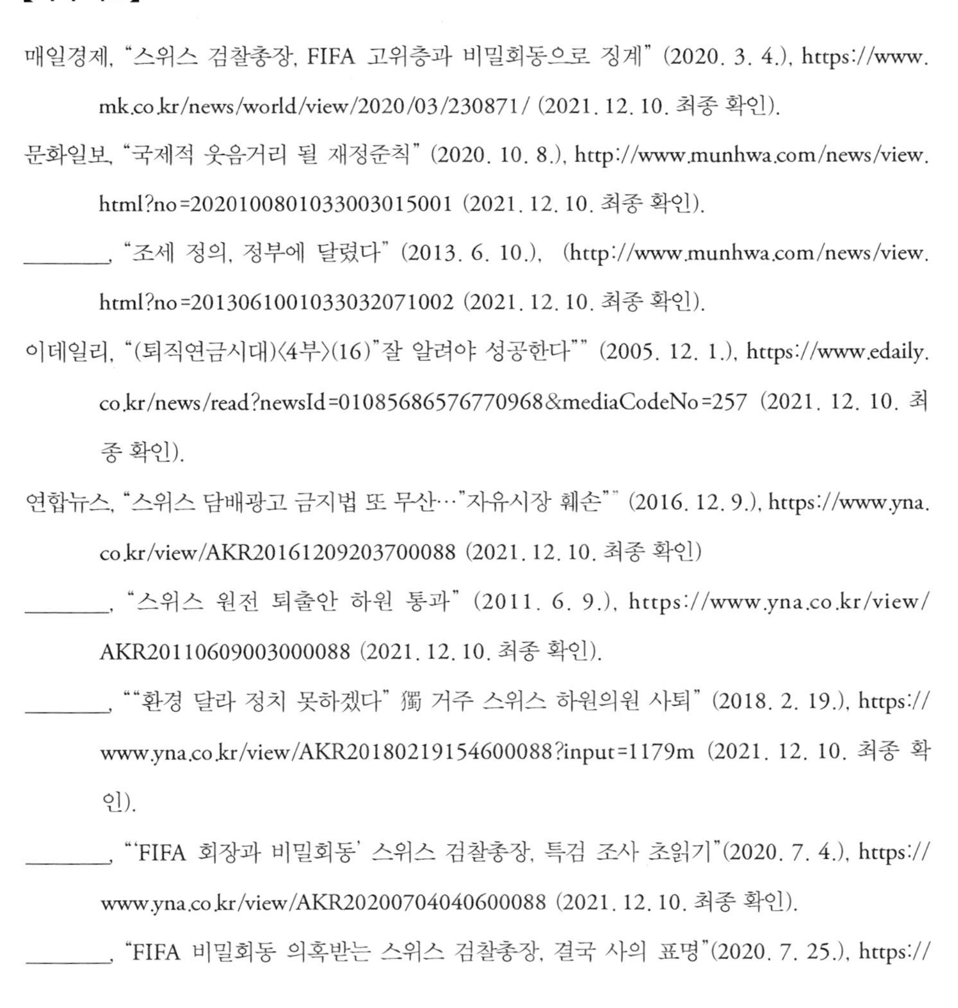

【기타 자료】

매일경제, "스위스 검찰총장, FIFA 고위층과 비밀회동으로 징계" (2020. 3. 4.), https://www.mk.co.kr/news/world/view/2020/03/230871/ (2021. 12. 10. 최종 확인).

문화일보, "국제적 웃음거리 될 재정준칙" (2020. 10. 8.), http://www.munhwa.com/news/view.html?no=2020100801033003015001 (2021. 12. 10. 최종 확인).

_______, "조세 정의, 정부에 달렸다" (2013. 6. 10.), (http://www.munhwa.com/news/view.html?no=2013061001033032071002 (2021. 12. 10. 최종 확인).

이데일리, "(퇴직연금시대)〈4부〉(16)"잘 알려야 성공한다"" (2005. 12. 1.), https://www.edaily.co.kr/news/read?newsId=01085686576770968&mediaCodeNo=257 (2021. 12. 10. 최종 확인).

연합뉴스, "스위스 담배광고 금지법 또 무산…"자유시장 훼손"" (2016. 12. 9.), https://www.yna.co.kr/view/AKR20161209203700088 (2021. 12. 10. 최종 확인)

_______, "스위스 원전 퇴출안 하원 통과" (2011. 6. 9.), https://www.yna.co.kr/view/AKR20110609003000088 (2021. 12. 10. 최종 확인).

_______, ""환경 달라 정치 못하겠다" 獨 거주 스위스 하원의원 사퇴" (2018. 2. 19.), https://www.yna.co.kr/view/AKR20180219154600088?input=1179m (2021. 12. 10. 최종 확인).

_______, "'FIFA 회장과 비밀회동' 스위스 검찰총장, 특검 조사 초읽기"(2020. 7. 4.), https://www.yna.co.kr/view/AKR20200704040600088 (2021. 12. 10. 최종 확인).

_______, "FIFA 비밀회동 의혹받는 스위스 검찰총장, 결국 사의 표명"(2020. 7. 25.), https://

www.yna.co.kr/view/AKR20200725000700088?input=1195m (2021. 12. 10. 최종 확인).

중앙일보, "'검찰총장 비밀회동' FIFA 회장 특검 간다, 스위스 사법당국 수사 착수" (2020. 7. 31.), https://news.joins.com/article/23837829 (2021. 12. 10. 최종 확인).

________, "기재부 '나랏빚 브레이크' 재정준칙 만든다" (2020. 6. 8.), https://news.joins.com/article/23795857 (2020. 6. 16. 최종 확인). AP news, "Switzerland's First Woman Minister Resigns in Scandal" (1989. 1. 13.), https://apnews.com/7363d4ef6378c738fb4e99561c4db701 (2021. 12. 10. 최종 확인).

SBS 뉴스, "스위스 의회위원회 "FIFA 비밀회동 의혹 검찰총장 연임 반대"" (2019. 9. 5.), https://news.sbs.co.kr/news/endPage.do?news_id=N1005424551 (2021. 12. 10. 최종 확인).

Le News, "Swiss government drops plan to restrict lobbyists' access to parliament" (2017. 3. 2.), https://lenews.ch/2017/03/02/swiss-government-drops-plan-to-restrict-lobbyists-access-to-parliament/ (2021. 12. 10. 최종 확인).

Neue Zürcher Zeitung, "Auf dem Weg zum Berufsparlament" (2010. 5. 4.), https://www.wahlkampfblog.ch/wp-content/uploads/2012/06/nzz_2010_05_04_auf_dem_weg_zum_berufsparlament_b%C3%BCttikofer.pdf (2021. 12. 10. 최종 확인).

____________________, "Richter wollen Parteisteuer abschaffen" (2018. 12. 11.), https://www.nzz.ch/schweiz/parteisteuer-richter-wollen-umstrittene-abgabe-abschaffen-ld.1442060 (2021. 12. 10. 최종 확인).

SRF, "Bündner Parteien: Mandatssteuer sind kein Problem" (2017. 11. 28.), https://www.srf.ch/news/regional/graubuenden/glaubwuerdigkeit-der-justiz-buendner-parteien-mandatssteuer-sind-kein-problem (2021. 12. 10. 최종 확인).

Swiss info.ch, "Folk called on to fine-tune national anthem" (2014. 1. 2.), https://www.swissinfo.ch/eng/patriotic-_folk-called-on-to-fine-tune-national-anthem/37558552 (2021. 12. 10. 최종 확인).

__________, "People power prepares to fight global warming" (2008. 2. 29.), https://www.swissinfo.ch/eng/people-power-prepares-to-fight-global-warming/6473544 (2021. 12. 10. 최종 확인).

___________, "Poll shows support split for cabinet nominees" (2008. 12. 10.), https://www.swissinfo.ch/eng/poll-shows-support-split-for-cabinet-nominees/7056308 (2021. 12. 10. 최종 확인).

___________, "Tim Guldimann was elected as the first Swiss abroad abroad in the National Council" (2015. 10. 19.), https://www.swissinfo.ch/ger/tim-guldimann-als-erster-auslandschweizer-in-nationalrat-gewaehlt/41727986 (2021. 12. 10. 최종 확인)

Tribune de Genève, "Le successeur de Didier Burkhalter sera connu le 20 septembre" (2017. 6. 15.), https://www.tdg.ch/suisse/politique/successeur-didier-burkhalter-connu-20-septembre/story/18977406 (2021. 12. 10. 최종 확인).

【스위스 의회 참고 의안】

의안번호 01.3272, 01.401, 03.3118, 05.023, 05.059, 05.3815, 06.088, 06.415, 07.3360, 09.010, 09.3358, 11.3230, 11.490, 12.3126, 12.3991, 13.3687, 13.4070, 14.4310, 14.472, 15.436, 15.437, 15.438, 15.442, 15.445, 19.078, 82.030, 83.252, 83.265, 88.080, 88.256, 90.003, 90.072, 90.228, 90.229, 90.231.

미 주

제1장 연방의 구성

1 칸톤
독일어로 kanton
프랑스어로 canton
한국어로 주(州)로 번역된다.
칸톤이라는 용어는 1798년 나폴레옹 1세가 헬베티아 공화국을 세우고 지방의 공식명칭으로 프랑스어의 canton을 사용하기 시작한 데서 비롯됐다: 안성호, 스위스연방 민주주의 연구, 대영문화사 (2001), 33.

2 코뮌
독일어로 Gemeinde(게마인데)
프랑스어로 Commune(코뮌)
영어로 Municipalities 이다.

3 연방헌법
법령번호(SR) 101.1 (1999. 4. 18. 전부 개정, 2000. 1. 1. 시행, 2020. 1. 1. 현재)
독일어로 「Bundesverfassung der Schweizerischen Eidgenossenschaft」
프랑스어로 「Constitution fédérale de la Confédération suisse」
영어로 「Federal Constitution of the Swiss Confederation」.
공용어인 독일어, 프랑스어, 이탈리아어로 된 법령이 공식적인 효력을 가진다. 영어법령은 법적 효력이 없고, 정보제공 차원에서 제공될 뿐이다. 영어법령은 모든 법령이 아닌 일부 중요 법령을 대상으로 번역 · 게재된다. 법령번호(SR)는 연방법령 등을 주제별로 편집한 '연방 현행법령집'(Systematische Sammlung des Bundesrechts, SR)에 수록된 법령에 부기되는 번호이다. SR과 법령번호를 함께 입력하면 검색을 통해 해당 법령을 쉽게 찾을 수 있다.

4 연방헌법 조문은 국회도서관에서 번역한 자료와 법제처 세계법제정보센터의 연방헌법 번역본을 각각 참조했다: 국회도서관, 세계의 헌법 제1권 (제3판) (2018), 597; 법제처 세계법제정보센터 홈페이지, http://world.moleg.go.kr/web/wli/lgslInfoReadPage.do?CTS_SEQ=38858&AST_SEQ=1289 (2021. 12. 10. 최종 확인).

5 반칸톤
독일어로 Halbkanton
프랑스어로 demi-canton
영어로 half-canton
한국어로 반주 등으로 번역된다.

6 Swiss Confederation: a brief guide 2008, Federal Chancellery (2008), 28.

7 헨드릭 빌렘 반 룬(임경민 역), 반 룬의 지리학, 아이필드 (2011), 192.

8 아펜첼 칸톤은 1525년 란츠게마인데를 통해 모든 코뮌이 종전 신앙에 머물 것인지, 새로운 신앙을 받아들일지 주민 스스로 결정할 기회를 가졌다. 토이펜이 제일 먼저 제단과 성상을 제거하며 교회개혁에 나섬에

따라 아펜첼도 분열되기 시작했다: 조두환, 하이 알프스: 작은 스위스, 아펜첼로 떠나는 문화기행, 청년정신 (2009), 48.

9 성바르톨로메우스 축일의 학살(Massacre de la Saint-Barthélemy)은 1572년 8월 24일부터 10월까지 프랑스 파리에서 가톨릭 세력이 개신교 신자인 위그노인(Huguenot)에게 행한 대학살을 말한다. 학살이 시작된 8월 24일 밤이 가톨릭에서 예수의 12사도였던 바르톨로메우스의 축일이었기 때문이다.

10 로덴(Rhoden) 이란 명칭은 '원시림이나 황무지를 개간하다'라는 의미를 지니고 있어, 이 지역이 울창한 숲 지대나 거친 산악의 들판이었다는 사실을 말해준다. 두 지역을 합친 면적은 415㎢이다: 조두환, 하이 알프스: 작은 스위스, 아펜첼로 떠나는 문화기행, 청년정신 (2009), 47.

11 안성호, 스위스연방 민주주의 연구, 대영문화사 (2001), 56.

12 국어
독일어로 Landessprachen
프랑스어로 Langues nationales
영어로 National languages.

13 공용어
독일어로 Die Amtssprachen
프랑스어로 Les langues officielles
영어로 The official languages.

14 Federal Statistical Office, Switzerland's population in 2019 (2020), 8.

15 국민이 여러 개의 언어를 선택할 수 있게 됨에 따라 합계가 100%를 초과한다(오차는 0.2%): Federal Statistical Office, Switzerland's population in 2019 (2020), 32.

16 복수의 언어가 사용되는 칸톤 사례를 살펴보면, 대학에서 교수가 자신이 편한 언어로 수업을 하고(예 : 독일어), 학생이 프랑스어로 질문을 해도 알아듣고, 독일어로 답변을 주면 학생 역시 이해하는 방식으로 이루어진다. 시험지도 자신이 편한 언어로 선택할 수 있다. 프랑스어 시험지를 선택해 프랑스어로 답변을 하거나, 독일어 시험지를 선택해 독일어로 작성할 수 있다: 이혜승(스위스 제네바 대학교 법학석사, 서울대학교 경제법 박사과정)의 이메일 개인수신(2018. 4. 9.).

17 연방통계청 홈페이지, https://www.agvchapp.bfs.admin.ch/fr/home (2021. 12. 10. 최종 확인); https://www.bfs.admin.ch/bfs/fr/home/statistiques/catalogues-banques-donnees/cartes.assetdetail.4104235.html (2021. 12. 10. 최종 확인).

18 하원
독일어로 Nationalrat
프랑스어로 Conseil national
영어로 National Council 이다
한국어로 국민의회(國民議會) 등으로 번역된다. 국민의회는 하원이 국민을 대표한다는 점을 강조한다.

19 상원
독일어로 Ständerat
프랑스어로 Conseil des États
영어로 Council of States이다.
한국어로 전주의회(全州議會) 등으로 번역된다. 전주의회는 칸톤(州)의 대표로 구성되는 상원임을 강조한다.

20 김계동, 현대유럽정치론, 서울대학교출판부 (2007), 138.

21 José M. Magone, The Statecraft of Consensus Democracies in a Turbulent World: A Comparative Study of Austria, Belgium, Luxembourg, the Netherlands and Switzerland, Routledge (2017), 177.

22 국제의회연맹(IPU) 자료에 따르면 전 세계 193개국 중 약 40%인 77개국 의회가 양원제를 채택한다. 단원제 또는 양원제 의회구조 선택은 인구 규모와는 관계가 없다. 중국은 13억 인구로 단원제를 채택하고, 앤티가 바부다는 9만 명을 간신히 넘는 인구로 양원제를 채택하고 있다. 양원제를 운용하는 국가는 아프리카에선 54개국 중 22개국(41%), 아시아에선 41개국 중 16개국(39%), 북남미 지역에선 35개국 중 20개국(57%)이다. 반면, 유럽에선 48개국 중 31개국(65%), 오세아니아 지역에선 15개국 중 13개국(87%)이 단원제를 실시한다. 그러나 국가 형태와 의회구조는 좀 더 밀접한 상관관계가 있다. 미국, 독일, 러시아, 캐나다, 호주, 오스트리아, 벨기에, 브라질, 멕시코, 아르헨티나 등 연방제 국가에선 양원제 의회를 채택하는 경우가 많다. 이 경우 하원에서 전체(인구)를 대표하고, 상원에서는 연방을 구성하는 지역을 대표한다. 따라서 양원제는 종종 연방국가의 주요 특징으로 규정되곤 한다. 연방국가인 스위스도 양원제를 채택하고 있다. 하지만 영국, 프랑스, 이탈리아, 아일랜드, 네덜란드, 모로코 등은 통치권이 중앙정부에 집중되어 있는 단일국가임에도 양원제 의회를 채택한다: 최용훈, 스위스 연방의회 제도에 관한 연구-입법과정 등을 중심으로-, 사법정책연구원 (2020), 21.

23 동맹회의

1291년 8월 1일 우리 칸톤의 발터 퓌어스트(Walther Fürst), 슈비츠 칸톤의 베르너 슈타우파허(Werner Stauffacher), 운터발덴 칸톤의 출아놀드 폰 멜흐탈(Arnold von Melchtal)이 주축이 되어 우리, 슈비츠, 운터발덴의 '세 삼림 칸톤'의 대표자 33명이 우리 칸톤의 뤼틀리(Rütli) 초원에 모여 스위스 동맹을 맺었다. 6개 조문으로 구성된 서약자동맹(Eidgenossenschaft)은 스위스연방의 시초이고, 서약자동맹의 의회기관이자 집행기관으로 동맹회의(Tagsatzung)를 설치했다. 대부분의 권한은 각 칸톤이 갖기 때문에 동맹회의의 권한은 매우 제한적이었다. 동맹회의는 14세기부터 1848년까지 스위스연방의 칸톤 회의체로 존속했다: 이기우, 분권적 국가개조론, 한국학술정보 (2014), 138-139; 안성호, 스위스연방 민주주의 연구, 대영문화사 (2001), 33-34.

24 Patricia Egli, Introduction to Swiss Constitutional Law, Dike Publishers (2016); 이기우, 분권적 국가개조론, 한국학술정보 (2014), 347.

25 합의적 전통은 상원과 하원, 행정부와 의회, 다수당과 야당, 정치인과 시민 간 상호 신뢰에 기반을 둔 협력에 뿌리를 둔다: Philippe Schwab, "Joint administration of the two chambers in bicameral parliaments", Contribution at the Session of the Association of Secretaries General of Parliaments (2017. 10.), 3.

26 민병제 의회

독일어로 Milizparlament

프랑스어로 parlement de milice

영어로 militia parliament이다.

한국어로 민병대 의회, 민병제 시스템, 민병제 원칙 등으로 번역된다.

27 이하 민병제 의회에 관한 자세한 사항은 최용훈, 스위스 연방의회 제도에 관한 연구-입법과정 등을 중심으로-, 사법정책연구원 (2020), 16-20 참조.

28 1798년 3월 5일 프랑스의 나폴레옹은 스위스를 점령했다. 1798년 4월 12일 중앙집권적 국가인 헬베티아 공화국(Helvetische Republik, Helvetic Republic) 헌법을 채택하였는데, 이는 프랑스의 국가모델을 따른 것이다: Venelin Tsachevsky, The Swiss Model-The Power of Democracy, Peter Lang AG (2014), 353.

29 민병제 원칙
독일어로 Milizprinzip
프랑스어로 principe de milice
영어로 militia principle이다.
민병제 원칙을 시민복무원칙(Milizprinzip)이라는 용어로도 설명된다. 시민복무원칙은 시민들이 공동체의 업무를 위임하지 않고 스스로 수행하는 것을 말한다. 적극적인 시민은 공동체를 위해 필요한 존재가 되고 공동체를 위한 기여가 중요하다는 점을 인식한다: 이기우, 분권적 국가개조론, 한국학술정보 (2014), 60.

30 Philippe Schwab, "Strategic plan of the parliamentary service of the Swiss Parliament for 2012-16", Communication from the Association of Secretaries General of Parliaments (2012. 4.) 5.

31 2014년 국민의 47.5%가 정치인을 신뢰한다고 밝혔고, 33개 유럽국가에 대한 정치 신뢰 지수 결과에서 스위스는 7위를 차지했다(스위스는 0~10 척도에서 6.6을 기록). 반면 리더스 다이제스트가 직업에 대한 스위스 국민의 신뢰도를 조사한 결과 정치인의 신뢰도는 제일 낮은 20위(15% 신뢰)로 나타났다. 1위는 경찰관(94%), 2위는 비행기 조종사(93%), 3위는 소방관, 4위는 의사, 5위는 농부였다. 한편 1999년 조사에 따르면 연방의회 신뢰도는 15개 유럽국가 중 10위를 차지했고(네덜란드 의회는 62%, 룩셈부르크 의회 61%, 포르투갈 의회 56%, 핀란드 의회 55%, 덴마크 의회 54%, 그리스 의회 51%, 오스트리아 의회 47%, 독일 의회 45%, 스페인 의회 45%, 유럽 평균은 41%였다), 정부 신뢰도는 5위를 차지했다. 이러한 결과를 요약하면 다른 국가에 비해 스위스 국민이 정치인을 신뢰하지만, 다른 직업과 비교할 경우 정치인 및 연방의회에 대한 신뢰도는 낮은 것으로 해석된다: José M. Magone, The Statecraft of Consensus Democracies in a Turbulent World: A Comparative Study of Austria, Belgium, Luxembourg, the Netherlands and Switzerland, Routledge (2017), 99.; Hanspeter Kriesi & Alexander H. Trechsel, The Politics of Switzerland: Continuity and Change in a Consensus Democracy, Cambridge University Press (2008), 83.

32 GRECO, Fourth Evaluation Round: Corruption prevention in respect of Members of Parliament, Judges and Prosecutors, Evaluation Report Switzerland (2017), 11.

33 Wolf Linder 교수는 민병제 의회를 허구라고 주장한다: Clive H. Church, The Politics and Government of Switzerland, Palgrave Macmillan UK (2004), 105. 민병제 의회는 머리가 셋이 있는 동물로 양(염소), 사자, 뱀의 모습을 가진 키메라(chimera)가 됐다고도 한다: Bütikofer/Hug, Le parlement de milice cher aux Suisses a de fait disparu, Le Temps (2010), 5.

34 이기우, 분권적 국가개조론, 한국학술정보 (2014), 316.

35 양원 간 관계에 관한 연방법
1849년 12월부터 1903년 1월까지는
프랑스어로 「La loi sur les rapports entre les conseils (LREC)」
영어로 「Council Relations Act (LREC)」.
1903년 1월 20일부터 1962년 12월 1일까지는 독일어로 「Bundesgesetz vom 9. Oktober 1902 über den Geschäftsverkehr zwischen Nationalrat, Ständerat und Bundesrat, sowie über die Form des Erlasses und der Bekanntmachung von Gesetzen und Beschlüssen」
프랑스어로 「Loi fédérale du 9 octobre 1902 sur les rapports entre le Conseil national, le Conseil des Etats et le Conseil fédéral, ainsi que sur la forme de la promulgation et de la publication des lois et arrêtés」.
영어로 「Federal law of 9 October 1902 on business transactions between the National Council, the Council of States and the Federal Council, as well as on the form of enactment and publication of laws and resolutions」.
1962년 12월 1일부터 2007년 12월 3일까지는
독일어로 「Bundesgesetz vom 23. März 1962 über den Geschäftsverkehr der Bundesversammlung sowie über die Form, die Bekanntmachung und das Inkrafttreten ihrer Erlasse (Geschäftsverkehrsgesetz)」
프랑스어로 「Loi fédérale du 23 mars 1962 sur la procédure de l'Assemblée fédérale, ainsi que sur la forme, la publication et l'entrée en vigueur des actes législatifs (Loi sur les rapports entre les conseils)」
영어로 「Federal Act of 23 March 1962 on Business Transactions by the Federal Assembly and on the Form, Publication and Entry into Force of its Decrees (Business Transactions Act)」.
한국어로 의회운영절차법, 의회 절차법 등으로도 해석된다.

36 당시 연방 차원에서 전국정당이 존재하지 않았고, 1848년 의회는 여당인 자유주의파(Radical Left)와 야당인 가톨릭 보수파 체제로 출발했다. 19세기 연방국가를 수립하는 데 급진적 자유주의가 정치적으로 상당한 영향력을 발휘했다. 자유주의파(급진좌파)는 1848년 연방창설부터 1891년까지 43년 동안 단독으로 내각을 구성했다. 집권세력인 자유주의파는 개신교 자유주의 세력을 주축으로 1894년 당명을 자유민주당으로 개칭했다.

37 가톨릭보수당
독일어로 Katholisch-Konservative Partei der Schweiz 또는 Konservative Volkspartei der Schweiz (KVPS)
영어로 Catholic-Conservative Party of Switzerland, The Catholic Conservatives
한국어로 스위스보수국민당, 가톨릭계보수민족당 등으로 번역된다.
가톨릭 보수세력은 1912년 가톨릭 보수파 유권자를 지지 기반으로 가톨릭보수당(스위스보수국민당)을 창당했다. 1959년에 당명을 보수기독사회국민당으로 변경했고, 가톨릭 지지층이 엷어짐을 고려하여 1970년 현재의 당명인 기독민주당(CVP)으로 변경했다.

38 박응격 · 김상겸 · 이옥연 · 정재각 · 디트마 되링, 서구 연방주의와 한국, 인간사랑 (2006), 155.

39 의회법
법령번호(SR) 171.10
독일어로 「Bundesgesetz über die Bundesversammlung(Parlamentsgesetz, ParlG)」
프랑스어로 「Loi sur l'ssemblée fédérale(Loi sur le Parlement, LParl)」
영어로 「Federal Act on the Federal Assembly(Parliament Act, ParlA)」.

40 최종투표는 의장의 토론종결 선언 후에 법률안에 대한 최종적인 통과(찬 · 반) 여부를 결정하는 투표를 말한다.

41 Wolf Linder & Isabelle Steffen, Swiss Confederation, Forum of Federations (2006), 4.

42 의안번호 01.401(FF 2001 3298), Initiative parlementaire: Loi sur le Parlement, Rapport de la Commission des institutions politiques de Conseil national (2001. 3. 1.), 3301-3303.

43 'Mirage'는 프랑스어 표기법에 따르면 '미라주'로, 영어 표기법에 따라 쓰면 '미라지'가 된다. 프랑스어 표기법에서는 어말과 자음 앞의 [ʒ]는 '주'로 적지만 영어 표기법에서는 어말 또는 자음 앞의 [ʒ]는 '지'로 적는다. 여기서는 프랑스어 표기법에 따라 '미라주'라고 표기한다. 국립국어원 홈페이지, https://www.korean.go.kr/front/onlineQna/onlineQnaView.do?mn_id=216&qna_seq=184733 (2021. 12. 10. 최종 확인).

44 미라주 전투기 사건(Mirages affair)

1961년 6월 2일 연방의회는 100대의 미라주 전투기 구매(8억 7,100만 프랑)를 승인했다. 1964년 5월 4일 연방내각이 추가로 3억 5,600만 프랑과 인플레이션 비용 2억 2,000만 프랑을 요청함에 따라 1964년 6월 17일 연방의회는 최초로 특별조사위원회를 설치했다. 1964년 9월 2일 발표된 조사결과에 따라 100대의 전투기 중 57대만 도입하기로 결정했다: 연방의회 홈페이지 참조, https://www.parlament.ch/en/%C3%BCber-das-parlament/parlamentsgeschichte/parlamentsgeschichte-detail?historyId=237 (2021. 12. 10. 최종 확인). 스위스 역사검색 홈페이지 참조, https://hls-dhs-dss.ch/de/articles/017348/2008-04-29/ (2021. 12. 10. 최종 확인)

45 수당에 관한 자세한 내용은 제10장 연방의원에 대한 지원 부분 참조

46 '연방의회의 미래'연구를 위한 특별위원회

불어로 la commission d'étude Avenir du Parlement.

'연방의회의 미래'연구를 위한 특별위원회는 상 · 하원 공동으로 구성됐다.

47 Andrea Pilotti, "Le Parlement: L'≪autorité suprême de la Confédération≫ délaissée par les historiens", L'histoire politique en Suisse - une esquisse historiographique (2013. 3.), 174.

48 그 밖에 상하원에 서로 다른 상설위원회를 신설하고, 상하원 법제편집위원회의 업무처리 절차를 규정했다. 양원 공동으로 주요 대정부 질문에 대한 답변을 청취하기 위한 규정, 연방내각의 보고서 특히 입법 및 재정계획 보고서에 적용되는 규정, 행정부의 정보제공 절차개선, 특별조사위원회 권한 확대, 의원발의 등의 처리를 위한 절차 등을 규정했다.

49 상원 의사규칙

법령번호(SR) 171.14

독일어로 「Geschäftsreglement des Ständerates (GRS)」

프랑스어로 「Règlement du Conseil des États (RCE)」

영어로 「Standing Orders of the Council of States (SO-CS)」.

50 하원 의사규칙

법령번호(SR) 171.13

독일어로 「Geschäftsreglement des Nationalrates (GRN)」

프랑스어로 「Règlement du Conseil national (RCN)」

영어로 「Standing Orders of the National Council (SO-NC)」.

51 의회법, 의사규칙 등 스위스 법령은 국회도서관에서 번역한 자료를 참조했다. 국회도서관에서 번역된 스위스 법령은 국회 전자도서관 홈페이지(http://dl.nanet.go.kr/index.do)를 통해 접근할 수 있다. 예를 들면 스위스 의회법은 다음을 참조하면 된다: 국회도서관, 연방의회에 관한 법률 (2017), http://dl.nanet.

go.kr/SearchDetailView.do (2021. 12. 10. 최종 확인).

52 연방 법무 · 경찰부

독일어로 Eidgenössische Justiz-und Polizeidepartement (EJPD)

프랑스어로 Département fédéral de justice et police (DFJP)

영어로 Federal Department of Justice and Police (FDJP)

연방 법무 · 경찰부는 법무국(FOJ), 경찰국(fedpol), 이민국(SEM), 우편 · 통신감독서비스(PTSS) 등으로 구성된다.

53 AP news, "Switzerland's First Woman Minister Resigns in Scandal" (1989. 1. 13.), https://apnews.com/7363d4ef6378c738fb4e99561c4db701 (2021. 12. 10. 최종 확인).

54 연방 국방 · 안보 · 체육부

독일어로 Das Eidgenössische Departement für Verteidigung, Bevölkerungsschutz und Sport (VBS)

프랑스어로 Le Département fédéral de la défense, de la protection de la population et des sports (DDPS)

영어로 Federal Department of Defence, Civil Protection and Sport (DDPS)

연방 국방 · 안보 · 체육부는 정보국(FIS), 군 법무국, 국방국, 방위사업국(armasuisse), 지리국(swisstopo), 시민보호국(FOCP), 체육국(FOSPO) 등으로 구성된다.

55 자유민주당

독일어로 Freisinnig-Demokratische Partei der Schweiz (FDP), Die Liberalen

프랑스어로 Parti radical-démocratique (PRD)

영어로 Free Democratic Party or Radical Democratic Party

한국어로 스위스자유민주당, 자유민주당, 진보민주당, 급진당, 급진자유민주당, 급진민주당 등으로 번역된다. 약칭해서 자민당으로 표기한다.

자유민주당은 1894년 창당됐고, 당원 수 12만 명으로 당원 규모로는 최대 정당이다. 1848년 집권당인 자유당의 후신이다. 자유당에서 사민당이 1888년 분리되어 나간 후, 1894년 당명을 자유민주당으로 개칭했다. 자유민주당은 2009년 1월 스위스자유민주당 (LPS, 불어 약칭은 PLS)과 합당 논의를 거쳐 자유민주당(FDP)으로 통합됐다. 자유민주당은 경제단체 등과 긴밀한 관계를 맺고, 법치질서를 강조하며, 친시장주의, 정부의 경제 불간섭, 증세 반대 등 중도우파 계열의 정당을 표방한다. 또한 국제관계에서는 개방정책을 고수하고, 신자유주의와 개인의 자유를 주요 의제로 다룬다. 스위스국민당, 사회민주당에 이은 제3의 정당이다. 스위스 역사검색 홈페이지, https://hls-dhs-dss.ch/fr/articles/017378/2017-03-20/ (2021. 12. 10. 최종 확인); 위키피디아 홈페이지 참조, https://fr.wikipedia.org/wiki/Parti_lib%C3%A9ral-radical (2021. 12. 10. 최종 확인); Kris W. Kobach, The Referendum: Direct Democracy in Switzerland, Dartmouth Publishing (1993), 14.

56 의원발의안

독일어로 parlamentarischen Initiativen

프랑스어로 initiatives parlementaires

영어로 parliamentary initiative

한국어로 의회발의안 등으로 번역된다.

57 질 프티피에르가 제출한 의원발의안(의안번호 90.228)은 구체적인 조문 형태가 아닌 일반적인 제안형식으로 제출됐다. 해당 안건의 심사 경과는 연방의회 홈페이지 참조, https://www.parlament.ch/afs/data/

d/gesch/1990/d_gesch_19900228_620.htm (2021. 12. 10. 최종 확인). 르네 리노 상원의원이 제출한 안건(의안번호 90.229)의 심사 경과는 연방의회 홈페이지 참조, https://www.parlament.ch/de/ratsbetrieb/suche-curia-vista/geschaeft?AffairId=19900229 (2021. 12. 10. 최종 확인). 연방정부 개혁을 위한 의원발의안의 의안번호는 90.231이다.

58 연방의회 홈페이지, https://www.amtsdruckschriften.bar.admin.ch/searchReference.do?ID=10106652#resultlist (2021. 12. 10. 최종 확인).

59 Association of Secretaries General of Parliaments, reform of parliament (1992), 131, 159, https://www.asgp.co/sites/default/files/documents//NYLCLWQSDRWUMEGGHFPCCXXXBGKVXZ.pdf (2021. 12. 10. 최종 확인).

60 스위스국민당

독일어로 Schweizerische Volkspartei (SVP)

프랑스어로 Union démocratique du centre (UDC)

영어로 Swiss People's Party 또는 Democratic Union of the Centre

한국어로 스위스인민당, 스위스국민당, 중도민주연합, 민주주의센터연맹 등으로 번역된다.

스위스국민당(SVP)은 1917년 자유주의파(급진당, Liberals)에서 분리되어 농민과 장인들 주축으로 설립된 농민당을 기초로 한다. 농민당은 1936년에 정당조직으로 전환되어 농민 · 기업 · 시민당(BGB)이 됐다. 1971년 9월 베른에서 농민 · 기업 · 시민당(BGB)과 글라루스 및 그라우뷘덴 칸톤의 민주당이 통합하면서 정당명을 스위스국민당으로 변경했다. 농촌 및 취리히를 중심으로 한 독일어권이 지지 기반이고, 당원 수는 8만 5천 명이다. 스위스국민당은 원래 농업지역의 이익을 대변하는 정당이었으나, 1990년대부터 이민반대, 복지감축, EU 가입 반대, 국제문제 개입반대, 국제기구 참여반대 등을 주장하면서 우파정당으로 발전했다: 위키피디아 홈페이지 참조, https://fr.wikipedia.org/wiki/Union_d%C3%A9mocratique_du_centre (2021. 12. 10. 참조).

61 기독민주당

독일어로 Christlichdemokratische Volkspartei der Schweiz (CVP)

프랑스어로 Parti Démocrate-Chrétien (PDC)

영어로 Christian Democratic People's Party of Switzerland

한국어로 스위스기독교인민민주당, 기독교민주당, 기독민주당, 기독민주민중당으로 번역된다. 약칭해서 기민당으로 표기한다.

기독민주당은 1912년 보수적 가톨릭 유권자를 지지 기반으로 창당됐다. 스위스 중부 가톨릭 지역 및 불어권에 기반을 두고 있는 중도우파 정당으로 당원 수는 10만 명이다. 기민당은 1848년 창당된 보수 야당의 후신으로 한때 자유당에 이어 제2의 정당이었지만 지금은 4개 집권당 가운데 가장 적은 의석을 배출하는 제4의 정당이 됐다. 기민당은 가톨릭 사회교리를 바탕으로 노동자 및 농민을 보호하기 위해 국가개입을 허용하는 사회적 시장경제를 주창한다. 윤리적 · 도덕적 이슈에 관해 보수주의 입장을 보이며 가족 가치를 중시한다: 선학태, 합의제 민주주의 동학: 한국 민주주의의 민주화, 전남대학교출판부 (2015), 297.

62 스위스 중소기업협회

독일어로 Schweizerischer Gewerbeverband (SGV)

프랑스어로 Union suisse des arts et métiers(USAM)

한국어로 스위스 수공업연합, 스위스 중소기업연맹 등으로 번역된다.

63 선택적 국민투표

독일어로 Fakultatives Referendum

프랑스어로 Référendum facultatif

영어로 Non-compulsory referendum, Optional referendum

한국어로 임의적 국민투표 등으로 번역된다.

선택적 국민투표는 연방의회에서 통과된 법률, 일반적 구속력을 가진 연방결의, 국제기구 가입과 관련된 국제조약 등을 대상으로 실시된다. 해당 안건이 공포된 후 100일 이내에, 유권자 5만 명 또는 8개 칸톤의 요구가 있는 경우에 한해 국민투표가 실시된다는 점에서 선택적(임의적) 국민투표이다. 연방의회가 가결한 연방법률 등을 대상으로 하므로 '법률 국민투표' 또는 '입법 국민투표'라고도 한다.

64 연방정부 검색 홈페이지 참조, https://www.amtsdruckschriften.bar.admin.ch/searchReference.do?ID=10106652#resultlist (2021. 12. 10. 최종 확인).

65 Andrea Pilotti, "Le Parlement: L'≪autorité suprême de la Confédération≫ délaissée par les historiens", L'histoire politique en Suisse - une esquisse historiographique (2013. 3.) 175

66 연방의회 또는 연방내각이 제정한 연방법률, 연방시행령 등이 증가했다. 연방 차원의 법령 모음집(프랑스의 관보에 해당)은 1950년 14권, 1만 2000쪽에 불과했으나 1988년에 35권, 3만 7,000쪽으로 늘어났다: 장 지글러(양영란 번역), 왜 검은돈은 스위스로 몰리는가?, 갈라파고스 (2013), 206.

67 Bundesgesetz über den Geschäftsverkehr der Bundesversammlung sowie über die Form, die Bekanntmachung und das Inkrafttreten ihrer Erlasse (Geschäftsverkehrsgesetz), Aenderung vom 4. Oktober 1991(연방의회 개혁 및 법률의 형식 · 공표 · 시행에 관한 법): 스위스연방 내각사무처 국민투표 홈페이지, https://www.bk.admin.ch/ch/d/pore/va/19920927/index.html (2021. 12. 10. 최종 확인); 연방의회 홈페이지, https://www.parlament.ch/fr/%C3%BCber-das-parlament/parlamentsgeschichte/parlamentsgeschichte-detail?historyId=327 (2021. 12. 10. 최종 확인).

68 2002년 12월 13일 개정된 의회법(2003년 12월 1일 시행)

독일어로 「Bundesgesetz über die Bundesversammlung(Parlamentsgesetz, ParlG) vom 13. Dezember 2002」.

의회법은 2001년 3월 1일 하원 정치제도위원회의 보고, 2001년 8월 22일 연방내각의 의견을 들은 이후 2002년 12월 13일 의결됐다: 스위스연방정부 연방 현행법령집에서 의회법 검색, https://www.admin.ch/opc/de/classified-compilation/20010664/index.html#fn3 (2021. 12. 10. 최종 확인).

69 법안제출요구안

독일어로 Motion

프랑스어로 Motion

영어로 motion

한국어로 동의, 제안, 기속 결의 등으로 번역된다.

70 연방의회 홈페이지 참조, https://www.parlament.ch/fr/%C3%BCber-das-parlament/fonctionnement-du-parlement/droit-parlementaire/parlamentsgesetz (2021. 12. 10. 최종 확인).

71 스위스 프랑(CHF)

스위스는 유로화가 아닌 자국 화폐인 스위스 프랑(CHF)을 사용한다. 스위스 프랑을 CHF라고 표기하는 것은 라틴어인 Confoederatio Helvetica Franc에서 따온 것이다. 2021. 12. 10. 현재 환율은 1 프랑(CHF)

기준 1,278.18원이다.

72 이하 연방의회의 지위 부분은 최용훈, 스위스 연방의회 제도에 관한 연구-입법과정 등을 중심으로-, 사법정책연구원 (2020), 11-12를 인용했다.

73 Walter Haller, The Swiss Constitution in a Comparative Context, Dike Publishers (2016), 125.

74 Andrea Pilotti, "Le Parlement: L'≪autorité suprême de la Confédération≫ délaissée par les historiens", L'histoire politique en Suisse - une esquisse historiographique (2013. 3.), 173.

75 이기우, 분권적 국가개조론, 한국학술정보 (2014), 316.

76 실리아 호이저만(남찬섭 역), 복지국가 개혁의 정치학, 나눔의 집 (2015), 369

77 José M. Magone, The Statecraft of Consensus Democracies in a Turbulent World: A Comparative Study of Austria, Belgium, Luxembourg, the Netherlands and Switzerland, Routledge (2017), 190

78 Venelin Tsachevsky, The Swiss Model-The Power of Democracy, Peter Lang AG (2014), 66.

79 Wolf Linder & Isabelle Steffen, Swiss Confederation, Forum of Federations (2006), 4.

80 입법협의 절차
독일어로 Vernehmlassungsverfahren
프랑스어로 Procédure de consultation
영어로 Consultation procedure
한국어로 협의 절차, 의회심의 전 의견청취, 의회 전 절차, 의회 전 사전청취제도, 의견청취절차 등으로 번역한다. 입법협의 절차에 대한 자세한 내용은 최용훈, 스위스 연방의회 제도에 관한 연구-입법과정 등을 중심으로-, 사법정책연구원 (2020), 53-61 참조.

81 입법협의 절차에 관한 연방법
법령번호(SR) 172.061
독일어로 「Bundesgesetz über das Vernehmlassungsverfahren(Vernehmlassungsgesetz, VlG)」
프랑스어로 「Loi fédérale sur la procédure de consultation(Loi sur la consultation, LCo)」
영어로 「Federal Act on the Consultation Procedure(Consultation Procedure Act, CPA)」.

82 이는 미국의 일부 주에서 나타나는 양상과 유사하다: Wolf Linder & Isabelle Steffen, Swiss Confederation, Forum of Federations (2006), 4.

83 선학태, 민주주의와 상생 정치: 서유럽 다수제 모델 vs 합의제 모델, 다산출판사 (2005)

84 Jan-Erik Lane, The Swiss Labyrinth: Institutions, Outcomes and Redesign, Routledge (2001), 61, 71.

85 Ruth Lüthi, Parlament, in: Peter Knoepfel et al. (Hrsg.), Handbuch der Schweizer Politik: Manuel de la politique suisse, 5. Aufl., Verlag Neue Zürcher Zeitung (2014), 188-189.

86 Hanspeter Kriesi & Alexander H. Trechsel, The Politics of Switzerland: Continuity and Change in a Consensus Democracy, Cambridge University Press (2008), 70, 72.

87 실리아 호이저만(남찬섭 역), 복지국가 개혁의 정치학, 나눔의 집 (2015), 369.

88 Bibliothèque du Parlement, "Président(e) du Conseil national", Service du Parlement (2016), 7.

89 1971~2011년에 하원의원은 평균적으로 223일에 걸쳐 1,171시간을, 상원의원은 223일에 걸쳐 600시간을 의정활동에 투입했다. 회기를 기준으로 할 경우 하원은 56일의 회기동안 293시간을, 상원은 동일한 기간에 150시간만 의정활동에 투입했다. 이를 산술적으로 계산하면 2011년 상원의 업무량은 하원의 51%에 불과했다: José M. Magone, The Statecraft of Consensus Democracies in a Turbulent World: A

Comparative Study of Austria, Belgium, Luxembourg, the Netherlands and Switzerland, Routledge (2017), 186.

90 이기우, 분권적 국가개조론, 한국학술정보 (2014), 348.

91 Ruth Lüthi, Parlament, in: Peter Knoepfel et al. (Hrsg.), Handbuch der Schweizer Politik: Manuel de la politique suisse, 5. Aufl., Verlag Neue Zürcher Zeitung (2014), 173.

92 심사(審査)와 심의(審議), 의안과 안건

심사(審査)는 소관 위원회가 안건에 대해 검토하고 논의하는 과정 전체를 말한다. 심의(審議)는 본회의에서 안건에 대해 심사보고 또는 제안설명을 듣고 질의 및 토론을 실시한 후, 표결하는 일련의 과정이다. 우리나라 국회법은 위원회의 검토 · 논의를 '심사', 본회의의 심사 · 논의를 '심의'라 하여 구별하여 사용한다: 국회사무처, 쉽게 풀어쓴 의회 용어 (2018), 300, 308. 여기서는 '심사'와 '심의'를 가급적 구분하여 사용하고자 한다.

'의안'은 헌법 · 법률에 따라 국회의원 · 정부 등 정당한 권한을 가진 자가 국회의 의결을 필요로 하는 안건 중 특별한 형식적 · 절차적 요건을 갖추어 국회에 제출한 헌법개정안, 법률안, 예산안 등을 말한다. '안건'은 국회에서 논의대상이 되는 모든 사안을 말하며, '의안'과 국정조사요구서, 무제한 토론 요구서 등 의안이 아닌 그 밖의 사안을 포함한다. 여기서는 '의안'과 '안건'을 특별히 구분하지 않는다.

93 1999년 이전에 상원의원은 출신 칸톤을 통해, 하원의원은 연방 재정을 통해 각각 보수를 지급 받았으나 (종전 연방헌법 제79조, 제83조), 2000년 신연방헌법을 통해 상원의원도 하원의원과 동일한 수준의 수당을 받는다.

94 표 1(스위스연방 26개 칸톤 현황)에 제시된 2018년 인구통계를 기준으로 했다.

95 José M. Magone, The Statecraft of Consensus Democracies in a Turbulent World: A Comparative Study of Austria, Belgium, Luxembourg, the Netherlands and Switzerland, Routledge (2017), 222.

96 박응격 · 김상겸 · 이옥연 · 정재각 · 디트마 되링, 서구 연방주의와 한국, 인간사랑 (2006), 155.

97 이기우, 분권적 국가개조론, 한국학술정보 (2014), 351.

98 하원에서 심의된 안건의 40%는 경제정책이고, EU 관련은 2.5%이다: José M. Magone, The Statecraft of Consensus Democracies in a Turbulent World: A Comparative Study of Austria, Belgium, Luxembourg, the Netherlands and Switzerland, Routledge (2017), 194

99 Ruth Lüthi, Parlament, in: Peter Knoepfel et al. (Hrsg.), Handbuch der Schweizer Politik: Manuel de la politique suisse, 5. Aufl., Verlag Neue Zürcher Zeitung (2014), 188.

100 연방내각

독일어로 Bundesrat

프랑스어로 Conseil fédéral

영어로 Federal Council

한국어로 연방각료회의, 연방 각의 등으로 번역된다. 여기서는 연방내각의 각료가 모인 회의인 연방각료회의 등의 의미를 포괄하여 연방내각이라 하고, 때로는 연방정부의 의미를 갖는다.

101 마법의 공식(Magic Formula)

마법의 공식이란 1959년부터 현재까지 안정적으로 유지되는 정당별 연방내각 구성비율을 말한다.

내각을 구성하는 7명의 연방각료는 1959년부터 2003년까지 자유민주당(FDP) 출신 2명, 사회민주당(SP) 출신 2명, 기독민주당(CVP) 출신 2명, 스위스국민당(SVP) 출신 1명으로, 즉 정당별로 2:2:2:1의

비율로 연방각료를 배출했다. 2003년 선거 이후 정당별 의석비율 조정이 있었고, 2015년 선거 이후 연방각료 7명은 자유민주당(FDP) 2명, 사회민주당(SP) 2명, 스위스국민당(SVP) 2명, 기독민주당(CVP) 1명으로 변경되어, 즉 정당별로 2:2:2:1의 비율로 연방각료를 배출한다.

102 The Swiss Confederation: a brief guide 2020, Federal Chancellery (2020), 43.

103 합의체

독일어로 Kollegium

프랑스어로 autorité collégiale

영어로 collegial body이다.

한국어로 집합체, 협의체 등으로 번역된다.

104 외교부, 스위스 개황 (2014), 3.

105 연방 부처 표기(영어, 프랑스어 약칭)는 외교부{Federal Department of Foreign Affairs(FDFA, DFAE)}, 내무부{Federal Department of Home Affairs(FDHA, DFI)}, 법무 · 경찰부{Federal Department of Justice and Police(FDJP, DFJP)}, 국방 · 안보 · 체육부{Federal Department of Defence, Civil Protection and Sport(DDPS, DDPS)}, 재무부{Federal Department of Finance(FDF, DFF)}, 경제 · 교육 · 연구부{Federal Department of Economic Affairs, Education and Research(EAER, DEFR)}, 환경 · 교통 · 에너지 · 통신부{Federal Department of the Environment, Transport, Energy and Communications(DETEC, DETEC)}.

106 연방내각사무처

독일어로 Bundeskanzlei (BK)

프랑스어로 Chancellerie fédérale (CF)

영어로 Federal Chancellery (FCH)

한국어로 연방내각처

연방내각사무처는 1803년에 설치된 가장 오래된 연방 기관이다. 설립 당시에는 연방내각과 연방의회의 업무를 연락하는 기관에 머물렀다. 그러나 1960년 행정개혁으로 연방내각사무처는 연방내각의 참모 역할을 수행하는 보좌기관으로 변모됐다. 연방내각사무처는 연방각료회의 회의를 준비하고, 회의에서 결정된 사안을 국민에게 알린다. 연방내각의 지시에 따라 연방 부처 간 업무를 총괄 · 조정하며, 연방내각에 제출하는 각종 안건 등을 관계부처와 협의한다. 연방내각사무처는 14개 부서로 구성된다. 연방내각사무처는 입법기술 및 입법절차와 관련한 연방 부처 내 협의 과정을 담당한다. 또한 3개 공용어(독일어, 프랑스어, 이탈리아어)로 되어 있는 법규범 간의 합치 등 연방법률의 언어적 측면도 다룬다. 연방내각사무처는 입법의 질을 관리하고, 선거와 국민투표를 관리 · 감독한다.

107 연방내각조직령

법령번호(SR) 172.111

독일어로 「Organisationsverordnung für den Bundesrat (OV-BR)」

프랑스어로 「Ordonnance sur l'organisation du Conseil fédéral (Org CF)」.

108 Confederation suisse, Protokollreglement der Schweizerischen Eidgenossenschaft (2017), 6507.

109 연방 의장을 대리하여 부의장이 참석하는 경우 의장의 지위를 맡는다.

110 칸톤정부의 서열은 헌법 제1조에 규정된 순서에 따른다.

111 선출 일자에 따른 서열. 그다음 서열이 군 총사령관이다. 하원의원과 법관도 선출 일자에 따른 서열이다.

112 스위스연방법원의 설립, 구성 및 조직 등 자세한 사항에 대해서는 최용훈, 스위스 연방의회 제도에 관한 연구-입법과정 등을 중심으로-, 사법정책연구원 (2020), 115-134 참조.

113 2000년 사법개혁

사법개혁에 관한 헌법개정안('1999. 10. 8.자 사법개혁에 관한 연방결의, Bundesbeschluss über die Reform der Justiz vom 8. Oktober 1999)이 2000년 3월 12일 국민연방에서 채택됐다. 이를 '2000년 사법개혁'(Justizreform) 또는 '2000년 사법개혁법'이라고 부른다. '2000년 사법개혁'의 주된 목적은 연방대법원의 과중한 업무를 경감하는 것을 비롯하여 신연방헌법에 규정한 '연방대법원의 최고법원성'을 확대 · 강화하는 데 있다. 또한 법관의 독립을 연방헌법에 명시적으로 보장하고, 국민의 사법기관에 의한 재판받을 권리를 보장하며, 연방형사법원 및 연방행정법원을 설치하고, 통일된 민사소송법과 형사소송법을 제정하도록 했다. '2000년 사법개혁법'의 일부 규정(Bundesbeschluss über das teilweise Inkrafttreten der Justizreform vom 12. März 2000, 2002. 9. 24.)은 2003. 4. 1.부터 시행됐고, 모든 규정이 2007. 1. 1.부터 시행됐다. '2000년 사법개혁'에 따라 연방형사법원과 연방행정법원이 설치되고, 연방보험법원은 연방대법원으로 통합됐다. 또한 연방 차원의 민사소송법과 형사소송법이 제정되어 2011년 1월부터 시행됐다. '통합상고(Einheitsbeschwerde)'를 통해 다양한 불복수단을 대체하는 내용 등을 담은 연방대법원법(Das Bundesgesetz ueber das Bundesgericht vom 17. Juni 2005, Bundesgerichtsgesetz, BGG)이 종전의 연방법원조직법(OG)을 대체하여 2007년 1월부터 시행됐다: 신교식, "스위스의 헌법재판제도와 그 시사점에 관한 연구", 경기 법조 제20호, 수원지방변호사회 (2013), 602-608.

114 겸임 연방법관

독일어로 nebenamtlicher Richter

프랑스어로 juges suppléants.

한국어로 대리판사, 겸임법관 등으로 번역된다.

겸임 연방법관은 다른 직종에 종사하면서 재판업무도 함께 수행하는 법관을 말한다. 1심 법원에는 비법률가들이 많고, 특히 특별법원(노동, 임대차, 상사, 보험법원 등)의 법관으로 비법률가들이 선출된다. 연방대법원의 겸임 연방법관은 변호사, 법대 교수 등 대부분 법률가가 선출된다. 겸임 연방법관도 전임 연방법관(vollamtlicher Richter)과 마찬가지로 연방의회가 선출한다. 전임 연방법관과 겸임 연방법관을 분리해서 선출하지 않고, 모든 연방법관을 연방의회에서 선출하는 것으로 보인다. 전임 연방법관과 겸임 연방법관은 권한 차이가 아닌, 근무 시간 등의 차이로 구분한다.

115 연방대법원 홈페이지 참조 https://www.bger.ch/index/federal/federal-inherit-template/federal-richter/federal-richter-bundesrichter.htm; https://www.bger.ch/index/federal/federal-inherit-template/federal-richter/federal-richter-nebenamtlicherichter.htm (2021. 12. 10. 최종 확인).

116 연방대법원의 7개 재판부(공법 재판부 2개, 민사 재판부 2개, 형사 재판부 1개, 사회법 재판부 2개) 중 형사 재판부와 사회법 재판부는 루체른에 소재한다: The Swiss Confederation: a brief guide 2020, Federal Chancellery (2020), 80.

117 연방형사기관조직법

법령번호(SR) 173.71

독일어로 「Bundesgesetz über die Organisation der Strafbehörden des Bundes (Strafbehördenorganisationsgesetz, StBOG)」

프랑스어로 「Loi fédérale sur l'organisation des autorités pénales de la Confédération(Loi sur l'organisation des autorités pénales, LOAP)」.
한국어로 연방형사법원법, 형사경찰조직에 대한 연방법, 연방형사사법기관에 대한 연방법률 등으로 번역된다.

118 대부분의 형사사건 1심은 각 칸톤법원에서 판결한다. 다만, 특정범죄만 연방에서 관할하는 범죄로 분류하고, 이는 연방형사법원이 담당한다. 예를 들어 형사 재판부(Strafkammer)는 형법전에 규정된 중요범죄(형사소송법 제23조), 조직범죄, 테러지원범죄, 경제범죄(형사소송법 제24조)에 대해 재판을 한다. 항고재판부(Beschwerdekammer, Lower Appeals Chamber)는 경찰과 연방 검찰의 수사 절차상 행위, 범죄 관련 상호원조 사건, 관할권 분쟁 등을 담당한다. 항소재판부(Berufungskammer, Higher Appeals Chamber)는 연방 형사사건의 제2심으로서 형사재판부의 판결에 대한 항소 사건을 재판한다(연방형사법원법 제38조의a, 제38조의b).

119 개원 당시 연방행정법원은 베른에 있는 임시청사에 있었으나, 2012년 여름 장크트갈렌으로 이전했다.

120 연방행정법원법
법령번호(SR) 173.32 (2015. 6. 17. 제정)
독일어로 「Bundesgesetz über das Bundesverwaltungsgericht(Verwaltungsgerichtsgesetz, VGG)」
프랑스어로 「Loi sur le Tribunal administratif fédéral(LTAF)」.

121 연방행정법원 법원조직 홈페이지, https://www.bvger.ch/bvger/de/home/das-bundesverwaltungsgericht/richter-innen-und-gerichtsschreibende.html (2021. 12. 10. 최종 확인).

122 연방행정법원 사무규칙 제23조에 따르면 제1 재판부는 사회기반시설, 환경, 조세, 연금, 인사에 중점을 두는 사무 및 통신법(Nachrichtendienstgesetz, NDG)상의 허가절차를 처리한다. 또한 수용법(Enteignungsgesetz, EntG)상의 사정(査定) 위원회(Schätzungskommission)와 그 위원장의 사무처리를 감독한다(연방행정법원 사무규칙 제23조 제1항). 제2 재판부는 경제, 교육 및 경쟁법 분야를 담당한다(동조 제2항). 제3 재판부는 사회보험과 보건에 중점을 두고 사무를 처리한다(동조 제3항). 제4 재판부와 제5 재판부는 난민법 문제를 담당한다(동조 제4항). 제6 재판부는 외국인법 및 시민법 분야와 관련된 사무를 처리한다(동조 제5항).

123 양시훈 · 최유경, 각국 법관 징계제도에 관한 연구, 사법정책연구원 (2015), 218.

124 연방특허법원법
법령번호(SR) 173.41(2009. 3. 20. 제정)
독일어로 「Bundesgesetz über das Bundespatentgericht(Patentgerichtsgesetz, PatGG)」
프랑스어로 「Loi sur le Tribunal fédéral des brevets(LTFB)」
영어로 「Federal Act on the Federal Patent Court(Patent Court Act, PatCA)」.

125 The Swiss Confederation: a brief guide 2020, Federal Chancellery (2020), 81.

126 칸톤과 주제에 따라 칸톤행정법원이 관할권을 갖기도 한다.

127 취리히, 베른, 장크트갈렌, 아르가우 칸톤에는 상법법원도 있다. 이는 상법상 분쟁을 담당하는 유일한 칸톤법원이다.

제2장 연방의원 정수 및 임기

1 융커(이주성 번역), 스위스 직접민주주의, 법문사 (1996), 189.

2 George Arthur Codding, The Federal Government of Switzerland, Houghton Mifflin (1961), 73.

3 2019년 12월 31일 기준 제네바 칸톤 인구(504,128명) 중 외국인은 201,436명으로 39.9%를, 바젤슈타트 칸톤 인구(195,844명) 중 외국인은 71,759명으로 36.6%를 각각 차지한다: 스위스연방 통계청 홈페이지 참조, https://www.bfs.admin.ch/bfs/en/home/statistics/population.assetdetail.13707212.html (2021. 12. 10. 최종 확인).

4 하원의원 총선거 의석배분 시행령
법령번호(SR) 161.12 (2017. 8. 30. 제정). 시행일은 2018년 1월 1일(동 시행령 제3조).
독일어로「Verordnung über die Sitzverteilung bei der Gesamterneuerung des Nationalrates」
프랑스어로「Ordonnance sur la répartition des sièges lors du renouvellement intégral du Conseil national」.
영어로「2017 Federal Decree on the Allocation of Seats at National Council Elections」.

5 2019년 10월 20일 실시한 제51대 하원(2019~2023년) 선거에 적용된 인구 기준은 2016년 12월 31일 등록된 인구이다(하원의원 총선거 의석배분 시행령 전문).

6 쥐라 칸톤을 창설하는 안건에 대한 국민투표(1978. 9. 24.)는 투표율 42%, 찬성 82.3%, 22개 칸톤의 찬성으로 가결됐다.

7 스위스연방 통계청(Federal Statistical Office, FSO)의 '여성과 선거(Women and Elections)' 홈페이지, https://www.bfs.admin.ch/bfs/portal/fr/index/themen/17/02/blank/dos/02.html (2021. 12. 10. 최종 확인).

8 Hanspeter Kriesi & Alexander H. Trechsel, The Politics of Switzerland: Continuity and Change in a Consensus Democracy, Cambridge University Press (2008), 79.

9 연방의회 홈페이지 참조, https://www.parlament.ch/de/%C3%BCber-das-parlament/fakten-und-zahlen/zahlen-ratsmitglieder (2021. 12. 10. 최종 확인); 국회도서관, 국회의원 선거제도 한눈에 보기: FACT BOOK 제77호 (2020), 100.

10 2019년 10월 1일 국제의회연맹(IPU) 통계자료에 따르면 단원제(또는 하원)의 여성의원비율은 24.6%, 양원제(또는 상원)의 여성의원 비율은 24.3%였다. 스위스의 여성의원 비율은 가장 높은 여성의원비율을 보인 르완다의 60%나, 스칸디나비아반도 국가의 40%보다는 낮은 편이다: IPU 홈페이지 참조, http://archive.ipu.org/wmn-e/world.htm (2021. 12. 10. 최종 확인) ; The Swiss Confederation: a brief guide 2017, Federal Chancellery (2017), 27.

11 Ruth Lüthi, Parlament, in: Peter Knoepfel et al. (Hrsg.), Handbuch der Schweizer Politik: Manuel de la politique suisse, 5. Aufl., Verlag Neue Zürcher Zeitung (2014), 188.

12 1848년부터 2015년까지 하원의 최연소의원(알프레드 에셔, Alfred Escher: 1849년 의회)은 30세였고, 최고령의원(에두아르트 블루머, 1919년 의회)은 71세였다. 상원의 최연소의원은 31세(누마 드로즈, Numa Droz: 1875년 의회), 최고령의원은 74세(오귀스트 페타벨, Auguste Pettavel: 1919년 의회)였다: Bibliothèque du Parlement, "Président(e) du Conseil national", Service du Parlement (2016), 6.

13 1959년 제36대 하원의 경우 하원의원 196명 중 85명이 50대였고(43.4%), 60세 이상은 55명

(28.1%), 40대는 46명(23.5%), 30대는 10명(5.1%)에 불과했다: George Arthur Codding, The Federal Government of Switzerland, Houghton Mifflin (1961), 74.

14 José M. Magone, The Statecraft of Consensus Democracies in a Turbulent World: A Comparative Study of Austria, Belgium, Luxembourg, the Netherlands and Switzerland, Routledge (2017), 190.; 주스위스 대한민국대사관 홈페이지,http://overseas.mofa.go.kr/ch-ko/brd/m_8042/view.do?seq=1341119&srchFr=&srchTo=&srchWord=총선&srchTp=0&multi_itm_seq=0&itm_seq_1=0&itm_seq_2=0&company_cd=&company_nm=&page=1 (2021. 12. 10. 최종 확인).

15 1960년 36대 연방의회 자료에 따르면 상원의원의 50%가량은 박사학위 소지자였다: Katharina E. Hofer, "Shirk or Work? On How Legislators React to Monitoring", Economics Working Paper Series 1616, University of St. Gallen (2017), 6.

16 Clive H. Church, The Politics and Government of Switzerland, Palgrave Macmillan UK (2004), 104.

17 Hanspeter Kriesi & Alexander H. Trechsel, The Politics of Switzerland: Continuity and Change in a Consensus Democracy, Cambridge University Press (2008), 119.

18 1959년 하원의원의 직업군을 살펴보면, 노조 간부 34명, 농부 22명, 칸톤정부 22명, 변호사 21명, 기업가 · 상인 등 17명, 코뮌의원 17명, 언론인 16명, 기업가 11명, 교사 7명, 엔지니어 4명, 의사 4명, 기타 19명이었다. 1987년 하원의원의 직업을 조사한 결과에 따르면, 고등교육졸업자 65%(그중에서 25.5%가 법률가), 기업과 경제계 대표 22%, 변호사 · 의사 · 전문직 17%, 복지직 · 교사출신 12.5%, 지방공무원 출신 11%, 농민 12.5%, 노조 출신 5%, 일반 노동자 · 종업원 4.5%로 나타났다. 2011년 구성된 제49대 의회의 경우 1/3 의원이 군대에서 장교 직위를 가지고 있었다: George Arthur Codding, The Federal Government of Switzerland, Houghton Mifflin (1961), 74.; 이기우, 분권적 국가개조론, 한국학술정보 (2014), 325.

19 Katharina E. Hofer, "Shirk or Work? On How Legislators React to Monitoring", Economics Working Paper Series 1616, University of St. Gallen (2017), 6.

20 녹색당
독일어로 Grüne Partei der Schweiz (GPS)
프랑스어로 Les verts – Parti écologiste suisse (PES)
영어로 Green Party of Switzerland.
한국어로 직역하면 스위스녹색당이지만, 여기서는 녹색당으로 칭한다.
1970년대부터 좌파계열에서 지역적인 색채를 강하게 내포한 여러 정당이 설립됐고, 녹색당(GPS)으로 합당되어 나갔다. 녹색당은 환경문제가 주요 문제로 부각되기 시작한 1983년 창당된 만큼 환경보호를 주된 정강 정책으로 삼는다.

21 Ruedi Baumann과 Stephanie Baumann은 부부 사이였다: Swiss info. ch, "Tim Guldimann was elected as the first Swiss abroad abroad in the National Council" (2015. 10. 19.), https://www.swissinfo.ch/ger/tim-guldimann-als-erster-auslandschweizer-in-nationalrat-gewaehlt/41727986 (2020. 5. 17. 최종 확인). Ruedi Baumann과 Stephanie Baumann은 1995년과 1999년 연방하원 선거에서 당선되어 활동한 최초의 부부 연방의원이었다: 위키피디아 홈페이지 참조, https://de.wikipedia.org/wiki/Ruedi_Baumann (2021. 12. 10. 최종 확인); https://de.wikipedia.org/wiki/Stephanie_Baumann (2021. 12. 10. 최종 확인).

22 연합뉴스, ""환경 달라 정치 못하겠다" 獨 거주 스위스 하원의원 사퇴" (2018. 2. 19.), https://www.yna.co.kr/view/AKR20180219154600088?input=1179m (2021. 12. 10. 최종 확인).

23 http://www.ipu.org/parline-f/TermOfParliament.asp?REGION=All&typesearch=1&LANG=FRE (2021. 12. 10. 최종 확인).

24 1999년 연방헌법 전부 개정과 관련하여 양원 간 의견 불일치가 발생하였으나 상원이 양보안을 수용하면서 합의에 도달하여 전부 개정 여부에 대한 국민투표는 실시되지 않았다: Bibliothèque du Parlement Recherches et statistiques, Fiche d'information: Législature, Service du Parlement (2017), 11.

25 Bibliothèque du Parlement Recherches et statistiques, Fiche d'information: Législature, Service du Parlement (2017), 9.

26 다수대표제를 비례대표제로 변경하려는 국민발안이 1900년 11월 4일과 1910년 10월 23일 각각 국민투표에 회부됐으나 부결됐다. 1913년에 다시금 사회민주당 주도로 하원선거에 비례대표제를 도입하는 국민발안이 제출됐고, 1918년 10월 13일 국민투표 결과 국민 과반수인 66.8%의 지지와 19.5개 칸톤의 찬성으로 가결되어 하원선거가 다수대표제에서 비례대표제로 변경됐다. 하원을 새롭게 구성하기 위해 '종전 연방헌법 제73조(비례대표제) 채택에 따른 경과규정과 관련된 연방령(1919. 2. 14. 프랑스어로 l'arrêté fédéral du 14 février 1919 concernant l'adoption de dispositions transitoires pour l'application de l'art. 73 de la constitution fédérale)'이 제정됐다. 하원 재구성(해산)과 관련된 국민투표가 1919년 8월 10일 실시됐고, 32.8%의 투표율 속에 국민의 71.6%와 21.5개 칸톤의 찬성으로 가결됐다: Kris W. Kobach, The Referendum: Direct Democracy in Switzerland, Dartmouth Publishing (1993), 15.

27 Bibliothèque du Parlement Recherches et statistiques, Fiche d'information: Législature, Service du Parlement (2017), 1.

28 George Arthur Codding, The Federal Government of Switzerland, Houghton Mifflin (1961), 74.

29 의회기
독일어로 Legislaturperiode
영어로 duration of parliament
한국어로 입법기 등으로 번역된다.
국회가 구성되는 시기로부터 임기가 만료되거나 해산되기까지의 시기를 말하는 의회기(議會期)를 입법기(立法期)라고도 한다: 김유향, 기본강의 헌법 전정 5판, ㈜ 윌비스 (2018), 1165.

30 한편으로 하원의원의 임기연장 방안이 연방의원의 이익을 위해 제기됐다는 인상을 주지 않으려면 연방의원이 아닌 유권자가 이를 제안해야 했다: Bibliothèque du Parlement Recherches et statistiques, Fiche d'information: Législature, Service du Parlement (2017), 10.

31 의안번호 06.415(의원발의, "Mehr Wirksamkeit, weniger Wahltaktik"). 해당 안건은 연방의회 홈페이지에 의안번호를 입력하여 확인할 수 있다, https://www.parlament.ch/de/ratsbetrieb/suche-curia-vista/geschaeft?AffairId=20060415 (2021. 12. 10. 최종 확인). 모리스 셰브리에 의원은 촉박한 일정으로 의정활동에 상당한 어려움을 겪고 있고, 업무처리 미숙과 선거기간 임박으로 인한 압박감이 의회의 효율성을 침해한다고 주장했다.

32 의안번호 10.3230(정책검토요청서, "Verstetigung der parlamentarischen Arbeit"). 해당 안건은 연방의회 홈페이지에 의안번호를 입력하여 확인할 수 있다, https://www.parlament.ch/de/ratsbetrieb/suche-curia-vista/geschaeft?AffairId=20103230 (2021. 12. 10. 최종 확인).

33 Bibliothèque du Parlement Recherches et statistiques, Fiche d'information: Législature, Service du Parlement (2017), 11.

34 1960년대 상원의원 임기는 18개 칸톤과 1개 반칸톤은 4년, 3개 칸톤(그라우뷘덴, 글라루스, 옵발덴)은 3년, 장크트갈렌 칸톤은 1년이었다: George Arthur Codding, The Federal Government of Switzerland, Houghton Mifflin (1961), 72.

35 The Swiss Confederation: a brief guide 2017, Federal Chancellery (2017), 25

36 Katharina E. Hofer, "Shirk or Work? On How Legislators React to Monitoring", Economics Working Paper Series 1616, University of St. Gallen (2017), 6, 42.

37 위키피디아 홈페이지 참조, https://en.wikipedia.org/wiki/Alain_Berset (2021. 12. 10. 최종 확인).

38 Christian Levrat 의원은 2003년 12월 1일부터 2012년 5월 28일까지 프리부르 칸톤을 대표하는 하원의원이었다. Alain Berset 전 상원의원을 대신하여 2012년 5월 29일부터 프리부르 칸톤을 대표하는 상원의원이 됐다. 2020년 10월까지 사민당 대표를 지냈다: 위키피디아 홈페이지 참조, https://en.wikipedia.org/wiki/Christian_Levrat (2021. 12. 10. 최종 확인).

39 악성 위 종양 질환으로 의원직을 사임한 그는 2014년 11월 15일 안락사했다: 위키피디아 홈페이지 참조, https://de.wikipedia.org/wiki/This_Jenny (2021. 12. 10. 최종 확인).

40 위키피디아 홈페이지 참조, https://de.wikipedia.org/wiki/Werner_H%C3%B6sli (2021. 12. 10. 최종 확인).

41 위키피디아 홈페이지 참조, https://de.wikipedia.org/wiki/Pankraz_Freitag (2021. 12. 10. 최종 확인).

42 Thomas Hefti 의원은 2014년 1월 12일 상원 보궐선거에서 당선됐다. 위키피디아 홈페이지 참조, https://de.wikipedia.org/wiki/Thomas_Hefti (2021. 12. 10. 최종 확인). 자유민주당 홈페이지 참조, https://thomas-hefti.ch/ (2021. 12. 10. 최종 확인).

43 절대적 면책특권
독일어로 Absolute Immunität
프랑스어로 Immunité absolue
영어로 Absolute immunity.

44 Parlamentsdienste/service de documentation, "Fiche d'information: Immunité des membres des autorités fédérales suprêmes", Service du Parlement (2017), 1.

45 상대적 면책특권
독일어로 Relative Immunität
프랑스어로 Immunité relative
영어로 Relative immunity.

46 Walter Haller, The Swiss Constitution in a Comparative Context, Dike Publishers (2016), 135.

47 불체포 특권(의회 출석 보장권)
독일어로 Sessionsteilnahmegarantie
프랑스어로 Garantie de participation aux sessions
영어로 Session attendance guarantee.

48 Parlamentsdienste/service de documentation, "Fiche d'information: Immunité des membres des autorités fédérales suprêmes", Service du Parlement (2017), 2.

49 1917년 그라버(Graber), 1919년 그림(Grimm), 1920년 플라텐(Platten), 1930년 벨티(Welti), 1932년 니콜(Nicole)에게 회기 중 불체포 특권(의회 출석 보장권)이 적용됐다: Parlamentsdienste/service de documentation, "Fiche d'information: Immunité des membres des autorités fédérales suprêmes", Service du Parlement (2017), 6.

50 스위스 남성은 20세에 신병 교육(21주)을 이수 받고, 21~26세까지 매년 19일간(총 6회) 소집 복무를 실시한다. 이후 26~30세까지 예비군으로 편입되어 있다가, 30세에 전역한다. 스위스 병역제도는 연방헌법 제59조에 따라 국민 개병 징병제를 유지한다. 군법상 징병 대상이 되는 스위스 남성은 징병검사의 의무, 군 복무의 의무, 대체복무 의무, 대체복무 보상의무(복무기간을 못 채울 경우 돈으로 납부함), 신고의무가 있다. 연방각료, 의사, 경찰, 소방대원 등 유사시 필요한 인력은 병역법에 따라 재직 중 병역의무를 면제받을 수 있다(병역법 제18조 제1항).

51 병역법
법령번호(SR) 510.10
독일어로 「Bundesgesetz über die Armee und die Militärverwaltung (Militärgesetz, MG)」 프랑스어로 「Loi fédérale sur l'armée et l'administration militaire (Loi sur l'armée, LAAM)」.

52 병역 면제세는 남성 중 장애인을 포함한 모든 병역면제자는 본인 소득의 3%를 병역 면제세로 납부한다. 소득이 없는 경우에는 별도 세율을 부과한다: George Arthur Codding, The Federal Government of Switzerland, Houghton Mifflin (1961), 81.

53 GRECO, Fourth Evaluation Round: Corruption prevention in respect of Members of Parliament, Judges and Prosecutors, Evaluation Report Switzerland (2017), 9.

54 이기우, 분권적 국가개조론, 한국학술정보 (2014), 323.

55 안성호, 스위스연방 민주주의 연구, 대영문화사 (2001), 264.

56 Pascal Sciarini/Anke Tresch, Votations populaires, in: Peter Knoepfel et al. (Hrsg.), Handbuch der Schweizer Politik: Manuel de la politique suisse, 5. Aufl., Verlag Neue Zürcher Zeitung (2014), 527.

57 80년대 말 기준, 연방의원은 평균적으로 6개의 기업이사 직위를 보유한 것으로 나타났다: Clive H. Church, The Politics and Government of Switzerland, Palgrave Macmillan UK (2004), 104; Hanspeter Kriesi & Alexander H. Trechsel, The Politics of Switzerland: Continuity and Change in a Consensus Democracy, Cambridge University Press (2008), 119.

58 또한 연방내각은 기업의 투명성, 이사회 책임을 강화하고 관리 감독을 철저히 하는 방향으로 회사법을 전부 개정하자고 연방의회에 제안했다. 당시 회사법 개정에 반대한 일부 연방의원은 주식회사의 이사를 겸했다: 장 지글러(양영란 번역), 왜 검은돈은 스위스로 몰리는가?, 갈라파고스 (2013), 217-219.

59 2001년 6월 5일 녹색당이 제출한 대정부질문(의안번호: 01.3272, 의안 제목: 기득권, 투명성 그리고 공개)에 대한 하원 사무처의 답변(2001년 9월 17일).

60 GRECO, Fourth Evaluation Round: Corruption prevention in respect of Members of Parliament, Judges and Prosecutors, Evaluation Report Switzerland (2017), 20.

61 Assemblée fédérale, Prochain arrêt – Palais fédérale: Un guide pour les députés, Service du Parlement (2017), 29.

62 연방하원 이해관계 등록부: https://www.parlament.ch/centers/documents/de/interessen-nr.pdf (2021. 12. 10. 최종 확인).

연방상원 이해관계 등록부: https://www.parlament.ch/centers/documents/de/interessen-sr.pdf (2021. 12. 10. 최종 확인).

63 GRECO, Fourth Evaluation Round: Corruption prevention in respect of Members of Parliament, Judges and Prosecutors, Evaluation Report Switzerland (2017), 22.

64 2014. 12. 12. 의원발의안 제출, 2015. 3. 26. 하원 정치제도위원회 1차 논의, 2015. 11. 16 하원 정치제도위원회 2차 논의 후 채택 결정, 2017. 12. 12. 하원 본회의 상정(통합 대안). 해당 안건의 자세한 심의경과는 연방의회 홈페이지 참조, https://www.parlament.ch/fr/ratsbetrieb/suche-curia-vista/legislaturrueckblick?AffairId=20140472 (2021. 12. 10. 최종 확인).

65 2015. 10. 6. 의원발의안 제출, 2016. 2. 4. 하원 정치제도위원회 1차 논의, 2016. 3. 5. 하원 정치제도위원회 2차 논의 후 채택 결정, 2017. 12. 12. 하원 본회의 상정(통합 대안). 해당 안건의 자세한 심의경과는 연방의회 홈페이지 참조, https://www.parlament.ch/fr/ratsbetrieb/suche-curia-vista/legislaturrueckblick?AffairId=20150437 (2021. 12. 10. 최종 확인).

66 당시 의원발의안에 따르면 위원회가 본회의에 제출하는 안건의 상당수가 특정 이익을 대변하거나 특정 집단에 대한 보조금 지급이나 감면을 요구한다는 점을 지적한다: GRECO, Fourth Evaluation Round: Corruption prevention in respect of Members of Parliament, Judges and Prosecutors, Evaluation Report Switzerland (2017), 16; 해당 안건의 자세한 심의경과는 연방의회 홈페이지 참조, https://www.parlament.ch/fr/ratsbetrieb/suche-curia-vista/geschaeft?AffairId=20150467 (2021. 12. 10. 최종 확인).

67 연방의회 홈페이지(언론 보도자료) 참조(2015. 5. 8.), https://www.parlament.ch/press-releases/Pages/2015/mm-bue-n-2015-05-08.aspx (2021. 12. 10. 최종 확인).
의안번호 14.4310에 대한 자세한 사항은 연방의회 홈페이지 참조, https://www.parlament.ch/fr/ratsbetrieb/suche-curia-vista/geschaeft?AffairId=20144310 (2021. 12. 10. 최종 확인).

68 하원 · 상원의 직무와 그 밖의 직무 관련 겸직금지 지침 (2006. 2. 17. 제정, 2014. 2. 14. 개정)
프랑스어로「Incompatibilités entre le mandat de conseiller national ou de conseiller aux Etats et d'autres mandats ou fonctions」.
동 지침은 www.admin.ch/opc/fr/federal-gazette/2014/3093.pdf 참조 (2021. 12. 10. 최종 확인).

69 GRECO, Fourth Evaluation Round: Corruption prevention in respect of Members of Parliament, Judges and Prosecutors, Evaluation Report Switzerland (2017), 18, 24.

70 GRECO, Fourth Evaluation Round: Corruption prevention in respect of Members of Parliament, Judges and Prosecutors, Evaluation Report Switzerland (2017), 22.

71 Assemblée fédérale, Prochain arrêt – Palais fédérale: Un guide pour les députés, Service du Parlement (2017), 25.

72 유럽의회 의원들 일부는 회의수당을 받기 위해 아침 회의에 출석하고 그 이후 의회를 떠나는 경우가 있다: Katharina E. Hofer, "Shirk or Work? On How Legislators React to Monitoring", Economics Working Paper Series 1616, University of St. Gallen (2017), 10.

73 하원의원의 모든 투표결과는 공표되기에 출석률을 확인하기 쉽지만, 상원에서는 주요 사항에 대한 투표결과만 공표되고, 출석률을 발표하지 않기에 쉽지 않다: Katharina E. Hofer, "Shirk or Work? On How Legislators React to Monitoring", Economics Working Paper Series 1616, University of St. Gallen (2017), 8.

74 Assemblée fédérale, Prochain arrêt – Palais fédérale: Un guide pour les députés, Service du Parlement

(2017), 14.

75 2007년 12월 11일 양원 집행부 권고안

프랑스어로 Recommandations des bureaux du 11 décembre 2007 à l'intention des députés.

연방의회 홈페이지 참조, https://www.parlament.ch/centers/documents/fr/information-korruptionsstrafrecht-2015-12-01-f.pdf : GRECO, Fourth Evaluation Round: Corruption prevention in respect of Members of Parliament, Judges and Prosecutors, Evaluation Report Switzerland (2017), 18.

76 Assemblée fédérale, Prochain arrêt – Palais fédérale: Un guide pour les députés, Service du Parlement (2017), 7.

77 연방의회 홈페이지 참조, https://www.parlament.ch/press-releases/Pages/2010/mm-spk-n-2010-08-24.aspx?lang=1036

https://www.parlament.ch/centers/documents/fr/spk-08-447-bericht-2010-08-19-f.pdf

78 연방공무원법

법령번호(SR) 172.220.1

독일어로 「Bundespersonalgesetz (BPG)」

프랑스어로 「Loi sur le personnel de la Confédération (LPers)」.

제3장 상·하원 조직

1 Walter Haller, The Swiss Constitution in a Comparative Context, Dike Publishers (2016), 125.

2 5명은 상원의장을 마친 후에 하원의장이 됐고, 4명은 하원의장을 먼저 역임한 후에 상원의장이 됐다. 1903년 상원의장인 애드리언 라슈날(Adrien Lachenal)은 상원의장이 되기 전에 연방각료를 지냈다: Bibliothèque du Parlement, "Président(e) du Conseil national", Service du Parlement (2016), 6-7.

3 Bibliothèque du Parlement, "Président(e) du Conseil national", Service du Parlement (2016), 6; Bibliothèque du Parlement, "Président/e du Conseil des États", Service du Parlement (2017), 6.

4 1994년 자유당 소속의 장-프랑수아 루바(Jean-François Leuba)는 공식 후보는 아니었지만, 녹색당 의원 한스피터 튀르(Hanspeter Thür)를 상대로 4차 투표까지 치르는 치열한 경합 끝에 하원의장으로 선출됐다: Bibliothèque du Parlement, "Président(e) du Conseil national", Service du Parlement (2016), 6.

5 1919년 비례대표제 선거 이후 1927년 전까지 정당 간에 교대로 의장직을 맡는 현상이 명확히 드러나지 않았다. 무소속 의원인 에두아르트 블루머(Eduard Blumer, 1919~1920년)와 사회정치당 의원 에밀 호프만(Emil Hofmann, 1925~1926년)이 하원의장에 선출되기도 했다. 또한 1926년 사회민주당의 로베르트 그림(Robert Grimm)은 하원의장에 선출되지 못하고, 급진민주당의 파울 마이예페르(Paul Maillefer, 1926~1927년)가 의장직에 선출됐다. 1921년 에밀 클뢰티(Emil Klöti)는 최초의 사회민주당 소속 하원의장이었고, 요한 제니(Johann Jenny)는 최초의 농민 · 기업 · 시민당(BGB, 현 스위스국민당) 소속 하원의장(1922~1923년)이 된다. 당시 사회민주당과 농민 · 기업 · 시민당은 연방내각에 자당 출신을 배출하지 못하고 있었다: Bibliothèque du Parlement, "Président(e) du Conseil national", Service du Parlement (2016), 5.

6 1947년, 1959년, 1983년, 1995년에 각각 자유당 출신 하원의장이 맡았다.

7 녹색당은 과거 하원선거에서 거둔 성과(1999년 8석, 2003년 13석, 2007년 20석)를 토대로 하원의장직

을 요구했으며, 연방내각을 구성하는 4개의 정당 간에 교대로 의장직에 선출되는 관행을 중단시키기 위해 10년 단위로 의장직을 할당하는 제안서를 하원 집행부에 여러 차례 제출했다. 2008년 8월 하원 집행부는 녹색당 의원이 2010년 겨울 정기회에서 부의장에 선출되도록 결정했다. 녹색당원인 마야 그라프(Maya Graf)는 부의장을 거쳐 2012년 겨울 정기회에서 하원의장으로 선출됐다.

8 연방내각에 참여하는 정당 순서대로 하원의장을 차지하는 공식에 따라 1927년부터 루돌프 밍거(Rudolf Minger, 스위스국민당), 하인리히 발터(Heinrich Walther, 기독민주당), 에른스트-파울 그래버(Ernest-Paul Graber, 사회민주당), 한스 스트라울리(Hans Sträuli, 자유민주당)가 차례대로 하원의장에 선출됐다. 1931년부터 하원 임기가 4년으로 도입된 이후 기독민주당의 전신인 보수국민당이 두 번째로 의장을 많이 배출했고, 세 번째는 사회민주당, 네 번째는 급진민주당(현재 자유민주당)이다. 1931~1943년까지 의장직을 가장 많이 차지한 정당은 농민 · 기업 · 시민당(농민당)이었다. 1947~1995년까지 자유민주당 또는 독립당은 양당 간의 연대를 통해 3번에 1번꼴로 의장직을 차지했다. 농민당은 12년 동안 3번에 2번 정도만 의장직을 차지했다: Bibliothèque du Parlement, "Président(e) du Conseil national", Service du Parlement (2016), 5.

9 스위스자유민주당, 중도민주연합, 사회민주당 소속의원은 1948~1971년까지 8번에 1번, 1971년부터 지금까지 5번에 1번 비율로 상원의장에 선출됐다. 2004년부터 중도민주연합(현재의 스위스국민당)은 5년에 1번, 사회민주당은 6년에 1번 비율로 의장에 선출됐다. 1971년 13석을 가진 무소속연대는 1971년 하원의장을 차지했다. 민주그룹(Democratic Group)은 1925년 하원의장을 차지했고, 당시 5석을 가졌다. 자유당(Liberal Democratic Party)은 1947년, 1959년, 1983년, 1995년 하원의장을 차지했고, 1947년 8석, 1959년 5석, 1983년 8석, 1995년 7석을 가졌다.

10 연합뉴스, "스위스 하원의장에 불어권 여성의원 첫 피선" (2001. 11. 27.), https://news.v.daum.net/v/20011127092444932?f=o (2021. 12. 10. 최종 확인).

11 Philippe Schwab, "The Swiss Parliament as a plurilingual forum", Communication from the Association of Secretaries General of Parliaments (2014. 10.), 10.

12 Bibliothèque du Parlement, "Président/e du Conseil des États", Service du Parlement (2017), 3, 6.

13 엘리자베스 블런치 하원의장의 재임 기간(1977.5.2.~1977.11.28.). 1999년까지 4명의 여성의원이, 2000년 이후에는 8명의 여성의원이 하원의장직을 수행했다: Bibliothèque du Parlement, "Président(e) du Conseil national", Service du Parlement (2016), 5

14 여성 상원의장은 1991년 조지 마이어(Josi Meier), 2000년 프랑수아즈 소당(Françoise Saudan), 2009년 에리카 포르스터-바니니(Erika Forster-Vannini)이다.

15 구스타프 아도르는 상원의원으로 1878년 12월 2일부터 1880년 9월 1일까지, 하원의원으로 1889년 3월 25일부터 1902년 2월 1일까지, 1902년 10월 1일부터 1917년 6월 1일까지 활동했다. 하원의장직을 1901년 6월 3일부터 1902년 2월 1일까지 수행했다. 하원의장직을 사임한 그는 1902년 10월에 하원의원으로 다시 선출됐고, 1917년에 연방각료로 선출됐다: 연방의회 홈페이지 참조, https://www.parlament.ch/en/biografie/gustave-ador/1365 (2021. 12. 10. 최종 확인).
구스타프 아도르는 1917년 6월 26일 연방내각의 각료로 선출됐다. 1917년 외교부 각료로, 1918년 내무부(Department of Home Affairs) 각료로 선출된 후 1919년 12월 31일 사임했다. 연방내각 홈페이지 참조, https://www.admin.ch/gov/en/start/federal-council/members-of-the-federal-council/gustave-ador.html (2021. 12. 10. 최종 확인).

16 한스 와이어는 1967년 12월 4일부터 1977년 4월 30일까지 하원의원으로 활동했다. 1976년 11월 29일부터 1977년 4월 6일까지 하원의장직을 수행했다: 연방의회 홈페이지 참조, https://www.parlament.ch/de/biografie/hans-wyer/1255 (2021. 12. 10. 최종 확인). 그 이후인 1977년부터 1993년까지 발레 칸톤의 재정, 군사, 에너지 부서의 장관을 지냈다: 위키피디아 홈페이지 참조, https://de.wikipedia.org/wiki/Hans_Wyer (2021. 12. 10. 최종 확인).

17 장 필립 메트르는 2004년 11월 29일부터 2005년 2월 28일까지 하원의장직을 수행했다: 위키피디아 홈페이지 참조, https://fr.wikipedia.org/wiki/Jean-Philippe_Maitre (2021. 12. 10. 최종 확인).

18 요스트 딜리에는 1970년 6월 1일부터 1982년 4월 25일까지 옵발덴 칸톤의 상원의원이었다. 그는 1981년 11월 30일부터 1982년 4월 25일까지 상원의장직을 수행했다. 연방의회 홈페이지 참조, https://www.parlament.ch/en/biografie/jost-dillier/1186 (2021. 12. 10. 최종 확인).

19 피에르 드라이어는 1982년 6월 7일부터 1982년 11월 29일까지 상원의장직을 수행했다. 연방의회 홈페이지 참조, https://www.parlament.ch/de/biografie/pierre-dreyer/626 (2021. 12. 10. 최종 확인).

20 Bibliothèque du Parlement, "Président/e du Conseil des États", Service du Parlement (2017), 3.

21 연방의회 홈페이지 참조, https://www.parlament.ch/fr/%C3%BCber-das-parlament/archive/archive-presidents-chambres/presidences-ce-depuis-1848 (2021. 12. 10. 최종 확인).

22 가부결정권(可否決定權, Casting Vote)은 표결 결과 가(可)와 부(否)가 동수인 때에 의장(위원장)이 결정권을 행사하는 것을 말한다. 이는 과반수 원칙의 예외로서 의장(위원장)이 결정권을 행사함으로써 가 또는 부가 출석의원의 과반수가 되는 경우를 말한다. 우리나라는 제5대 국회까지 의장과 위원장이 '표결권을 가지며 가부동수인 때에는 결정권을 가진다'라고 규정했다. 제6대 국회 이후에는 의장의 표결권만을 인정하고 가부동수인 경우의 결정권은 부여하지 않고 부결된 것으로 한다(헌법 제49조, 국회법 제109조): 국회운영위원회 전문위원실, 의회대사전 (1992), 1; 국회사무처, 국회법 해설 (2021), 517.

23 Bibliothèque du Parlement, "Président(e) du Conseil national", Service du Parlement (2016), 2.

24 Philippe Schwab, "The Swiss Parliament as a plurilingual forum", Communication from the Association of Secretaries General of Parliaments (2014. 10.), 10.

25 1980년 레옹 슈럼프(Leon Schlumpf)는 연방각료로 선출됐고, 1998년 안드레아스 이텐(Andreas Iten)은 상원의원직을 사임함에 따라 상원의장으로 선출되지 못했다: Bibliothèque du Parlement, "Président/e du Conseil des États", Service du Parlement (2017), 6.

26 임시의장의 평균연령은 73세였다. 임시의장 선출 당시 81세였던 에두아르트 폰 발트키르슈(1971년)와 카를 델베르크(Karl Dellberg, 1967년)는 역대 최고령 임시의장으로 기록됐다. 최연소 임시의장은 당시 66세인 게오르크 요제프 시들러(Georg Josef Sidler)였다. 최고령자격으로 임시의장을 맡은 의원의 평균 재임 기간은 17년이었다. 1971년 임시의장직을 맡았던 에두아르트 폰 발트키르슈(Eduard von Waldkirsch)와 1999년 임시의장직을 맡았던 자크 나이링크(Jacques Neirynck)는 초선의원이었다: Bibliothèque du Parlement, "Doyen/ne de fonction: Rapport factuel", Service du Parlement (2019), 2.

27 폴 레치스타이너(Paul Rechsteiner)는 의원직 수행 21년째인 2007년과 25년째인 2011년에 각각 최장기(최다선) 의원 자격으로 임시의장에 임명됐다. 하원의원이던 폴 레치스타이너는 2011년 11월 27일 상원의원으로 선출됐지만, 임시의장 자격으로 제49대 의회기(2011~2015)를 여는 하원회의를 주재했다. 그는 12월 12일이 되어서야 상원의원 선서를 했다. 2003년 이후 최장기 의원 자격으로 임시의장에 임명된 의원의 평균 재임 기간은 22.4년이었고, 평균연령은 59.4세였다: Bibliothèque du Parlement, "Doyen/ne

de fonction: Rapport factuel", Service du Parlement (2019), 2.

28 의장단회의
독일어로 Präsidien
프랑스어로 Collèges présidentiels
영어로 Speaker's Conference 또는 Presiding Colleges이다.

29 행정사무대표단
독일어로 Verwaltungsdelegation
프랑스어로 Délégation administrative
영어로 administrative delegation이다.

30 Philippe Schwab, "Joint administration of the two chambers in bicameral parliaments", Contribution at the Session of the Association of Secretaries General of Parliaments (2017. 10.), 3.

31 연방의원에게 제공되는 재정수단 및 교섭단체에 지급되는 보조금에 관한 연방법 시행령
법령번호(SR) 171.211 이하 '의원수당법 시행령'이라 약칭한다.
독일어로 「Verordnung der Bundesversammlung zum Parlamentsressourcengesetz (VPRG)」
프랑스어로 「Ordonnance de l'Assemblée fédérale relative à la loi sur les moyens alloués aux parlementaires (OMAP)」.

32 양원 집행부
독일어로 Ratsbüros
프랑스어로 Bureaux des conseils
영어로 Bureau 또는 Offices of the councils
한국어로 의사협의회(議事協議會), 교섭단체협의회라고도 번역된다.
대부분의 국가에서는 의사일정 결정권이 의장에게 주어진다. 왜냐하면 의사운영이 정치적인 운영이 아니라 기술적 운영이 되도록 하여 의장직무를 공정하게 수행해야 하기 때문이다. 의장은 중립적인 입장에서 의사일정을 작성하기 위해 원내에 구성된 협의체와 협의를 거치는 경우가 있다. 이를 의사협의회라고 한다. 그러나 프랑스, 스웨덴을 포함한 12개 국가는 의장단회의에서 의회의 운영계획(의사일정)을 결정한다. 의장단회의는 통상 의장단과 위원회 위원장 그리고 원내정당의 대표들로 구성된다: 국회운영위원회 전문위원실, 의회대사전 (1992), 29.

33 박태조, "외국 의회 소개: 스위스(상)", 국회보 1992년 4월호, 국회사무처 (1992), 131.

34 계표의원
독일어로 Stimmenzählerinnen 또는 Stimmenzählern
프랑스어로 scrutateurs
영어로 tellers
한국어로 감표 의원, 표결 담당 의원 등으로 번역된다.
계표의원은 우리나라 국회법에서 감표위원(監票委員)으로 규정한다(국회법 제114조 제2항). 감표위원은 국회에서 투표나 선거가 공정하게 진행되는가를 감시하는 역할을 수행한다. 의장이 각 교섭단체의 의석비율을 고려하여 투표용지 배부소, 기표소, 투표소에 배치한다. 감표위원은 전자식 투표는 4명, 수기식 투표는 8명을 지명한다: 국회사무처, 국회법 해설 (2021), 532; 국회운영위원회 전문위원실, 의회대사전 (1992), 29.

35 예비 계표의원
독일어로 Ersatz
프랑스어로 scrutateurs suppléants
영어로 substitute teller
한국어로 계표 후보위원 등으로 번역된다.

36 양원합동집행부
독일어로 Koordinationskonferenz
프랑스어로 Conférence de coordination
영어로 Conference for Coordination
한국어로 양원협의회, 양원조정협의회, 조정회의, 조정협의회 등으로 번역된다: 이기우, 분권적 국가개조론, 한국학술정보 (2014), 336.

37 양원합동회의
독일어로 Bundesversammlung
프랑스어로 Assemblée fédérale (Chambres réunies)
영어로 The United Federal Assembly.

38 연방대법원은 연방헌법상 양원합동회의의 심의 · 의결 대상이 제한되지 않았다고 해석했다. 1999년 개정된 현행 연방헌법은 연방법원의 판결취지를 수용하여 규정된 것이다: 안성호, 스위스연방 민주주의 연구, 대영문화사 (2001), 253.

39 관례상으로 연방의회의 주요 인사 선출에 관한 사항은 단순 연방결의로 분류되지 않았다. 권한 분쟁 결정은 상당한 효력을 가지는 사법행위이고, 이러한 과정에서 입법절차에 준하는 의사결정과정이 선행할 수 있다(준 입법절차). 따라서 단순 연방결의 형식을 따른다: Andreas Kley / Reto Feller, Die Erlassformen der Bundesversammlung im Lichte des neuen Parlamentsgesetzes, Schweizerisches Zentralblatt füur Staats-und Verwaltungsrecht Jg. 105, 2004, 17.

40 Andreas Kley / Reto Feller, Die Erlassformen der Bundesversammlung im Lichte des neuen Parlamentsgesetzes, Schweizerisches Zentralblatt füur Staats-und Verwaltungsrecht Jg. 105, 2004, 18.

41 양원합동회의 집행부
독일어로 Büro der Vereinigten Bundesversammlung
프랑스어로 Bureau de l'Assemblée fédérale (Chambres réunies)
영어로 Office of the United Federal Assembly.

42 Ruth Lüthi, Parlament, in: Peter Knoepfel et al. (Hrsg.), Handbuch der Schweizer Politik: Manuel de la politique suisse, 5. Aufl., Verlag Neue Zürcher Zeitung (2014), 183.

43 사법위원회
독일어로 Gerichtskommission (GK)
프랑스어로 Commission judiciaire (CJ)
영어로 Judiciary committee (JC) 또는 Judicial committee (JC).

44 현재 연방대법원의 전임 연방법관은 38명이고, 겸임 연방법관은 19명이다. 연방형사법원에는 형사재판부 소속 연방법관 12명, 항고재판부 소속 연방법관 6명, 항소재판부 소속 연방법관 3명을 합해 모두 21명의 연방법관이 있다. 또한 연방형사법원의 겸임 연방법관은 형사재판부 소속 겸임 연방법관 3명, 항소

재판부 소속 겸임 연방법관 8명을 합해 모두 11명이다. 연방행정법원의 연방법관은 총 76명이다. 연방특허법원에는 2명의 전임 연방법관과 41명의 겸임 연방법관이 있다: 최용훈, 스위스 연방의회 제도에 관한 연구-입법과정 등을 중심으로-, 사법정책연구원(2020), 115-124.

45 연방 기관의 데이터 보호 여부를 감독하는 연방정보보호국장의 임기는 4년이고(데이터보호법 제26조 제1항), 재정감독기관인 연방감사원장의 임기는 6년이다(연방감사원법 제2조 제2항).

46 Philippe Schwab, "The elective function and checks on nominations to Parliament", Contribution at the Session of the Association of Secretaries General of Parliaments (2016. 3.), 3.

47 사면 및 권한쟁의 위원회

독일어로 Kommission für Begnadigungen und Zuständigkeitskonflikte

프랑스어로 Commission des grâces et des conflits de compétences

영어로 Pardons and Jurisdiction Committee.

48 사면위원회

독일어로 Begnadigungskommission (BeK)

프랑스어로 La Commission des grâces (CGRA)

영어로 Committee on Pardons (CP).

사면 및 권한쟁의 위원회를 사면위원회라고도 한다

49 사면 및 권한쟁의 위원회에 관한 사항은 연방의회 홈페이지 참조, https://www.parlament.ch/de/organe/kommissionen/weitere-kommissionen/kommission-bek (2021. 12. 10. 최종 확인).

50 왕복심의

프랑스어로 Navette system

영어로 parliamentary shuttle

한국어로 순환제도 등으로 번역된다.

왕복심의제도는 안건에 대해 상원과 하원의 의견 불일치를 해소하기 위한 조정절차이다. 종전에는 이견을 해소하기 위한 왕복심의 횟수의 제한이 없었으나, 1992년 3회로 제한했다.

51 양원조정협의회

독일어로 Einigungskonferenz

프랑스어로 conférence de conciliation

영어로 conciliation committee 또는 Conference Committee

한국어로 양원협의위원회, 양원합의회의 등으로 번역된다.

52 1902년 10월 의사절차법

독일어로 Geschäftsverkehrsgesetzes vom 9. Oktober 1902.

53 조정제안서

독일어로 Einigungsantrag

프랑스어로 proposition de conciliation

영어로 compromise motion.

54 Parlamentsbibliothek Recherchen und Statistik, Faktenbericht Einigungskonferenz (2017), 4-5.

55 독회(讀會)

독일어로 Beratung

프랑스어로 lecture

영어로 deliberations 또는 Reading.

독회는 법안의 낭독으로부터 유래된 용어이다. 법률안 심의절차로서 영국의 사회관습에서 시작된 제도이다. 독회는 제1 · 제2 · 제3 독회가 있다. 영국에서는 제1 독회에서 법안이 정식 제출 · 인쇄되어 의원에게 배부되며, 법률안을 의사일정에 상정할 것인가의 여부를 결정한다. 제2 독회에서는 개괄적인 원칙 문제를 검토하여 이것이 통과되면 상임위원회 심의에 회부된다. 위원회는 제2 독회에서 결정된 일반원칙에 따라 법안의 구체적인 내용을 심의한다. 제3 독회에서는 자구수정을 하고 최종적인 찬성토론을 벌인 다음 주로 그 가부만을 결정한다. 우리나라의 경우 제헌국회(1948. 5. 31.~1950. 5. 30.)부터 제4대 국회(1958. 5. 31.~1960. 7. 28.)까지 3독회제를 운영했다. 제1 독회는 위원회에 회부된 법률안을 낭독하고 질의응답과 대체토론을 하고, 제2 독회에 부의할 여부를 결정한다. 제2 독회에 부의하지 아니하기로 의결한 때에는 그 법률안은 폐기된다. 제2 독회는 의안을 축조 낭독하며 심의를 하는데 실질적인 법안심의가 이때 이뤄진다. 제3 독회는 의안 전체에 가부를 결정한다: 국회운영위원회 전문위원실, 의회대사전 (1992), 391-392, 596.

56 입법계획

독일어로 Legislaturplanung

프랑스어로 Programme de la législature

영어로 Legislature plan

57 Parlamentsbibliothek Recherchen und Statistik, Faktenbericht Einigungskonferenz (2017), 4-5

제4장 위원회 및 교섭단체

1 Ruth Lüthi, Parlament, in: Peter Knoepfel et al. (Hrsg.), Handbuch der Schweizer Politik: Manuel de la politique suisse, 5. Aufl., Verlag Neue Zürcher Zeitung (2014), 174-175; Jan-Erik Lane, The Swiss Labyrinth: Institutions, Outcomes and Redesign, Routledge (2001), 62-63: 하원은 각 정기회마다 의원발의안과 의정활동 안건에 대한 사전심사를 위해 최소 8시간을 할애한다는 규정에 대하여 다수의 의견으로 찬성했다.

2 Christine Benesch & Monika Bütler & Katharina E. Hofer, "Transparency in Parliamentary Voting", CESifo Working Paper Series No. 5682 (2016), 13.

3 Assemblée fédérale, Prochain arrêt – Palais fédérale: Un guide pour les députés, Service du Parlement (2017), 30.

4 Assemblée fédérale, Le Bulletin officiel de l'Assemblée fédérale, Services du Parlement Bulletin officiel (2017), 6; 연방의회 홈페이지 참조, https://www.parlament.ch/en/reden/Pages/rede-schwab-2015-03-26.aspx (2021. 12. 10. 최종 확인).

5 국회입법조사처, 스위스 · 독일 공무 국외 출장 결과보고서 (2010), 22; 이에 대해서는 명시적인 법령상 근거는 없지만 제 · 개정 법률안의 검토를 위해 인구의 다수를 차지하는 독일어와 프랑스어 구사 담당 의원을 선정하는 것으로 생각된다.

6 소수의견

독일어로 Minderheitsantrag

프랑스어로 proposition de minorité

영어로 minority proposals.

7 José M. Magone, The Statecraft of Consensus Democracies in a Turbulent World: A Comparative Study of Austria, Belgium, Luxembourg, the Netherlands and Switzerland, Routledge (2017), 190.

8 GRECO, Fourth Evaluation Round: Corruption prevention in respect of Members of Parliament, Judges and Prosecutors, Evaluation Report Switzerland (2017), 10.

9 이 안건의 심의경과는 연방의회 홈페이지 참조, https://www.parlament.ch/fr/ratsbetrieb/suche-curia-vista/geschaeft?AffairId=20150436 (2021. 12. 10. 최종 확인); GRECO, Fourth Evaluation Round: Corruption prevention in respect of Members of Parliament, Judges and Prosecutors, Evaluation Report Switzerland (2017), 11.

10 Assemblée fédérale, Prochain arrêt – Palais fédérale: Un guide pour les députés, Service du Parlement (2017), 31.

11 Assemblée fédérale, Prochain arrêt – Palais fédérale: Un guide pour les députés, Service du Parlement (2017), 27.

12 각 위원회별 소관 업무는 연방의회 홈페이지를 참조했다, https://www.parlament.ch/en/organe/committees/specialist-committees (2021. 12. 10. 최종 확인).

13 외교위원회

독일어로 Aussenpolitische Kommission des Nationalrates (APK)

프랑스어로 Commission de politique extérieure du Conseil national (CPE)

영어로 Foreign Affairs Committee (FAC).

14 Ruth Lüthi, Parlament, in: Peter Knoepfel et al. (Hrsg.), Handbuch der Schweizer Politik: Manuel de la politique suisse, 5. Aufl., Verlag Neue Zürcher Zeitung (2014), 182.

15 과학 · 교육 · 문화위원회

독일어로 Kommission für Wissenschaft, Bildung und Kultur des Ständerates (WBK)

프랑스어로 Commission de la science, de l'éducation et de la culture du Conseil des Etats (CSEC)

영어로 Science, Education and Culture Committee (SECC).

16 사회보장 · 보건위원회

독일어로 Kommission für soziale Sicherheit und Gesundheit des Nationalrates (SGK)

프랑스어로 Commission de la sécurité sociale et de la santé publique du Conseil national (CSSS)

영어로 Social Security and Health Committee (SSHC).

17 환경 · 국토 · 에너지위원회

독일어로 Kommission für Umwelt, Raumplanung und Energie des Ständerates (UREK)

프랑스어로 Commission de l'environnement, de l'aménagement du territoire et de l'énergie du Conseil des Etats (CEATE)

영어로 Environment, Spatial Planning and Energy Committee (ESPEC).

18 국방위원회

독일어로 Sicherheitspolitische Kommission des Ständerates (SiK)

프랑스어로 Commission de la politique de sécurité du Conseil des Etats (CPS)
영어로 Security Policy Committee (SPC).

19 교통 · 통신위원회
독일어로 Kommission für Verkehr und Fernmeldewesen des Nationalrates (KVF)
프랑스어로 Commission des transports et des télécommunications du Conseil national (CTT)
영어로 Transport and Telecommunications Committee (TTC).

20 경제 · 조세위원회
독일어로 Kommission für Wirtschaft und Abgaben des Nationalrates(WAK)
프랑스어로 Commission de l'économie et des redevances du Conseil national(CER)
영어로 Economic Affairs and Taxation Committee(EATC).

21 정치제도위원회
독일어로 Staatspolitische Kommissionen (SPK)
프랑스어로 Commission des institutions politiques du Conseil national (CIP),
영어로 Political Institutions Committees (PIC).

22 법률위원회
독일어로 Kommission für Rechtsfragen des Nationalrates (RK)
프랑스어로 Commission des affaires juridiques du Conseil national (CAJ)
영어로 Legal Affairs Committee (LAC).

23 면책특권위원회
독일어로 Immunitätskommission (IK)
프랑스어로 Commission de l'immunité (CdI)
영어로 Immunity Committee (IC).

24 Hanspeter Kriesi & Alexander H. Trechsel, The Politics of Switzerland: Continuity and Change in a Consensus Democracy, Cambridge University Press (2008), 70.; José M. Magone, The Statecraft of Consensus Democracies in a Turbulent World: A Comparative Study of Austria, Belgium, Luxembourg, the Netherlands and Switzerland, Routledge (2017), 189.

25 공공건축위원회
독일어로 Kommission für öffentliche Bauten (KÖB)
프랑스어로 Commission des constructions publiques(CCP)
영어로 Committee for public buildings (CPB).
공공건축위원회는 입법위원회였다. 하원 공공건축위원회는 2010년 10월 1일 자 하원 의결로 2011년 12월 5일 폐지됐다. 상원 공공건축위원회는 2008년 3월 20일 자 상원 의결로 2008년 4월 1일 폐지됐다: 연방의회 공공건축위원회 홈페이지 참조, https://www.parlament.ch/de/%C3%BCber-das-parlament/archiv/fruehere-kommissionen/koeb (2021. 12. 10. 최종 확인).

26 연방하원 면책특권위원회 참조, https://www.parlament.ch/de/organe/kommissionen/weitere-kommissionen/kommission-ik-n (2021. 12. 10. 최종 확인).

27 연방공무원책임법
법령번호(SR) 170.32

독일어로 「Bundesgesetz über die Verantwortlichkeit des Bundes sowie seiner Behördemitglieder und Beamten (Verantwortlichkeitsgesetz, VG)」
프랑스어로 「Loi fédérale sur la responsabilité de la Confédération, des membres de ses autorités et de ses fonctionnaires (Loi sur la responsabilité, LRCF)」.

28 Parlamentsdienste/service de documentation, "Fiche d'information: Immunité des membres des autorités fédérales suprêmes", Service du Parlement (2017), 1.

29 특별검사장
독일어로 ausserordentlichen Bundesanwalt
프랑스어로 procureur général extraordinaire.
영어로 Special Attorney General.

30 연합뉴스, "'FIFA 회장과 비밀회동' 스위스 검찰총장, 특검 조사 초읽기"(2020. 7. 4.), https://www.yna.co.kr/view/AKR20200704040600088 (2021. 12. 10. 최종 확인).

31 연방의원은 의안정보시스템을 통해 각종 의안과 관련된 자료를 확인할 수 있다. 각각의 의안 자료에는 의안 제목, 의안번호가 부여되어 있어 연방의원은 모든 의안 자료에 접근할 수 있다. 또한 연방내각의 보고서, 위원회 보고서, 언론 보도, 위원회 심사보고서, 의원의 제안서 등도 다운로드할 수 있다. 퀴리아 비스타를 통해 의사 진행 상황, 관련 부서, 사전 심의를 담당하는 위원회, 본회의 결정사항 등 의회에 관련된 주요 정보를 확인할 수 있다: 의안정보시스템(Curia Vista) 홈페이지 참조, https://www.parlament.ch/en/ratsbetrieb/suche-curia-vista; https://www.parlament.ch/en/ratsbetrieb/curia-vista/curia-vista-explained (2021. 12. 10. 최종 확인).

32 Parlamentsdienste/service de documentation, "Fiche d'information: Immunité des membres des autorités fédérales suprêmes", Service du Parlement (2017), 3-4.

33 하원의원에 대한 면책특권 박탈 요청안 30건 중 3건은 하원의원과 함께 상원의원(의안번호 88.256, 83.252, 82.030)이나 연방법관(의안번호 83.252)을 연계하여 면책특권을 박탈하는 요청이었다. 연방각료와 관련된 8건 중 1건은 연방각료와 연방내각사무처장이 연관되어 제출됐다.

34 연방형법
법령번호(SR) 311.0 (1937. 12. 21. 제정, 1942. 1. 1. 시행, 2019. 11. 1. 현재)
독일어로 「Schweizerisches Strafgesetzbuch」
프랑스어로 「Code pénal suisse」
영어로 「Swiss Criminal Code」.

35 의안번호 90.003(Ziegler, 지글러), 의안번호 09.010(Meier-Schatz, Glasson, 마이어 샤츠, 글라송).

36 의안번호 09.010(Meier-Schatz, Glasson, 마이어 샤츠, 글라송), 05.059(연방내각 각료), 05.023(Hutter, 후터), 90.072(Ziegler, 지글러), 88.080(바움린, Bäumlin). 1건(의안번호 05.059)은 연방내각이 연방의회를 위해 작성한 선언문과 관련됐다.

37 절대적 면책특권 안건 중 4건의 면책특권 박탈 요청안(의안번호 09.010, 05.023, 90.072, 88.080)은 연방의원의 기자회견, 신문 기고 또는 출판을 통해 의회에서 행한 발언을 반복한 것으로 나타났다.

38 의안번호 06.088(Ulrich Schlüer, 울리히 슐뤼어), 90.003(Ziegler, 지글러), 83.265(Fischer-Weinfelden, 피셔 바인펠덴).

39 본회의에 상정된 36건의 면책특권 박탈요청은 하원의원 23건, 연방각료 7건, 연방법관 7건으로 나눌 수

있다.

40 연방법원은 전직 연방각료인 엘리자베트 코프에 대해 직권남용에 대해 무죄를 선고했다(연방법원판결, ATF 116 IV 56): Parlamentsdienste/service de documentation, "Fiche d'information: Immunité des membres des autorités fédérales suprêmes", Service du Parlement (2017), 5.

41 장 지글러(Jean Ziegler) 상원의원은 1992년 14,000 프랑의 벌금형을 선고받았다. 울리히 슐뤼어(Ulrich Schlüer) 상원의원에 대한 형사소송은 합의 후 고소 철회로 2008년 내사 종결됐다: Parlamentsdienste/service de documentation, "Fiche d'information: Immunité des membres des autorités fédérales suprêmes", Service du Parlement (2017), 5.

42 5건의 상대적 면책특권 박탈안건 중 1건은 제기된 사실이 면책특권에 해당하지 않는 것으로 결정했고, 4건은 제기된 문제가 형사 절차에 해당할 만큼 심각하지 않다는 이유로 면책특권을 박탈하지 않기로 결정했다. 예를 들어 연방의원의 4일간 카자흐스탄 출장경비를 개인이 지불한 경우를 다룬 안건은 다음과 같다. "하원의원은 (…) 2014년 5월에 일체의 경비가 지급된 4일간의 카자흐스탄 아스타나 방문에 참가했다. 이 정보가 알려진 즉시 그는 소속 정당으로부터 여행 경비를 반환하라는 요청을 받았다. 위원회에서 진행된 청문회에서 해당 의원은 (…) 자신이 아스타나를 방문한 것은 스위스-카자흐스탄 의회협력 그룹 일원의 자격으로 이루어진 것이라고 해명했다. 여행 경비를 카자흐스탄의 한 기업가가 지불했기 때문에 그가 해당 여행의 성격을 제대로 확인하지 않은 것은 사실이었다. 그는 위원회에 해당 여행의 프로그램을 알리고 여행 전후에 카자흐스탄 쪽에서 그와 접촉한 사람은 전혀 없다고 설명했다. 한편 그는 약 3,000 프랑에 해당하는 여행 경비를 상환했다(2015년 7월 2일 면책특권위원회 보고서에서 발췌).

43 1902년 연방의회와 연방내각의 관계에 관한 연방법률
영어로 「Federal Law on Transactions between the National Council, the Council of States, and the Federal Council」. 이 법률에 따라 연방감독청이 연방감사원으로 전환됐다.

44 재정위원회
독일어로 Finanzkommission (FK)
프랑스어로 Commissions des finances (CDF)
영어로 Finance Committee (FC).

45 재정위원회 연혁은 연방의회 홈페이지 참조, https://www.parlament.ch/en/organe/delegations/finance-delegation/100-years (2021. 12. 10. 최종 확인). 2002년 9월 12~13일에 베른에서 재정심의회 창설 100주년 및 연방감사원 창설 125주년 기념 세미나가 개최됐다.

46 이하 재정위원회의 구성 및 활동 등에 관한 사항은 「연방의회 재정위원회 행동강령(Handlungsgrundsätze der Finanzkommissionen der Eidgenössischen Räte)」을 참조했다.

47 스위스 연방의회 재정위원회 홈페이지, https://www.parlament.ch/en/organe/committees/supervisory-committees/committees-fc (2021. 12. 10. 최종 확인)

48 연방검찰청
독일어로 Bundesanwaltschaft (BA)
프랑스어로 Ministère public de la Confédération (MPC)
영어로 Office of the Attorney General of Switzerland (OAG)

49 연방검찰 감독위원회
독일어로 Aufsichtsbehörde über die Bundesanwaltschaft (AB-BA)

프랑스어로 Autorité de surveillance du Ministère public de la Confédération (AS-MPC)
영어로 The supervisory authority over the Federal Prosecutor's Office

50 스위스 우정국
독일어로 Die Schweizerische Post
프랑스어로 La Poste suisse
영어로 Swiss Post.
한국어로 스위스 우체국 등으로 번역된다.
스위스 우정국은 1849년 창립됐다: 위키피디아 검색 참조, https://en.wikipedia.org/wiki/Swiss_Post (2021. 12. 10. 최종 확인); 스위스 우정국 홈페이지 참조, https://www.post.ch/en/ (2021. 12. 10. 최종 확인).

51 연방철도공사
독일어로 Schweizerische Bundesbahnen (SBB)
프랑스어로 Chemins de fer fédéraux suisses (CFF)
영어로 Swiss Federal Railways
한국어로 스위스연방철도, 연방철도청 등으로 번역된다.
연방철도는 1902년 1월 창립됐다: 위키피디아 검색 참조, https://en.wikipedia.org/wiki/Swiss_Federal_Railways (2021. 12. 10. 최종 확인); 스위스 우정국 홈페이지 참조, https://www.sbb.ch/en/home.html (2021. 12. 10. 최종 확인).

52 연방감사원
독일어로 Eidgenössische Finanzkontrolle
프랑스어로 Contrôle fédéral des finances
영어로 Swiss Federal Audit Office (SFAO)
연방감사원은 연방정부가 연방 재원을 효과적으로 집행하도록 하고, 재정적 영향력이 큰 분야에서 성과감사를 실시한다. 연방감사원은 형식상 연방재무부에 속해 있지만, 업무와 관련하여 연방재무부의 지시를 받지 않는다. 연방감사원은 1877년 창설되어 연방의회와 연방내각의 재정 관련 감독업무를 지원한다. 2014년부터 활동 보고서를 발간하고 있다: Philippe Schwab, "Role of the Swiss Parliament in monitoring the effectiveness of public policy", Communication from the Association of Secretaries General of Parliaments (2012. 10.), 4; 연방감사원 홈페이지 참조, https://www.efk.admin.ch/en/ (2021. 12. 10. 최종 확인).

53 연방감사원법
법령번호(SR) 614.0
독일어로 「Bundesgesetz über die Eidgenössische Finanzkontrolle (Finanzkontrollgesetz, FKG)」
프랑스어로 「Loi fédérale sur le Contrôle fédéral des finances (Loi sur le Contrôle des finances, LCF)」
영어로 「Federal Act on the Swiss Federal Audit Office (Federal Audit Office Act, FAOA)」.

54 재정심의회
독일어로 Finanzdelegation (FinDel)
프랑스어로 La Délégation des finances (DélFin)
영어로 Finance Delegation (FinDel)

한국어로 재정대표단으로도 번역된다.

55 연방 재정법

법령(SR) 번호 611.0

독일어로 「Bundesgesetz über den eidgenössischen Finanzhaushalt(Finanzhaushaltgesetz, FHG)」

프랑스어로 「Loi sur les finances de la Confédération(Loi sur les finances, LFC)」.

56 감독위원회

독일어로 Geschäftsprüfungskommissionen (GPK)

프랑스어로 Commissions de gestion (CDG)

영어로 Control Committee (CC)

한국어로 통제위원회, 운영위원회, 조사위원회, 업무검사위원회, 직무검사위원회 등으로 번역된다.

57 스위스 연방의회 감독위원회 홈페이지, https://www.parlament.ch/en/organe/committees/supervisory-committees/control-committees-cc (2021. 12. 10. 최종 확인)

58 2021년 현재 특별소위원회로 '공해(公海)' 관련 소위원회와 '연방 위험 관리' 관련 소위원회가 있다. '공해' 관련 소위원회는 하원 5명, 상원 5명으로, '연방 위험 관리' 관련 소위원회는 하원 4명, 상원 3명으로 각각 구성된다.

59 연방법관은 형사처벌로 신분을 유지할 수 없는 경우를 제외하고는 해임되지 않는다. 2003년 6월 9일 감독위원회 조사반은 연방법관에 대한 징계 가능성, 해결방안 등에 관하여 연방법무국에 질의했다. 연방법무국은 '법관의 독립과 연방법관의 특별한 지위를 고려할 때 규범의 명확성 및 법률형식을 취할 것, 특히 해임 사유는 해당 법률에 제한적으로 열거할 것'을 제안했다: 양시훈 · 최유경, 각국 법관 징계제도에 관한 연구, 사법정책연구원 (2015), 218.

60 양시훈 · 최유경, 각국 법관 징계제도에 관한 연구, 사법정책연구원 (2015), 213.

61 윤광진 · 정창화, 입법 영향평가제도 교차국가사례 비교연구, 한국법제연구원 (2012), 52.

62 Philippe Schwab, "Strategic plan of the parliamentary service of the Swiss Parliament for 2012-16", Communication from the Association of Secretaries General of Parliaments (2012. 4.), 3(연방 관보(1990년, 제I권, p.1029).

63 신상 기록카드 사건

독일어로 Fichenaffäre 또는 Fichenskandal

영어로 Secret files scandal

한국어로 피첸스캔들, 비밀정보 사건 등으로 번역된다.

신상 기록카드 사건은 90만 명 이상의 사람들이 비밀리에 모니터링된 사건을 말한다. 의회 특별조사위원회가 1989년 11월 발표한 결과에 따르면 연방경찰청, 연방국방 · 안보 · 체육부 등 연방 당국, 칸톤경찰 등이 불법적으로 비밀리에 동유럽 출신 외국인 뿐만 아니라 좌파를 중심으로 스위스 국민, 단체, 기업, 정치단체 등에 대해 광범위한 비밀정보를 수집했고, 90만 건 이상의 파일이 보관된 점이 밝혀졌다. 비밀 파일의 첫 페이지가 스위스 작가인 막스 프리쉬(Max Frisch)였다. 이 사건 이후 1992년 연방법무 · 경찰부의 재조직이 이루어졌고, 의회의 감독을 받게 됐다: 위키피디아 검색 참조, https://en.wikipedia.org/wiki/Secret_files_scandal (2021. 12. 10. 최종 확인); https://www.watson.ch/schweiz/history/387900029-vor-30-jahren-flog-die-fichenaffaere-auf-durch-zufall (2021. 12. 10. 최종 확인).

64 감독심의회

독일어로 Geschäftsprüfungsdelegation (GPDEL)
프랑스어로 la Délégation des Commissions de gestion (DélCdG)
영어로 Control Committee Delegation (CDel)
한국어로 감독위원회 대표단으로 번역되기도 한다.

65 Ruth Lüthi, Parlament, in: Peter Knoepfel et al. (Hrsg.), Handbuch der Schweizer Politik: Manuel de la politique suisse, 5. Aufl., Verlag Neue Zürcher Zeitung (2014), 179.

66 감독심의회의 활동 등에 관한 자세한 사항은 연방의회 홈페이지 참조, https://www.parlament.ch/de/organe/delegationen/geschaeftspruefungsdelegation (2021. 12. 10. 최종 확인).

67 안보 관련 각료협의회
독일어로 Sicherheitsausschusses (SiA)
프랑스어로 Délégation du Conseil fédéral pour la sécurité (Délséc)
영어로(구글 번역) The Delegation of the Federal Security Council
한국어로 안보 관련 각료 회의, 안보 관련 내각 내표단 등으로 번역된다.
안보 관련 각료협의회는 2013년 1월부터 국방 · 안보 · 체육부(DDPS) 장관, 외교부(FDFA) 장관, 법무 · 경찰부(DFJP) 장관으로 구성되고, 국방 · 안보 · 체육부 장관이 협의회장을 맡는다. 안보 관련 각료협의회는 국가안보와 관련된 정책을 논의하고, 부처 간 안보 관련 이해관계를 조율하는 기관이다: 연방내각 홈페이지 참조, https://www.admin.ch/gov/fr/accueil/documentation/communiques.msg-id-46919.html (2021. 12. 10. 최종 확인).

68 연방정보국
독일어로 Nachrichtendienst des Bundes (NDB)
프랑스어로 Service de renseignement de la Confédération (SRC)
영어로 Federal Intelligence Service (FIS).
연방정보국은 테러, 간첩, 극단주의, 사이버 공격 등을 방지하고, 위기상황이나 이상 정보를 수집한다. 연방정보국 홈페이지 참조, https://www.vbs.admin.ch/en/ddps/organisation/administrative-units/intelligence-service.html (2021. 12. 10. 최종 확인).

69 연방국방정보국
독일어로 Militärischer Nachrichtendienst
프랑스어로 Service de renseignement militaire
영어로 Militerary Intelligence Service (MIS).
국방정보국은 군사 관련 정보를 취급한다. 국방정보국 홈페이지 참조, https://www.vtg.admin.ch/de/organisation/kdo-op/mnd.html (2021. 12. 10. 최종 확인).

70 연방경찰청
독일어로 Bundesamt für Polizei (fedpol)
프랑스어로 Office fédéral de la police (fedpol)
영어로 Federal Office of Police (fedpol)
연방경찰청은 국내외 테러방지, 조직범죄 예방, 자금세탁 추적, 중범죄에 대한 조사를 담당한다. 연방경찰청 홈페이지 참조, https://www.fedpol.admin.ch/fedpol/en/home.html (2021. 12. 10. 최종 확인).

71 정보보안법은 영어로 New Intelligence Law이다: Federal Assembly, "Intelligence Oversight in

Switzerland" (2016), 2.

72 법제편집위원회

독일어로 Redaktionskommission (RedK)

프랑스어로 La Commission de rédaction (CdR)

영어로 Drafting Committee (DRC).

73 법제편집위원회 구성원 등은 연방의회 홈페이지 참조, https://www.parlament.ch/de/organe/kommissionen/weitere-kommissionen/kommission-redk (2021. 12. 10. 최종 확인).

74 최종투표

독일어로 Schlussabstimmungen

프랑스어로 lorsqu'il s'agit d'un vote final

영어로 final votes

한국어로 종결투표, 결선투표, 최종표결 등으로 번역된다.

75 연방공포법령집

독일어로 Amtliche Sammlung des Bundesrechts (AS)

프랑스어로 Recueil officiel du droit fédéral (RO)

영어로 Official compilation of federal law.

연방공포법령집은 1851년부터 간행되어 연방헌법, 연방법률, 연방결의, 칸톤 상호 간의 법, 국제조약 등을 수록한다. 연방공포법령집은 법적 효력을 발생시키는 공포를 위한 법령집으로 매주 발간된다. 공포가 완료된 연방법령은 3개월 후에 연방현행법령집(Systematische Sammlung des Bundesrechts, SR)에 실린다: 박영도, 법령 입안기준 개발에 관한 연구(Ⅱ)-스위스의 법령 입안심사기준, 한국법제연구원 (2004), 41; 스위스연방정부 연방공포법령집 홈페이지, https://www.admin.ch/gov/de/start/bundesrecht/amtliche-sammlung.html (2021. 12. 10. 최종 확인).

76 특별조사위원회

독일어로 Parlamentarische Untersuchungskommission

프랑스어로 Commission d'enquête parlementaire

영어로 Parliamentary Investigation Committee

한국어로 의회조사위원회 등으로 번역된다.

77 그는 1954년부터 1966년까지 연방국방부 장관을 지냈고, 1959년과 1962년에 각각 1년 임기의 연방대통령직을 수행했다. 미라주 전투기 사건의 책임으로 1966년 11월 28일 각료사퇴 의사를 밝혔고, 1966년 12월 31일 사퇴했다. 위키피디아 홈페이지 참조, https://en.wikipedia.org/wiki/Paul_Chaudet (2021. 12. 10. 최종 확인).

78 Tsachevsky, The Swiss Model-The Power of Democracy, Peter Lang AG (2014), 69.

79 Hanspeter Kriesi & Alexander H. Trechsel, The Politics of Switzerland: Continuity and Change in a Consensus Democracy, Cambridge University Press (2008), 73; Patricia Egli, Introduction to Swiss Constitutional Law, Dike Publishers (2016), 133; 1989년 11월 특별조사위원회는 1972년에 마흐무드 샤카르치가 은행에 입금한 거액이 중동지역 테러리스트의 항공기 납치사건을 해결하기 위한 인질의 몸값이라고 발표했다. 위원회는 샤카르치에 대해서 보고서의 10쪽을 할애했다: 장 지글러(양영란 번역), 왜 검은돈은 스위스로 몰리는가?, 갈라파고스 (2013), 53.

80 John Clerc, "The New Swiss Constitution", Communication from the Association of Secretaries General of Parliaments (1999. 10.), 2.

81 '2019~2023년 입법계획' 위원회(legislature planning committees 2019-2023, 의안번호 19.078) 홈페이지 참조, https://www.parlament.ch/en/organe/committees/committees-clp/legislature-planning-committees-19-078 (2021. 12. 10. 최종 확인).

82 입법계획에 관한 자세한 사항은 최용훈, 스위스 연방의회 제도에 관한 연구-입법과정 등을 중심으로-, 사법정책연구원(2020), 85-90 참조.

83 명예회복위원회

독일어로 Rehabilitierungskommission

프랑스어로 Commission de réhabilitation

독일어로 Rehabilitation Committee.

연방의회 명예회복위원회 홈페이지 참조, https://www.parlament.ch/de/%C3%BCber-das-parlament/archiv/fruehere-kommissionen/kommission-rehako (2021. 12. 10. 최종 확인). 사면 및 권한쟁의 위원회가 명예회복위원회의 업무를 병행했다.

84 알프스철도 심의회

독일어로 Neat-Aufsichtsdelegation (NAD)

프랑스어로 Délégation de surveillance de la NLFA (DSN)

영어로 Delegation for the Supervisory of the NRLA (DSN)

연방의회 알프스철도 심의회 홈페이지 참조, https://www.parlament.ch/de/%C3%BCber-das-parlament/archiv/fruehere-kommissionen/neat-aufsichtsdelegation (2021. 12. 10. 최종 확인).

85 교섭단체

독일어로 Fraktionen

프랑스어로 Groupes parlementaires

영어로 Parliamentary Groups.

86 1962년 3월의 양원 간 관계에 관한 연방법

독일어로 「Bundesgesetz vom 23. März 1962 über den Geschäftsverkehr der Bundesversammlung sowie über die Form, die Bekanntmachung und das Inkrafttreten ihrer Erlasse (Geschäftsverkehrsgesetz)」

프랑스어로 「Loi fédérale du 23 mars 1962 sur la procédure de l'Assemblée fédérale, ainsi que sur la forme, la publication et l'entrée en vigueur des actes législatifs (Loi sur les rapports entre les conseils)」

영어(구글 번역)로 「Federal Act of 23 March 1962 on Business Transactions by the Federal Assembly and on the Form, Publication and Entry into Force of its Decrees (Business Transactions Act)」.

한국어로 의회운영절차법, 의회절차법 등으로도 해석된다.

87 1962년 이전인 1902년 법은 확인할 수가 없다: 연방정부 홈페이지 참조, https://www.admin.ch/opc/fr/classified-compilation/19620059/200006010000/171.11.pdf; https://www.admin.ch/opc/fr/classified-compilation/19020021/index.html (2021. 12. 10. 최종 확인).

88 녹색자유당

독일어로 Grünliberale Partei der Schweiz (GLP)

프랑스어로 Parti vert'libéral (PVL)

영어로 Green Liberal Party of Switzerland (GLP)

한국어로 녹색자유당, 스위스 녹색자유당, 스위스 녹색민주당 등으로 번역된다.

2004년 취리히 칸톤 차원에서 녹색당에서 분당한 녹색자유당(GLP)이 분당했다. 2007년에는 연방 차원에서 녹색자유당이 창당되어 지속 가능한 발전을 지향하되, 사회적 · 경제적 · 환경적 목표를 동등하게 고려한다.

89 보수민주당

독일어로 Bürgerlich-Demokratische Partei Schweiz (BDP)

프랑스어로 Parti bourgeois démocratique Suisse (PBD)

영어로 Conservative Democratic Party of Switzerland (CDP)

한국어로 보수민주당, 스위스보수민주당 등으로 번역된다.

보수민주당(BDP)은 스위스국민당 중앙과 칸톤 지부 간에 일어난 불화로 스위스국민당에서 이탈한 온건 합리주의 인사들이 2008년에 창당했다. 보수민주당은 독일어권 지역 특히, 그라우뷘덴, 베른, 글라루스 칸톤에서 지지 기반을 가지며 당원은 7,000명이다.

90 티치노동맹

독일어로 Liga der Tessiner

프랑스어로 Ligue des Tessinois

이탈리아어로 Lega dei Ticinesi

영어로 Ticino League.

티치노동맹(LdT)은 이탈리아어권인 티치노 칸톤의 이익을 도모하는 지역 정당으로 티치노 칸톤에서만 활동한다. 1991년 기존 정당에 맞서기 위해 창당된 티치노동맹은 자발적인 시민운동단체의 성격을 가진다.

91 제네바시민운동

프랑스어로 Mouvement Citoyens Genevois

영어로 Geneva Citizens' Movement.

2005년 창당한 제네바시민운동(MCG)은 제네바 칸톤에서 두 번째로 높은 지지를 받는 정당이다. 제네바시민운동은 프랑스어권 시민운동(Mouvement Citoyens Romand, MCR) 및 알파인시민운동연합(Fédération des Mouvements Citoyens de l'Arc Alpin, FMCA)의 일원이다.

92 복음인민당

독일어로 Evangelische Volkspartei der Schweiz (EVP)

프랑스어로 Parti évangelique suisse (PEV)

영어로 Evangelical People's Party of Switzerland.

한국어로 복음인민당, 스위스 개신교국민당 등으로 번역된다.

복음인민당(EVP)은 기민당에 대항하여 1919년 창당됐다. 기독교적 가치를 바탕으로 한 중도 정당인 복음인민당의 당원은 4,600명이다.

93 옵발덴기독교사회당

독일어로 Christlich-soziale Partei Obwalden (CSP Obwalden)

영어로 Christian Social Party of Obwalden (CSP Obwalden)이다.

옵발덴기독교사회당(CSP)은 옵발덴 칸톤에서만 활동하는 정당으로 1956년 창당했다. 기민당에서 분리된 옵발덴기독교사회당은 기독사회적 윤리를 기초로 한다.

94 José M. Magone, The Statecraft of Consensus Democracies in a Turbulent World: A Comparative Study of Austria, Belgium, Luxembourg, the Netherlands and Switzerland, Routledge (2017),

95 위원회 의석 배분과 관련하여 의견이 분분했다. 하원 집행부가 지지하는 의견에 따르면 상임위원회 내 의석 전체는 상원에서 시행하는 것처럼 교섭단체 의석수에 비례하여 배분되어야 한다(의견 1). 다른 의견에 따르면 모든 의원은 교섭단체 소속, 소속의원 수를 떠나 상임위원회 내 의석을 가질 권리가 있다(의견 2). 하원은 의견 1로 견해를 모았다.

96 연방의원에게 제공되는 재정수단 및 교섭단체에 지급되는 보조금에 관한 연방법
법령번호(SR) 171.21. 이하 '의원수당법'이라 약칭한다.
독일어로 「Bundesgesetz über Bezüge und Infrastruktur der Mitglieder der eidgenössischen Räte und über die Beiträge an die Fraktionen (Parlamentsressourcengesetz, PRG 」
프랑스어로 「 Loi fédérale sur les moyens alloués aux membres de l'Assemblée fédérale et sur les contributions allouées aux groupes (Loi sur les moyens alloués aux parlementaires, LMAP)」.

97 이기우, 분권적 국가개조론, 한국학술정보 (2014), 461.

제5장 연방의회의 입법 권한

1 연방법
독일어로 Bundesgesetz 또는 Bundesrechts
프랑스어로 lois fédérales
영어로 Federal acts

2 칸톤법
독일어로 Kantonales Gesetz 또는 Kantonales Recht
프랑스어로 lois cantonales
영어로 Cantonal legislation

3 코뮌법
독일어로 Recht der Gemeinden
프랑스어로 lois communales
영어로 Communal legislation
한국어로 코뮌조례 등으로 번역된다.

4 예를 들면 연방 차원에서 건축 자체를 위한 건축법은 없고, 단지 건축을 위한 생산물에 관한 연방법 또는 알프스 지역의 건축 개발에 관한 연방 차원의 법만 존재한다. 따라서 '건축에 관한 법'은 각 칸톤법률로 존재한다.

5 협약
독일어로 Vereinbarung
영어로 accord.

6 장학제도 조정에 관한 칸톤 간 협약

프랑스어로 「Accord intercantonal sur l'harmonisation des régimes de bourses d'études (Concordat sur les bourses d'études) (CBE)」

영어로 「Intercantonal Agreement on the Harmonization of Scholarship Schemes (Concordat on Scholarships) (CBE)」.

제네바 칸톤 법령 홈페이지 참조, https://www.ge.ch/legislation/rsg/f/s/rsg_C1_19.html (2021. 12. 10. 최종 확인).

7 칸톤 간 법률

독일어로 von interkantonalem Recht

프랑스어로 du droit intercantonal

영어로 inter-cantonal law.

8 연방은 국내 또는 해외에 거주하는 스위스인의 정치적 권리 등 참정권 행사에 관한 사항을 규정한다. 참정권 행사와 관련된 선거 및 투표 시스템은 민주주의에 큰 영향을 미친다는 점에서 무엇보다 중요하다. 연방헌법 제39조에서도 연방 차원의 참정권 행사에 관한 사항을 연방의 관할로 하고 있어 정치적 권리 행사에 관한 연방법이 제정 · 시행되고 있다.

연방은 헌법상 권리의 중요성을 강조한다. 헌법에 따른 기본권 제한은 법률상 근거를 필요로 하고, 헌법상 권리의 중대한 제한은 연방법률로 정한다(연방헌법 제36조 제1항).

국민의 권리와 의무에 관한 사항은 상당히 광범위하고 포괄적이며, 연방헌법 제164조 제1항에서 열거된 내용 역시 여기에 포함된다. 의회법에서도 연방의회가 권리 · 의무에 관한 모든 중요한 규정은 연방법률 형식으로 제정한다고 규정한다(의회법 제22조 제1항). 또한 민사 및 형사에 관한 입법은 개인의 권리와 의무와 관련되는 중요한 사항이기 때문에 연방의 권한에 속한다(연방헌법 제122조 제1항, 제123조 제1항). 예를 들어 주민 보호 및 주민안전대책에 관한 연방법률 제45조에서 모든 건축물은 지하 방공호 시설을 비롯한 대피공간을 갖추도록 규정한다.

납세자의 범위, 조세의 대상 및 조세부과액에 관한 기본적인 사항은 법률로 정한다(연방헌법 제127조 제1항). 조세와 관련하여 법적 근거를 규정한 것이다. 연방헌법에 규정된 납세자의 권리를 침해하는 경우 소송을 제기할 수 있다.

연방은 연방헌법으로 규정된 사무를 수행한다(연방헌법 제42조 제1항). 연방이 개입되거나 연방이 보조금을 지급하는 사무는 연방법을 근거로 집행된다.

칸톤은 연방헌법 및 연방법률에 따라 연방법률을 집행한다(연방헌법 제46조 제1항). 연방헌법 제46조는 칸톤의 조직 및 절차적 자율 원칙을 선언하고 있고, 이는 실질적 법률 개념으로 나타난다. 연방이 법률을 공포하고, 법률의 집행을 칸톤에 위임하는 경우 연방의회만이 칸톤에 법률적인 의무를 부과할 수 있다.

정부조직법을 통해 연방내각과 연방정부의 조직 및 절차에 관한 사항을 규정한다. 연방의회는 의회법에서 연방의회의 조직 등을 규정한다. 연방법원의 경우 조직 및 절차는 연방대법원법으로 규정한다(연방헌법 제188조 제2항). 이처럼 입법, 사법, 행정 분야에서 법적 구속력이 있는 결정이 내려지는 모든 절차에 있어서 법적 근거는 필수적이다.

9 연방명령

독일어로 Verordnungen

프랑스어로 ordonnances fédérales

영어로 Ordinances.

10 1900년부터 1950년까지 연방명령(법규명령)과 연방법률의 비율은 6대 1이다: George Arthur Codding, The Federal Government of Switzerland, Houghton Mifflin (1961), 69.

11 연방의회 홈페이지 참조, https://www.parlament.ch/fr/%C3%BCber-das-parlament/portrait-du-parlement/attributions-assemblee-federale/legislation/ordonnances (2021. 12. 10. 최종 확인).

12 긴급연방법률
독일어로 dringlich erklärten Bundesgesetze
프랑스어로 lois fédérales déclarées urgentes
영어로 emergency federal acts.

13 긴급연방명령
독일어로 Notverordnung
프랑스어로 l'ordonnance de nécessité
영어로 emergency ordinance.

14 헌법 합치적 긴급연방법률
독일어로 Dringliche Bundesgesetze mit Verfassungsgrundlage
프랑스어로 Lois fédérales urgentes avec base constitutionnelle
영어로 Urgent federal laws with no constitutional basis.
헌법 합치적 긴급연방법률로는 2014년 12월에 제정된 「'알카에다'와 '이슬람국가' 조직 그리고 유사조직 금지에 대한 연방법」이 있다. 알카에다와 이슬람국가 등에 대한 금지를 규정한 이 법은 연방헌법 제165조 제1항에 따른 긴급연방법률로 선포됐다. 이 법은 2015년 1월부터 2018년 말까지 효력을 가지도록 유효기간이 설정됐고, 이후 2022년 12월 31일까지로 연장됐다. 이 법은 유효기간이 1년을 초과하는 긴급법률이라서 선택적 국민투표의 대상이 됐다(동법 제4조).

15 헌법 개정적 긴급연방법률
독일어로 Dringliche Bundesgesetze ohne Verfassungsgrundlage
프랑스어로 Lois fédérales urgentes sans base constitutionnelle
영어로 Urgent federal laws without a constitutional basis.

16 1874년 이후 1949년까지 제정된 긴급입법은 214건이었다. 1949년 이후 현재까지 헌법 합치적 긴급연방법률은 92건이고, 이 중 18건이 유효기간이 1년 미만이었고, 나머지 74건은 1년 이상의 유효기간을 가졌다. 헌법 개정적 긴급연방법률은 17건 제정됐고, 이 중 4건이 유효기간 1년 미만, 나머지 13건은 1년 이상의 유효기간을 가졌다. 2000년 이후 헌법 개정적 긴급연방법률은 유효기간 1년 여부와 상관없이 1건도 제정되지 않았고, 2000년 이후 2020년 11월까지 헌법 합치적 긴급연방법률은 36건이 제정됐다. 이 중 1건(지속적인 교육지원에 관한 연방법, 법령번호(SR) 412.11(유효기간 2012. 3. 17. ~ 2013. 2. 15.: 독일어로 Bundesgesetz vom 16. März 2012 über die Unterstützung von Dachverbänden der Weiterbildung, 프랑스어로 Loi fédérale du 16 mars 2012 sur le soutien des associations faîtières du domaine de la formation continue.)은 유효기간이 1년 미만이었고, 나머지 35건은 유효기간이 1년 이상이었다. 연방내각 홈페이지 참조, https://www.bk.admin.ch/ch/f/pore/vr/vor_2_2_6_5_08.html (2021. 12. 10. 최종 확인); https://www.bk.admin.ch/ch/f/pore/vr/vor_2_2_6_5.html (2021. 12. 10. 최종 확인).

17 Venelin Tsachevsky, The Swiss Model-The Power of Democracy, Peter Lang AG (2014), 104.

18 2008년 10월 17일, 미국 뉴욕 월스트리트의 모처에서 스위스 최대 은행 UBS 간부와 미국 법무부 관계자

들이 비밀리에 회동했다. 이날 전 세계 금융계의 최대 화제는 리먼브러더스의 파산으로 휘청거리던 UBS가 하루 전 스위스연방정부로부터 60억 프랑(약 5조 9,300억 원)의 구제금융을 받아 위기를 모면했다는 뉴스였다: 문화일보, "조세 정의, 정부에 달렸다" (2013. 6. 10.), http://www.munhwa.com/news/view.html?no=2013061001033032071002 (2021. 12. 10. 최종 확인).

19 코로나19에 따른 연대보증 및 대출명령
법령번호(SR) 951.261
독일어로 「Verordnung zur Gewährung von Krediten und Solidarbürgschaften infolge des Coronavirus (COVID-19-Solidarbürgschaftsverordnung, Covid-19-SBüV)」
프랑스어로 「Ordonnance sur l'octroi de crédits et de cautionnements solidaires à la suite du coronavirus (Ordonnance sur les cautionnements solidaires liés au COVID-19, OCaS-COVID-19)」
영어로 「COVID-19 Joint and Several Guarantee Ordinance」.

20 코로나19 신용법안
독일어로 Bundesgesetz über Covid-19-Kredite mit Solidarbürgschaft eröffnet
프랑스어로 loi relative aux crédits COVID-19 avec cautionnement solidaire
영어로 Federal Act on COVID-19 Credits with Joint and Several Guarantee.

21 연방내각 홈페이지 참조, https://www.admin.ch/gov/en/start/documentation/media-releases.msg-id-79683.html (2021. 12. 10. 최종 확인).

22 연방결의
독일어로 Bundesbeschluss
프랑스어로 arrêté fédérale
영어로 federal decree
한국어로 연방결의, 연방령, 연방명령, 연방 포고 등으로 해석된다. 일반구속적 연방결의를 단순히 연방결의라고도 부른다.

23 시청각 기능 관련 베이징조약 동의에 관한 연방결의
프랑스어로 「Arrêté fédéral Projet portant approbation du traité de Beijing sur les interprétations et exécutions audiovisuelles」: 연방공보집 참조, https://www.admin.ch/opc/fr/federal-gazette/2018/665.pdf (2021. 12. 10. 최종 확인).

24 연방헌법 개정안은 법률개정 절차를 준용하고(연방헌법 제192조 제2항), 국민과 칸톤이 동의하도록(연방헌법 제140조 제1항 제a호) 연방헌법에 규정되어 있어 연방헌법 개정에 관한 연방결의는 의무적 국민투표의 대상이 된다. 한편 연방의회의 원자력 발전소 허가 결정은 선택적 국민투표의 대상이 된다. 원자력에너지법에 따르면 연방내각에서 찬성한 원자력 발전소 일반면허의 경우 연방의회의 승인을 받아야 하기 때문이다(원자력에너지법 제48조 제4항).

25 연방공보집
독일어로 Bundesblatt (BBl)
프랑스어로 Feuille fédérale (FF)
영어로 Federal Gazette
한국어로 연방공보, 연방관보 등으로 번역된다.
연방공보는 연방내각이 연방의회에 제출하는 각종 보고서, 연방 법률안, 법률안 제안설명서, 법률안에 대

한 국민투표 회부안건, 선거에 관한 안건 등이 담겨있다.

26 연방도로법

법령번호(SR) 725.11

독일어로 「Bundesgesetz über die Nationalstrassen (NSG)」

프랑스어로 「Loi fédérale sur les routes nationales (LRN)」.

27 연방철도법

법령번호(SR) 742.31

독일어로 「Bundesgesetz über die Schweizerischen Bundesbahnen (SBBG)」

프랑스어로 「Loi sur les Chemins de fer fédéraux (LCFF)」.

28 연방관세법

법령번호(SR) 632.10

독일어로 「Zolltarifgesetz (ZTG)」

프랑스어로 「Loi sur le tarif des douanes (LTaD)」

영어로 「Customs Tariff Act (CTA)」.

29 개도국에 관한 최혜국 지원법

법령번호(SR) 632.91

독일어로 「Bundesgesetz über die Gewährung von Zollpräferenzen zugunsten der Entwicklungsländer (Zollpräferenzengesetz)」

프랑스어로 「Loi fédérale sur l'octroi de préférences tarifaires en faveur des pays en développement (Loi sur les préférences tarifaires)」.

30 연방수용법

법령번호(SR) 711

독일어로 「Bundesgesetz über die Enteignung (EntG)」

프랑스어로 「Loi fédérale sur l'expropriation (LEx)」.

31 조문법률 개정방식

독일어로 Artikelgesetz

한국어로 조항 일괄 개정방식, 조항법률 개정방식, 조문개정 법률 방식 등으로 번역된다.

32 이진국, 형사특별법 정비방안(14) 주요 선진국의 형사특별법제 연구: 스위스 신형법의 주요 내용과 정책적 시사점, 한국형사정책연구원 (2008), 48.

33 2003년 3월 21일 자 형법개정은 「우편 및 통신의 감시에 관한 연방법률 및 형법개정에 관한 연방법률」을 통하여 이루어졌다. 그 결과 형법 제28조의 a(저작 보호) 제2항 제b호, 「기업의 형사책임에 관한 형법」 제102조, 제102조의 a가 개정됐다: 이진국, 형사특별법 정비방안(14) 주요 선진국의 형사특별법제 연구: 스위스 신형법의 주요 내용과 정책적 시사점, 한국형사정책연구원 (2008), 37.

34 유보된다

독일어로 Vorbehalten bleiben

프랑스어로 sont réservés

영어로 are reserved.

35 행정절차에 관한 연방법

법령번호(SR) 172.021
독일어로 「Bundesgesetz über das Verwaltungsverfahren (Verwaltungsverfahrensgesetz, VwVG)」
프랑스어로 「Loi fédérale sur la procédure administrative (PA)」
영어로 「Federal Act on Administrative Procedure (Administrative Procedure Act, APA)」.

36 행정법원법 제16조 제1항 제a호와 형사기관조직법 제73조는 유보된다.
독일어로 "Vorbehalten bleiben Artikel 16 Absatz 1 Buchstabe a des Verwaltungsgerichtsgesetzes vom 17. Juni 2005 und Artikel 73 des Strafbehördenorganisationsgesetzes vom 19. März 2010"
프랑스어로 "L'art. 16, al. 1, let. a, de la loi du 17 juin 2005 sur le Tribunal administratif fédéral99 et l'art. 73 de la loi du 19 mars 2010 sur l'organisation des autorités pénales sont réservés"
영어로 "Article 16 paragraph 1 letter a of the Federal Administrative Court Act of 17 June 2005 and Article 73 of the Law Enforcement Authorities Act of 19 March 2010 are reserved".

37 우리나라의 경우 가지번호는 조(條)와 호(號)에는 붙일 수 있으나, 항(項)과 목(目)에는 붙이지 않는다. 또한 가지번호를 붙일 때 숫자를 사용한다. 가지번호 숫자는 1부터 사용하지 않고 숫자 2부터 사용한다. 예를 들어 "제1조의 2", "제1조의 3" 또는 "1의 2(읽을 때는 제1호의 2)", "1의 3(읽을 때는 제1호의 3)" 등으로 표기한다: 국회사무처 법제실, 법제이론과 실제 (2019), 110.

38 Guide de rédaction législative, https://www.ge.ch/legislation/directives/doc/Guide_r%C3%A9daction.pdf 18, 78 (2021. 12. 10. 최종 확인); 이혜승 (스위스 제네바 대학교 법학석사, 서울대학교 경제법 박사과정)의 이메일 개인수신 (2019. 12. 20.); 서용성 조사위원(사법정책연구원)의 이메일 개인수신 (2019. 12. 20.).

39 1 semel, 2 bis, 3 ter, 4 quarter, 5 quinquies, 6 sexies, 7 septies, 8 octies, 9 novies, 10 decies: 위키피디아, https://fr.wikipedia.org/wiki/Adverbe_multiplicatif (2021. 12. 10. 최종 확인).

40 연방 법령집 및 연방 정기간행물에 관한 연방법
법령번호(SR) 170.512
독일어로 「Bundesgesetz über die Sammlungen des Bundesrechts und das Bundesblatt (Publikationsgesetz, PublG)」
프랑스어로 「Loi fédérale sur les recueils du droit fédéral et la Feuille fédérale(Loi sur les publications officielles, LPubl)」
영어로 「Federal Act on the Compilations of Federal Legislation and the Federal Gazette (Publications Act, PublA)」.
한국어로 법령편찬 및 연방공보에 관한 연방법 등으로 번역되는데, 여기서는 약칭하여 '연방법령공표법'이라 한다.

41 연방공포법령집은 1851년부터 법적 효력을 발생시키는 공포를 위한 법령집으로 발간된다. 연방공포법령집에는 연방헌법, 연방법률, 연방의회의 (단순) 연방결의, 연방과 칸톤 간의 조약, 칸톤 상호 간의 법, 국제조약 등을 수록한다(연방법령공표법 제2조, 제3조). 연방내각사무처는 연방공포법령집을 매주 발간하지만(연방법령공표법 시행령 제35조 제1항 제a호), 실제로 발행된 일자를 보면 법령 개정이 있는 경우 한 주에도 2~3차례 발행된다. 연방공포법령집에는 국제조약도 게재되므로(연방법령공표법 제3조, 연방법령공표법 시행령 제4조), 국제조약이 별도의 국내법적 절차를 거치지 않고 직접 효력이 발생한다. 따라서 국제조약이 다루는 분야, 성격에 따라 국제조약은 국내법과 동일하게 분류된다.

공포가 완료된 연방법령은 3개월 후에 연방현행법령집에 실려 발간된다(연방법령공표법 시행령 제35조 제1항 제b호). 1971년부터 간행된 연방현행법령집은 현행 연방법률, 연방명령, 칸톤헌법 등을 주제별로 편집하여 수록한 법령집이다(연방법령공표법 제11조). 연방현행법령집에는 연방공포법령집에 수록되는 안건 외에 칸톤헌법이 포함된다는 점에 차이가 있다(연방법령공표법 제11조 제b호).

연방공보집은 연방내각이 연방의회에 제출하는 각종 보고서(법률안 제안설명서), 연방의회의 보고서(특히 법안과 법규명령에 관한 연방의회의 의견서, 설명 등이 포함된 보고서), 국민투표의 대상이 되는 연방의회의 의결법령, 국민발안에 대한 연방내각사무처의 결정, 국민투표 결과에 대한 연방의회의 확인 결정, 연방의회의 선거에 관한 보고, 연방정부와 연방법원의 보고 등이 담겨있다(연방법령공표법 제13조).

42 예를 들면 「Bundesgesetz zur formellen Bereinigung des Bundesredchts, vom 20, Marz 2008」는 연방공보집에 게재된 문서이다. 폐지되는 법과 현재 시행 중인 법령 중 수정된 규정 또는 개정되는 내용을 일괄적으로 게재하는 법령이 아닌 문서로써 법령번호가 없다. 또한 「민주주의와 법치, 특수상황 대처 능력 보호를 위한 연방법」(독일어로 Bundesgesetz über die Wahrung von Demokratie, Rechtsstaat und Handlungsfähugkeit in ausserordentlichen Lagen, 프랑스어로 Loi fédérale sur la sauvegarde de la démocratie, de l'Etat de droit et de la capacité d'action dans les situations extraordinaires du 17 décembre 2010)은 하원 위원회에서 여러 개의 법률개정을 결의할 것을 요구하면서 상정한 project 형태의 문서이고, 통합적 명칭을 법(Bundesgesetz, Loi)으로 부여한 것이다(https://www.parlament.ch/en/ratsbetrieb/suche-curia-vista/geschaeft?AffairId=20090402 참조). 특정한 법률이 아니고, 각기 다른 법에 있는 연관 규정의 일괄적 개정 결의를 요구하는 project라서 법령번호가 부여되지는 않았지만, 연방공보집에 게재가 되어 있으며, 인터넷상에서도 볼 수 있다(https://www.bk.admin.ch/ch/f/pore/rf/cr/2010/20100281.html).

43 민법(민사법)

법령번호(SR) 210

독일어로 Schweizerisches Zivilgesetzbuch

프랑스어로 Code civil suisse

영어로 Swiss Civil Code.

한국어로 민법전, 민법 등으로 번역된다

민법(채무법)

법령번호(SR) 220

독일어로 Bundesgesetz betreffend die Ergänzung des Schweizerischen Zivilgesetzbuches (Fünfter Teil: Obligationenrecht)

프랑스어로 Loi fédérale complétant le Code civil suisse (Livre cinquième: Droit des obligations)

영어로 Federal Act on the Amendment of the Swiss Civil Code (Part Five: The Code of Obligations)

한국어로 계약법, 계약법전 등으로 번역된다.

민법은 민사법과 채무법으로 크게 분류한다. 채무법은 광의의 민법에 해당한다. 계약관계를 규율하는 규정을 별도로 분류하여 민사법은 제1~4편, 채무법은 제5편에 해당한다. 제1편 인(人)의 권리, 제2편 가족에 관한 권리, 제3편 상속에 관한 권리, 제4편 재산에 관한 권리(소유권/점유권/지상권/담보물권 등), 제5편 채무에 관한 권리가 있다: 법제처 세계법제정보센터 홈페이지, http://world.moleg.go.kr/web/wli/lgslInfoReadPage.do?A=A&searchType=all&searchPageRowCnt=10&searchNtnlCls=4&searchNtnl=CH

&CTS_SEQ=38859&AST_SEQ=1289&ETC=2 (2021. 12. 10. 최종 확인).

44 연방화폐법

법령번호(SR) 941.10

독일어로 Bundesgesetz über die Währung und die Zahlungsmittel (WZG)

프랑스어로 Loi fédérale sur l'unité monétaire et les moyens de paiement (LUMMP)

영어로 Federal Act on Currency and Payment Instruments (CPIA).

45 연방화폐법 제 · 개정 표기

독일어로 vom 22. Dezember 1999 (Stand am 1. Januar 2020)

프랑스어로 du 22 décembre 1999 (Etat le 1er janvier 2020)

영어로 of 22 December 1999 (Status as of 1 January 2020)

한국어로 1999. 12. 22. 제정, 2020. 1. 1. 현재(참고로 시행일은 2000. 5. 1. 이다).

46 입법과정 참여자에 대한 자세한 사항은 최용훈, 스위스 연방의회 제도에 관한 연구-입법과정 등을 중심으로-, 사법정책연구원 (2020), 29-35 참조.

47 Assemblée fédérale, Prochain arrêt-Palais fédérale: Un guide pour les députés, Service du Parlement (2017), 28.

48 George Arthur Codding, The Federal Government of Switzerland, Houghton Mifflin (1961), 82.

49 칸톤발안

독일어로 Standesinitiative

프랑스어로 l'initiative d'un canton

영어로 cantonal initiative

한국어로 칸톤발의, 칸톤발안권, 칸톤발의권 등으로 번역된다.

50 칸톤발안은 48대 의회(2007. 12. 3.~2011. 12. 2.)에서 129건, 제49대 의회(2011. 12. 5.~2015. 11. 29.)에서 89건, 제50대 의회(2015. 11. 30.~2019. 12. 1.)에서 87건이 제출됐다. 제출된 305건 중 241건이 처리됐고, 64건이 계류 중이다. 처리된 241건 중 제48대 의회에서 1건, 제49대 의회에서 2건이 법률안으로 병합되어 가결됐다. 가결된 칸톤발안은 고층건물 이외의 지역에서 건축법(의안번호 08.314), 수자원보호법(의안번호 10.324)과 신분확인문서법(의안번호 10.308)으로 반영됐다. 신분확인법은 의회발의안(09.430)과 함께 논의됐다. 이는 1% 미만으로 칸톤발안이 처리됨을 보여준다. 제50대 의회의 경우 102건이 제출됐는데, 96건은 논의가 되지 않았고, 단지 6건만 심의됐다. 이 중 4건은 계류 중이고, 1건은 부결, 1건은 법안 초안 형식으로 논의 중이다: 연방의회 홈페이지 참조, https://www.parlament.ch/fr/%C3%BCber-das-parlament/portrait-du-parlement/statut-assemblee-federale/les-cantons-et-assemblee-federale/initiative-deposee-par-un-canton (2021. 12. 10. 최종 확인); https://www.parlament.ch/fr/%C3%BCber-das-parlament/portrait-du-parlement/statut-assemblee-federale/les-cantons-et-assemblee-federale/initiative-deposee-par-un-canton (2021. 12. 10. 최종 확인).

51 입법과정에 대한 자세한 사항은 최용훈, 스위스 연방의회 제도에 관한 연구-입법과정 등을 중심으로-, 사법정책연구원 (2020), 49-61 참조.

52 법률안 제안설명서

독일어로 erläuternde Botschaft

프랑스어로 Message

영어로 Dispatch

한국어로 법률안 취지설명서, 입법취지서, 보고서 등으로 번역된다. 법률안 제안설명서는 구체적인 법안 형태가 아닌, 입법의 목적과 입법을 위해 실시한 논의 과정, 사회적 필요성 등을 기재한 일종의 입법제안서로 연방내각의 공식 입장이 담겨있다. 제안설명서를 통해 어떤 필요성에 의하여 어떤 대상과 범위를 규율하고자 법이 제 · 개정됐는지를 이해하고, 입법 목적에 따라 해석하려고 노력한다.

법률안 제안설명서는 크게 제 · 개정 내용, 필요성 및 체계 정당성, 그로 인해 예상되는 영향(사전적 입법평가)으로 나뉜다. 제안설명서에는 입법으로 다룰 현안, 해당 사안과 관련된 기존 제도의 내용과 실효성, 현상 분석, 학설 소개, 해결방안, 전문가 의견, 구체적인 입법안에 포함되어야 할 내용 등이 포함된다. 의회법은 법률안 제안설명서에 담길 내용으로 법률안의 기초가 되는 헌법적 · 법적 근거, 상위법과의 양립 가능성, 유럽연합법과의 관계, 법률안이 규정하는 위임 권한, 입법 동기 및 이의가 있는 부분에 대한 연방내각의 평가, 배정된 업무 및 재원의 적절성, 실행 가능성, 법률안의 시행 방식, 재원조달 방식, 법률안과 입법계획과의 관계, 법률안 시행에 따른 예상결과, 기본권에 미치는 영향, 연방 · 칸톤 · 코뮌의 재정 및 개인에게 미치는 영향, 재정계획에 미치는 파급효과, 비용 · 효과 관계, 법률안의 경제적 · 사회적 · 환경적 영향과 미래세대에 미칠 영향, 남녀평등의 관점 등 다양한 정보가 세밀하고 종합적으로 기술된다(의회법 제141조 제2항 제a호~제i호).

53 연방의회의 입법과정은 최용훈, 스위스 연방의회 제도에 관한 연구-입법과정 등을 중심으로-, 사법정책연구원(2020), 65-82 참조해서 요약했다.

54 George Arthur Codding, The Federal Government of Switzerland, Houghton Mifflin (1961), 82.

55 안성호, 분권과 참여 스위스의 교훈, 다운샘 (2005), 454.

56 도입토론

독일어로 Eintretensdebatte

프랑스어로 débats d'entrée en matière

영어로 the introductory debate

한국어로 심사 여부 결정토론, 심사개시토론, 예비토론, 계획토론 등이라고도 한다.

57 일괄투표

독일어로 Gesamtabstimmungen

프랑스어로 lorsqu'il s'agit d'un vote sur l'ensemble

영어로 votes on entire bills.

한국어로 전체투표, 조문별 투표 등이라고도 한다

58 Pascal Sciarini, Processus législatif, in: Peter Knoepfel et al. (Hrsg.), Handbuch der Schweizer Politik: Manuel de la politique suisse, 5. Aufl., Verlag Neue Zürcher Zeitung (2014), 544.

59 Ruth Lüthi, Parlament, in: Peter Knoepfel et al. (Hrsg.), Handbuch der Schweizer Politik: Manuel de la politique suisse, 5. Aufl., Verlag Neue Zürcher Zeitung (2014), 176.

60 이기우, 분권적 국가개조론, 한국학술정보 (2014), 342.

61 상세심의

독일어로 Detailberatung 또는 Erlassentwürfen

프랑스어로 discussion par article 또는 projet d'acte

영어로 detailed consideration of a bill

한국어로 항목별 심의, 축조심의 등으로 번역된다.

62 박영도, 법령 입안기준 개발에 관한 연구(Ⅱ)-스위스의 법령 입안심사기준, 한국법제연구원 (2004), 37.

63 Pascal Sciarini, Processus législatif, in: Peter Knoepfel et al. (Hrsg.), Handbuch der Schweizer Politik: Manuel de la politique suisse, 5. Aufl., Verlag Neue Zürcher Zeitung (2014), 547.

64 연방내각사무처는 국민투표의 서명 명부에 기재되어야 할 사항이 기재되어 있지 않거나, 유권자의 서명이 확인되지 않거나, 국민투표 요구 기간 이후에 제출된 경우 이를 무효로 한다(정치적 권리에 관한 연방법 제66조 제2항). 연방내각사무처는 제출된 서명 명부가 법적 요건을 충족하였는지 그리고 유권자 확인서가 정상적으로 제출됐는지를 명확히 점검하여 적합성 여부를 확인한다(정치적 권리에 관한 연방법 시행령 제21조).

65 1874년부터 2020년 2월까지 선택적 국민투표의 대상이 된 안건은 총 2,515건이었다. 그중에서 실제로 선택적 국민투표를 실시한 안건은 189건에 불과했다. 이는 전체 안건의 7%에 해당하므로, 약 93%의 안건은 선택적 국민투표를 실시하지 않은 셈이다. 국민투표에 부쳐진 189건 중 109건이 원안대로 가결됐고, 연방의회의 결정과 다르게 부결된 것은 약 45%에 달하는 76건이다. 선택적 국민투표의 대상이 된 안건의 약 3%가 국민투표에서 부결된 것이다. 다시 말하면 국민이 연방의회의 입법권에 대해 거부권을 행사한 것이다.

66 Pascal Sciarini, Processus législatif, in: Peter Knoepfel et al. (Hrsg.), Handbuch der Schweizer Politik: Manuel de la politique suisse, 5. Aufl., Verlag Neue Zürcher Zeitung (2014), 530.

67 혼합형 헌법재판(스위스)

헌법재판을 담당하는 기관은 독립기관형 또는 집중형(유럽형의 헌법재판)과 사법형 또는 분산형(비집중형, 미국형 사법심사)으로 구분된다. 집중형은 독일처럼 독립된 헌법재판소 등을 설치하여 헌법재판을 관장하는 형태이다. 집중형을 처음 채택한 것은 1920년 오스트리아 연방헌법이다. 분산형 내지 비집중형은 미국처럼 독립된 헌법재판소 등을 설치하지 아니하고 일반법원으로 하여금 헌법재판을 담당하게 하는 형태이다. 스위스는 혼합형이다. 연방헌법에 반하는 칸톤법에 대해서는 추상적 규범통제가 가능하지만, 연방법률에 대한 위헌 여부 심사는 할 수 없다. 다만 연방법률에 근거한 처분에 대한 다툼을 심판하는 과정에서 부수적으로 그 위헌 여부를 다툴 수 있다. 전자는 유럽형 헌법재판에 속하고, 후자가 미국형 사법 심사제에 속하는 셈이다: 박인수 · 조홍석 · 남복현, 주요 국가별 헌법재판제도의 비교분석과 시사점-미국형 사법심사와 유럽형 헌법재판을 중심으로 -, 헌법재판소 정책연구용역 보고서 (2010), 2.

68 법치국가원리를 우선시하는 연방법률에 대한 위헌심사 제도는 1930년대 이후 연방헌법의 현안 사항이었다: 노경필, "스위스연방 대법원(Bundesgericht)의 조직 및 권한에 관한 연구", 재판자료 제107집, 법원도서관 (2005), 317; 의회 우위의 원칙에 따라 영국, 네덜란드, 룩셈부르크, 스웨덴 등은 위헌법률 심사제도를 채택하지 않는다: 신교식, "스위스의 헌법재판제도와 그 시사점에 관한 연구", 경기 법조 제20호, 수원지방변호사회 (2013), 607.

69 의안번호 05.445

독일어로 Verfassungsgerichtsbarkeit

프랑스어로 Juridiction constitutionnelle

연방의회 홈페이지 참조, https://www.parlament.ch/de/ratsbetrieb/suche-curia-vista/geschaeft?AffairId=20050445 (2021. 12. 10. 최종 확인).

70 의안번호 07.476

독일어로 Bundesverfassung massgebend für rechtsanwendende Behörden

프랑스어로 Faire en sorte que la Constitution soit applicable pour les autorités chargées de mettre en oeuvre le droit

연방의회 홈페이지 참조, https://www.parlament.ch/fr/ratsbetrieb/suche-curia-vista/geschaeft?AffairId=20070476 (2021. 12. 10. 최종 확인).

71 의안번호 14.421

독일어로 Genehmigung bundesrätlicher Verordnungen durch das Parlament

프랑스어로 Approbation des ordonnances par les Chambres fédérales

영어로 Approval of ordinances by the Federal Chambers

연방의회 홈페이지 참조, https://www.parlament.ch/de/ratsbetrieb/suche-curia-vista/geschaeft?AffairId=20140421 (2021. 12. 10. 최종 확인).

72 의안번호 14.422

독일어로 Einführung des Verordnungsvetos

프랑스어로 Droit de veto du Parlement sur les ordonnances du Conseil fédéral

한국어로 연방명령에 대한 의회의 거부권

연방의회 홈페이지 참조, https://www.parlament.ch/de/ratsbetrieb/suche-curia-vista/geschaeft?AffairId=20140422 (2021. 12. 10. 최종 확인).

73 이외에 피스테러(Pfisterer) 상원의원은 2007년 6월 20일 연방법령의 위헌성을 사전에 검토할 수 있는 방안을 요구하는 정책검토요청서를 제출했다(의안번호 07.3360). 구체적으로 법률, 규칙, 명령 등 어떤 분야에 위헌적 요소가 개입되는지, 위헌적 요소를 사전에 정책적으로 예방할 수 있는 방안은 무엇인지, 어떠한 절차를 적용해야 하는지, 그리고 연방의회나 연방내각에서 위헌성을 검토하는 전담 조직의 신설 여부 등을 구체적으로 검토할 것을 요청했다. 연방내각은 2007년 9월 26일 연방상원의 정책검토요청서를 수용했고, 연방내각의 보고서는 2009년 말 이전에 연방의회에 보고됐다. 이 안건의 심사 경과는 연방의회 홈페이지 참조, https://www.parlament.ch/fr/ratsbetrieb/suche-curia-vista/geschaeft?AffairId=20073360 (2021. 12. 10. 최종 확인); Luzius Mader(장철준 번역), "'법을 위한 투쟁'의 단계로부터 '입법육성'의 단계로: 입법의 질적 제고를 위한 스위스연방의 최근 노력", 입법평가연구 제8호 (2014), 266.

74 1990년대 후반 국민이 국민발안 형식으로 제기하는 직접적인 압력은 전체 국민발안의 15%를, 국제사회 압력으로 오는 것은 17%를 차지했다. 1970년대 국제사회 압력이 4%일 때도 국민으로부터의 압력비율은 현재와 비슷했다: Pascal Sciarini, Processus législatif, in: Peter Knoepfel et al. (Hrsg.), Handbuch der Schweizer Politik: Manuel de la politique suisse, 5. Aufl., Verlag Neue Zürcher Zeitung (2014), 551.

75 연방의회 홈페이지, https://www.parlament.ch/fr/%C3%BCber-das-parlament/faits-donnees-chifrees/chiffres-actes-legislatifs (2021. 12. 10. 최종 확인).

76 표 27의 안건은 연방내각과 연방의원이 제출하는 법률안 외에 입법계획, 의회 제출, 의회보고 등을 포함하는 수치로 생각된다. 표 26은 연방내각과 연방의원이 제출하는 법률안, 연방결의 등 법령의 성격을 가지는 안건을 대상으로 한다.

77 다른 연구에 따르면 연방의회 발의안의 39.1%는 연방내각이, 60%는 연방의원이 각각 제안했고, 연방의원이 제안한 안건의 27.3%는 법안제출요구안, 20.7%는 의원발의안을 토대로 했다: José M. Magone, The

Statecraft of Consensus Democracies in a Turbulent World: A Comparative Study of Austria, Belgium, Luxembourg, the Netherlands and Switzerland, Routledge (2017), 194

78 이진국, 형사특별법 정비방안(14) 주요 선진국의 형사특별법제 연구: 스위스 신형법의 주요 내용과 정책적 시사점, 한국형사정책연구원 (2008), 31.

79 중간값은 하나의 법률안에서 다른 법률안으로 진행되는 과정에서 변화폭이 크다는 점이 고려된 상태에서의 가장 적합한 값으로 중간값은 약 3년이었다. 또한 법률안 제정과정에 소요되는 기간이 법률안 개정할 때보다 길게 나타났다.

80 Pascal Sciarini, Processus législatif, in: Peter Knoepfel et al. (Hrsg.), Handbuch der Schweizer Politik: Manuel de la politique suisse, 5. Aufl., Verlag Neue Zürcher Zeitung (2014), 528, 541.

81 The Swiss Confederation: a brief guide 2017, Federal Chancellery (2017), 35-36.

82 라디오 및 텔레비전에 관한 연방법
법령번호(SR) 784.40
독일어로「Bundesgesetz über Radio und Fernsehen (RTVG)」
프랑스어로「Loi fédérale sur la radio et la télévision (LRTV)」
영어로「Federal Act on Radio and Television (RTVA)」.

83 이산화탄소배출량 축소에 관한 연방법
법령번호(SR) 641.71
독일어로「Bundesgesetz über die Reduktion der CO_2-Emissionen(CO_2-Gesetz)」
프랑스어로「Loi fédérale sur la réduction des émissions de CO_2(Loi sur le CO_2)」
영어로「Federal Act on the Reduction of CO_2 Emissions(CO_2 Act)」.
한국어로 약칭하여 여기서는 "CO_2법"이라 한다.

84 The Swiss Confederation: a brief guide 2015, Federal Chancellery (2015), 34-35.

85 연방환경청
독일어로 Bundesamt für Umwelt (BAFU)
프랑스어로 Office fédéral de l'environnement (OFEV)
영어로 Federal Office for the Environment (FOEN)
연방환경청은 연방환경 · 교통 · 에너지 · 통신부(DETEC) 소속 기관이다. 연방환경청은 천연자원을 보존해 미래세대에 물려주는 것을 목표로 하고, 동식물 생태계 보호, 기후변화 대처 등을 업무로 한다. 홍수, 낙석, 산사태 방지, 숲 보존, 강 복원 등을 담당한다: 연방환경청 홈페이지 참조, https://www.bafu.admin.ch/bafu/en/home.html (2021. 12. 10. 최종 확인).

86 보다 건강한 환경(국민발안)
독일어로 für ein gesundes Klima
프랑스어로 pour un climat sai
영어로 the healthy climate popular initiative
연방내각사무처 검색을 통해 국민발안 서명 시작일(2007. 5. 29.)부터 철회일(2012. 4. 13.)까지의 일정을 자세히 확인할 수 있다: 연방내각사무처 홈페이지 참조, https://www.bk.admin.ch/ch/f/pore/vi/vis354.html (2021. 12. 10. 최종 확인).

87 Swiss info.ch, "People power prepares to fight global warming" (2008. 2. 29.), https://www.swissinfo.ch/

eng/people-power-prepares-to-fight-global-warming/6473544 (2021. 12. 10. 최종 확인).

제6장 연방의회의 재정 권한

1 예산안

독일어로 Entwurf für den Voranschlag des Bundes

프랑스어로 Conseil fédéral soumet à l'Assemblée fédérale

영어로 the draft for the Federal Budget.

2 예산법률주의를 채택하는 대부분의 주요 국가는 예산의 목적, 내용이 법률 조문으로 명확하게 기술되기 때문에 예산 내용을 쉽게 이해할 수 있고, 법적 규범력도 높인다. 한국, 일본, 스웨덴은 예산과 법률이 별개의 형식으로 의회를 통과한다: 임재주 · 서덕교 · 박철 · 장은덕, 국회의 이해, 한울아카데미 (2019), 177.

3 연방재정관리국

독일어로 Eidgenössische Finanzverwaltung

프랑스어로 Administration fédérale des finances

영어로 Federal Finance Administration (FFA)

한국어로 연방재무청, 연방재정국 등으로 번역된다.

연방재정관리국은 '국고의 수호자'로 연방정부의 예산, 결산, 재무제표를 준비한다. 또한 채무제동준칙, 각 부처의 결제검토, 금융정책의 건전성을 유지하는 것을 업무로 한다: 연방재정관리국 홈페이지 참조, https://www.efv.admin.ch/efv/en/home.html (2021. 12. 10. 최종 확인).

4 연방통계법

법령번호(SR) 431.01

독일어로 「Bundesstatistikgesetz(BStatG)」

프랑스어로 「Loi sur la statistique fédérale(LSF)」

영어로 「Federal Statistics Act(FStatA)」.

5 연방통계법 시행령

법령번호(SR) 431.012.1

독일어로 「Verordnung über die Durchführung von statistischen Erhebungen des Bundes(Statistikerhebungsverordnung)」

프랑스어로 「Ordonnance concernant l'exécution des relevés statistiques fédéraux(Ordonnance sur les relevés statistiques)」.

6 연방국세청

독일어로 Eidgenössische Steuerverwaltung

프랑스어로 Administration fédérale des contributions (AFC)

영어로 Federal Tax Administration (FTA)

연방국세청은 연방직접세, 부가가치세, 병역면제세, 원천징수세 등 연방 세입의 대부분을 징수하고, 세금 관련 행정업무를 지원한다: 연방국세청 홈페이지 참조, https://www.estv.admin.ch/estv/en/home.html (2021. 12. 10. 최종 확인).

7 연방관세청

독일어로 Eidgenössische Zollverwaltung

프랑스어로 Administration fédérale des douanes (AFD)

영어로 Federal Customs Administration (FCA)

연방관세청은 상품과 사람의 이동을 감독하고, 보안, 관세, 이민업무를 수행한다. 또한 담뱃세, 부가가치세, 유류세를 징수하고, 주류 관련법의 이행을 감독한다: 연방관세청 홈페이지 참조, https://www.ezv.admin.ch/ezv/en/home.html (2021. 12. 10. 최종 확인).

8 International Monetary Fund Fiscal Affairs Department, "Switzerland: Report on Observance of Standards and Codes: Fiscal Transparency Module", IMF Country Report No. 09/201 (2009), 12.

9 Dirk-Jan Kraan & Michael Ruffner, "Budgeting in Switzerland", OECD Journal on Budgeting, Vol. 5 No. 1 (2005), 50.

10 특별기금

독일어로 sonderrechnungen

영어로 special fund

4개의 특별기금으로 철도 기반시설 기금, 도로교통기금, 기술대학, 주류독점위원회가 있다. 특별기금은 일반회계예산과 함께 연방의회에서 심의·확정되고, 별도의 예산 관련 책자로 발행된다.

철도기반시설 기금은 법령에 따라 지출의무가 발생하는 의무지출로 분류된다. 철도교통은 연방의 소관사항으로(연방헌법 제87조), 철도 기반시설에 필요한 자금조달은 1차로 연방이 부담한다(연방헌법 제87조의 a 제1항). 철도 기반시설의 품질 개발 및 유지 등에 투입되는 자금은 철도 기반시설 기금을 통해 조달된다(연방헌법 제87조의 a 제2항). 철도 기반시설 기금 조성을 위해 특정 재원을 철도 기반시설 기금에 배정한다(연방헌법 제87조의 a 제2항). 개인에 대한 연방직접세 징수액의 2%, 대형 중량차량의 통행요금의 최대 3분의 2, 연방 일반예산에서 23억 프랑(2014년 물가지수 기준), 부가가치세 인상 수입을 재원으로 한다(연방헌법 제87조의 a 제2항, 제130조 제3항의 2).

도로교통기금의 재원은 자동차세, 자동차 연료소비세, 고속도로 통행료, 국도이용 요금 등이다(연방헌법 제86조 제1항~제3항). 연방은 주요 도로 등 도로교통에 관한 업무를 담당한다(연방헌법 제82조). 2020년부터 전기자동차의 국도이용 요금도 도로교통기금으로 출연된다(연방헌법 제86조 제2항). 또한 이산화탄소 배출기준을 준수하지 못함에 따른 범칙금 수입도 도로교통기금으로 추가된다(CO_2법 제37조). 이처럼 도로교통기금 세입재원이 연방헌법에서 구체적으로 규정됨에 따라 예산안 심사권이 제약되는 측면이 있다.

11 종전에는 연방철도공사, 연방전화국, 연방우정국의 적자를 연방 예산으로 보전했지만, 현재는 합의된 공공서비스 물량과 품질을 제공하는 대가로 총액예산제를 제공하는 성과계약체결로 변경됐다. 공기업별로 독립적으로 감사를 거친 재무제표를 발표하지만, 공기업 부문의 재정 상황, 재정 성과에 대한 통합 보고서는 제공되지 않는다: International Monetary Fund Fiscal Affairs Department, "Switzerland: Report on Observance of Standards and Codes: Fiscal Transparency Module", IMF Country Report No. 09/201 (2009), 24.

12 이처럼 다른 목적으로 지출되는 연방 예산을 전용예산(transfer budget)이라 한다: Dirk-Jan Kraan & Michael Ruffner, "Budgeting in Switzerland", OECD Journal on Budgeting, Vol. 5 No. 1 (2005), 48.

13 추가경정예산안

독일어로 Nachträge

프랑스어로 Suppléments

14 연방재정법 시행령

법령번호(SR) 611.01

독일어로 「Finanzhaushaltverordnung (FHV)」

프랑스어로 「Ordonnance sur les finances de la Confédération (OFC)」

15 몇 달 후 연방내각은 연도별로 2006년까지 30억 프랑을 삭감하는 패키지를 제안했다(2004년의 8억 프랑에서 시작해 2005년에는 21억 프랑, 2006년에는 30억 프랑으로 증가). 2004년에 연방내각은 2008년에 20억 프랑을 더 삭감하는 추가 삭감 패키지를 제안했다(2004년의 5억 프랑에서 2005년 10억 프랑, 2006년 11억 프랑, 2007년 18억 프랑, 2008년 20억 프랑으로 증가): Dirk-Jan Kraan & Michael Ruffner, "Budgeting in Switzerland", OECD Journal on Budgeting, Vol. 5 No. 1 (2005), 50.

16 International Monetary Fund Fiscal Affairs Department, "Switzerland: Report on Observance of Standards and Codes: Fiscal Transparency Module", IMF Country Report No. 09/201 (2009), 22.

17 Dirk-Jan Kraan & Michael Ruffner, "Budgeting in Switzerland", OECD Journal on Budgeting, Vol. 5 No. 1 (2005), 50.

18 일반적인 추가경정예산안

독일어로 Ordentliche Nachträge

프랑스어로 Suppléments ordinaires

19 긴급 추가경정예산안

독일어로 Dringliche Nachträge

프랑스어로 Suppléments urgents

20 재정계획

독일어로 Finanzplanung

프랑스어로 Planification financière

영어로 Financial planning

한국어로 재정 운용계획 등으로 번역된다.

21 Dirk-Jan Kraan & Michael Ruffner, "Budgeting in Switzerland", OECD Journal on Budgeting, Vol. 5 No. 1 (2005), 54.

22 재정준칙은 fiscal rule.

23 IMF 홈페이지 참조, https://www.imf.org/external/datamapper/fiscalrules/map/map.htm (2021. 12. 10. 최종 확인); 문화일보, "국제적 웃음거리 될 재정준칙" (2020. 10. 8.), http://www.munhwa.com/news/view.html?no=2020100801033003015001 (2021. 12. 10. 최종 확인); 중앙일보, "기재부 '나랏빚 브레이크' 재정준칙 만든다" (2020. 6. 8.), https://news.joins.com/article/23795857 (2021. 12. 20. 최종 확인).

24 전 세계에서 재정준칙(세입준칙, 지출준칙, 재정수지준칙, 채무준칙)을 마련한 국가는 159개이다. 재정준칙의 근거를 '헌법'에 두는 국가는 14개국(독일, 이탈리아 등), '법률'에 두는 국가는 103개국(브라질, 불가리아 등), '정치적 협약'에 두는 국가는 23개국(그리스, 이스라엘 등), '정당 간 합의'에 두는 국가는 19개국(핀란드, 인도네시아 등)이다: 홍근석 · 김성찬, 세대 간 회계 및 재정준칙 법제화에 관한 연구, 국회 예산결산특별위원회 정책연구용역 보고서 (2017), 56-57.

25 연방헌법 개정을 위한 의무적 국민투표가 1958. 5. 11. 실시되어 투표율 53.2%, 국민찬성 54.6%, 17.5개

칸톤 찬성으로 가결됐다.

26 김정미 · 이정구, "해외 주요국의 재정준칙 운용 동향과 정책시사점", 경제현안분석 제84호, 국회예산정책처 (2013), 43.

27 채무제동준칙을 도입하는 연방헌법 개정안은 2001년 12월 2일 국민투표에서 국민의 84.7%가 찬성하여 가결됐다.

28 International Monetary Fund Fiscal Affairs Department, "Switzerland: Report on Observance of Standards and Codes: Fiscal Transparency Module", IMF Country Report No. 09/201 (2009),17.

29 예상하지 못한 이례적 지출(세입포함)
독일어로 ausserordentliche Einnahmen oder Ausgaben
프랑스어로 Les recettes et les dépenses extraordinaires
영어로 extraordinary expenditure 또는 extraordinary receipts and expenses
한국어로 임시지출, 예상하지 못한 특별한 지출 등으로 번역된다.

30 스위스연방재무부 홈페이지 참조, https://www.efv.admin.ch/efv/en/home/finanzberichterstattung/bundeshaushalt_ueb/schulden.html (2021. 12. 10. 최종 확인).

31 채무제동준칙
독일어로 Schuldenbremse
프랑스어로 Frein à l'endettement
영어로 Debt brake 또는 Golden brake.
한국어로 채무제동장치 등으로 번역된다.

32 총지출 상한액
독일어로 Höchstbetrag der Gesamtausgaben
프랑스어로 Plafond des dépenses totales
영어로 Total expenditure limit
한국어로 최대지출 상한선, 총지출 한도, 총지출 상한선 등으로 번역된다,

33 노령유족연금 세입의 19.55%를 연방정부가 지원한다(노령 · 유족 · 장애인연금법 제103조). 노령유족연금 보조금은 연방 지출예산의 약 12%를 차지하고 있어, 가장 규모가 큰 지출항목이다: Schweizerische Eidgenossenschaft, "Dépenses liées de la Confédération Inventaire et pistes pour de futures réformes", 2017, 20.

34 장애연금 보조금은 연방 지출예산의 5%를 차지한다. 연방정부가 장애연금에 지급하는 보조금은 부가가치세 수입에 달려 있다(장애보험법 제78조). 스위스는 1959년에 폐질보험법을 제정(1960년 시행)하여 노령 · 유족연금과는 재정적으로 분리된 장애연금을 도입했다. 장애등급 및 등급별 지급률은 소득상실액이 40% 이상인 자의 경우 1/4 연금을, 소득상실액이 50% 이상인 자의 경우 1/2 연금을, 소득상실액이 60% 이상인 자는 3/4의 연금을, 소득상실액이 70% 이상인 자는 전액 연금을 각각 지급한다. 연금액 산정 공식은 노령연금과 동일하되, 장애 발생 시 45세 미만인 자는 연령에 따라 평균 근로소득이 5~100% 인상된다. 스위스 거주자로 출생 시나 만 21세 이전에 장애가 발생한 자로 장애연금 수급권이 없는 자는 특별장애연금을 받을 수 있다: 윤상용, 국외 출장보고서, 한국보건사회연구원 (2010), 3; 노령유족 · 장애연금 홈페이지 참조, https://www.ahv-iv.ch/en/Social-insurances/Disability-insurance-DI (2021. 12. 10. 최종 확인).

35 군인보험은 군인보험법에 따라 연방 예산의 지원을 받는다. 연금 지급액, 치료비용, 일일 수당은 피보험자 수에 따라 달라지고, 관리비용은 급여 및 물가 변동과 관련된다. 군인보험(EO) 보조금은 연방 지출예산의 0.3%를 차지한다: Schweizerische Eidgenossenschaft, "Dépenses liées de la Confédération Inventaire et pistes pour de futures réformes", 2017, 25.

36 연방정부가 실업보험료 총액의 0.159%를 부담한다(실업보험법 제90조 제b호). 연방의 실업보험 지원금은 피보험자의 최대 급여 한도(14만 8,000 프랑)를 포함한 모든 급여에 적용된다. 실업보험 보조금은 연방 지출예산의 0.7%를 차지한다: Schweizerische Eidgenossenschaft, "Dépenses liées de la Confédération Inventaire et pistes pour de futures réformes", 2017, 24.

37 홍근석 · 김성찬, 세대 간 회계 및 재정준칙 법제화에 관한 연구, 국회예산결산특별위원회 정책연구용역 보고서 (2017), 85

38 총지출 상한액

총지출 상한액의 기본원리는 다음 식에 따라 지출 한도를 설정한다: $\overline{G_t}=K_tR_t$, $K_t=\frac{Y^{*t}}{Y_t}$

지출($\overline{G_t}$)은 경기변동요인(K_t)을 고려한 구조적 수입(R_t)과 일치한다. 여기서K_t는 HP필터(Hodrick Prescott filter)에 의해 산출된 잠재 GDP(Y^*_t)와 실제 GDP(Y_t)의 비율이다. 그러므로 K_t가 1을 상회하면 경기 침체기이므로 재정수지 적자가 허용되고, 1을 하회하면 경기 호황기이므로 재정수지 흑자가 요구된다: 김정미 · 이정구, "해외 주요국의 재정준칙 운용 동향과 정책시사점", 경제현안분석 제84호, 국회예산정책처 (2013), 44.

39 홍근석 · 김성찬, 세대 간 회계 및 재정준칙 법제화에 관한 연구, 국회예산결산특별위원회 정책연구용역 보고서 (2017), 84.

40 Dirk-Jan Kraan & Michael Ruffner, "Budgeting in Switzerland", OECD Journal on Budgeting, Vol. 5 No. 1 (2005), 45.

41 International Monetary Fund Fiscal Affairs Department, "Switzerland: Report on Observance of Standards and Codes: Fiscal Transparency Module", IMF Country Report No. 09/201 (2009), 17.

42 보상계정

독일어로 Ausgleichskonto

프랑스어로 Compte de compensation

영어로 compensation account

한국어로 보정계정, 정리계정 등으로 번역된다.

43 상환계정

독일어로 Amortisationskonto

프랑스어로 Compte d'amortissement

영어로 amortization account

한국어로 할부상환계정, 상각계정, 감가상각계정 등으로 번역된다.

44 자산 · 부채 관리위원회는 연방재정관리국 이사가 의장직을 맡고 있고, 스위스연방은행(SNB) 대표들이 참여한다. 위원회는 분기별로 회의를 열어 현금 및 부채관리 현황과 위험 관리 상황을 검토한다.

45 연방재정보고서

독일어로 Staatsrechnung - Bericht zur Staatsrechnung

프랑스어로 Comptes d'État – Rapport sur le Compte d'État 2019

영어로 state financial statements – report on federal financial statements

연방재정관리국 홈페이지에 2010년부터 2019년까지의 연방재정보고서가 독일어, 프랑스어, 이탈리아어, 영어(요약본)로 게재되어 있다: 연방재정관리국 홈페이지 참조, https://www.efv.admin.ch/efv/en/home/finanzberichterstattung/finanzberichte/staatsrechnung.html (2021. 12. 10. 최종 확인).

46 International Monetary Fund Fiscal Affairs Department, "Switzerland: Report on Observance of Standards and Codes: Fiscal Transparency Module", IMF Country Report No. 09/201 (2009), 17.

47 예산안 편성지침

독일어로 Grundlagen der Haushaltführung des Bundes

프랑스어로 Principes Applicable à la Gestion des Finances

영어로 Principles applicable to financial management

예산안 편성지침은 연방재정관리국 홈페이지 참조, https://www.efv.admin.ch/efv/de/home/themen/publikationen/ueb_publ.html (2021. 12. 10. 최종 확인).

48 세입과 세출에 관한 근거자료는 연방내각의 예산안 각목명세서에 포함되고, 추후 연방의회에 제출된다.

49 예상수지계산서

독일어로 Hochrechnungen über das voraussichtliche Jahresergebnis

프랑스어로 un calcul approximatif du résultat prévisible de l'exercice

영어로 projections on the expected annual return

50 연방내각의 예산 및 결산은 발생주의 회계원칙을 적용한다. 2007년부터 시작된 발생주의 회계원칙은 현금 흐름뿐만 아니라 연중, 연말에 자산 및 부채 규모에 대해 정확한 보고를 가능하게 한다. 현금 기반에서 발생주의 회계방식으로 전환하게 된 요인 중 하나는 신공공관리론의 확대이다. 또한 공공지출의 규모 및 복잡성이 빠른 속도로 증가하는 등 공공 재정에 부담 요인이 됐다.

51 Dirk-Jan Kraan & Michael Ruffner, "Budgeting in Switzerland", OECD Journal on Budgeting, Vol. 5 No. 1 (2005), 50.

52 연방내각 홈페이지 참조, https://www.admin.ch/gov/de/start/dokumentation/medienmitteilungen.msg-id-80204.html (2021. 12. 10. 최종 확인).

53 하원은 2009년 9월 15일 연방내각이 제출한 제3차 경기부양예산안의 재정투자 규모를 1/6로 대폭 삭감했다: 김승기, "대립 아닌 협의 거듭하여 통합 실현하는 스위스", 국회보 2009년 10월호, 국회사무처 (2009), 87.

54 Dirk-Jan Kraan & Michael Ruffner, "Budgeting in Switzerland", OECD Journal on Budgeting, Vol. 5 No. 1 (2005), 57.

55 International Monetary Fund Fiscal Affairs Department, "Switzerland: Report on Observance of Standards and Codes: Fiscal Transparency Module", IMF Country Report No. 09/201 (2009), 17, 28.

56 예산안의 하원 우선 심의권은 인정되지 않는다. 다만 상원과 하원에 1년씩 교대로 제출되는 것이 관례이다: 박태조, "외국 의회 소개: 스위스(상)", 국회보 1992년 4월호, 국회사무처 (1992), 132.

57 연 1회 연간 예산 및 재무제표가 연방의회에 제출되고, 그 이후 각각 6주 또는 14주 이내에 공개된다. 연방 예산에 대한 월별 집행내역이 3주의 시차를 두고 연방정부 내에서 작성되지만 공개되지 않는다. 예컨대 연방의회는 2006년에 예산집행 결과에 대한 평가를 포함하여 예산집행에 대한 2개의 보고서를 작

성했다: International Monetary Fund Fiscal Affairs Department, "Switzerland: Report on Observance of Standards and Codes: Fiscal Transparency Module", IMF Country Report No. 09/201 (2009), 22-23.

58 연방연금기금
독일어로 Pensionskasse des Bundes (PUBLICA, EVK)
프랑스어로 Caisse fédérale de pensions (PUBLICA)
영어로 Federal Pension Fund (PUBLICA)
연방연금기금은 20개의 연금 플랜으로 구성된 독립적인 비영리 집단 직업연금펀드이다. 연방정부나 연방 기관 등 70개의 연방 관련 업무기관에서 근무하는 피보험자 64,000명과 연금수령자 42,000명의 연금업무를 담당한다. 현재 400억 프랑 이상의 자산을 운용하고 있는 스위스에서 가장 큰 연금 기금이다. 연방재무부 산하로 되어 있지만 독립적이다. 스위스의 연금체계는 ① 국민연금(노령 및 장애연금), ② PUBLICA(강제적 기업연금 및 직역연금), ③ 개인저축을 합한 3층 연금체계(Three-pillar system)로 되어 있다. 공무원 연금은 PUBLICA로서 2008년부터 확정급여형(DB)에서 확정기여형(DC)으로 개편됐다. 60세 이상의 경우 DB형을 유지한다: 연방연금기금 홈페이지 참조, https://publica.ch/en/about-us (2021. 12. 10. 최종 확인); 연방의회는 2003년 스위스연방정부 공무원을 위한 연금 기금을 분리하여 독립적인 법인체를 설립하기로 결정했다: 이데일리, "(퇴직연금시대)〈4부〉(16)"잘 알려야 성공한다"" (2005. 12. 1.), https://www.edaily.co.kr/news/read?newsId=01085686576770968&mediaCodeNo=257 (2021. 12. 10. 최종 확인).

59 Dirk-Jan Kraan & Michael Ruffner, "Budgeting in Switzerland", OECD Journal on Budgeting, Vol. 5 No. 1 (2005), 61.

60 Dirk-Jan Kraan & Michael Ruffner, "Budgeting in Switzerland", OECD Journal on Budgeting, Vol. 5 No. 1 (2005), 62.

61 연방감사원 예산은 연방내각의 수정을 거치지 않고 연방의회에 제출된다(연방감사원법 제2조 제3항).

62 연방감사원 직원의 언어 능력은 독일어 구사자 86명, 프랑스어 구사자 26명, 이탈리아어 구사자 1명이다: 연방감사원 홈페이지 참조, https://timeline.efk.admin.ch/?lang=en#2000-842 (2021. 12. 10. 최종 확인); https://www.efk.admin.ch/en/about-us/organisation-e/competence-centres.html (2021. 12. 10. 최종 확인).

제7장 연방의회의 인사, 외교 및 감독 권한

1 스위스에는 연방, 칸톤, 코뮌에서 입법과 행정을 담당하는 약 25,000개의 선출직 공직이 있다. 약 15,000여 개에 달하는 코뮌의 집행부는 자원봉사 개념(민병제 원칙)으로 운영되고, 그 중 320명만 전일제로 공직을 수행한다. 코뮌 집행부의 절반 이상이 자영업자나 고위 간부이다. 코뮌 집행부의 정당별 현황을 살펴보면, 무소속 50%, 자민당 17.4%, 기민당 13.1%, 스위스국민당 10.5%, 사민당 9.4%이다. 도시지역의 코뮌 정부는 전문가와 파트타임 복무가 많고, 정당의 영향력이 크며 정치적 엘리트를 충원하는 데 중요한 역할을 한다. 농촌지역은 자영업자(중산층 기업과 지역단체)가 많고, 전통적인 정당의 기능이 상당히 약하며, 정치인을 충원하는 데 어려움을 겪고 있다: 이기우, 분권적 국가개조론, 한국학술정보 (2014), 463.

2 선출예정 인원을 초과하여 후보자에게 투표한 표는 유효표로 산정되지 않는다.

3 무효표

독일어로 Ungültigkeit und gestrichene Stimmen

프랑스어로 Bulletins nuls et suffrages non comptabilisés

영어로 Invalidity and canceled votes.

4 스위스연방 군사대법원은 연방의회가 선출하는 연방법관으로 구성되고, 연방군사법원의 법관은 연방정부가 임명한다. 1심을 담당하는 8개의 연방군사법원, 항소심을 담당하는 3개의 연방군사항소법원, 3심을 담당하는 1개의 연방군사대법원이 있다. 모든 연방군사법원은 5명의 법관(장교 출신, 사병 출신 등)으로 구성된다: 스위스 연방국방 · 안보 · 체육부 홈페이지, https://www.oa.admin.ch/en/militaerstrafverfahren/das-militaerstrafverfahren.html (2021. 12. 10. 최종 확인).

스위스는 12개 군사법원을 운영하며 군사법원 법관은 모두 민간인이다. 스위스 군대가 민병제 원칙에 근거하기에 군사법원도 민병제 원칙을 적용받는다. 군인이나 군사법원 법관은 평소에는 고유의 직업을 가지지만, 군사 활동을 하는 경우에만 군인의 신분을 가진다: 박주범, "외국의 군사법원/군사법원의 존립목적", 군 사법개혁을 위한 토론회, 민주사회를 위한 변호사 모임 (2003. 4. 16.).

주요 국가의 군사법원 제도를 유형별로 개관하면 ① 군사법원을 운영하는 국가(스위스, 한국, 미국, 영국, 폴란드, 스페인, 터키 등) ② 군사재판을 일반법원에서 담당하는 국가(독일, 일본, 오스트리아, 스웨덴 등) ③ 일반법원에 특별부를 두거나 재판관의 일부를 군인으로 구성하는 혼합형 국가(프랑스, 핀란드, 네덜란드, 노르웨이 등)로 나눌 수 있다: 백상준, "평시 군사법원 제도 폐지 논의 및 입법적 쟁점", 이슈와 논점 제1502호, 국회입법조사처 (2018), 2.

5 박응격 · 김상겸 · 이옥연 · 정재각 · 디트마 되링, 서구 연방주의와 한국, 인간사랑 (2006), 152

6 부르노 카우프만 · 롤프 뷔치 · 나드야 브라운(이정옥 옮김), 직접민주주의로의 초대, 리북 (2008), 93.

7 김승기, "대립 아닌 협의 거듭하여 통합 실현하는 스위스", 국회보 2009년 10월호, 국회사무처 (2009), 86.

8 2003년 선거결과, 최대 정당이 된 스위스국민당은 기존의 연방각료 1석에서 2석을 요구했다. 블로허(Blocher)가 당시 연방각료 재선을 노린 메즐러(Ruth Metzler)와의 표 대결에서 121표대 116표로 승리했다. 메즐러는 역사상 3번째이자, 1872년 이래 처음으로 재선출되지 못한 각료가 됐다: Hanspeter Kriesi & Alexander H. Trechsel, The Politics of Switzerland: Continuity and Change in a Consensus Democracy, Cambridge University Press (2008), 71.

9 1848년부터 1891년까지 연방각료 7석을 자유주의파(급진당, 현재의 자유민주당)가 독점했다. 이후 1891년에 가톨릭보수파(기독민주당)가 연방각료 1석을 할애받았고, 제1차 세계대전 이후인 1919년에 기독민주당이 연방각료 1석을 더 받게 됐다. 스위스국민당(SVP)의 전신인 농민당이 1929년에 연방각료 1석을 할애받았다. 사회민주당은 1943년과 1959년에 각각 연방각료 1석을 할애받았다. 1959년에 자유민주당 2석, 사회민주당 2석, 기독민주당 2석, 스위스국민당 1석이라는 4당 체제가 형성됐다.

10 수요일은 8시부터 13시까지, 15시부터 19시까지 본회의가 운영된다(하원 의사규칙 제34조 제1항).

11 1차 투표, 2차 투표

독일어로 ersten Wahlgängen, zweiten Wahlgang

프랑스어로 premiers tours de scrutin, deuxième tour de scrutin

영어로 first ballot, the second ballot.

12 연방각료 후보자가 10표 미만을 얻는 경우 '기타(other)'로 표시한다: 위키피디아 홈페이지, https://en.wikipedia.org/wiki/2008_Swiss_Federal_Council_election#cite_note-and-6 (2021. 12. 10. 최종 확인).

13 예컨대 조셉 다이스(Joseph Deiss, 1999~2002 외교부 장관, 2003~2006 경제 · 교육 · 연구부장관)와 사무엘 슈미트(Samuel Schmid, 2000~2008 국방 · 안보 · 체육부장관)를 선출하는 데 있어 6차 투표까지 실시됐고, 6차 투표에서 유효투표의 과반수를 얻었다: 박응격 · 김상겸 · 이옥연 · 정재각 · 디트마 되링, 서구 연방주의와 한국, 인간사랑 (2006), 152

14 디디에 부르칼테르(Didier Burkhalter)는 연방내무부 장관(2009. 11. 1.~2011. 12. 31.)과 연방외교부 장관(2012. 1. 1.~2017. 10. 31.)을 역임했다: Tribune de Genève, "Le successeur de Didier Burkhalter sera connu le 20 septembre" (2017. 6. 15.), https://www.tdg.ch/suisse/politique/successeur-didier-burkhalter-connu-20-septembre/story/18977406 (2021. 12. 10. 최종 확인).

15 Swiss info. ch, "Poll shows support split for cabinet nominees" (2008. 12. 10.), https://www.swissinfo.ch/eng/poll-shows-support-split-for-cabinet-nominees/7056308 (2021. 12. 10. 최종 확인).

16 장철균, 스위스에서 배운다: 21세기 대한민국 선진화 전략, 살림 (2013), 81; 헨드릭 빌렘 반 룬(임경민 역), 반 룬의 지리학, 아이필드 (2011), 193.

17 양원 집행부는 연방내각사무처장이 참석한 가운데 2014년 2월 14일, 5월 16일, 8월 29일 회의를 거쳐 이 제안을 적극적으로 검토하고, 연방내각과 협의한 후에 결정했다.

18 선거권

만 18세 이상의 모든 스위스인은 하원선거에서 선거권을 가진다. 다만, 정신질환 또는 정신지체를 이유로 행위능력이 없는 국민은 선거권을 행사할 수 없다(연방헌법 제136조 제1항). 따라서 장애나 질병으로 선거권을 행사할 수 없는 사람을 제외한 18세 이상 국내 또는 해외 거주 스위스 국민은 하원선거에서 선거권을 가진다.

19 이하 연방의회의 연방법관 선출에 대한 자세한 사항은 최용훈, 스위스 연방의회 제도에 관한 연구-입법과정 등을 중심으로-, 사법정책연구원 (2020), 115 이하 참조.

20 위탁세

독일어로 Mandatssteuer

한국어로 위임세 등으로 번역된다.

위탁세에 관해 SRF 기사 참조, "Bündner Parteien: Mandatssteuer sind kein Problem" (2017. 11. 28.), https://www.srf.ch/news/regional/graubuenden/glaubwuerdigkeit-der-justiz-buendner-parteien-mandatssteuer-sind-kein-problem (2021. 12. 10. 최종 확인).

21 정당별 1년 위탁세는 녹색당(GPS) 20,000 프랑, 녹색자유당(GLP) 13,000 프랑(첫해 26,000 프랑), 사민당(SP) 13,000 프랑, 스위스국민당(SVP) 7,000 프랑, 기민당(CVP) 6,000 프랑, 보수민주당(BDP) 3,000프랑, 자민당(FDP) 3,000 프랑이다: Racioppi, "Die moderne ≪Paulette≫: Mandatssteuern von Richterinnen und Richtern", in: Justice - Justiz - Giustizia, 2017/3, Rz. 68.

22 Vatter, Das politische System der Schweiz, 3. Aufl., Nomos Verlagsgesellschaft (2018), 504.

23 Kiener, Richterliche Unabhängigkeit, Verfassungsrechtliche Anforderungen an Richter und Gerichte, Stämpfli Verlag AG (2001), 25.

24 연방법원별 연방법관 임기 및 정년

연방대법원의 연방법관 임기는 6년이고(연방헌법 제145조), 정년은 만 68세이다(연방대법원법 제9조). 연방대법원장과 부원장의 임기는 2년으로, 1차례 재선출이 허용된다(연방대법원법 제14조 제2항). 연방형사법원의 연방법관의 임기는 6년이고, 정년은 만 68세이다(연방형사기관조직법 제48조). 연방형사법원장과 부원장은 2년마다 선출하지만(임기 2년), 1회 중임이 허용된다(연방형사기관조직법 제15조 제2항). 연방행정법원의 연방법관의 임기는 6년이고, 정년은 만 68세이다(연방행정법원법 제9조). 연방행정법원장과 부원장 선거는 2년마다 하고, 1회의 중임이 허용된다(연방행정법원법 제14조 제2항). 연방특허법원의 연방법관 임기는 6년이고, 정년은 만 68세이다(연방특허법원법 제13조). 연방특허법원장은 6년의 임기로 선출되며, 중임이 허용된다(연방특허법원법 제18조 제2항).

25 스위스연방정부 연방공보 홈페이지, https://www.admin.ch/opc/fr/federal-gazette/2001/4000.pdf (FF 2001 4000, 4080).

26 노경필, "스위스연방 대법원(Bundesgericht)의 조직 및 권한에 관한 연구", 재판자료 제107집, 법원도서관 (2005), 291.

27 Philippe Schwab, "The elective function and checks on nominations to Parliament", Contribution at the Session of the Association of Secretaries General of Parliaments (2016. 3.), 4

28 형사소송법

법령번호(SR) 312.0 (2007. 10. 5. 제정, 2011. 1. 1. 시행)

독일어로 「Schweizerische Strafprozessordnung (Strafprozessordnung, StPO)」

프랑스어로 「Code de procédure pénale suisse (Code de procédure pénale, CPP)」

영어로 「Swiss Criminal Procedure Code (Criminal Procedure Code, CrimPC)」.

한국어로 '형사절차법' 등으로 번역된다.

29 예심절차

예심절차(우리나라의 수사절차와 거의 같다)는 크게 경찰의 초동수사절차(Ermittlungsverfahren)와 검찰의 예심조사절차(Untersuchung)로 나누어진다(형사소송법 제299조 제1항). 검사는 예심절차의 주재자이기 때문에 경찰에 대한 지시권과 감독권을 행사할 수 있다: 이원상, "스위스 형사사법개혁 취지를 통해 살펴본 한국의 검찰개혁", 비교형사연구 제19권 제3호, 한국비교형사법학회 (2017), 217..

30 연방수사경찰

독일어로 Bundeskriminalpolizei (BKP)

프랑스어로 police judiciaire de la Confédération

영어로 Federal Criminal Police

연방경찰청(Bundesamt für Polizei, fedpol)은 범죄 수사, 보안 업무, 테러방지, 자금세탁 수사 등을 담당한다. 연방수사경찰은 연방경찰청 소속으로 강력범죄, 조직범죄 등을 수사하는 기관이다. 연방수사경찰은 연방형사기관조직법 제23조 및 제24조에 따라 연방검찰청의 지휘를 받아 조직범죄, 테러방지 등의 범죄를 수사한다: 연방경찰청 홈페이지 참조, https://www.fedpol.admin.ch/fedpol/en/home/polizei-zusammenarbeit/national/polizeiarbeit_auf.html (2021. 12. 10. 최종 확인); 이원상, "스위스 형사사법개혁 취지를 통해 살펴본 한국의 검찰개혁", 비교형사연구 제19권 제3호, 한국비교형사법학회 (2017), 216-218.

31 연방검찰청 홈페이지 참조, https://www.bundesanwaltschaft.ch/mpc/en/home.html (2021. 12. 10. 최종 확인).

32 연합뉴스, "FIFA 비밀회동 의혹받는 스위스 검찰총장, 결국 사의 표명"(2020. 7. 25.), https://www.yna.co.kr/view/AKR20200725007700088?input=1195m (2021. 12. 10. 최종 확인); SBS 뉴스, "스위스 의회 위원회 "FIFA 비밀회동 의혹 검찰총장 연임 반대"" (2019. 9. 5.), https://news.sbs.co.kr/news/endPage.

do?news_id=N1005424551 (2021. 12. 10. 최종 확인).

33 연방검찰 감독위원회
독일어로 Aufsichtsbehörde über die Bundesanwaltschaft (AB-BA)
프랑스어로 Autorité de surveillance du Ministère public de la Confédération (AS-MPC)
영어로 The supervisory authority over the Federal Prosecutor's Office 또는 Attorney General's supervisory body.

34 연방검찰 감독위원회 홈페이지 참조, http://www.ab-ba.ch/de/ueber_uns.php (2021. 12. 10. 최종 확인).

35 연방검찰 감독위원회의 조직 및 행정에 관한 연방의회 시행령
법령번호(SR) 173.712.24
독일어로 「Verordnung der Bundesversammlung über die Organisation und die Aufgaben der Aufsichtsbehörde über die Bundesanwaltschaft」
프랑스어로 「Ordonnance de l'Assemblée fédérale concernant l'organisation et les tâches de l'autorité de surveillance du Ministère public de la Confédération」.

36 연방검찰 감독위원회 규칙
법령번호(SR) 173.712.243
독일어로 「Reglement der Aufsichtsbehörde über die Bundesanwaltschaft」
프랑스어로 「Règlement de l'autorité de surveillance du Ministère public de la Confédération」.

37 연방검찰총장 및 검찰차장의 고용 관계 및 급여에 관한 연방의회 시행령
법령번호(SR) 173.712.23
독일어로 「Verordnung der Bundesversammlung über das Arbeitsverhältnis und die Besoldung des Bundesanwalts oder der Bundesanwältin sowie der Stellvertretenden Bundesanwälte oder Bundesanwältinnen」
프랑스어로 「Ordonnance de l'Assemblée fédérale concernant les rapports de travail et le traitement du procureur général de la Confédération et des procureurs généraux suppléants」.

38 연방검찰 감독위원회의 활동과 관련한 아래의 기사 참조: 매일경제, "스위스 검찰총장, FIFA 고위층과 비밀회동으로 징계" (2020. 3. 4.), https://www.mk.co.kr/news/world/view/2020/03/230871/ (2021. 12. 10. 최종 확인); 중앙일보, "'검찰총장 비밀회동' FIFA 회장 특검 간다, 스위스 사법당국 수사 착수" (2020. 7. 31.), https://news.joins.com/article/23837829 (2021. 12. 10. 최종 확인).

39 연방검찰의 주요 보고 내용은 내부조직, 일반적인 지시사항, 종료됐거나 계속 중인 사건의 종류 및 숫자, 각 부서별 업무 부담, 인력 · 재정 · 물품의 투입, 연방검찰의 항고 처리와 소송행위의 결과 및 숫자 등에 관한 것이다(연방형사기관조직법 제17조 제2항).

40 연방공무원책임법
법령번호(SR) 170.32
독일어로 「Bundesgesetz über die Verantwortlichkeit des Bundes sowie seiner Behördemitglieder und Beamten (Verantwortlichkeitsgesetz, VG)」
프랑스어로 「Loi fédérale sur la responsabilité de la Confédération, des membres de ses autorités et de ses fonctionnaires (Loi sur la responsabilité, LRCF)」.
한국어로 연방공무원책임법, 연방 및 그 기관구성원과 공무원의 책임에 관한 연방법으로 해석된다.

41 연방정보보호국장
독일어로 Eidgenössischer Datenschutz- und Öffentlichkeitsbeauftragter
프랑스어로 Préposé fédéral à la protection des données et à la transparence
영어로 Federal Data Protection and Information Commissioner.

42 데이터보호법
법령번호(SR) 235.1
독일어로 「Bundesgesetz über den Datenschutz (DSG)」
프랑스어로 「Loi fédérale sur la protection des données (LPD)」
영어로 「Federal Act on Data Protection (FADP)」.

43 연방정보보호국은 형식상 연방내각사무처 소속이지만, 독립적으로 직무를 수행한다(데이터보호법 제26조 제3항). 연방감사원은 행정적으로 연방재무부 소속이지만, 독립적인 재정감독 활동을 수행하는 재정감사기관이다(연방감사원법 제1조).

44 Philippe Schwab, "The elective function and checks on nominations to Parliament", Contribution at the Session of the Association of Secretaries General of Parliaments (2016. 3.), 6.

45 의회법 시행령
법령번호(SR) 171.115
독일어로 「Verordnung der Bundesversammlung zum Parlamentsgesetz und über die Parlamentsverwaltung (Parlamentsverwaltungsverordnung, ParlVV)」
프랑스어로 「Ordonnance de l'Assemblée fédérale portant application de la loi sur le Parlement et relative à l'administration du Parlement (Ordonnance sur l'administration du Parlement, OLPA)」.

46 국내정책과 관련된 외교정책에 있어서는 연방의회의 활동이 제약을 받지만, 반대로 외교정책과 관련된 국내정책에 대해서는 연방의회가 연방내각의 권한을 제약할 수 없다. 일부 전문가에 따르면 연방법률의 30%는 유럽연합법의 영향을 받는다고 한다: Philippe Schwab, "The Emergence of Parliamentary Diplomacy; Practice, Challenges and Risks", Contribution to the general debate in the Association of Secretaries General of Parliaments (2013. 10.), 2; Philippe Schwab, "The Emergence of Parliamentary Diplomacy; Practice, Challenges and Risks", Contribution to the general debate in the Association of Secretaries General of Parliaments (2013. 10.), 1.

47 Ruth Lüthi, Parlament, in: Peter Knoepfel et al. (Hrsg.), Handbuch der Schweizer Politik: Manuel de la politique suisse, 5. Aufl., Verlag Neue Zürcher Zeitung (2014), 182.

48 José M. Magone, The Statecraft of Consensus Democracies in a Turbulent World: A Comparative Study of Austria, Belgium, Luxembourg, the Netherlands and Switzerland, Routledge (2017), 189.

49 집단적 안전보장과 관련된 사항의 사례로는 NATO(북대서양조약기구)를 들 수 있다. 초국가적 공동체와 관련된 사항으로는 UN 가입(1986년, 2002년 투표), EEC(유럽경제지역) 가입(1992년 투표) 등을 들 수 있다: Wolf Linder/Mitarbeit von Rolf Wirz, Direkte Demokratie, in: Peter Knoepfel et al. (Hrsg.), Handbuch der Schweizer Politik: Manuel de la politique suisse, 5. Aufl., Verlag Neue Zürcher Zeitung (2014), 148; UN 가입과 관련한 조약을 집단적 안전보장기구와 관련된 사항으로 보는 견해도 있다: Venelin Tsachevsky, The Swiss Model-The Power of Democracy, Peter Lang AG (2014), 102.

50 국제개발협력 및 인도주의적 원조에 관한 연방법

법령번호(SR) 974.0

독일어로 「Bundesgesetz über die internationale Entwicklungszusammenarbeit und humanitäre Hilfe」

프랑스어로 「Loi fédérale sur la coopération au développement et l'aide humanitaire internationales」.

51 동유럽 국가와의 협력에 관한 연방법

법령번호(SR) 974.1

독일어로 「Bundesgesetz über die Zusammenarbeit mit den Staaten Osteuropas」

프랑스어로 「Loi fédérale sur la coopération avec les Etats d'Europe de l'Est」.

52 시민평화지원 및 인권증진 조치에 관한 연방법

법령번호(SR) 193.9

독일어로 「Bundesgesetz über Massnahmen zur zivilen Friedensförderung und Stärkung der Menschenrechte」

프랑스어로 「Loi fédérale sur des mesures de promotion civile de la paix et de renforcement des droits de l'homme」.

53 국제제재 이행에 관한 연방법

법령번호(SR) 946.231

독일어로 「Bundesgesetz über die Durchsetzung von internationalen Sanktionen (Embargogesetz, EmbG)」

프랑스어로 「Loi fédérale sur l'application de sanctions internationales (Loi sur les embargos, LEmb)」

영어로 「Federal Act on the Implementation of International Sanctions (Embargo Act, EmbA)」.

54 2004년 3월 9일 법안제출요구안으로 제출: 연방의회 홈페이지 참조, https://www.parlament.ch/fr/ratsbetrieb/amtliches-bulletin/amtliches-bulletin-die-verhandlungen?SubjectId=8350 (2021. 12. 10. 최종 확인).

55 2012년 3월 12일 법안제출요구안으로 제출, 2013년 4월 17일 하원에서 부결: 연방의회 홈페이지 참조, https://www.parlament.ch/de/ratsbetrieb/suche-curia-vista/geschaeft?AffairId=20123126 (2021. 12. 10. 최종 확인).

56 2012년 11월 20일 법안제출요구안으로 제출: 연방의회 홈페이지 참조, https://www.parlament.ch/fr/ratsbetrieb/suche-curia-vista/geschaeft?AffairId=20123991 (2021. 12. 10. 최종 확인).

57 2009년 3월 31일 상원에 법안제출요구안으로 제출, 2009년 5월 13일 연방내각 수용: 연방의회 홈페이지 참조, https://www.parlament.ch/fr/ratsbetrieb/suche-curia-vista/geschaeft?AffairId=20093358 (2021. 12. 10. 최종 확인).

58 성명

독일어로 Erklärungen

프랑스어로 Déclarations

영어로 Statements

한국어로 입장, 해명 등으로 번역된다.

59 Philippe Schwab, "The Emergence of Parliamentary Diplomacy: Practice, Challenges and Risks", Contribution to the general debate in the Association of Secretaries General of Parliaments (2013. 10.), 3

60 안성호, 스위스연방 민주주의 연구, 대영문화사 (2001), 261.

61 예를 들어 2012년에는 3번의 선거감시단 방문을 포함해 360번의 대외 활동이 조직됐다: Philippe Schwab, "The Emergence of Parliamentary Diplomacy: Practice, Challenges and Risks", Contribution to the general debate in the Association of Secretaries General of Parliaments (2013. 10.), 4.

62 의회외교에 관한 연방의회 시행령
법령(SR) 번호 171.117 (2012년 9월 28일)
독일어로 「Verordnung der Bundesversammlung über die Pflege der internationalen Beziehungen des Parlamentes (VPiB)」
프랑스어로 「Ordonnance de l'Assemblée fédérale sur les relations internationales du Parlement (ORInt)」.

63 국제의회연맹
프랑스어로 Union interparlementaire
영어로 Inter-Parliamentary Union
국제의회연맹은 1889년 설립된 전 세계 주권 국가들의 의회 간 국제기구이다. 국제의회연맹은 세계 평화와 협력 및 대의제도 확립을 위한 각국 의회 및 의원들 간의 교류와 협력을 추구하며, 의회민주주의 발전의 기본요소인 보편적 인권을 보호 및 증진하고 대의제도 운영에 관한 이해증진과 그 실행방안의 개발 및 강화에 기여할 것을 목적으로 한다. 국제의회연맹은 유엔의 자문기구이고, 스위스 제네바에 본부가 있다.

64 유럽평의회 의회협의체
영어로 Parliamentary Assembly of the Council of Europe (PACE).
유럽평의회 의회협의체는 47개국의 의회들로 구성된 의회 간 기구(의원회의)이다.
유럽평의회
독일어로 EUROPARAT
영어로 Council of Europe
유럽평의회는 유럽의 경제 · 사회적 발전을 촉진하기 위해 국방(군사) 분야를 제외한 모든 분야에서 점진적인 유럽통합을 지향하고, 범유럽권의 인권, 민주주의, 법치 수호를 위해 결성된 국제기구이다. 1949년 5월 5일 네덜란드, 노르웨이, 덴마크, 룩셈부르크, 벨기에, 스웨덴, 아일랜드, 영국, 이탈리아, 프랑스 10개국이 〈유럽평의회 헌장〉에 서명하면서 발족했다. 2020년 현재 유럽평의회는 마지막으로 가입한 몬테네그로를 포함해 유럽 각국과 일부 중앙아시아 국가 등 47개국으로 구성된다. 산하 조직으로 회원국 외무장관으로 구성된 각료 위원회와 자문 위원회, 회원국 의원으로 구성된 의원회의(의회협의체), 유럽인권위원회, 유럽인권재판소, 사무국 등의 기구를 두고 있다. 사무국은 프랑스 스트라스부르에 있다: 유럽평의회 홈페이지 참조, https://www.coe.int/en/web/portal (2021. 12. 10. 최종 확인); 유럽평의회 의회협의체 홈페이지 참조, https://pace.coe.int/en/ (2021. 12. 10. 최종 확인).

65 유럽연합의회
영어로 The European Parliament
한국어로 유럽의회 등으로 번역된다.
유럽연합(The European Union, EU)은 EU 이사회, EU 집행위원회, 유럽의회(EP), 유럽사법재판소(CJEU), 유럽회계감사원(ECA) 등 5개 기관이 핵심적인 역할을 한다.
유럽연합의회는 유럽연합에서 의회 역할을 하는 기관이다. 유럽 각 회원국에서 직접 보통선거로 선출된 임기 5년의 총 705명의 의원으로 구성되며, 각국의 인구수에 비례하여 회원국별로 의원 수가 할당된다. 유럽의회는 의장 1명, 부의장 14명, 5명의 재무관으로 구성되는 임기 2년 반의 집행부(Bureau)와 각 정치그룹의 대표가 참가하는 확대집행부로 구성된다. 유럽의회에는 외교, 경제, 금융문제, 농업, 개발 예산 등 22개 상임위원회가 있으며, 필요시 특정사안에 관한 임시위원회 설치가 가능하고, 비회원국(유럽 및 비유럽) 의회와의 교류를 위한 40개의 의원 친선대표단(delegation)이 존재한다. 1년에 12회 개최되는 유럽의회 본회의는 프랑스 스트라스부르그에서, 4~6회의 미니(mini) 본회의와 각종 위원회 회의는 벨기에 브뤼셀에서 개최되며, 의회 사무국은 룩셈부르크에 소재한다(multi-site 시스템): 외교부 홈페이지 참조, http://www.mofa.go.kr/www/wpge/m_3854/contents.do (2021. 12. 10. 최종 확인).

66 프랑스어권 의회

프랑스어로 Assemblee parlementaire de la Francophonie (APF)

프랑스어권 의회는 민주주의 인권 개발 등 프랑스어권 국제기구(OIF)의 목표를 공유하며, OIF에서 정치적인 관점이 고려될 수 있도록 권고를 제공하는 기능을 수행한다. 프랑스어권 국제기구의 의회라고 볼 수 있다.

프랑스어권 국제기구

프랑스어로 Organisation internationale de la Francophonie (OIF)

영어로 International Organization of La Francophonie

한국어로 불어권 국제기구, 프랑코포니 등으로 번역된다.

프랑스어권 국제기구는 프랑스어 사용권 국가들 간 협력 관계를 담당한다. 대부분의 프랑스어 사용권 국가들은 프랑스어 사용과 보편가치를 공유하는 88개의 국가가 모인 국제프랑코포니기구(OIF)의 회원으로 가입했다. 프랑스어권 국제기구는 정상회담, 각료회담, 상임이사국, 의회 (APF) 등으로 구성된다: 프랑코포니 홈페이지 참조, https://francophonie.or.kr/la-francophonie/?lang=ko (2021. 12. 10. 최종 확인).

67 유럽안보협력기구 의회

영어로 Parliamentary Assembly of the OSCE

유럽안보협력기구 의회(PA-OSCE)는 1990년 11월 파리정상회의에서 설립을 합의했다. 성격은 범유럽 차원의 OSCE 회원국 의회 간 협력을 추구하고, 의결권이 없는 단순한 자문기구이며 OSCE 활동 전반에 권고를 한다.

유럽안보협력기구

영어로 Organization for Security and Cooperation in Europe (OSCE)

유럽안보협력기구의 전신은 1975년 헬싱키 정상회의 개최 결과 유럽안보협력회의(CSCE)로 창설됐다. 1995년 유럽안보협력기구(OSCE)로 상설 기구화됐다. 유럽안보협력기구는 전 유럽지역 국가 및 미국, 캐나다, 몽골을 합해 57개국을 회원국으로 한다. 또한 11개 협력동반자국(Partners for Cooperation)이 있다. OSCE의 주요 회의체로 정상회의, 각료이사회, 상설이사회, 안보협력포럼(Forum for Security Council)이 있다. 또한 OSCE 산하에 사무국, 민주제도인권사무소(Office for Democratic Institution and Human Rights, ODIHR)가 있다: 외교부, OSCE 개황 (2013), 6-8, 59-60.

68 Philippe Schwab, "The Emergence of Parliamentary Diplomacy: Practice, Challenges and Risks", Contribution to the general debate in the Association of Secretaries General of Parliaments (2013. 10.), 4.

69 의원 친선단체

독일어로 Parlamentarische Gruppen

프랑스어로 Intergroupes parlementaires

영어로 Cross-Party Groups

한국어로 친선협회, 합동교섭단체, 초당파적 교섭단체, 초당파적 합동외교단체, 의원친선협회 등으로 번역된다.

70 한국, 중국, 유럽연합, 러시아, 터키, 베트남, 아르메니아, 아제르바이잔, 발트 삼국, 그리스, 이스라엘, 카자흐스탄, 라틴 아메리카, 레바논, 폴란드, 슬로바키아, 남아프리카 공화국과 의회 교류를 위한 합동외교단체가 구성되어 있다: Philippe Schwab, "The Emergence of Parliamentary Diplomacy; Practice, Challenges and Risks", Contribution to the general debate in the Association of Secretaries General of Parliaments (2013. 10.), 9.

71 Ruth Lüthi, Parlament, in: Peter Knoepfel et al. (Hrsg.), Handbuch der Schweizer Politik: Manuel de la politique suisse, 5. Aufl., Verlag Neue Zürcher Zeitung (2014), 179.

72 스위스는 입법평가를 'Gesetzesevaluation'로 하여 독일의 'Gesetzesfolgenabschätzung'에 비해 영미식 평가개념을 확장한다. 입법평가와 관련한 문헌에서 사전적 입법평가를 Impact Assessment(IA)라 하고, 사후적 입법평가를 Impact Evaluation(IE)라 하여 구별하는 경향이 있다. 스위스가 'Gesetzesevaluation'이라는 용어를 채택한 것은 사후적 입법평가를 중시한 결과이다: 입법평가에 관한 자세한 사항은 최용훈, 스위스 연방의회 제도에 관한 연구-입법과정 등을 중심으로-, 사법정책연구원 (2020), 90-111 참조.

73 Walter Haller, The Swiss Constitution in a Comparative Context, Dike Publishers (2016), 137.

제8장 연방의회의 집회 및 운영

1 The Swiss Confederation: a brief guide 2017, Federal Chancellery (2017), 36.

2 이기우, 분권적 국가개조론, 한국학술정보 (2014), 339.

3 Philippe Schwab, "The Swiss Parliament as a plurilingual forum", Communication from the Association of Secretaries General of Parliaments (2014. 10.), 10.

4 2003년 에비 알레만(Evi Allemann), 2007년 루카스 라이만(Lukas Reimann), 2011년 마티아스 레이너드(Mathias Reynard)이 각각 연설했다. 이들의 평균연령은 25세였고, 2011년 본회의 개회 연설을 한 마티아스 레이너드의 나이는 24세였다: Bibliothèque du Parlement Recherches et statistiques, Fiche d'information: Législature, Service du Parlement (2017), 4.

5 Bibliothèque du Parlement Recherches et statistiques, Fiche d'information: Législature, Service du Parlement (2017), 4, 12.

6 나는 약속한다

독일어로 Ich gelobe es

프랑스어로 Je le promets

영어로 I promise

한국어로 나는 맹세한다 등으로 번역된다.

7 나는 서약한다

독일어로 Ich schwöre es

프랑스어로 Je le jure

영어로 I swear.

8 Bibliothèque du Parlement Recherches et statistiques, Fiche d'information: Législature, Service du Parlement (2017), 6.

9 2021년 12월 현재 교섭단체별 의석은 스위스국민당(SVP) 55석, 사민당(SP) 39석, 기민당(CVP)·복음인민당(EVP)·보수민주당(BDP) 31석, 녹색당 30석, 자민당(FDP) 29석, 녹색자유당 16석이다: 연방의회 홈페이지 참조, https://www.parlament.ch/de/%C3%BCber-das-parlament/parlamentsw%C3%B6rterbuch/parlamentsw%C3%B6rterbuch-detail?WordId=202 (2021. 12. 10. 최종 확인).

10 안성호, 왜 분권 국가인가: 리바이어던에서 자치공동체로, 박영사 (2016), 51.

11 Christine Benesch & Monika Bütler & Katharina E. Hofer, "Transparency in Parliamentary Voting", CESifo Working Paper Series No. 5682 (2016), 8.

12 1. 하원의장, 2. 제1 부의장, 3. 제2 부의장, 4. 계표위원, 5. 발언의원, 6. 보고위원, 7. 사무총장, 8. 연방각료, 9. 사무처 직원: https://www.parlament.ch/de/organe/nationalrat/sitzordnung-nr (2021. 12. 10. 최종 확인).

13 Christine Benesch & Monika Bütler & Katharina E. Hofer, "Transparency in Parliamentary Voting", CESifo Working Paper Series No. 5682 (2016), 13.

14 연방의회 홈페이지 참조, https://www.parlament.ch/de/%C3%BCber-das-parlament/parlamentsw%C3%B6rterbuch/parlamentsw%C3%B6rterbuch-detail?WordId=202 (2021. 12. 10. 최종 확인).

15 2021년 12월 현재 교섭단체별 상원의석은 기민당·복음인민당·보수민주당 14석, 자민당(FDP) 12석, 사민당(SP) 8석, 스위스국민당(SVP) 7석, 녹색당 5석이다: https://www.parlament.ch/de/organe/staenderat/sitzordnung-sr (2021. 12. 10. 최종 확인).

16 1. 상원의장, 2. 제1 부의장, 3. 제2 부의장, 4. 계표위원, 5. 사무총장, 6. 사무처 직원(시간 계산), 7. 공보·기록국장, 8. 연방각료: 연방의회 홈페이지 참조, https://www.parlament.ch/de/organe/staenderat/sitzordnung-sr (2021. 12. 10. 최종 확인).

17 Assemblée fédérale, Prochain arrêt–Palais fédérale: Un guide pour les députés, Service du Parlement (2017), 24, 31, 33.

18 Conseil des Etats, Accès à la salle du Conseil des Etats et aux antichambres pendant les sessions (2016), 4.

19 토론, 투표, 투표결과 발표 등이 이루어지는 모든 정기회는 연방의회의 활동시간으로 계산됐다: Assemblée fédérale, Le Bulletin officiel de l'Assemblée fédérale, Services du Parlement Bulletin officiel (2017), 3; 연방의회 홈페이지 참조, https://www.parlament.ch/en/reden/Pages/rede-schwab-2015-03-26.aspx (2021. 12. 10. 최종 확인); Association of Secretaries General of Parliaments, The system for the preparation of the Official Report in the Swiss Parliament (1996), 139; Katharina E. Hofer, "Shirk or Work? On How Legislators React to Monitoring", Economics Working Paper Series 1616, University of St. Gallen (2017), 14.

20 2019년 11월 상원 결선투표일(2019.11.3.~11.24.)
2019.11.3: 발레 칸톤 / 2019. 11. 10: 프리부르, 제네바, 보 칸톤 / 2019.11.24: 그 밖의 칸톤
2019.11.17: 루체른, 추크, 졸로투른, 취리히, 베른, 장크트 갈렌, 티치노 칸톤

21 제45~제49대 의회기 기간은 연방의회도서관 자료 참조, Parlamentsbibliothek Fakten und Zahlen,

Die 49. Legislatur in Zahlen (2017), https://www.parlament.ch/centers/documents/de/Das%20Parlament%20in%20Zahlen_d_07.12.2015.pdf (2021. 12. 10. 최종 확인), 1. 제50대 의회기 기간은 연방의회 홈페이지 참조, https://www.parlament.ch/de/%C3%BCber-das-parlament/fakten-und-zahlen/bilanz-50-legislatur (2021. 12. 10. 최종 확인).

22 Bibliothèque du Parlement Recherches et statistiques, Fiche d'information: Législature, Service du Parlement (2017), 6.

23 The Swiss Confederation: a brief guide 2017, Federal Chancellery (2017), 25.

24 정기회
독일어로 ordentlichen Sessionen
프랑스어로 sessions ordinaires
영어로 ordinary sessions.

25 의사절차법의 정식명칭은 「연방의회의 의사 절차 및 연방의회 법령의 형식, 공포 및 발효에 관한 연방법」이다. 의사절차법은 2007년 12월 2일 폐지됐다. 연방정부 현행법령집 검색 홈페이지 참조, https://www.admin.ch/opc/de/classified-compilation/19620059/history.html (2021. 12. 10. 최종 확인).
연방의회의 의사 절차 및 연방의회 법령의 형식, 공포 및 발효에 관한 연방법(의사절차법)
법령번호(SR) 171.11
독일어로 「Bundesgesetz vom 23. März 1962 über den Geschäftsverkehr der Bundesversammlung sowie über die Form, die Bekanntmachung und das Inkrafttreten ihrer Erlasse (Geschäftsverkehrsgesetz)」
프랑스어로 「Loi fédérale du 23 mars 1962 sur la procédure de l'Assemblée fédérale, ainsi que sur la forme, la publication et l'entrée en vigueur des actes législatifs (Loi sur les rapports entre les conseils)」

26 Bibliothèque du Parlement, "Fiche d'information: Les sessions parlementaires", Service du Parlement (2017), 5.

27 스위스 연방의회 홈페이지, https://www.parlament.ch/en/ratsbetrieb/sessions/schedule (2020. 6. 1. 최종 확인).
2020년 연간 회의일정
봄 정기회는 3월 2일~3월 20일, 여름 정기회는 6월 2일~6월 19일, 가을 정기회는 9월 7일~9월 25일, 겨울 정기회는 11월 30일~12월 18일, 특별회기는 5월 4일~5월 5일이다.
2019년 연간 회의일정
봄 정기회는 3월 4일~22일, 특별회는 5월 7일~9일(하원만), 여름 정기회는 6월 3일~6월 21일, 가을 정기회는 9월 9일~27일, 겨울 정기회는 12월 2일~12월 20일 개최됐다. 교섭단체별 연찬회는 6월 12일 실시됐다. 1년 임기의 하원 및 상원 의장 · 부의장 선출은 12월 2일, 연방각료 · 연방대통령 · 부통령 선출은 12월 11일 실시됐다. 상원 · 하원 의장 당선연회는 12월 4일, 연방대통령 등 당선연회는 12월 19일 실시됐다. 양원 집행부 정례회의는 2월 15일, 5월 17일, 8월 22 · 23일(하원 · 상원), 11월 9일 실시됐다. 연방 차원의 국민투표일은 2월 10일, 5월 19일이다: 스위스 연방의회 홈페이지, https://www.parlament.ch/en/ratsbetrieb/sessions (2021. 12. 10. 최종 확인).
2017년 연간 회의일정
봄 정기회는 2월 27일~3월 17일, 특별회는 5월 2일~4일(하원만), 여름 정기회는 5월 29일~6월 16일, 가을 정기회는 9월 11일~29일, 겨울 정기회는 11월 27일~12월 15일 개최됐다. 교섭단체별 연찬회는

2017년 6월 7일 실시됐다. 1년 임기의 상원 및 하원의장 선출은 11월 27일, 연방대통령 및 부통령 선출은 12월 6일 실시됐다. 상원, 하원의장 선거 후 당선연회는 11월 29일, 연방대통령 당선연회는 12월 14일 실시되고, 또 다른 연회는 12월 14일 실시됐다. 양원 집행부(사무국) 정례회의는 2월 3일, 5월 12일, 8월 24 · 25일, 10월 10일 실시됐다. 연방 차원의 국민투표일은 2월 12일, 5월 21일, 9월 24일, 11월 26일이다.

2015년의 경우 봄 정기회는 3월 2~20일, 특별회는 5월 4~7일, 여름 정기회는 6월 1~19일, 가을 정기회는 9월 7~25일, 겨울 정기회는 11월 30~12월 18일 개최됐다. 12월 9일에 연방각료, 연방내각 사무처장, 연방대통령, 연방부통령을 선출했다: 스위스 연방의회 홈페이지 https://www.parlament.ch/en/ratsbetrieb/sessions/schedule (2021. 12. 10. 최종 확인).

28 Katharina E. Hofer, "Shirk or Work? On How Legislators React to Monitoring", Economics Working Paper Series 1616, University of St. Gallen (2017), 21.

29 Assemblée fédérale, Prochain arrêt–Palais fédérale: Un guide pour les députés, Service du Parlement (2017), 18.

30 Assemblée fédérale, Prochain arrêt–Palais fédérale: Un guide pour les députés, Service du Parlement (2017), 24.

31 1841년 독일어로 된 애국시를 토대로 스위스 찬가(Swiss Psalm)가 만들어졌다(작사 Leonhard Widmer, 작곡 Alberik Zwyssig). 이를 스위스 국가로 지정하려는 움직임이 있었지만 연방내각은 국민의 결정이 있어야 한다는 이유로 반대했다. 120년만인 1961년에 스위스 찬가가 잠정적으로 국가(國歌)가 됐고, 1981년 4월 1일부터 공식적으로 국가가 됐다. 2004년에 베른 출신 연방의원(Margret Kiener Nellen)은 구태의연하고, 남녀 평등하지 않은 가사의 개사를 요청하는 법안제출요구안을 제출한 바 있다: Swiss info.ch, "Folk called on to fine-tune national anthem" (2014. 1. 2.), https://www.swissinfo.ch/eng/patriotic-_folk-called-on-to-fine-tune-national-anthem/37558552 (2021. 12. 10. 최종 확인).

32 연방의회 홈페이지 참조, https://www.parlament.ch/fr/ratsbetrieb/suche-curia-vista/geschaeft?AffairId=20093946 (2021. 12. 10. 최종 확인).

33 장철균, 스위스에서 배운다: 21세기 대한민국 선진화 전략, 살림 (2013), 57

34 George Arthur Codding, The Federal Government of Switzerland, Houghton Mifflin (1961), 83.

35 의사진행발언

독일어로 Ordnungsanträge

프랑스어로 motions d'ordre

영어로 Points of order

의사진행발언은 회의 중 의원이 의사 진행과 관련된 절차, 규칙과 관련하여 즉각적으로 제기하는 발언이다. 연방의원, 위원회, 교섭단체 등은 의사진행발언을 할 권한이 있다: https://www.parlament.ch/en/%C3%BCber-das-parlament/parlamentsw%C3%B6rterbuch/parlamentsw%C3%B6rterbuch-detail?WordId=161 (2021. 12. 10. 최종 확인).

36 연방의회 홈페이지 참조, https://www.parlament.ch/en/%C3%BCber-das-parlament/parlamentsw%c3%b6rterbuch/parlamentsw%c3%b6rterbuch-detail?WordId=54 (2021. 12. 10. 최종 확인).

37 Katharina E. Hofer, "Shirk or Work? On How Legislators React to Monitoring", Economics Working

Paper Series 1616, University of St. Gallen (2017), 12, 21.

38 임시회

독일어로 ausserordentlichen Session

프랑스어로 session extraordinaire

영어로 extraordinary session.

39 Bibliothèque du Parlement, "Fiche d'information: Les sessions parlementaires", Service du Parlement (2017), 4.

40 안성호, 스위스연방 민주주의 연구, 대영문화사 (2001), 254.

41 2009년에 두 번(형법 강화, 우유 가격 및 농업정책), 2010년에 한 번(실업), 2011년에 두 번(양자 간 협약 III, 이민 및 망명), 2013년에 한 번(솅겐/더블린), 2015년과 2016년에 각각 한 번(망명 분야의 즉각적인 유예, 유럽으로의 난민쇄도 및 국경 통제): bliothèque du Parlement, "Fiche d'information: Les sessions parlementaires", Service du Parlement (2017), 6.

42 Bibliothèque du Parlement, "Fiche d'information: Les sessions parlementaires", Service du Parlement (2017), 7.

43 특별회

독일어로 Sondersessionen

프랑스어로 session spéciale

영어로 special sessions.

44 이런 점에서 특별회는 정기회의 일종이라고 할 수 있다: 이기우, 분권적 국가개조론, 한국학술정보 (2014), 340.

45 연방의회 홈페이지 참조, https://www.parlament.ch/fr/ratsbetrieb/amtliches-bulletin/amtliches-bulletin-die-videos?TranscriptId=90612 (2021. 12. 10. 최종 확인).

46 Bibliothèque du Parlement, "Fiche d'information: Les sessions parlementaires", Service du Parlement (2017), 5-6.

47 국어법

법령번호(SR) 441.1

독일어로 「Bundesgesetz über die Landessprachen und die Verständigung zwischen den Sprachgemeinschaften (Sprachengesetz, SpG)」

프랑스어로 「Loi fédérale sur les langues nationales et la compréhension entre les communautés linguistiques (Loi sur les langues, LLC)」

영어로 「Federal Act on the National Languages and Understanding between the Linguistic Communities (Languages Act, LangA)」.

48 2014년 현재 하원의원의 사용언어는 독일어 142명, 프랑스어 47명, 이탈리아어 9명, 레토로망스어 2명, 상원에서는 독일어 33명, 프랑스어 10명, 이탈리아어 2명, 레토로망스어 1명으로 나타났다. 언어 사용 인구를 통계적으로 살펴보면, 국민의 65%가 독일어를, 23%가 프랑스어를, 8%가 이탈리아어를, 0.5%가 레토로망스어를 사용한다:Philippe Schwab, "The Swiss Parliament as a plurilingual forum", Communication from the Association of Secretaries General of Parliaments (2014. 10.), 10.

49 Philippe Schwab, "The Swiss Parliament as a plurilingual forum", Communication from the Association

of Secretaries General of Parliaments (2014. 10.), 10.

50 2012년 6월 7일 베른 칸톤은 2개 이상의 공용어를 사용하는 칸톤에서는 언어적 소수를 하원에서 대표해야 한다는 내용의 헌법 개정에 관한 국민발안을 제기했다. 하원은 2013년 9월 16일, 상원은 2014년 3월 20일 각각 이를 반대했다.

51 연방대법원 재판과정 참관 경험에 비추어 보면 연방법관은 자신의 주된 언어로 의견을 표명하되 다른 언어에 대한 이해 능력까지 모두 갖추고 있어서, 서로 다른 언어로 의사표시를 해도 소통이 된다: 이혜승(스위스 제네바 대학교 법학석사, 서울대학교 경제법 박사과정)의 이메일 개인수신 (2018. 4. 9.).

52 Assemblée fédérale, Prochain arrêt–Palais fédérale: Un guide pour les députés, Service du Parlement (2017), 34.

53 위원회 회의장 구조상 통역 부스를 수용할 만큼 크지 않다(회의장당 12~16개의 좌석을 제거하기 때문에 의원의 사용공간이 줄어든다). 그리고 위원회 회의장마다 동시통역 시스템을 설치할 경우 회의장 당 500만~750만 프랑이 소요될 것이다. 아울러 연간 500회의 위원회 회의를 기준으로 3개 언어로 동시통역하는 경우 매년 약 360만 프랑의 운영비용이 소요된다. 위원회가 통역 서비스가 필요한 경우 동시통역 시스템이 설치된 301호실(의사당 3층에 위치)을 활용할 수 있다: 위원회 동시통역 요청에 관한 법안제출요구안(07.3355)에 대한 2007년 11월 16일 하원 집행부 의견, 연방의회 홈페이지 참조 https://www.parlament.ch/fr/ratsbetrieb/suche-curia-vista/geschaeft?AffairId=20073355 (2021. 12. 10. 최종 확인); Philippe Schwab, "The Swiss Parliament as a plurilingual forum", Communication from the Association of Secretaries General of Parliaments (2014. 10.), 11.

54 Philippe Schwab, "The Swiss Parliament as a plurilingual forum", Communication from the Association of Secretaries General of Parliaments (2014. 10.), 10.

55 위원회 보고의원
독일어로 Berichterstatter der Kommission
프랑스어로 rapporteurs des commissions
영어로 committee rapporteur.

56 Ruth Lüthi, Parlament, in: Peter Knoepfel et al. (Hrsg.), Handbuch der Schweizer Politik: Manuel de la politique suisse, 5. Aufl., Verlag Neue Zürcher Zeitung (2014), 173.

57 The Swiss Confederation: a brief guide 2017, Federal Chancellery (2017), 33.

58 Assemblée fédérale, Le Bulletin officiel de l'Assemblée fédérale, Services du Parlement Bulletin officiel (2017), 1.

59 자유토론
독일어로 Freie Debatte
프랑스어로 débat libre
영어로 open debate.

60 Assemblée fédérale, Prochain arrêt–Palais fédérale: Un guide pour les députés, Service du Parlement (2017), 14.

61 기획토론
독일어로 Organisierte Debatte
프랑스어로 débat organisé

영어로 organized debate.

62 교섭단체 정식토론

독일어로 Fraktionsdebatte

프랑스어로 débat de groupe

영어로 group debate.

63 교섭단체 약식토론

독일어로 Verkürzte Fraktionsdebatte

프랑스어로 débat de groupe réduit

영어로 Time-limited group debate.

64 단축토론

독일어로 Kurzdebatte

프랑스어로 bref débat

영어로 Short debate.

65 Assemblée fédérale, Prochain arrêt–Palais fédérale: Un guide pour les députés, Service du Parlement (2017), 14.

66 서면 토론

독일어로 Schriftliches Verfahren

프랑스어로 procédure écrite

영어로 Written procedure.

67 박태조, "외국 의회 소개: 스위스(상)", 국회보 1992년 4월호, 국회사무처 (1992).

68 Walter Haller, The Swiss Constitution in a Comparative Context, Dike Publishers (2016), 130, 135.

69 전자투표

독일어로 elektronischen Abstimmungssystem.

프랑스어로 système électronique

영어로 electronic voting system.

70 기립투표

독일어로 Stimmabgabe durch Aufstehen

프랑스어로 Vote par assis et levé

영어로 voting by standing up.

종전 하원 의사규칙에는 기립투표를 규정한 제59조가 있었는데, 2018년 11월 26일부터 삭제됐다. 삭제된 하원 의사규칙 제59조의 내용은 다음과 같다. 기립투표를 하는 경우에도 투표결과가 명확하면 득표수를 계산하지 않을 수 있다(하원 의사규칙 제59조 제1항). 그러나 재적의원 과반수 찬성이 필요한 안건에 관한 투표(연방헌법 제159조 제3항), 일괄투표, 최종투표의 경우 기립투표에서도 항상 득표수(찬성 · 반대 · 기권)가 계산된다(하원 의사규칙 제59조 제2항).

71 기명투표는 투표용지에 안건의 가부(可否)와 의원의 성명을 기재하는 표결방법이다. 실제로는 투표용지의 기재란을 가부로 구분하여 '가 또는 부'란에 의원의 성명을 기재한다.

72 거수투표

독일어로 Stimmabgabe durch Handerheben

프랑스어로 vote à main levée

영어로 voting by show of hands.

73 연방의회 홈페이지 참조, https://www.parlament.ch/fr/%C3%BCber-das-parlament/parlamentsw%C3%B6rterbuch/parlamentsw%C3%B6rterbuch-detail?WordId=5 (2021. 12. 10. 최종 확인).

74 호명투표

독일어로 Namensaufruf

프랑스어로 Vote par appel nominal

영어로 Roll call voting

호명투표는 각 의원의 이름을 불러 찬성 또는 반대의 의사를 구두로 표시하는 제도이다.

75 Jan-Erik Lane, The Swiss Labyrinth: Institutions, Outcomes and Redesign, Routledge (2001), 64.

76 Ruth Lüthi, Parlament, in: Peter Knoepfel et al. (Hrsg.), Handbuch der Schweizer Politik: Manuel de la politique suisse, 5. Aufl., Verlag Neue Zürcher Zeitung (2014), 173.

77 이 안건의 심사 경과는 연방의회 홈페이지 참조, https://www.parlament.ch/en/ratsbetrieb/suche-curia-vista/geschaeft?AffairId=20110490 (2021. 12. 10. 최종 확인).

78 Katharina E. Hofer, "Shirk or Work? On How Legislators React to Monitoring", Economics Working Paper Series 1616, University of St. Gallen (2017), 2, 8-9.

79 Christine Benesch & Monika Bütler & Katharina E. Hofer, "Transparency in Parliamentary Voting", CESifo Working Paper Series No. 5682 (2016), 9-10.

80 Katharina E. Hofer, "Shirk or Work? On How Legislators React to Monitoring", Economics Working Paper Series 1616, University of St. Gallen (2017), 8.

81 Christine Benesch & Monika Bütler & Katharina E. Hofer, "Transparency in Parliamentary Voting", CESifo Working Paper Series No. 5682 (2016), 9.

82 의회공보

독일어로 Amtlichen Bulletin der Bundesversammlung

프랑스어로 Bulletin officiel de l'Assemblée fédérale

영어로 Official Bulletin

한국어로 연방의회 관보, 연방의회 공보, 의회 회보 등으로 번역된다.

83 연방의회 의회공보 홈페이지 참조, https://www.parlament.ch/fr/ratsbetrieb/amtliches-bulletin (2021. 12. 10. 최종 확인).

84 스위스 연방의회 홈페이지, https://www.parlament.ch/fr/ratsbetrieb/abstimmungen/abstimmungs-datenbank-nr (2021. 12. 10. 최종 확인).

85 최종투표는 입법심사의 마지막 단계에 실시되는 투표로서 법안 전부를 가결 또는 부결할지의 여부를 결정하는 투표이다. 일괄투표는 법률안 조문을 심의한 이후에 법률안(조문 전체)을 대상으로 실시하는 투표이다. 채무제동준칙은 1회에 2,000만 프랑이나 반복적으로 2백만 프랑 이상의 지출이 소요되는 안건(연방헌법 제159조 제3항 제b호)에 대한 투표이다. 긴급입법은 즉각적인 시행을 요구하는 법안(연방헌법 제159조 제3항 제a호)을 대상으로 하는 투표이다.

86 1995~1999년에 하원에서는 942건의 투표가 실시됐다. 이 중 517건의 투표를 대상으로 한 연구에 따르

면 하원의원의 3/4이 투표에 참여했다: Jan-Erik Lane, The Swiss Labyrinth: Institutions, Outcomes and Redesign, Routledge (2001), 64.

87 Katharina E. Hofer, "Shirk or Work? On How Legislators React to Monitoring", Economics Working Paper Series 1616, University of St. Gallen (2017), 19.

88 Association of Secretaries General of Parliaments, The system for the preparation of the Official Report in the Swiss Parliament (1996), 141.

89 독일어와 프랑스어 회의록 작성자는 노트북과 소프트웨어를 활용하여 디지털 파일 형식으로 발언자, 발언자 언어, 안건 번호, 심의 진행 및 의결사항을 기록한다. 이 소프트웨어는 베르발릭스(Verbalix)이다. 베르발릭스(Verbalix)는 음성 녹취, 문서 작성, 홈페이지 게재를 통합하는 기능을 지닌 보고서 작성 소프트웨어로 1999년 개발됐고, 2003년 위원회 회의에서 처음 사용됐다. 본회의 토론 종료 후 발간 및 공표까지 많은 시간이 걸리지 않는데, 토론 종료 후 1시간 내에 심의 내용을 담은 임시문서가 제공되고, 회의록은 늦어도 당일 자정까지 제공된다: Assemblée fédérale, Prochain arrêt–Palais fédérale: Un guide pour les députés, Service du Parlement (2017), 6-8.

90 Assemblée fédérale, Prochain arrêt–Palais fédérale: Un guide pour les députés, Service du Parlement (2017), 8.

91 절차적 요구
독일어로 Parlamentarische Vorstösse
프랑스어로 Les interventions parlementaires
영어로 Parliamentary procedural requests
한국어로 의견표명이라고도 한다.

92 연방의회 홈페이지 참조, https://www.parlament.ch/en/ratsbetrieb/Pages/Curia%20Vista%20erkl%C3%A4rt.aspx (2021. 12. 10. 최종 확인).

93 연방의회 홈페이지 참조, https://www.parlament.ch/en/ratsbetrieb/Pages/Curia%20Vista%20erkl%C3%A4rt.aspx (2021. 12. 10. 최종 확인).

94 2004년부터 2008년까지 상원 및 하원의원 의원은 5,748개의 절차적 요구수단을 제출했다. 의원발의 352건, 법안제출요구안 1,340건, 정책검토요청서 624건, 대정부질문 1,517건, 현안질의 709건, 서면 질문 1,206건이다. 어떤 의원은 120건 이상을, 어떤 의원은 1건도 요구하지 않은 경우도 있지만, 평균적으로 의원당 20건의 요구를 했다: The Swiss Confederation: a brief guide 2008, Federal Chancellery (2008), 33.

95 임기가 만료되는 하원의원은 새로운 의회가 구성되는 즉시 의원직을 상실하고, 의장단 등 하원의 조직도 새롭게 구성된다. 그러나 독일의 연방하원(Bundestag)과 다르게 스위스 하원은 실질적인 불연속 기간이 없다. 따라서 하원 선거 전에 계류된 안건을 새로운 의회에 다시 제출할 필요가 없다: Bibliothèque du Parlement Recherches et statistiques, Fiche d'information: Législature, Service du Parlement (2017), 6.

96 의원발의
독일어로 Bundesversammlung Initiativen
프랑스어로 initiative à l'Assemblée fédérale
영어로 Parliamentary initiatives
한국어로 의회발의, 의원발안 등으로 번역된다.

97 Assemblée fédérale, Prochain arrêt–Palais fédérale: Un guide pour les députés, Service du Parlement (2017), 28.

98 법안제출요구안
독일어로 Motion
프랑스어로 Motion
영어로 motion
한국어로 동의, 제안, 기속결의, 법안제출요구서, 법안제출요청서 등으로 번역된다.

99 George Arthur Codding, The Federal Government of Switzerland, Houghton Mifflin (1961), 82.

100 박영도, 법령 입안기준 개발에 관한 연구(Ⅱ)-스위스의 법령 입안심사기준, 한국법제연구원 (2004), 15.

101 Jan-Erik Lane, The Swiss Labyrinth: Institutions, Outcomes and Redesign, Routledge (2001), 69.

102 유럽국가 중 스위스가 독일에 이어 두 번째로 원전 폐쇄에 적극적인 움직임을 보인다. 스위스는 에너지 수요 중 39.3%를 원전에서, 55.8%는 수력발전을 통해 얻고 독일과 이탈리아 일부 지역에도 전력을 공급하고 있다. 스위스가 원전을 없애는 데 드는 비용은 약 22억~38억 프랑(2조 7000억~4조 7000억 원)에 달할 것으로 추산된다: 연합뉴스, "스위스 원전 퇴출안 하원 통과" (2011. 6. 9.), https://www.yna.co.kr/view/AKR20110609003000088 (2021. 12. 10. 최종 확인).

103 연방내각의 답변시한
연방내각은 위원회의 법안제출요구안에 대한 연방내각의 검토시한을 법안제출요구안 제출 이후 3개월 이내로 할 것을 제안했다. 연방내각의 내부적인 의견수렴과정 등의 이유를 제시했다. 연방내각은 의회법 제121조 제1항을 "일반적으로, 연방내각은 법안제출요구안의 수용 여부를 해당 법안제출요구안이 제출된 때로부터 3개월 이내 제출한다" 와 같이 규정할 것을 제안했다(하원 정치제도위원회의 2008년 2월 21일 보고서에 대한 연방내각의 의견서, 2008.4.16.). 그러나 연방의회의 의결과정에서 현재의 규정처럼 조문화됐다.

104 Summary of the report by the Parliamentary Control of the Administration for the Council of States' Control Committee, "Dealing with adopted motions and postulates" (2019), 2.

105 이 안건(의안번호 05.3815)의 심사 경과는 연방의회 홈페이지 참조, https://www.parlament.ch/fr/ratsbetrieb/suche-curia-vista/geschaeft?AffairId=20053815 (2021. 12. 10. 최종 확인); Luzius Mader(장철준 번역), "'법을 위한 투쟁'의 단계로부터 '입법육성'의 단계로: 입법의 질적 제고를 위한 스위스연방의 최근 노력", 입법평가연구 제8호 (2014), 257.

106 이 안건(의안번호 07.3615)의 심사 경과는 연방의회 홈페이지 참조, https://www.parlament.ch/fr/ratsbetrieb/suche-curia-vista/geschaeft?AffairId=20073615 (2021. 12. 10. 최종 확인); Luzius Mader (장철준 번역), "'법을 위한 투쟁'의 단계로부터 '입법육성'의 단계로: 입법의 질적 제고를 위한 스위스 연방의 최근 노력", 입법평가연구 제8호 (2014), 258.

107 독일어로 Bundesgesetz zur formellen Bereinigung des Bundesrechts
영어로 Federal Act on the Formal Revision of Federal Law and Federal Decree of 3 March 2008
AS, 2008 3437)」

108 예를 들면 1909년 6월 15일 자 극빈 외국인 체류자의 국외추방을 위한 비용인수에 관한 연방 규칙을 폐지하고, 이러한 보상원칙은 망명법, 외국인법에 포함됐다.

109 정책검토요청서

독일어로 Postulat

프랑스어로 Postulat

영어로 Postulates

한국어로 요청, 불기속 결의 등으로 번역된다.

110 George Arthur Codding, The Federal Government of Switzerland, Houghton Mifflin (1961), 81.

111 Parliamentary Control of the Administration for the Council of States' Control Committee, "Dealing with adopted motions and postulates", summary of the report (2019), 3.

112 연방의회 홈페이지 참조, https://www.parlament.ch/fr/%C3%BCber-das-parlament/parlamentsw%C3%B6rterbuch/parlamentsw%C3%B6rterbuch-detail?WordId=177 (2021. 12. 10. 최종 확인).

113 두 안건의 심사 경과는 연방의회 홈페이지 참조, https://www.parlament.ch/fr/ratsbetrieb/suche-curia-vista/geschaeft?AffairId=20133687 (2021. 12. 10. 최종 확인); https://www.parlament.ch/fr/ratsbetrieb/suche-curia-vista/geschaeft?AffairId=20134070 (2021. 12. 10. 최종 확인).

114 가상화폐에 관한 보고서는 "Federal Council report on virtual currencies in response to the Schwaab(13.3687) and Weibel" (13.4070) (2014. 6. 25.)이다.

115 대정부질문

독일어로 Interpellation

프랑스어로 interpellation

영어로 interpellation.

116 이기우, 분권적 국가개조론, 한국학술정보 (2014), 345.

117 현안질의

독일어로 Anfrage

프랑스어로 question

영어로 question.

118 Ruth Lüthi, Parlament, in: Peter Knoepfel et al. (Hrsg.), Handbuch der Schweizer Politik: Manuel de la politique suisse, 5. Aufl., Verlag Neue Zürcher Zeitung (2014), 173.

119 이기우, 분권적 국가개조론, 한국학술정보 (2014), 345.

120 제안서

독일어로 Anträge

프랑스어로 Propositions

영어로 proposals.

121 연방의회 홈페이지 참조, https://www.parlament.ch/en/%C3%BCber-das-parlament/parlamentsw%C3%B6rterbuch/parlamentsw%C3%B6rterbuch-detail?WordId=7 (2021. 12. 10. 최종 확인).

122 Assemblée fédérale, Prochain arrêt–Palais fédérale: Un guide pour les députés, Service du Parlement (2017), 28.

제9장 연방의원에 대한 지원

1 구니마쓰 다카지(이덕숙 번역), 다부진 나라 스위스에 가다, 기파랑 (2008), 100.

2 Hanspeter Kriesi & Alexander H. Trechsel, The Politics of Switzerland: Continuity and Change in a Consensus Democracy, Cambridge University Press (2008), 70.

3 The Swiss Confederation: a brief guide 2017, Federal Chancellery (2017), 31.

4 Andrea Pilotti, "Le Parlement: L'≪autorité suprême de la Confédération≫ délaissée par les historiens", L'histoire politique en Suisse - une esquisse historiographique (2013. 3.), 174.

5 Assemblée fédérale, Prochain arrêt–Palais fédérale: Un guide pour les députés, Service du Parlement (2017), 20.

6 Bibliothèque du Parlement Recherches et statistiques, Fiche d'information: Indemnités des députés État, Service du Parlement (2016), 10.

7 최하위 10%의 근로자는 월평균 4,178 프랑(3,846 유로) 미만의 소득을, 상위 10%는 월평균 10,935프랑(10,067유로) 이상의 소득을 얻는다: 연방통계청, 2014년 임금 수준과 구조에 관한 설문조사; GRECO, Fourth Evaluation Round: Corruption prevention in respect of Members of Parliament, Judges and Prosecutors, Evaluation Report Switzerland (2017), 11.

8 2015년 기준으로 하원의원의 연평균 식비수당은 9,846 프랑, 상원의원은 연평균 11,749 프랑이었고, 하원의원의 연평균 숙박수당은 9,502 프랑, 상원의원은 연평균 11,052 프랑이었다. 또한 하원의원과 상원의원의 교통수당은 각각 연평균 4,640 프랑이었고, 연평균 장거리 교통수당(실비보전 차원)은 하원의원이 906 프랑, 상원의원이 1,509 프랑이었으며, 연평균 가족수당은 하원의원이 985 프랑, 상원의원이 654 프랑이었다. 2016년 기준으로 연금보조금은 13,536 프랑이고, 장애연금 부담금은 월 5,875 프랑이다: Bibliothèque du Parlement Recherches et statistiques, Fiche d'information: Indemnités des députés État, Service du Parlement (2016), 5-8.

9 이하의 내용은 Bibliothèque du Parlement Recherches et statistiques, Fiche d'information: Indemnités des députés État, Service du Parlement (2016), 12-19 참조: 연방의회는 1850년 역마차 이동시간에 따라 교통비를 보조하기로 했고, 하원의원 대다수는 "이등석 승합마차"에 만족했지만, 일부 하원의원은 "일등석 승합마차" 기준으로 교통비가 산정되어야 한다고 주장했다. 연방내각은 1852년 모든 의원의 교통비를 "일등석 승합마차"를 기준으로 산정하기로 결정했다.

10 의원수당법
독일어로 「Bundesgesetz über die Bezüge der Mitglieder der eidgenössischen Räte und über die Beiträge an die Fraktionen (Entschädigungsgesetz), Aenderung vom 4. Oktober 1991」.

11 업무추진지원법
독일어로 「Bundesgesetz über die Beiträge an die Infrastrukturkosten der Fraktionen und der Mitglieder der eidgenössischen Räte (Infrastrukturgesetz)」.

12 스위스연방 내각사무처 국민투표 홈페이지, https://www.bk.admin.ch/ch/d/pore/va/19920927/index.html (2021. 12. 10. 최종 확인).

13 연간보조금은 1988~2001년까지 18,000 프랑, 2002~2007년까지 30,000 프랑, 2008~2011년에 31,750 프랑이었다. 2008년 30,000 프랑에서 31,750프랑으로 인상되었는데, 인상분 중 1,250 프랑은 물가

상승분, 500 프랑은 법적인 문제에 대비하기 위한 법무보험 가입비에 대한 보조금적 성격을 가졌다: Bibliothèque du Parlement Recherches et statistiques, Fiche d'information: Indemnités des députés État, Service du Parlement (2016), 20.

14 Bibliothèque du Parlement Recherches et statistiques, Fiche d'information: Indemnités des députés État, Service du Parlement (2016), 20, 30.

15 연간수당
독일어로 Jahreseinkommen
프랑스어로 indemnité annuelle
영어로 annual allowance.

16 일일 수당
독일어로 Taggeld
프랑스어로 Indemnités journalières
영어로 daily allowance.

17 Bibliothèque du Parlement Recherches et statistiques, Fiche d'information: Indemnités des députés État, Service du Parlement (2016), 3.

18 연방의원에게 제공되는 재정수단 및 교섭단체에 지급되는 보조금에 관한 연방법 시행령
법령번호(SR) 171.211 이하 약칭하여 '의원수당법 시행령'이라 한다.
독일어로 「Verordnung der Bundesversammlung zum Parlamentsressourcengesetz (VPRG)」
프랑스어로 「Ordonnance de l'Assemblée fédérale relative à la loi sur les moyens alloués aux parlementaires (OMAP)」.

19 노동법
법령번호(SR) 822.1
독일어로 Bundesgesetz über die Arbeit in Industrie, Gewerbe und Handel (Arbeitsgesetz, ArG)
프랑스어로 Loi fédérale sur le travail dans l'industrie, l'artisanat et le commerce (Loi sur le travail, LTr).

20 식비수당
독일어로 Mahlzeitenentschädigung
프랑스어로 Défraiement pour repas
영어로 expenses for meals.

21 숙박수당
독일어로 Übernachtungsentschädigung
프랑스어로 Défraiement pour nuitées
영어로 payment for overnight stays.

22 Assemblée fédérale, Prochain arrêt–Palais fédérale: Un guide pour les députés, Service du Parlement (2017), 32.

23 교통수당
독일어로 Reiseentschädigung
프랑스어로 Frais de déplacement
영어로 Travel allowance.

24 Assemblée fédérale, Prochain arrêt–Palais fédérale: Un guide pour les députés, Service du Parlement (2017), 5.

25 Assemblée fédérale, Prochain arrêt–Palais fédérale: Un guide pour les députés, Service du Parlement (2017), 36.

26 장거리 교통수당
독일어로 Distanzentschädigung
프랑스어로 Défraiement longue distance
영어로 long-distance expenses.

27 연방 공무원 수
2012년 현재 연방정부에 근무하는 연방 공무원 수는 철도와 우편 사업 종사자들을 제외하고 33,000명이다. 연방의회는 1974년 연방 공무원을 33,000명으로 고정한 이후 연방 공무원의 증원을 금지했다. 그 동안 연방정부의 업무량이 많이 늘어났음에도 불구하고 연방 공무원 수는 1974년 이래 동일하다: 전득주, 한국의 국가권력 구조의 개혁 방향: 미국, 독일, 스위스 사례를 중심으로, 지식과 교양 (2013), 257; 안성호, 분권과 참여 스위스의 교훈, 다운샘 (2005), 34. 연방 행정업무가 늘어날 경우 인력충원 또는 조직 신설보다는 기존 공무원이 새로운 업무를 겸임하는 방식으로 해결한다. 스위스는 연방인사법에 따라 2001년 1월 1일부터 공무원이란 신분이 존재하지 않고, 재계약 조건부(Das Prinzip der Amtsdauer) 공공부문 종사자로 변경됐다. 재계약 조건부 공공부문 종사자란 재계약이 되지 않거나 재선출되지 않을 경우, 계약 기간 만료로 그 임기가 종료하는 종사자이다. 다른 국가에서 찾아볼 수 없는 특별한 제도이다: 임도빈, 개발협력 시대의 비교행정학, 박영사 (2016), 378.

28 가족수당
독일어로 Familienzulage
프랑스어로 Allocations familiales
영어로 family allowances.

29 법령번호(SR) 836.2
독일어로 「Bundesgesetz über die Familienzulagen (Familienzulagengesetz, FamZG)」
프랑스어로 「Loi fédérale sur les allocations familiales (Loi sur les allocations familiales, LAFam)」.

30 Assemblée fédérale, Prochain arrêt–Palais fédérale: Un guide pour les députés, Service du Parlement (2017), 35.

31 2015년 6월 15일 의원발의안 제출. 안건의 심의경과는 연방의회 홈페이지 참조, https://www.parlament.ch/fr/ratsbetrieb/suche-curia-vista/legislaturrueckblick?AffairId=20150442 (2021. 12. 10. 최종 확인).

32 GRECO, Fourth Evaluation Round: Corruption prevention in respect of Members of Parliament, Judges and Prosecutors, Evaluation Report Switzerland (2017), 21.

33 의장단 특별수당
독일어로 Zulage für Ratspräsidenten und Vizepräsidenten
프랑스어로 Supplément pour les présidents et les vice-présidents.

34 위원장 수당 및 보고위원 수당
독일어로 Entschädigungen für Kommissionspräsidenten und Berichterstatter
프랑스어로 Indemnités versées aux présidents de commission et aux rapporteurs
영어로 indemnity paid to committee chairman or committee rapporteurs).

35 연간보조금
독일어로 Jahresentschädigung für Personal- und Sachausgaben
프랑스어로 Contribution annuelle aux dépenses de personnel et de matériel
영어로 annual contribution.

36 국회사무처 국제국, 김대현 국회사무차장 프랑스, 스위스 방문 결과보고서 (2016), 77.

37 2015.6.17. 의원발의안 제출, 2016.4.14 하원 정치제도위원회 1차 심사, 2017.6.19 하원 정치제도위원회 2차 심사 후 부결, 2018.3.1. 하원 본회의 부결: 연방의회 홈페이지 참조, https://www.parlament.ch/fr/ratsbetrieb/suche-curia-vista/geschaeft?AffairId=20150445 (2021. 12. 10. 최종 확인).

38 임시지원금
독일어로 Überbrückungshilfe
프랑스어로 Aide transitoire

39 Bibliothèque du Parlement Recherches et statistiques, Fiche d'information: Indemnités des députés État, Service du Parlement (2016), 10.

40 노령 · 유족 · 장애연금법
법령번호(SR) 831.40
독일어로 「Bundesgesetz über die berufliche Alters-, Hinterlassenen- und Invalidenvorsorge (BVG)」
프랑스어로 「Loi fédérale sur la prévoyance professionnelle vieillesse, survivants et invalidité (LPP)」.

41 GRECO, Fourth Evaluation Round: Corruption prevention in respect of Members of Parliament, Judges and Prosecutors, Evaluation Report Switzerland (2017), 14.

42 연금보조금
독일어로 Vorsorge
프랑스어로 Prévoyance
한국어로 연금부담금 등으로 번역된다.

43 연방 당국은 연방의원의 연금관리기관(유형 3a) 또는 노령 · 유족 · 장애 직장연금법에 따라 승인된 연금관리기관(유형 2)에 연금보조금을 납부한다(의원수당법 제7조 제2항). 연금보조금이 두 기관에 납부되지 않았거나 일부만 납부된 경우, 연금보조금은 연방의회가 선택한 연금관리기관으로 이전된다(의원수당법 제7조 제3항): Bibliothèque du Parlement Recherches et statistiques, Fiche d'information: Indemnités des députés État, Service du Parlement (2016), 9

44 장애연금 부담금
독일어로 Vorsorge für den Invaliditätsfall
프랑스어로 Prévoyance invalidité.

45 연방의원이 다른 직장연금과 동등한 규모의 수당을 받지 못하거나 의원직무가 아닌 직업 활동에 따른 개인연금 형태(3a 유형)의 수당을 받지 못하는 경우, 연방의원에게 장애연금을 지급한다(의원수당법 시행령 제7조 제4항). 직장연금기관에서 지급한 장애연금 또는 개인연금 형태(3a 유형)로 지급 받은 장애연금은 여기에서 차감된다(의원수당법 시행령 제7조의 a 제3항).

46 사망연금
독일어로 Vorsorge für den Todesfall
프랑스어로 Prévoyance décès.

47 제50대(2015 ~2019년) 연방의원과 교섭단체에 제공되는 IT 서비스에 관한 2014년 11월 7일 자 행정사무대표단 지침
프랑스어로 「voir la directive de la Délégation administrative du 7 novembre 2014 concernant les prestations informatiques proposées aux députés et aux secrétariats des groupes pour la 50e législature (2015 – 2019)」.

48 Assemblée fédérale, Prochain arrêt–Palais fédérale: Un guide pour les députés, Service du Parlement (2017), 7, 21-22.

49 출입 카드
독일어로 Zutrittskarte
프랑스어로 carte d'accès
영어로 entry pass.

50 Assemblée fédérale, Prochain arrêt–Palais fédérale: Un guide pour les députés, Service du Parlement (2017), 27.

51 Association of Secretaries General of Parliaments, relations between chambers in bicameral parliaments (1991), 173.

52 연방의원이 문서를 출력할 때에는 본인 컴퓨터에서 인쇄 버튼을 누르고, 연방의원의 출입 카드를 복합기에 접촉한 다음 '출력' 기능을 이용하면 된다. 연방의원이 스캔을 할 때도 출입 카드를 접촉한다. 연방의원이 아닌 다른 사람이 다기능 복합기를 사용하기 위해서는 연방의원이 IT 서비스센터에 미리 등록을 해야 한다: Assemblée fédérale, Prochain arrêt–Palais fédérale: Un guide pour les députés, Service du Parlement (2017), 19.

53 연방내각사무처 홈페이지 참조, www.staatskalender.admin.ch (2021. 12. 10. 최종 확인); Assemblée fédérale, Prochain arrêt–Palais fédérale: Un guide pour les députés, Service du Parlement (2017), 7.

54 Philippe Schwab, "The Swiss Parliament as a plurilingual forum", Communication from the Association of Secretaries General of Parliaments (2014. 10.), 10.

55 IT 부서 근무 시간
비회기 중: 월요일~금요일: 7시 30분~12시 15분, 13시 30분~17시
회기 중:월요일~금요일: 7시부터 오후 회의가 끝난 후 1시간 후까지(회의가 없을 때는 17시까지).
행정사무대표단 결정에 따라 IT 부서는 상기 일정 외에는 서비스를 제공하지 않는다.

56 Assemblée fédérale, Prochain arrêt–Palais fédérale: Un guide pour les députés, Service du Parlement (2017), 6, 15, 21.

57 Assemblée fédérale, Prochain arrêt–Palais fédérale: Un guide pour les députés, Service du Parlement (2017), 6, 15, 21, 26.

제10장 연방의회사무처 및 연방의사당

1 의회사무처
독일어로 Parlamentsdienste

프랑스어로 Services du parlement
영어로 Parliamentary Services.

2 Philippe Schwab, "Joint administration of the two chambers in bicameral parliaments", Contribution at the Session of the Association of Secretaries General of Parliaments (2017. 10.), 1, 3-4.

3 1934년 연방내각사무처장으로 임명된 조르주 보베(George Bovet)는 하원사무총장직을 겸했다.

4 Philippe Schwab, "Strategic plan of the parliamentary service of the Swiss Parliament for 2012-16", Communication from the Association of Secretaries General of Parliaments (2012. 4.), 3.

5 Association of Secretaries General of Parliaments, reform of parliament (1992), 159, https://www.asgp.co/sites/default/files/documents//NYLCLWQSDRWUMEGGHFPCCXXXBGKVXZ.pdf (2021. 12. 10. 최종 확인).

6 2008년부터 의회사무처 직원은 회의록 작성자가 아닌 사무처 직원 신분으로 사무처 업무를 수행했다.

7 Association of Secretaries General of Parliaments, The system for the preparation of the Official Report in the Swiss Parliament (1996), 140.

8 Assemblée fédérale, Prochain arrêt–Palais fédérale: Un guide pour les députés, Service du Parlement (2017), 8.

9 2020년 연방의회 예산 중 의회사무처 예산은 인건비(전일제 기준 222명) 39,548,700 프랑, IT · 자문비용 등 운영비 23,635,300 프랑을 합해 63,204,000 프랑이다. 연방의회 예산 중 의정활동 지원예산은 인건비 37,770,000 프랑, 자문비용 등 운영비 9,410,000 프랑을 합해 47,180,000 프랑이다: 내부자료, 연방의회 홈페이지 참조, https://www.parlament.ch/en/reden/Pages/rede-schwab-2015-03-26.aspx (2021. 12. 10. 최종 확인); 2021. 12. 10. 네이버 기준환율 1,278원

10 2020년 현재 스위스 인구 8,544,500명에 13프랑을 곱하면 연방의회 비용은 1억 1,100만 프랑(약 1,419억 원, 2021. 12. 10. 네이버 기준환율 1,278원)이다: The Swiss Confederation: a brief guide 2015, Federal Chancellery (2015), 24.

11 의회사무처 직위의 32.2%가 상근직이고, 나머지는 시간제 직위이다. 시간제 직위는 시급 또는 주급 형태의 임금을 받는 직원, 대학생 이상의 수습 직원, 고등학교 · 직업학교의 견습 직원으로 나타났다. 시간제 직위의 15.4%는 법정 근로시간의 절반 이하로 근무한다: José M. Magone, The Statecraft of Consensus Democracies in a Turbulent World: A Comparative Study of Austria, Belgium, Luxembourg, the Netherlands and Switzerland, Routledge (2017), 193.

12 다른 국가의 의회사무처 직원 규모를 살펴보면, 독일은 2,600명, 캐나다(하원, 상원)는 1,700명, 이탈리아(하원)는 1,300명, 스위스와 비슷한 오스트리아는 약 380명의 직원이 있다: 연방의회 홈페이지 참조, https://www.parlament.ch/en/reden/Pages/rede-schwab-2015-03-26.aspx (2021. 12. 10. 최종 확인); José M. Magone, The Statecraft of Consensus Democracies in a Turbulent World: A Comparative Study of Austria, Belgium, Luxembourg, the Netherlands and Switzerland, Routledge (2017), 193.

13 Philippe Schwab, "Strategic plan of the parliamentary service of the Swiss Parliament for 2012-16", Communication from the Association of Secretaries General of Parliaments (2012. 4.), 3.

14 Philippe Schwab, "The Swiss Parliament as a plurilingual forum", Communication from the Association of Secretaries General of Parliaments (2014. 10.), 10.

15 Philippe Schwab, "Joint administration of the two chambers in bicameral parliaments", Contribution at the Session of the Association of Secretaries General of Parliaments (2017. 10.), 3.

16 필립 슈밥 의회사무총장은 1964년생, 로잔 거주, 로잔대 행정대학원을 졸업했다. 2015년 3월 세계의 회사무총장회의(ASGP) 회장으로 선출되어 현재 활동 중이다: ASGP 홈페이지, https://www.asgp.co/executive-committee-member/2707# (2021. 12. 10. 최종 확인).

17 Assemblée fédérale, Le Bulletin officiel de l'Assemblée fédérale, Services du Parlement Bulletin officiel (2017), 1.

18 연방의사당에서 약 200미터 거리에 있는 카피그투름(Käfigturm)에서 개최된다.

19 Assemblée fédérale, Prochain arrêt–Palais fédérale: Un guide pour les députés, Service du Parlement (2017), 16.

20 José M. Magone, The Statecraft of Consensus Democracies in a Turbulent World: A Comparative Study of Austria, Belgium, Luxembourg, the Netherlands and Switzerland, Routledge (2017), 190.

21 의회도서관은 연방 건물 서관 1층 180호실에 있다. 열람실은 월~금요일 8시~17시까지 운영된다. 의회도서관은 2012년부터 연방의회 연구자에게 재정지원을 한다: Assemblée fédérale, Prochain arrêt – Palais fédérale: Un guide pour les députés, Service du Parlement (2017), 7; 연방의회 홈페이지 참조, https://www.parlament.ch/en/services/parliamentary-library/support-for-research (2021. 12. 10. 최종 확인); 연방의회 홈페이지 참조, https://www.parlament.ch/fr/services/biblioth%C3%A8que-du-parlement (2021. 12. 10. 최종 확인).

22 Assemblée fédérale, Prochain arrêt–Palais fédérale: Un guide pour les députés, Service du Parlement (2017), 15, 35.

23 의회행정통제과
독일어로 Parlamentarische Verwaltungskontrolle (PVK)
프랑스어로 Le Contrôle parlementaire de l'administration (CPA)
영어로 Parliamentary Control of the Administration (PCA).
스위스 연방의회 의회행정통제과 홈페이지 참조, https://www.parlament.ch/de/organe/kommissionen/parlamentarische-verwaltungskontrolle-pvk, (2021. 12. 10. 최종 확인).

24 Philippe Schwab, "Role of the Swiss Parliament in monitoring the effectiveness of public policy", Communication from the Association of Secretaries General of Parliaments (2012. 10.), 3.

25 국회입법조사처, IFLA 분과회의 참석 및 벨기에, 스위스 출장보고서 (2014), 40, 54; Ruth Lüthi, Parlament, in: Peter Knoepfel et al. (Hrsg.), Handbuch der Schweizer Politik: Manuel de la politique suisse, 5. Aufl., Verlag Neue Zürcher Zeitung (2014), 181.

26 스위스 평가학회(Schweize Evaluationsgesellschaft, SEVAL)는 국립과학재단이 후원한 연구 프로그램 제27호(Nationales Forschungsprogramm: NFP No 27)의 결과로 1996년 설립되어 회원 수는 약 450명이다(2010년 중반 기준). 스위스 평가학회는 정치, 행정, 학계, NGO 및 민간 부문의 평가 분야에서 정보와 경험의 교류를 목표로 하고, 평가 기준, 평가 및 개발 원조, 평가연구, 평가역량에 관한 4가지 주제별 평가 그룹으로 나뉜다. 평가 전문화를 위해 2000년 자체 평가 표준(SEVAL 표준)을 수립했고, 7개의 연방 부처가 해당 표준을 준수한다고 선언했다. SEVAL 표준에 따라 평가 품질을 측정하고, SEVAL 표준은 평가에 관한 교과 과정 및 안내서에 수록된다. 평가주제에 관해 연 2회 연례회의를 개최하고, 평가학회보(SEVAL-Bulletin), 입법과 평가(Gesetzgebung & Evaluation) 등을 발간한다. 웹사이트와 평가자 데이터베이스를 보유하고 있고, 연회비는 정식회원 100 프랑, 학생은 50 프랑이다: Katerina Stolyarenko, "National

evaluation policy in Switzerland", Parliamentary forum for development evaluation (2014), 14.

27 연방정보시스템(Administration Research Actions Management Information System, ARMIS)
ARAMIS 시스템은 연방정부의 연구용역 관련 정보를 공개하는 사이트이고, 여기에 등재된 평가의 대부분은 사후적 입법평가와 관련된 내용이다. 사전적 입법평가의 대부분은 법률안에 첨부되는 법률안 제안설명서로 연방의회에 제출되므로 ARAMIS 시스템에 등재되지 않는다: 김준(국회입법조사처 사회문화조사실장)의 이메일 개인수신 (2020. 1. 10.). 연방정부 연방정보시스템(ARAMIS) 홈페이지, https://www.aramis.admin.ch/?Sprache=en-US (2021. 12. 10. 최종 확인).

28 Philippe Schwab, "Role of the Swiss Parliament in monitoring the effectiveness of public policy", Communication from the Association of Secretaries General of Parliaments (2012. 10.), 9.

29 연방감사원은 신연방헌법에 효과성 평가규정이 규정된 이후인 2002년에 약 10명의 전문가가 있는 '경제성 심사 및 평가부(competence center, "performance audit and evaluation" (CC-EVAL))'를 설치했다. 동 부서는 상당한 재정적 영향을 미치는 연방 정책의 이행사항과 그 효과를 평가하고, 효율성 향상을 위한 정책수단 권고를 목표로, 매년 5~8권의 평가보고서를 발간한다. 연방감사원은 평가 결과가 담긴 권고안을 작성하여 이를 평가대상 기관에 전달한다. 평가대상 기관은 권고안에 대한 의견을 표명하고 조치사항과 시행일정을 발표한다. 이러한 내용은 추후 발표될 평가보고서에 포함된다. 동 부서에서 발간되는 최종 평가보고서와 요약은 연방감사원 홈페이지에 게시된다: Katerina Stolyarenko, "National evaluation policy in switzerland", parliamentary forum for development evaluation (2014), 8.

30 Katerina Stolyarenko, "National evaluation policy in switzerland", parliamentary forum for development evaluation (2014), 14.

31 45개의 연방 기관과 부서에서도 연간 약 80건의 평가를 실시한다. 전문적인 평가부서로 개발협력국(SDC), 연방보건국(FOPH), 연방에너지국(SFOE), 연방농업국(FOAG), 연방사회보험국(FSIO) 등이 있다.
개발협력국(SDC, DEZA)은 연방외교부 소속으로 30년 이상 평가를 수행해왔다. SDC는 2개의 서로 다른 평가 형태, 즉 자체 평가와 외부 평가를 구분한다. SDC 내 전체 평가 중 대부분이 프로젝트 평가이다. 대부분의 경우, 검사 중인 프로그램의 관리를 담당하는 부서에서 평가 수행에 대한 책임을 진다. 재정은 프로그램 예산에서 제공된다.
연방보건국(FOPH, BAG)은 연방내무부 소속으로 1980년대 후반부터 평가를 시작했다. 현재는 '평가역량센터(Evaluation Competence Centre)'가 FOPH의 모든 평가 활동을 지원하며, 평가에 대한 재정지원도 담당하고 있다.
연방에너지국(SFOE, BFE)은 연방환경 · 교통 · 에너지 · 통신부 소속으로 1991년에 체계적인 평가를 시작했다. FOE에는 평가를 담당하는 부서가 있고, 내부 직원과 평가자 간의 접점 역할을 한다. SFOE에는 평가 전용예산이 배정된다.
연방농업국(FOAG, BLW)은 연방경제 · 교육 · 연구부 소속으로 내부 평가와 외부 평가를 수행한다. FOAG에는 '생산과 국제 업무', '직접 지불과 구조 개선', 그리고 '연구와 확장'의 세 부문이 있다. FOAG에서 가장 중요한 평가 프로그램 중 하나는 농업정책 방안에 대한 평가이다. 3개의 FOAG 부서가 협력하여 이러한 평가를 조정한다.
연방사회보험국(FSIO, BSV)은 연방내무부 소속으로 '경제, 기초, 연구'라는 부서가 평가를 담당한다. 이 부서는 평가연구를 수행하지 않고 외부 파트너에게 평가를 위탁한다. 평가보고서는 주로 칸톤정부

관리자에게 발송하지만, 해당 사안에 관련된 미디어나 연구기관에도 발송한다: Katerina Stolyarenko, "National evaluation policy in switzerland", parliamentary forum for development evaluation (2014), 9.

32 의회행정통제과 홈페이지 참조, https://www.parlament.ch/centers/documents/fr/jahresbericht-pvk-2019-f.pdf (2021. 12. 10. 최종 확인).

33 연방 건물
독일어로 Bundeshaus, Bundes-Rathaus
프랑스어로 Palais fédéral
라틴어로 Curia Confœderationis Helveticæ
영어로 The Federal Palace.

34 The Swiss Confederation: a brief guide 2017, Federal Chancellery (2017), 36.

35 스위스 안내 홈페이지 참조, https://www.myswitzerland.com/ko/bundeshaus.html (2021. 12. 10. 최종 확인).

36 연방 건물 국기게양에 관한 명령(2016. 4. 20)
독일어로 Weisungen über die Beflaggung der Gebäude des Bundes vom 20. April 2016

37 Confederation suisse, Protokollreglement der Schweizerischen Eidgenossenschaft (2017), 6505.

38 네오 르네상스 건축 양식(Neo-Renaissance architecture, 신르네상스 건축)은 19세기 유럽에서 있었던 15세기 르네상스 건축 양식의 부흥을 지칭한다. 신 고전주의의 하나인 이 양식은 특히 19세기 후반 영국과 미국에서 유행했다: 네이버 지식백과 참조, https://terms.naver.com/entry.naver?docId=6059310&cid=67350&categoryId=67350 (2021. 12. 10. 최종 확인).

39 The Swiss Confederation: a brief guide 2017, Federal Chancellery (2017), 36.

40 그리핀은 사자 몸과 독수리(매)의 머리와 날개를 가졌으며, 등은 쇠로 덮여 있다. 그리핀은 인도의 산에서 황금을 발견하면 그 황금으로 집을 지었다. 이로 인해 그리핀의 집은 사냥꾼의 표적이 되었고 그리핀은 밤에도 자지 않고 집을 지켜야 했다. 또한 그리핀은 보물이 매장되어 있는 곳을 알았고, 약탈자로부터 보물을 지키려 했다. 네이버 지식백과 참조, https://terms.naver.com/entry.naver?docId=1832920&cid=41869&categoryId=41869 (2021. 12. 10. 최종 확인).

41 홍예문(虹預門)은 건물이나 문의 윗부분을 무지개 모양으로 반쯤 둥글게 만든 문이다. 네이버 지식백과 참조, https://ko.dict.naver.com/#/entry/koko/f0db7c5fe62248d3ae78c8eb5fce6de2 (2021. 12. 10. 최종 확인).

42 Services du Parlement, Das Parlamentsgebäude in Bern, Schweiz (2016), 2.

43 1291년 8월 우리, 슈비츠, 운터발덴 칸톤이 스위스 최초의 동맹인 뤼틀리 서약을 맺었다. 이를 기념하여 1891년부터 8월 1일을 스위스 건국일로 지정하여 각종 축하행사가 스위스 전역에서 실시된다.

44 Services du Parlement, Das Parlamentsgebäude in Bern, Schweiz (2016), 6.

45 젬파흐 전투
1385년 오스트리아군은 스위스를 재정복하기 위해 침략했다. 레오폴트 3세가 지휘한 오스트리아는 젬파흐 전투(1386.7.9.)에서 패배했다. 중무장한 오스트리아 기사들은 기동성 있는 스위스의 보병들과 맞서기 위해서 말에서 내려왔지만, 스위스군의 창과 곡괭이 앞에 패하고, 레오폴트 3세와 기사들은 대부분 전투 중에 사망했다. 오스트리아는 1388년 또 다시 침공하여 네펠스 전투를 벌였으나 패했다. 결국 1394년에 오스트리아는 20년간의 평화조약에 서명하고, 루체른, 추크, 글라루스 칸톤에 있는 영토를 포

기했다: 사무엘 크럼프턴(김일수 번역), 승자와 패자가 만드는 백 가지 전쟁, 미토 (2002), 68.

46 슈탄스 협약

취리히가 오스트리아의 지지를 얻고 연방지배권을 장악하기 위해 벌인 '취리히 전쟁(1436~1445)'은 최초의 내전이었다. 은둔 성직자 폰 플뤼에의 노력으로 슈탄스 협약(Stans Covenant)을 1481년 체결했다. 슈탄스 협약은 각 칸톤의 독립을 재확인하고, 연방주의 원리를 공식 표명한 최초의 법규로 평가된다. 즉, 슈탄스 협약의 기본정신은 연방 체제를 유지하며 단일국가로의 통일을 거부하되, 자주 회의를 열어 칸톤 간의 의무를 새로이 다진다는 것이었다: 김정환, 스위스: 꿈의 나라, 실속의 나라, 정우사 (1983), 49.

47 Services du Parlement, Das Parlamentsgebäude in Bern, Schweiz (2016), 3-4, 9.

48 The Swiss Confederation: a brief guide 2017, Federal Chancellery (2017), 38.

49 빌헬름 텔(Wilhelm Tell)의 고향이라 여겨지는 우리 칸톤의 수도인 알트도르프(Altdorf)에 가면 시청 앞 광장에 활을 등에 지고 어린이와 함께 걸어가는 빌헬름 텔의 동상이 있다. 지금은 빌헬름 텔이 실존 인물이 아니라는 것이 정설이다. 그 논거로 사과를 어린아이 머리 위에 놓고 활로 쏘아 떨어뜨리는 이야기는 북유럽 여러 나라의 전설에 나타나는 전형적인 설화라는 점을 들 수 있다: 구니마쓰 다카지(이덕숙 번역), 다부진 나라 스위스에 가다, 기파랑 (2008).

50 게르투르트 슈타우프파허는 우리 칸톤, 슈비츠 칸톤, 운터발덴 칸톤의 주민이 함께 연합할 것을 제안한 인물로 알려져 있고(프리드리히 실러 '빌헬름 텔'), 삼인 동맹자 중 한 명의 부인이다.

51 Services du Parlement, Das Parlamentsgebäude in Bern, Schweiz (2016), 4, 13-14, 17-18.

52 Assemblée fédérale, Prochain arrêt–Palais fédérale: Un guide pour les députés, Service du Parlement (2017), 30.

53 내장용 판재는 회색으로 도장했으며, 새로운 방음 스튜디오 건설 시, 방음문을 복도 쪽에 설치하여 원래 문을 보호했다. 업무공간은 원래의 외관을 보존함과 동시에 현행 표준을 적용한 새로운 창문(바깥쪽으로는 천연 참나무 창틀과 일반 유리창, 안쪽으로는 채색한 전나무 창틀에 단열 유리창으로 구성)을 설치했다. 또한 떡갈나무 프레임과 일반 유리로 구성된 창틀을 보존했다: Schweizerische Eidgenossenschaft, Bundesamt für Bauten und Logistik BBL, Bâtiment administratif, "Berne, Bundesgasse 8 – 12, Centre des médias du Palais fédéral", 2006, 1-2.

54 연방의회 홈페이지 참조, https://gelore.ne.ch/app/gelore2_25/DBP_GESES_FORM.affFormAccueil?myPiSocId=1&myPiCheck=173253389&myPiMode=52420&myPiLang=FR (2021. 12. 10. 최종 확인).

55 Assemblée fédérale, Prochain arrêt–Palais fédérale: Un guide pour les députés, Service du Parlement (2017), 17, 24.

56 Philippe Schwab, "Lobbyists and interest groups: the other aspect of the legislative process", Contribution at the Session of the Association of Secretaries General of Parliaments (2015. 3.), 2.

57 연구결과에 따르면, 1991년부터 1995년 사이에 연방의회는 연방내각이 제출한 헌법개정안, 법률안, 긴급 연방결의안 등 안건의 43.3%를 수정한 것으로 나타났다: Ruth Lüthi, Parlament, in: Peter Knoepfel et al. (Hrsg.), Handbuch der Schweizer Politik: Manuel de la politique suisse, 5. Aufl., Verlag Neue Zürcher Zeitung (2014), 178.

58 이기우, 분권적 국가개조론, 한국학술정보 (2014), 475.

59 법무법인 등 전문 컨설턴트 859개, 경제 · 경영 협회 6,487개, 비정부 기구 3,306개, 연구기관 · 싱크탱크 921개, 종교대표 기관 59개, 지방자치단체 대표 기관 555개를 합한 수치이다(2020. 12. 31. 현재): 2020

년 12월 31일 기준으로 등록된 로비단체 12,187개의 수치이다. 2021년 12월 20일 현재 13,295개이다. 2020년 5월에는 11,649개가 등록됐다: 유럽연합 홈페이지, http://ec.europa.eu/transparencyregister/public/homePage.do (2021. 12. 20. 최종 확인).

60 GRECO, Fourth Evaluation Round: Corruption prevention in respect of Members of Parliament, Judges and Prosecutors, Evaluation Report Switzerland (2017), 19.

61 Philippe Schwab, "Lobbyists and interest groups: the other aspect of the legislative process", Contribution at the Session of the Association of Secretaries General of Parliaments (2015. 3.), 4; José M. Magone, The Statecraft of Consensus Democracies in a Turbulent World: A Comparative Study of Austria, Belgium, Luxembourg, the Netherlands and Switzerland, Routledge (2017), 191

62 경제협력개발기구(OECD)는 2010년 2월 18일 로비활동의 투명성 및 청렴성 원칙에 대한 권고 사항을 제시했다. 로비활동의 투명성을 제고하기 위해 로비활동의 규제, 로비스트 등록 대장 도입(자율 또는 의무 등재), 의사당 출입허가 대장 · 인증제도 등을 통한 연방의원 접촉 제한, 로비스트가 작성한 정책정보 · 입장문 · 의견 공개, 정책결정권자와 로비스트 간 면담 사항 · 일정 공개, 법안 작성에 자문한 기관에 대한 정보공개 등을 제시했다. 또한 연방의원 등 정책결정권자의 행동을 규제하는 윤리강령의 도입을 권고했다. 아울러 금융 · 자산 등 이해관계 공개, 로비스트 행동규제, 연방의원 · 장관 · 관료 사퇴 후 로비스트로 일하는 경우 이해충돌을 방지하기 위한 규제 마련 등을 권고했다: OECD, Recommendation Of The Council On Principles For Transparency And Integrity In Lobbying, C(2010)16 (2018): OECD 홈페이지 참조, https://one.oecd.org/document/C(2010)16/en/pdf; https://www.oecd.org/gov/ethics/oecdprinciplesfortransparencyandintegrityinlobbying.htm (2021. 12. 10. 최종 확인); Philippe Schwab, "Lobbyists and interest groups: the other aspect of the legislative process", Contribution at the Session of the Association of Secretaries General of Parliaments (2015. 3.), 5.

63 연방의회 홈페이지(언론 보도자료) 참조 (2017. 2. 22.), https://www.parlament.ch/press-releases/Pages/mm-spk-s-2017-02-22.aspx?lang=1033 (2021. 12. 10. 최종 확인).

64 Le News, "Swiss government drops plan to restrict lobbyists' access to parliament" (2017. 3. 2.), https://lenews.ch/2017/03/02/swiss-government-drops-plan-to-restrict-lobbyists-access-to-parliament/ (2021. 12. 10. 최종 확인).

65 국가번호 41, 베른 칸톤 번호 31을 더해야 한다

찾아보기

【ㅇ】

감사의 말

다른 이들도 마찬가지겠지만 필자 역시 예상하지 못한 경로로 인생이 흘러갔고, 그 과정의 일부로 이 책이 나온 것 같습니다. 역사에 가정은 없다고 하지만, 만약 다른 길을 걸었더라면, 다른 선택을 했더라면 어땠을까 라는 생각을 해봅니다. 대학 고시반(양현관)에서 공부하지 않았다면, 1994년 영어 재시험에 응시하지 않았다면, KOICA 국제협력요원 모집공고를 보지 않았다면, 시험합격 전에 군대 먼저 갔다 왔었다면, 젊은 나이에 합격하지 않았다면, 술을 좀 더 잘하고, 적극적이며, 사교적이었다면…하는 가정을 해봅니다. 겸손과 성실을 마음에 새기고 시작한 국회 공무원 생활이 벌써 26년이 됐습니다. 이제는 하나씩 내려놓고 국회에서 벗어날 준비를 해야 할 시기인 듯합니다.

오랜 시간 준비한 러시아 입법관에 선발되지 못해 많이 흔들릴 때 주변의 도움과 행운으로 제네바에 있는 IPU 근무자로 선발됐습니다. 직장에서 스위스 의회제도를 연구하면 좋겠다는 말을 들었고, 그 한마디가 스위스 의회, 직접민주주의, 선거와 정당제도를 공부하는 계기가 됐습니다. 2년의 스위스 체류 중에 수집한 많은 자료를 토대로 2019년 1년간 대법원(사법정책연구원)에서 「스위스 연방의회 제도에 관한 연구-입법과정 등을 중심으로」라는 연구보고서를 작성했습니다.

2020년 1월 국회(외교통일위원회)에 복귀한 이후 사법정책연구원에서 가다듬은 자료를 바탕으로 「스위스 연방의회론」, 「스위스 직접민주주의론」 초안을 마련했습니다. 2020년 말, 30여 개 출판사에 원고를 보냈지만, 600페이지가 넘는 과도한 분량과 시장성 등에 한계가 있다는 평가를 받았습니다. 코로나19라는 전대미문의 여파 속에서 대체로 주말 중 하루는 사무실에 나와 미진한 부분을 보완하고, 최근 내용으로 수정하는 와중에 2021년 하반기를 맞았습니다. 금세 출간될 것으로 생각했던 책은 예상보다 오랜 시간이 걸려 출판사의 전문적인 보완을 통해 발간됩니다. 이 책이 많이 부족하지만 1명이라도 누군가에게 도움이 된다면 그것으로 제가 보낸 지난 5년의 시간이 헛되지는 않을 것입니다.

필자의 부족함과 게으름에도 불구하고 이 책이 세상에 나오게 된 것은 많은 분들이 진심으로 도움을 주셨기 때문입니다. 그분들께 감사의 말씀을 드리고자 합니다(이하 존칭 생략). 입사한 지 26년이 넘었지만 여전히 버팀목이 되는 13회 동기(강윤진, 김건오, 박장호, 박재유, 송병철, 송주아, 이형주, 유상조, 유세환, 정성희, 정연호, 채수근, 천우정, 홍형선, 박상진). 몇 마디 말 없이 있어도 편안하고 즐거웠듯 앞으로도 함께하면 좋겠습니다. 스위스에 발 디디고 시야를 넓힐 수 있도록 손을 건넨 김대현, 김일권, 김현숙, 김희재, 이승재, 이혜승, 오웅, 장지원에게 머리 숙여 감사드립니다.

스위스 자료를 이해하는 데 자기 일처럼 도움의 손길을 건넨 강대훈, 강만원, 강희영, 권순진, 김광묵, 김리사, 김상수, 김성화, 김은영, 김주연, 김준, 김태규, 김태균, 김현중, 김형완, 김혜리, 김홍규, 김효진, 류동하, 박도은, 백수연, 서용성, 오창석, 유미숙, 윤영준, 이신재, 이재명, 이주연, 이주홍, 이창림, 장지용, 정유진, 정혜인, 정환철, 조중덕, 조형근, 주성훈, 지동하, 표승연, 허라윤, 허병조, 황선호 등에게 진심 어린 감사의 마음을 전합니다. 또한 초안의 오 · 탈자와 오류를 잡아 준 기준하, 김민혁, 김신유, 김승현, 김예성, 김영빈, 김유수, 김진수, 김효진, 구세주, 박세경, 박인숙, 박정현, 박준환, 백혜진, 서창희, 이동현, 이희서, 오규환, 육건우, 장경석, 정지현, 하상우, 초안을 편집한 강은숙, 책 표지 초안을 만들어준 장혜지, 책 출간과 편집을 독려한 신수빈, 양동훈, 김연자님에게 진심으로 감사드립니다.

물론 주말마다 집을 비운 필자에게 언제 책이 나오냐고 핀잔 겸 격려를 해준 아내(고경흔), 네 자녀(희재, 민성, 은성, 희수), 양가 부모님에게도 다시 한번 감사드립니다. 이 책을 보고 '내 이름이 왜 없지' 하는 생각이 든다면 바로 당신에게 더욱 미안하고 감사한 마음을 전합니다. 고마운 모든 분의 이름을 지면으로 일일이 적지 못한 아쉬움을 뒤로 하면서 이 글을 마칩니다. 감사합니다.

최용훈(崔容熏)

현재 국회 외교통일위원회 전문위원(이사관)이다. 전주 영생고, 성균관대 행정학과, 서울시립대 법학과를 졸업했다. 서울대 행정대학원을 마치고 미국 미주리주립대 행정대학원을 졸업했다. 1995년 제13회 입법고시에 합격한 후 국회 행정자치위원회, 보건복지위원회, 교육문화체육관광위원회 입법조사관, 국회사무처 아주과장 · 구주과장, 의정지원센터장, 국회입법조사처 국토해양팀장 등을 맡았다. 국장급 보직으로 의회외교정책심의관, 문화체육관광위원회 입법심의관을 지냈고 IPU(국제의회연맹), 대법원(사법정책연구원)에서 파견 근무했다. 저서로는 「달라진 정치관계법」(공저, 2004), 「스위스 직접민주주의의 이해」(근간), 「스위스 선거제도의 이해」(근간)가 있다.